TU ESTUDIO DE

— EL LIBRO — DE MORMÓN

HECHO MÁS FÁCIL

PRIMERA PARTE:
1 NEFI HASTA PALABRAS DE MORMÓN

TU ESTUDIO DE

— EL LIBRO — DE MORMÓN

HECHO MÁS FÁCIL

PRIMERA PARTE:
1 NEFI HASTA PALABRAS DE MORMÓN

DAVID J. RIDGES

CON JOAQUÍN FENOLLAR

ISBN: 978-1-4621-1409-2

Published by CFI, an imprint of Cedar Fort, Inc., 2373 W. 700 S., Springville, UT 84663
Distributed by Cedar Fort, Inc., www.cedarfort.com

The Library of Congress has given the English version control number: 2003114914

Cover design by Shawnda T. Craig
Cover design © 2014 Lyle Mortimer
Typeset by Emily S. Chambers

Printed in the United States of America

10 9 8 7 6 5 4 3 2 1

Printed on acid-free paper

CONTENIDOS

INTRODUCCIÓN

EL LIBRO DE Mormón, Otro Testamento de Jesucristo" es en verdad un testimonio de Cristo. Como promedio, en el Libro de Mormón, se hace mención de Cristo cada 1.7 versículos. No es de extrañar que sea "la clave de nuestra religión; y que un hombre se acercaría más a Dios al seguir sus preceptos que los de cualquier otro libro" (véase "Introducción" al principio del Libro de Mormón. José Smith hizo esta declaración a los Doce Apóstoles el 28 de noviembre de 1841, en el hogar de Brigham Young, en Nauvoo).

SOBRE LA PORTADA

LA PORTADA, QUE se encuentra al principio del Libro de Mormón, es una traducción literal de la última declaración de Moroni, la cual se encontraba en el lado izquierdo de la última página de las planchas (véase *History of the Church,* Volumen 1, pág. 71).

Nefi nos dice que el idioma que él utilizó para escribir el registro sobre las planchas consistía en "la ciencia de los judíos y el idioma de los egipcios" (véase 1 Nefi 1:2); es decir, los orígenes del idioma que él utilizó vienen del Medio Oriente.

La portada es la última declaración que Moroni tenía para nosotros. En el primer párrafo nos dice a quién va dirigido el libro de Mormón, es decir, a los lamanitas, a los judíos y a los gentiles; o en otras palabras, a todo el mundo. No se trata de otro libro cualquiera, puesto que está "escrito por vía de mandamiento". Por tanto, es la palabra Dios revelada para que aparezca en el mundo en los últimos días, traducida por el don de Dios.

Moroni nos explica que se trata de un "compendio" (una versión reducida o condensada) del registro de los nefitas y también un compendio del

1

registro de los jareditas (el libro de Éter). En el segundo párrafo de la portada, Moroni nos dice que él tenía tres propósitos principales en mente al preparar las planchas de oro para cuando llegara el tiempo en que José Smith las tradujera. Estos son sus propósitos:

1. Mostrarnos a nosotros, quienes somos un resto o "remanente" de la casa de Israel (o sea, descendientes de Abraham), las grandes cosas que el Señor hizo por nuestros antepasados. Entre otras cosas, esto nos recuerda quienes somos y cual es verdaderamente nuestro potencial al seguir fielmente a Cristo.

2. Testificarnos de la función clave que tienen los convenios al llevarnos de vuelta a Dios. Nefi nos recuerda que los convenios fueron eliminados de entre las "partes que son claras y sumamente preciosas" (1 Nefi 13:26-29). Fueron quitados del evangelio debido a la apostasía. Posiblemente recordarás que los convenios solo se requieren para entrar en la gloria celestial y exaltación; los convenios no se requieren para tener entrada en la gloria terrenal o telestial. Así pues, cuando hacemos y guardamos convenios nos estamos preparando y facultando para volver junto a Dios y vivir en su presencia para siempre.

3. Convencernos a todos de "que JESÚS es el CRISTO, el ETERNO DIOS, que se manifiesta a sí mismo a todas las naciones". Tal y como se ha indicado previamente, en el Libro de Mormón se cita al Salvador, de una manera u otra, con un promedio de 1.7 versículos. Y cada vez que leemos en estas páginas sagradas, le damos al Espíritu Santo muchas oportunidades específicas para darnos un testimonio puro, directo y de incalculable valor de que Jesús es el Cristo, y que Su expiación puede activarse completamente en nuestras vidas personales.

Quizás podríamos resumir los tres propósitos principales del Libro de Mormón mencionados previamente de la siguiente manera: el Libro de Mormón es un registro (libro) sagrado de escrituras en el que el Salvador nos enseña la historia de su trato y comunicación con los pueblos del pasado; nos hace saber en cuanto a Su deseo de hacer convenios con nosotros para nuestra seguridad y bienestar; y nos da a conocer el papel de Su expiación al traer paz y optimismo a nuestras vidas.

Esta paz y optimismo se acentúa especialmente en la última frase de la portada, en la que Moroni nos asegura que por la expiación de Cristo podemos presentarnos "sin mancha ante el tribunal de Cristo".

EL TESTIMONIO DE LOS TRES TESTIGOS Y LOS OCHO TESTIGOS

SI PRESTAS ATENCIÓN te darás cuenta de que el testimonio de estos Tres Testigos y los Ocho Testigos tiene un gran valor. Estas declaraciones representan un testimonio poderoso del Libro de Mormón y del Profeta José Smith. El hecho de que seis de estos once hombres dejaron la iglesia, pero nunca negaron que habían visto las planchas, proporciona una validez sólida en cuanto a sus testimonios. A continuación tienes una lista con los nombres de estos hombres y una nota indicando si permanecieron fieles o no:

Oliver Cowdery: Dejó la iglesia y volvió más tarde.

David Whitmer: Dejó la iglesia y nunca volvió.

Martin Harris: Dejó la iglesia y volvió más tarde.

Cristoian Whitmer: Permaneció fiel.

Jacob Whitmer: Dejó la iglesia y nunca volvió.

Peter Whitmer Junior: Permaneció fiel.

John Whitmer: Dejó la iglesia y nunca volvió.

Hiram Page: Dejó la iglesia y nunca volvió.

José Smith, Senior: Permaneció fiel.

Hyrum Smith: Permaneció fiel.

Samuel Smith: Permaneció fiel.

Al estudiar el testimonio de los Tres Testigos, al principio de tu Libro de Mormón, te darás cuenta de que recibieron un testimonio espiritual, el cual se expresa de manera simple y directa. Estos testigos aseguran que:

1. Han visto las planchas.

2. Saben que las planchas fueron traducidas por el poder y el don de Dios.

3. Escucharon la voz de Dios dando testimonio.

4. Saben que la obra es verdadera.

5. Han visto en persona los grabados sobre las planchas y que estos grabados les fueron mostrados por el poder de Dios.

6. Un ángel trajo las planchas y se las mostró a los tres.

Es interesante observar que tanto Oliver Cowdery como Martin Harris sostuvieron en sus propias manos las planchas cuando el ángel se las mostró; sin embargo, David Whitmer decidió no sostenerlas. (Véase *Investigating the Book of Mormon Witnesses*—por Richard Lloyd Anderson, página 81).

Al leer el testimonio de los Ocho Testigos, te darás cuenta de que se trata fundamentalmente de un testimonio físico. En otras palabras, estos hombres no vieron a un ángel ni escucharon la voz de Dios. Más bien, dan un testimonio directo de que José Smith les enseñó las planchas, las cuales tenían "la apariencia de oro" (es obvio que estos hombres eran honestos y cautelosos). También dieron testimonio de que examinaron con sus manos las hojas que José Smith había traducido, y que los grabados tenían "la apariencia de una obra antigua" (una vez más observamos su honestidad y prudencia en sus palabras), y que habían visto y sospesado las planchas y sabían con certeza que José Smith las tenía en su posesión.

Estos dos testimonios (el de los Tres y los Ocho Testigos) han salido adelante y aún siguen adelante por todo el mundo testificando del Libro de Mormón y del Profeta José Smith. Si nosotros estudiamos este registro sagrado con un espíritu de humildad y oración, también podremos agregar nuestro testimonio junto al de ellos.

EL PRIMER LIBRO DE NEFI

EN EL MISMO Libro de Mormón se habla de cuatro juegos de planchas de metal. Para aprender más al respecto véase "Una breve explicación acerca del Libro de Mormón" en las páginas de introducción del Libro de Mormón.

Los seis primeros libros del Libro de Mormón (1 Nefi, 2 Nefi, Jacob, Enós, Jarom y Omni) están tomados de las Planchas Menores de Nefi. De acuerdo con 2 Nefi 5:28-33, Nefi empezó con las Planchas Menores treinta años después de salir de Jerusalén. Su intención era crear un registro especial que enfatizara las cosas espirituales y las enseñanzas. El otro juego de planchas, conocido como las Planchas Mayores, se registró desde que salieron de Jerusalén. Este contenía mayormente la historia y registros seculares de su pueblo.

Al empezar con nuestro estudio en el Primer Libro de Nefi nos damos cuenta de la importancia que tienen las Planchas Menores de Nefi. Por una parte, después de que José Smith había traducido 116 páginas (escritas a mano) de las Planchas Mayores de Nefi, Martin Harris, quien estaba sirviendo como su escriba, insistió en llevarse esas 116 valiosas páginas del manuscrito a su casa en Palmyra, Nueva York. Su intención era detener los rumores y malas lenguas que se habían difundido en cuanto a él, Martin. Se decía que José Smith lo había engañado y que se estaba aprovechando de él. Después de que Martin insistiera varias veces, José le permitió llevarse las 116 páginas. Estas se perdieron y nunca las recuperaron.

Después de un tiempo de espera muy difícil, a José se le permitió reanudar una vez más la traducción de las planchas. Aprendemos de DyC 10:30, 38-41 que el Señor instruyó a José que no volviera a traducir las planchas de las cuales se habían traducido las 116 páginas del manuscrito que se perdieron. Ahora José debía traducir de las Planchas Menores de Nefi (que eran una parte de las planchas de oro obtenidas en el cerro Cumorah) para compensar lo que se había perdido. José obedeció y como resultado tenemos 1 Nefi, 2 Nefi, Jacob, Enós, Jarom, y Omni en vez de los materiales que se habían traducido de las Planchas Mayores. De hecho, hemos salido ganando porque ahora tenemos el privilegio de leer y estudiar las cosas más espirituales que se encontraban en las Planchas Menores en contraste con los contenidos de las Planchas Mayores, las cuales abarcaban el mismo período de tiempo y cuya traducción se perdió con las 116 páginas. Como de costumbre, el Señor triunfa ante los esfuerzos de Satanás para detener la obra.

Por cierto, el encabezado principal que aparece en cursiva en el Primer Libro de Nefi, el cual empieza con las palabras *"Relato de Lehi . . .",* es una traducción directa de las planchas. Sin embargo, los encabezados que aparecen al principio de cada capítulo, como por ejemplo *"Nefi da principio a la historia de su pueblo–Lehi ve . . ."* el cual se encuentra al principio de 1 Nefi 1, fueron escritos por el Elder Bruce R. McConkie del Quórum de los Doce Apóstoles. El Elder McConkie recibió esta asignación de la Primera Presidencia, para ayudarnos a tener una visión general de los contenidos de cada capítulo.

PRIMER NEFI 1

Es interesante considerar la edad que Nefi debía tener cuando escribió esto. Tal como mencionamos antes, deducimos al leer 2 Nefi 5:28–33, que Nefi empezó a grabar sus Planchas Menores treinta años después de salir de Jerusalén. Si asumimos que el podría haber tenido entre quince y veinte años de edad cuando Lehi y su familia partieron de Jerusalén, podría ser que Nefi tuviera entre cuarenta y cinco y cincuenta años de edad cuando empezó a grabar el primer versículo del Libro de Mormón. Así pues, es razonable pensar que Nefi estaba recordando su pasado con memorias tiernas y que sentía cierta nostalgia al pensar en sus padres (ya fallecidos) y al pensar en los eventos que tuvieron lugar durante los últimos treinta años de su vida.

1 YO, Nefi, nací de buenos (en inglés, "buenos" está traducido como "goodly", palabra usada en el Antiguo Testamento y que significaba "admirables, moralmente buenos, nobles", según la palabra núm. 2570 en el libro *Strong's Exhaustive Concordance of the Bible*) padres y recibí, por tanto, alguna instrucción en toda la ciencia de mi padre; y habiendo conocido muchas aflicciones durante el curso de mi vida, siendo, no obstante, altamente favorecido del Señor todos mis días; sí, habiendo logrado un conocimiento grande de la bondad y los misterios de Dios, escribo, por tanto, la historia de los hechos de mi vida.

Aprendemos muchas cosas en cuanto a Nefi en el versículo 1. Primero, Nefi estaba agradecido por unos padres justos. Segundo, se fija en las cosas positivas de su vida. Inmediatamente después de mencionar que ha experimentado muchas aflicciones en su vida, lo cual es una atenuación, Nefi nos dice que ha sido "altamente favorecido del Señor" todos sus días, destacando el tipo de vida que disfrutan aquellos que se enfocan en lo positivo.

Para captar la visión, podríamos dar una breve mirada a algunas de las "muchas aflicciones" en la vida de Nefi hasta el momento en que escribe esto. En cuatro ocasiones estuvo cerca de ser asesinado por sus propios hermanos (1 Nefi 7:16, 1 Nefi 16:37, 1 Nefi 17:45, 2 Nefi 5:4); Labán intentó matar a Nefi y a sus hermanos (1 Nefi 3:25); pasaron ocho años muy difíciles en el desierto; halló mucha oposición para construir el barco (1 Nefi, capítulo 17), además de haber sido atado en el barco (1 Nefi, capítulo 18).

A pesar de esas aflicciones, Nefi se enfocó en las grandes bendiciones que había recibido del Señor, entre las que se incluía "un conocimiento grande de la bondad y los misterios de Dios" (versículo 1). La palabra "misterios" tal y como se usa aquí significa doctrinas básicas, o sea, un conocimiento correcto de la Trinidad, el Plan de Salvación, la autoridad del sacerdocio, la resurrección, etc., en vez de referirse a doctrinas extrañas y misteriosas o enseñanzas secretas. (Véase "Misterios de Dios" en la Guía para el Estudio de las Escrituras, al final del Libro de Mormón o tu Combinación Triple).

2 Sí, hago la relación en el lenguaje de mi padre, que se compone de la ciencia de los judíos y el idioma de los egipcios.

3 Y sé que la historia que escribo es verdadera; y la escribo de mi propia mano, con arreglo a mis conocimientos.

A continuación, Nefi nos habla de Sedequías, rey de Judá. Esto tiene lugar aproximadamente en el año 600 a.C. Sedequías es un rey inicuo de 21 años de edad (véase 2 Reyes 24:18-19). Reinará durante 11 años y en ese tiempo, entre otras maldades, encarcelará al profeta Jeremías en una cisterna llena de cieno (Jeremías, capítulos 38-39). Al final, después de que Lehi y su familia hayan huido de Jerusalén, el rey Sedequías será capturado por el ejército del rey Nabucodonosor de Babilonia aproximadamente en el año 587 a.C. Los hijos de Sedequías (a excepción de Mulek) serán degollados en su presencia, y a él le sacarán los ojos y lo llevarán encadenado como prisionero a Babilonia. (Véase 2 Reyes 25).

4 Pues sucedió que al comenzar el primer año del reinado de Sedequías, rey de Judá (mi padre Lehi había morado en Jerusalén toda su vida), llegaron muchos profetas (incluyendo a Jeremías, Nahúm, Habacuc y Sofonías) ese mismo año profetizando al pueblo que se arrepintiera, o la gran ciudad de Jerusalén sería destruida.

5 Aconteció, por tanto, que mientras iba por su camino, mi padre Lehi oró al Señor, sí, con todo su corazón, a favor de su pueblo.

Te invito a que subrayes en tu propio Libro de Mormón algunas de las palabras y frases de los versículos que siguen (6 al 16), los cuales nos indican que Lehi fue en verdad un gran profeta. A continuación usaremos **negrita** en algunas partes del texto. Después volveremos a revisar esos mismos versículos para aprender más.

6 Y ocurrió que mientras estaba orando al Señor, **apareció ante él, sobre una roca, un pilar de fuego; y fue mucho lo que vio y oyó**; y se estremeció y tembló extremadamente por las cosas que vio y oyó.

7 Y sucedió que volvió a su casa en Jerusalén, y se echó sobre su lecho, **dominado por el Espíritu** y por las cosas que había visto.

8 Y dominado de esta manera por el Espíritu, **fue arrebatado en una visión**, en la que **vio abrirse los cielos, y creyó ver a Dios sentado en su trono, rodeado de innumerables concursos de ángeles, en actitud de estar cantando y adorando a su Dios**.

9 Y sucedió que **vio a Uno que descendía del cielo, y vio que su resplandor era mayor que el del sol al mediodía**.

10 Y **vio también que lo seguían otros doce**, cuyo brillo excedía al de las estrellas del firmamento.

11 Y descendieron y avanzaron por la faz de la tierra; y **el primero llegó hasta donde estaba mi padre, y le dio un libro y le mandó que lo leyera**.

12 Y sucedió que mientras leía, fue lleno del Espíritu del Señor.

13 Y leyó, diciendo: ¡Ay, ay de ti, Jerusalén, porque he visto tus abominaciones! Sí, **mi padre leyó muchas cosas concernientes a Jerusalén: que sería destruida**, así como sus habitantes; que muchos perecerían por la espada y **muchos serían llevados cautivos a Babilonia**.

14 Y acaeció que cuando **mi padre hubo leído y visto muchas cosas grandes y maravillosas**, prorrumpió en exclamaciones al Señor, tales como: ¡Cuán grandes y maravillosas son tus obras, oh Señor Dios Todopoderoso! ¡Tu trono se eleva en las alturas de los cielos, y tu poder, y tu bondad y misericordia se extienden sobre todos los habitantes de la tierra; y porque eres misericordioso, no dejarás perecer a los que acudan a ti!

15 Así se expresaba mi padre en alabanzas a su Dios; porque su alma se regocijaba y todo su corazón estaba henchido a causa de las cosas que había visto, sí, que el Señor le había mostrado.

16 Y yo, Nefi, no doy cuenta completa de lo que mi padre ha escrito, porque ha escrito muchas cosas que **vio** en **visiones y sueños**; y ha escrito también muchas cosas que **profetizó** y habló a sus hijos, de las que no daré cuenta entera.

Tras haber prestado atención a las palabras de Nefi, las cuales indican que Lehi era un gran profeta, vamos a repetir los versículos 6 al 16 y añadiremos unas cuantas notas para facilitar la enseñanza.

6 Y ocurrió que mientras estaba orando al Señor, apareció ante él, sobre una roca, un pilar de fuego; y fue mucho lo que vio y oyó; y se estremeció y tembló extremadamente por las cosas que vio y oyó.

7 Y sucedió que volvió a su casa en Jerusalén, y se echó sobre su lecho, dominado por el Espíritu y por las cosas que había visto.

A continuación, en el versículo 8, nos encontramos con una frase interesante, la cual lleva a algunos lectores a preguntarse, "¿Por qué no se nos dice directamente que Lehi vio a Dios en lugar de decir que creyó ver a Dios?" La respuesta es simple. Para evitar usar el nombre de Dios de manera inapropiada, aún en lo más mínimo, los profetas antiguos a veces hacían referían a Dios de manera "respetuosa" e indirecta en lugar de decir "Dios" directamente. Lehi vio a Dios el Padre, pero al escribir en cuanto a esto, Nefi utiliza la forma indirecta "creyó ver a Dios". Vemos que hay otros ejemplos de este estilo indirecto en las escrituras. Por ejemplo, en Abraham 3:24, Abraham se refiere al Cristo premortal como "uno que era semejante a Dios". En Daniel 3:25, se hace referencia a Cristo como alguien cuyo aspecto "es semejante a un hijo de los dioses". En Apocalipsis 1:13, se nombra a Cristo como "uno semejante al Hijo del Hombre".

8 Y dominado de esta manera por el Espíritu, fue arrebatado en una visión, en la que vio abrirse los cielos, y creyó ver a Dios (El Padre. Compárese con Apocalipsis 4:2, 5:7) sentado en su trono, rodeado de innumerables concursos de ángeles, en actitud de estar cantando y adorando a su Dios.

9 Y sucedió que (Lehi) vio a Uno (Cristo) que descendía del cielo, y vio que su resplandor (brillo) era mayor que el del sol al mediodía.

10 Y vio también que lo seguían (al Salvador) otros doce (los Doce Apóstoles), cuyo brillo excedía al de las estrellas del firmamento (los cielos).

11 Y descendieron y avanzaron por la faz de la tierra; y el primero (Cristo) llegó hasta donde estaba mi padre, y le dio un libro (simbólico de una misión a cumplir—compárese con DyC 77:14 y Apocalipsis 10:2 y 9), y le mandó que lo leyera.

12 Y sucedió que mientras leía, fue lleno del Espíritu del Señor.

13 Y leyó, diciendo: ¡Ay, ay de ti, Jerusalén, porque he visto tus abominaciones (maldades horribles)! Sí, mi padre leyó muchas cosas concernientes a Jerusalén: que sería destruida, así como sus habitantes; que muchos perecerían por la espada y muchos serían llevados cautivos a Babilonia (una nación enemiga muy poderosa situada a unos 800 kms. al este de Jerusalén).

14 Y acaeció que cuando mi padre hubo leído y visto muchas cosas grandes y maravillosas, prorrumpió en exclamaciones al Señor, tales como: ¡Cuán grandes y maravillosas son tus obras, oh Señor Dios Todopoderoso! ¡Tu trono se eleva en las alturas de los cielos, y tu poder, y tu bondad y misericordia se extienden sobre todos los habitantes de la tierra; y porque eres misericordioso, no dejarás perecer a los que acudan a ti!

15 Así se expresaba mi padre en alabanzas a su Dios; porque su alma se regocijaba y todo su corazón estaba henchido a causa de las cosas que había visto, sí, que el Señor le había mostrado.

16 Y yo, Nefi, no doy cuenta completa de lo que mi padre ha escrito, porque ha escrito muchas cosas que vio en visiones y sueños; y ha escrito también muchas cosas que profetizó y habló a sus hijos, de las que no daré cuenta entera,

17 sino que haré una relación de los hechos de mi vida. He aquí, haré un compendio (una versión reducida o resumen) de los anales de mi padre sobre planchas que he preparado con mis propias manos (este texto resumido comprende hasta el capítulo 8 del primer libro de Nefi); por tanto, después que los haya compendiado, escribiré la historia de mi propia vida.

18 Por lo tanto, quisiera que supieseis que después que el Señor hubo mostrado a mi padre Lehi tantas cosas maravillosas, sí, con respecto a la destrucción de Jerusalén, he aquí, mi padre salió entre el pueblo y empezó a profetizar y a declararles concerniente a lo que él había visto y oído.

19 Y aconteció que los judíos se burlaron de él por las cosas que testificó de ellos, porque verdaderamente les testificó de sus maldades y abominaciones; y les dio testimonio de que las cosas que había visto y oído, así como las que había leído en el libro (el mismo libro del versículo 11), manifestaban claramente la venida de un Mesías y también la redención del mundo.

20 Y cuando los judíos oyeron esto, se irritaron contra él, sí, tal como contra los profetas de la antigüedad, a quienes habían echado fuera, y apedreado, y matado; y procuraron también quitarle la vida. Pero he aquí, yo, Nefi, os mostraré que las entrañables misericordias del Señor se extienden sobre todos aquellos que, a causa de su fe, él ha escogido, para fortalecerlos, sí, hasta tener el poder de librarse.

Nefi nos dice en el versículo 20, arriba, que uno de sus principales propósitos en sus escritos es mostrarnos las "entrañables (tiernas) misericordias" del Señor. Como ves, el versículo 20 se encuentra en el primer capítulo del Libro de Mormón. En el último capítulo del Libro de Mormón (Moroni 10:3), Moroni expresará una esperanza de la que ya nos habremos dado cuenta al estudiar este libro preciado de escrituras: "cuán misericordioso ha sido el Señor con los hijos de los hombres". Para mi, estos dos versículos, uno al principio y otro al final, representan el "encabezado y el final" del Libro de Mormón. Nos sirven como un recordatorio de que al Señor le gusta extender Su amabilidad y misericordia a cada uno de nosotros. El libro entero es un recordatorio de ello. Un amigo mío encontró cerca de 400 frases o experiencias en el Libro de Mormón, que de una forma u otra, hacen referencia a las tiernas misericordias.

PRIMER NEFI 2

En este capítulo, el Señor advierte a Lehi que tome a su familia y huya al desierto. Por supuesto, Lehi obedece y deja sus riquezas y posesiones temporales detrás. Algunos lectores se sienten inclinados a preguntar por qué Lehi no se dejó también en casa a Lamán y Lemuel, en lugar de tener que soportar los muchos problemas que causaron. Si bien es cierto que Lehi y Sariah son los que mejor pueden contestar esta pregunta, podríamos aventurarnos a considerar algunas respuestas posibles. Primero que nada, los padres que son fieles no pierden la esperanza de que sus hijos descarriados se arrepentirán, y a menudo estos lo hacen. Existen otros aspectos posibles a considerar al dar una respuesta. Por ejemplo, es posible que no solo el miembro rebelde o descarriado de la familia necesite aprender una lección, sino que los miembros fieles de la familia también tengan la necesidad de desarrollar paciencia, sabiduría y perdón al dar sus mejores esfuerzos para ayudar al ser querido descarriado a que vuelva, etc. Además, en dichas circunstancias también se aprenden infinidad de atributos que son propios de los seres exaltados.

1 PORQUE he aquí, aconteció que el Señor habló a mi padre, sí, aun en un sueño, y le dijo: Bendito eres tú, Lehi, por lo que has hecho; y porque has sido fiel, y has declarado a este pueblo las cosas que yo te mandé, he aquí, tratan de quitarte la vida.

2 Y sucedió que el Señor le mandó a mi padre, en un sueño, que partiese para el desierto con su familia.

3 Y aconteció que fue obediente a la palabra del Señor; por tanto, hizo lo que el Señor le mandó.

4 Y ocurrió que salió para el desierto; y abandonó su casa, y la tierra de su herencia, y su oro, su plata y sus objetos preciosos, y no llevó

nada consigo, salvo a su familia, y provisiones y tiendas, y se dirigió al desierto.

Aquí hay otra "evidencia interna" de que el Libro de Mormón es una traducción de un idioma antiguo del Oriente Próximo (de las lenguas semíticas). Cuenta las veces que aparece la letra "y" en el versículo 4, arriba; dicho uso es muy típico en estos idiomas.

5 Y descendió por los contornos cerca de las riberas del Mar Rojo (a unos 300 y 330 kilómetros de Jerusalén), y viajó por el desierto por los lados que están más próximos a este mar; y viajó por el desierto con su familia, integrada por Saríah, mi madre, y Lamán, Lemuel y Sam, mis hermanos mayores.

De acuerdo con 2 Nefi 5:6, la familia de Lehi aumentó al tener dos hijos más (Jacob y José, y otras hijas).

6 Y aconteció que después de haber viajado tres días por el desierto, asentó su tienda en un valle situado a la orilla de un río de agua.

La frase "un río de agua" arriba en el versículo 6, es otra evidencia interna de que la historia del Libro de Mormón es una traducción de un registro antiguo cuyos orígenes vienen de la Tierra Santa. En esa tierra árida hay muchos "ríos" cuyos cauces están generalmente secos y se les llama comúnmente "wadis" (valles). Aquí, Nefi clarifica

que este "río" sí llevaba agua durante el tiempo en que ellos acamparon junto a su orilla.

7 Y sucedió que erigió un altar de piedras y presentó una ofrenda al Señor, y dio gracias al Señor nuestro Dios.

La construcción de un altar y el presentar una ofrenda al Señor tal cual aparecen en el versículo 7, arriba, es un recordatorio de que Lehi y su familia adoran a Dios de acuerdo con las leyes y ceremonias del Antiguo Testamento (compárese con Éxodo 20:24–26). La gente del Libro de Mormón continuará guardando la Ley de Moisés hasta que el Salvador aparezca y les dé las leyes mayores del Nuevo Testamento, tal y como se registra en 3 Nefi.

8 Y al río que desaguaba en el Mar Rojo dio el nombre de Lamán (esto era un gran honor para Lamán); y el valle se extendía por las riberas del río y llegaba hasta cerca de su desembocadura.

9 Y cuando mi padre vio que las aguas del río desembocaban en la fuente del Mar Rojo, habló a Lamán, diciendo: ¡Oh, si fueras semejante a este río, fluyendo continuamente en la fuente de toda rectitud! (Quizás quiera decir que Lehi deseaba que los hechos y deseos de Lamán estuvieran siempre confluyendo con la voluntad del Señor y siguieran el curso de la rectitud).

10 Y dijo también a Lemuel: ¡Oh, si fueras tú semejante a este valle, firme, constante e inmutable en guardar los mandamientos del Señor!

Un amigo mío compartió conmigo algo muy interesante que un discursante explicó durante una conferencia de estaca respecto a la diferencia de personalidad que tenían Lamán y Lemuel. Ambos elegían la iniquidad una y otra vez, pero de manera diferente. Lehi, como buen padre había observado esto, y le dio un buen consejo a cada hijo en el que se daba un símbolo diferente como posible solución a sus debilidades individuales; en este caso los símbolos son un río y un valle. Por un lado, Lamán toma sus propias iniciativas para seguir caminos o cursos de iniquidad. De ahí que Lehi quisiera que su hijo fuera como un río, siempre fluyendo en rectitud. Si Lamán tuviera presente dicho símbolo en su vida, cuán diferentes serían sus obras. Por otro lado, es fácil ver que la personalidad de Lemuel era más débil. Éste dependía de otros para tomar decisiones. Una y otra vez, Lemuel se deja llevar por la opinión de Lamán, de ahí que Lemuel necesite ser firme e inmutable como un valle para superar esta debilidad. Estas comparaciones nos llevan a reflexionar en que todos nosotros somos diferentes y a nivel individual necesitamos aprender lecciones diferentes para hallar soluciones válidas a nuestras debilidades personales. De ahí que el Espíritu Santo nos instruya a cada uno de manera diferente. Al estudiar, al escuchar a los profetas, al reflexionar, al recibir consejo de nuestros líderes del sacerdocio, incluyendo al padre (patriarca) o a la madre de la familia, quizás también nosotros podamos identificar algún símbolo con el que nos identifiquemos y que nos ayude a superar la mayor de nuestras debilidades o piedras de tropiezo. ¿Cuál símbolo crees que tendría un significado o valor especial para ti?

Tras haber reflexionado en cuanto a un símbolo valioso que tenga aplicación a una debilidad individual, examinemos ahora algunos de los motivos posibles por los que Lamán y Lemuel tienen una conducta rebelde y no cesan de murmurar. Una razón por la cual analizamos esto es que nosotros mismos podamos evitar tales comportamientos. Otra razón es que posiblemente podamos entender mejor por qué estos dos hermanos continúan causando problemas a lo largo del registro de Nefi. Y otra razón más podría ser que ganemos una perspectiva mejor en cuanto a la paciencia que el Señor tiene con todos nosotros al darnos una oportunidad tras otra para arrepentirnos y cambiar nuestros caminos (conductas).

Parece ser que ni Lamán ni Lemuel honran a su padre, uno de los Diez Mandamientos que sin duda alguna se les había enseñado. Ambos parecen ser materialistas, según los comentarios de Nefi en el versículo 11 que sigue. Parece que no son espirituales o sensibles a las cosas de Dios, según el versículo 12. Es evidente que no creen en las palabras de otros profetas con respecto a la destrucción de Jerusalén, según el versículo 13. Y además, otra razón para dicha insensibilidad espiritual y rebelión puede que sea revelada por Nefi en la segunda mitad del versículo 13. Si prestas atención a sus palabras, te darás cuenta de cuán impactante y seria es la condición de Lamán y Lemuel. Nefi nos dice que "eran semejantes a los judíos que estaban en Jerusalén".

Veamos lo que el Profeta Jeremías dijo en cuanto a la maldad que se permitían los judíos en Jerusalén durante ese periodo de la historia. En Jeremías 9:2-3 dice (usaremos **negrita** para resaltar):

2 ¡Oh, quién me diese en el desierto un albergue de caminantes, para que dejase a mi pueblo y de ellos me apartase! Porque **todos ellos son adúlteros**, asamblea de traidores.

3 Y **tensaron su lengua** *como* **arco para** *lanzar* **mentira**; y no se fortalecieron para la verdad en la tierra, porque **de mal en mal procedieron** y no me conocen, dice Jehová.

Jeremías 6:15 nos dice que los judíos habían alcanzado ese punto de insensibilidad espiritualidad en el que ya no se sentían avergonzados por sus maldades. Leámoslo (usaremos **negrita** para resaltar):

15 ¿Se han avergonzado de haber hecho abominación? Ciertamente **no se han avergonzado, ni aun saben tener vergüenza**; por tanto, caerán entre los que caigan; cuando los castigue, caerán, dice Jehová.

Tal y como lo expresa Jeremías 5:7-8, parece ser que la inmoralidad sexual tenía una presencia desmedida y salvaje entre los judíos durante esta época (usaremos **negrita** para resaltar):

7 ¿Cómo te he de perdonar por esto? Tus hijos me abandonaron y juraron por lo que no es Dios. Los sacié y **cometieron adulterio, y a casa de rameras fueron en tropel** (en grupos o tropas).

8 Como caballos bien alimentados y fogosos, **cada cual relinchaba tras la esposa de su prójimo**.

En DyC 42:23, a continuación, se nos advierte de una de las terribles consecuencias que tiene la inmoralidad sexual continuada. Se trata de la pérdida del Espíritu. Cuando las personas pierden el Espíritu, dejan de ver lo malo como algo incorrecto o incluso peligroso. Y más aún, llegan al punto de percibir a las personas justas y los principios rectos como locura.

DyC 42:23

23 Y el que mirare a una mujer para codiciarla negará la fe, y no tendrá el Espíritu; y si no se arrepiente, será expulsado.

Si bien no podemos asegurar que Lamán y Lemuel estaban

participando de tal maldad, la declaración de Nefi de que "eran semejantes a los judíos" es una razón sólida para considerarlo y además es un consejo poderoso para que todos nosotros evitemos tales males en nuestras propias vidas. Sea cual sea el caso, Lamán y Lemuel se habían vuelto muy egoístas e insensibles a las cosas espirituales. Esto se convirtió en una caída en espiral en sus vidas que les llevaría incluso a tener deseos en sus corazones de asesinar.

11 Esto habló (Lehi) por causa de la dureza de cerviz de Lamán y Lemuel; pues he aquí, murmuraban contra su padre en muchas cosas, porque era un hombre visionario, y los había sacado de la tierra de Jerusalén, abandonando la tierra de su herencia, y su oro, y su plata y sus objetos preciosos, para perecer en el desierto. Y decían que había hecho esto por motivo de las locas imaginaciones de su corazón.

12 Y así era como Lamán y Lemuel, que eran los mayores, murmuraban en contra de su padre; y hacían esto porque no conocían la manera de proceder de aquel Dios que los había creado.

13 Ni creían tampoco que aquella gran ciudad de Jerusalén pudiera ser destruida conforme a las palabras de los profetas; y eran semejantes a los judíos que estaban en Jerusalén, los cuales procuraban quitarle la vida a mi padre.

14 Y aconteció que mi padre les habló en el valle de Lemuel con poder, pues estaba lleno del Espíritu, al grado de que sus cuerpos temblaron delante de él, y los confundió, de modo que no osaron hablar contra él; por tanto, hicieron lo que él les mandó.

Por lo menos podríamos aprender dos lecciones del versículo 14, arriba. Una sería que a pesar de que Lamán y Lemuel eran muy rebeldes, el Señor todavía les dio una experiencia milagrosa la cual les podía ayudar a arrepentirse y volverse rectos, si es que así lo elegían ellos. Otra lección es que cuando ignoramos los susurros suaves del Espíritu y continuamos escogiendo la iniquidad, el Señor tiene que "subir el volumen", por decirlo de algún modo, para tratar de persuadirnos a escuchar y a arrepentirnos. Y así está ocurriendo en nuestros días, con las fuerzas de la naturaleza incrementando en cuanto al número de tormentas, terremotos, pestes, desastres naturales, etc. porque muchos de los habitantes de la tierra han ignorado las invitaciones más suaves a venir a Cristo (véase DyC 88:88–90).

15 Y vivía mi padre en una tienda.

16 Y sucedió que yo, Nefi, siendo muy joven todavía, aunque grande de estatura, y teniendo grandes deseos de conocer los misterios (las verdades y doctrinas básicas, véase "Misterios de Dios" en la GEE) de

Dios, clamé (oró con gran poder) por tanto al Señor; y he aquí que él me visitó y enterneció mi corazón, de modo que creí todas las palabras que mi padre había hablado; así que no me rebelé en contra de él como lo habían hecho mis hermanos.

Hay una lección importante que podemos aprender de Nefi, en el versículo 16, arriba. Algunas personas se preguntan si es incorrecto el dudar o cuestionarse algunos temas relacionados con el evangelio. Considerando que Dios nos ha dado el don del albedrío, la respuesta debe ser "No". Sin embargo, sí que es incorrecto e insensato el rebelarse. Aquello que hagamos con las dudas que surjan en nuestros corazones nos edificará o nos derrumbará. Cuando surgieron dudas en las mentes de Lamán y Lemuel en cuanto a su padre y sus visiones, etc., ellos eligieron murmurar y rebelarse. Una lectura cuidadosa del versículo 16, nos da a entender que Nefi también tenía dudas en su corazón, porque él mismo nos dice que el Señor "me visitó y enterneció mi corazón, de modo que creí todas las palabras que mi padre había hablado; así que no me rebelé. . . ." La actitud y proceder de Nefi era diferente a la de sus dos hermanos mayores. Nefi tenía un corazón honesto, un gran deseo de conocer las verdades y doctrinas básicas del evangelio y el deseo de saber la verdad en cuanto a lo que su padre había enseñado. Con humildad oró al Señor hasta recibir una respuesta dulce y segura en cuanto a la veracidad de las revelaciones de su padre. Así pues, recaía sobre Nefi la responsabilidad de seguir fielmente a su padre, el profeta.

17 Y le hablé a Sam, declarándole las cosas que el Señor me había manifestado por medio de su Santo Espíritu. Y aconteció que él creyó en mis palabras.

Sam es una de mis personas favoritas en el Libro de Mormón. Siento gran ternura por él y espero poder llegar a conocerlo algún día. A pesar de que es mayor que Nefi, lo sigue y lo asiste fielmente. Me recuerda a Hyrum Smith, el hermano mayor de José Smith. Tanto Sam como Hyrum, aunque eran hermanos mayores, parecen poseer el don de creer en las palabras de otros (un don del Espíritu que se menciona en DyC 46:14). Los dos siguieron y apoyaron fielmente a sus hermanos menores (profetas) a lo largo de sus vidas.

18 Mas he aquí, Lamán y Lemuel no quisieron escuchar mis palabras; por lo que, afligido por la dureza de sus corazones, rogué al Señor por ellos (es evidente que Nefi ama y se preocupa por sus hermanos mayores a pesar de ser rebeldes).

19 Y aconteció que el Señor me habló, diciendo: Bendito eres tú, Nefi, a causa de tu fe, porque me has buscado diligentemente con humildad de corazón.

20 Y según guardéis mis

mandamientos, prosperaréis y seréis conducidos a una tierra de promisión, sí, a una tierra que yo he preparado para vosotros, una tierra escogida sobre todas las demás (simboliza el cielo, la gloria celestial, la exaltación).

21 Y según se rebelen tus hermanos contra ti, serán separados de la presencia del Señor.

Aquí hay, posiblemente, una lección importante para todos nosotros. Quizás Nefi no obtuvo la respuesta que el quería. Era obvio que él había estado orando por las almas y la salvación de Lamán y Lemuel. En lugar de recibir una confirmación de que se salvarían, se le recordó que sus hermanos tienen el albedrío y que su juicio dependería del uso que hicieran de dicho albedrío. Sin embargo, en el siguiente versículo, a Nefi se le asegura que si él continúa guardando los mandamientos, él sí se salvará. Por tanto, se nos recuerda que debemos hacer todo lo que podamos para salvar a otros, sin dejar de orar por ellos. Pero no podemos forzar a nadie a que se salve en contra de su albedrío.

22 Y según tú guardes mis mandamientos, serás puesto por gobernante y maestro sobre tus hermanos (esta profecía se cumple y la veremos a medida que seguimos con el Libro de Mormón).

23 Porque he aquí, el día en que se rebelaren contra mí, yo los maldeciré con penosa maldición, y no tendrán ningún poder sobre tu posteridad (los descendientes de Nefi), a menos que ella también se rebelare contra mí.

24 Y si tu posteridad (descendientes de Nefi) se rebelare contra mí, ellos (los descendientes de Lamán y Lemuel) les serán por azote (problemas) a tus descendientes, para estimularlos a que se acuerden de mí. (En otras palabras, si fuese necesario, los lamanitas causarán problemas a los nefitas para estimularlos a que se arrepientan).

PRIMER NEFI 3

En este capítulo, se les pedirá a los hijos de Lehi que regresen a Jerusalén para obtener las planchas de bronce de Labán. Nos vamos a encontrar muchas lecciones y mensajes de gran importancia para nuestras vidas. Por una parte veremos que el Señor verdaderamente llamó a estos hermanos a esta misión. A veces, pensamos que si un llamamiento viene del Señor todo debería ir bien, y que Él apartará de nuestro camino los posibles obstáculos o problemas. De vez en cuando nos olvidamos de que la vida es como una escuela (lugar para aprender) la cual se proporciona para nuestro crecimiento y desarrollo. Si cada vez que estuviéramos al servicio del Señor pensáramos que las cosas deberían ir perfectamente bien debido a las bendiciones del Señor, entonces nos estaríamos privando de una gran parte de nuestra educación.

Otra inquietud que muchos estudiantes tienen y quisieran aprender al estudiar este capítulo, es la siguiente: "Si el Señor sabía que ellos necesitaban las planchas de bronce, ¿por qué no advirtió a Lehi antes de que saliera de Jerusalén, en lugar de hacer que sus hijos viajaran unos 300 kilómetros por un desierto plagado de ladrones, asesinos y bestias salvajes?" Una vez más, la respuesta se halla en el hecho de que esta vida mortal es para nuestro aprendizaje y desarrollo. Las dificultades que enfrentaron tanto Nefi como sus hermanos eran oportunidades para aumentar la fe y sus testimonios. Unos crecieron espiritualmente y otros no.

Una de las consecuencias del mandamiento de regresar a por las planchas de bronce fue una bendición muy importante que a menudo pasamos por alto. Se trata del fortalecimiento del testimonio de Saríah. Para poder apreciar esto, nos adelantaremos por un momento al capítulo 5 del Primer Libro de Nefi. Al hacerlo enfatizaremos las difíciles circunstancias que Saríah enfrentó como madre y esposa mientras sus hijos partieron a un viaje tan peligroso. "¿Qué será de ellos?" Como mínimo, sus hijos estuvieron ausentes un mes o quizás dos. Era una jornada de ida y vuelta a Jerusalén, larga y traicionera, sin descontar los peligros que esperaban a Nefi y a sus hermanos en la región de Jerusalén. Recordemos que los judíos habían intentado matar a Lehi, y quizás también albergaban odio hacia los miembros de su familia.

En 1 Nefi 5:1, Nefi nos dice que su madre "verdaderamente se había afligido" por sus hijos mientras estaban ausentes. En el versículo 2 dice que Saríah en verdad pensaba que sus hijos habían muerto en el desierto y que su amargura era tal que se había quejado amargamente contra su marido, Lehi. Saríah acusó a su esposo de haberlos sacado y alejado de las comodidades de su hogar, haciendo que sus hijos murieran en el desierto y que ellos también morirían.

De acuerdo con 1 Nefi 5:4-6, Lehi "consoló" hasta cierto punto a Saríah, pero fue en realidad cuando sus hijos regresaron sanos y salvos a la tienda de su padre (versículo 7), que ella *fue* consolada. De hecho, su fe en que sus hijos estaban siendo dirigidos por el Señor se convirtió en "certeza" (versículo 8) y desde ese momento ya no volvemos a escuchar ninguna queja o falta de apoyo por parte de Saríah. Tal firmeza de testimonio no tiene precio y toda la jornada de vuelta a Jerusalén bien habría valido la pena si tan solo hubiera resultado en proporcionar a la noble de Saríah esa fortaleza y conocimiento seguro de que su familia estaba al servicio del Señor.

Sin importar las razones que el Señor tenía para mandar a los hijos de Lehi para que volvieran a por las planchas de bronce, sabemos que valía la pena ya que el Señor lo había mandado. Todo lo que nos mande el Señor, por difícil o extraño que nos parezca, siempre resultará en una bendición mayor que al seguir nuestro propio plan o al desobedecer.

1 Y ACONTECIÓ que después de hablar con el Señor, yo, Nefi, volví a la tienda de mi padre.

2 Y sucedió que me habló, diciendo: He aquí, he soñado un sueño, en el que el Señor me ha mandado que tú y tus hermanos volváis a Jerusalén.

3 Pues he aquí, Labán tiene los anales de los judíos, así como una genealogía de mis antepasados; y están grabados sobre planchas de bronce.

> **Parece** ser que Labán era familia de Lehi y que era el encargado de guardar los registros y la genealogía de la familia. Entre otras cosas, las planchas de bronce contenían lo que hoy conocemos como el Antiguo Testamento, desde Génesis hasta algunos de los escritos de Jeremías (véase 1 Nefi 5:11–13).

4 Por lo que el Señor me ha mandado que tú y tus hermanos vayáis a la casa de Labán, y procuréis los anales y los traigáis aquí al desierto.

5 Y he aquí, tus hermanos murmuran (se quejan), diciendo que lo que yo les he requerido es cosa difícil; pero no soy yo quien se lo requiere, sino que es un mandamiento del Señor.

> **El** versículo 5, arriba, nos sirve a todos como un recordatorio valioso de que cuando nuestro Profeta nos habla, no se trata de sus propias instrucciones, sino

que es la palabra del Señor.

6 Por lo tanto, ve tú, hijo mío, y el Señor te favorecerá porque no has murmurado.

> **El** versículo 7, a continuación, es uno de los versículos más famosos en el Libro de Mormón. Contiene un mensaje muy valioso para todos.

7 Y sucedió que yo, Nefi, dije a mi padre: Iré y haré lo que el Señor ha mandado, porque sé que él nunca da mandamientos a los hijos de los hombres sin prepararles la vía para que cumplan lo que les ha mandado.

8 Y aconteció que mi padre quedó altamente complacido (muy, muy contento) al oír estas palabras, porque comprendió que el Señor me había bendecido.

9 Y yo, Nefi, y mis hermanos emprendimos la marcha por el desierto, con nuestras tiendas, para subir a la tierra de Jerusalén.

> **Incluso** la frase "subir a la tierra de Jerusalén" conlleva cierto testimonio interno de la veracidad del Libro de Mormón. Aquellos que están familiarizados con la Tierra Santa sabrán que Jerusalén está elevada, en las montañas; y la mayoría de las otras tierras están "abajo" de Jerusalén. Por lo tanto, la mayoría de gente en esa región que viaja a Jerusalén, en verdad están "subiendo" en su viaje.

10 Y aconteció que cuando hubimos

subido a la tierra de Jerusalén, yo y mis hermanos deliberamos unos con otros.

11 Y echamos suertes para ver cuál de nosotros iría a la casa de Labán. Y sucedió que la suerte (el palito corto, la pajita corta o lo que sea que utilizaran) cayó sobre Lamán, y fue y entró en la casa de Labán y habló con él mientras estaba sentado en su casa.

12 Y le pidió a Labán los anales que estaban grabados sobre las planchas de bronce que contenían la genealogía de mi padre.

13 Y he aquí, aconteció que Labán se llenó de ira y lo echó de su presencia; y no quiso que él tuviera los anales. Por tanto, le dijo: He aquí, tú eres un ladrón, y te voy a matar. (Esta acusación falsa debía haber supuesto una tremenda sorpresa y decepción, especialmente al considerar que Nefi y Lehi le habían asegurado a Lamán que el Señor los había enviado para obtener las planchas de bronce).

14 Pero Lamán huyó de su presencia, y nos contó lo que Labán había hecho. Y empezamos a afligirnos en extremo, y mis hermanos estaban a punto de volver a mi padre en el desierto.

Tal y como se ha mencionado antes, esta era la obra del Señor y el Señor podría haber hecho que las cosas salieran bien en el primer intento de obtener las planchas de bronce de Labán. Sin embargo, como sabrás, un crecimiento duradero y robusto no se da con la continuidad de eventos fáciles. Por cierto, deducimos del versículo 14, arriba, que este obstáculo fue muy difícil para todos los cuatro hijos, incluyendo Nefi, porque él mismo dice que "empezamos a afligirnos en extremo". Sin embargo, Nefi estaba totalmente determinado a guardar el mandamiento del Señor de obtener las planchas y no se unió a sus hermanos en sus deseos de volver a su padre en el desierto. Por lo tanto, Nefi creció (se fortaleció) con esta experiencia, y Lamán y Lemuel se debilitaron. En cuanto a Sam, no lo sabemos, pero suponemos que también creció.

A continuación, en el versículo 15, Nefi hace uso del juramento (promesa) más fuerte dentro de su cultura semítica para expresar su compromiso personal de completar el mandamiento del Señor. En su cultura, el prometer o jurar por cualquier cosa viviente era un juramento muy fuerte. Pero el jurar por su propia vida aún era más fuerte, y jurar por el Dios viviente era el juramento o promesa más fuerte de todos.

15 Pero he aquí, yo les dije: Así como el Señor vive, y como nosotros vivimos, no descenderemos hasta nuestro padre en el desierto hasta que hayamos cumplido lo que el Señor nos ha mandado.

16 Por tanto, seamos fieles en guardar los mandamientos del Señor. Descendamos, pues, a la tierra de la herencia de nuestro padre (dando a entender que Lehi y su familia probablemente vivían en algún lugar cerca de Jerusalén pero fuera de los límites de la ciudad), pues he aquí, él dejó oro y plata y toda clase de riquezas; y ha hecho todo esto a causa de los mandamientos del Señor.

> **Los** discípulos o santos verdaderos, tanto del pasado como del presente, son como Lehi, dispuestos a dejar atrás lo que sea con tal de hacer la obra del Señor. Ciertamente esto incluye a los misioneros, tanto Élderes y Hermanas jóvenes como matrimonios y hermanas mayores.

17 Porque sabía que Jerusalén debe ser destruida a causa de la iniquidad del pueblo.

> **A** continuación, el versículo 18, es muy simbólico. Obviamente, la destrucción de Jerusalén será literal, tal como lo registra la historia. Sin embargo, cuando vemos estos versículos en las escrituras, nos vendría bien cambiar el interruptor de nuestra mente y ponerlo en la posición de "simbolismos", y así notar muchos posibles mensajes proporcionados por el simbolismo. Se podría decir que el simbolismo es infinitamente profundo. Y esto permite que el Espíritu Santo inspire nuestras mentes con mensajes distintos en cada ocasión que estudiamos los mismos pasajes de escrituras.

> **Por** ejemplo, la frase "si mi padre hubiera permanecido en el país después de habérsele mandado salir de él, habría perecido también" en el siguiente versículo podría tener muchas aplicaciones. Se podría aplicar literalmente a una familia que está acampada a las orillas de un barranco y que reciben una impresión del Espíritu indicando que deben salir corriendo de allí, porque va a haber una inundación. También se podría aplicar a un miembro de la iglesia que está en una relación que amenaza comprometer los estándares morales del evangelio. Si esta persona no abandona dichas circunstancias, corre el peligro de sufrir mucho daño espiritual o incluso la muerte espiritual. Otro ejemplo más de lección simbólica derivada del versículo 18 podría darse cuando un miembro joven o mayor de la iglesia se ha unido a un grupo incorrecto. Si este miembro no presta atención a las advertencias del Espíritu de huir y alejarse de las tentaciones, antes o después se verá expuesto a consecuencias terribles. Estas advertencias del Espíritu Santo también podrían hacer referencia a materiales escritos, tratos en los negocios o finanzas, peligros físicos, peligros militares, tendencias políticas y filosóficas, filosofías sociales, desobediencia a los padres, obispos, abuelos o a quien sea. La lista sigue y sigue al igual que las posibles aplicaciones simbólicas del versículo 18.

18 Pues he aquí, han rechazado las palabras de los profetas. Por tanto, si mi padre hubiera permanecido en el país después de habérsele mandado salir de él, habría perecido también. Por lo que ha sido necesario que salga del país.

> A continuación, Nefi recuerda a sus hermanos el porqué es tan importante para ellos el completar su misión y obtener las planchas de bronce. Tal y como se ha mencionado en la nota anterior, hay mucho simbolismo en las escritura. En los próximos versículos podrás ver fácilmente la aplicación simbólica sobre la importancia de las escrituras y llevar una historia familiar en tu propia vida.

19 Y he aquí, es prudente para Dios que obtengamos estos anales a fin de que preservemos para nuestros hijos el idioma de nuestros padres;

20 y también para preservarles las palabras que han salido de la boca de todos los santos profetas, las cuales les han sido dadas por el Espíritu y poder de Dios, desde el principio del mundo, hasta el día de hoy. (Todo esto estaba incluido en las planchas de bronce).

21 Y aconteció que, hablando de este modo, persuadí a mis hermanos a que fueran fieles en guardar los mandamientos de Dios. (La profecía dada en 1 Nefi 2:22, de que Nefi llegaría a ser "gobernante y maestro" sobre sus hermanos se está empezando a cumplir).

22 Y sucedió que descendimos a la tierra de nuestra herencia y recogimos nuestro oro, y nuestra plata y todos nuestros objetos preciosos.

23 Y después de haber recogido estas cosas, volvimos a la casa de Labán.

24 Y acaeció que entramos donde estaba Labán, y le pedimos que nos diera los anales que estaban grabados sobre las planchas de bronce, a cambio de los cuales le entregaríamos nuestro oro, y nuestra plata, y todas nuestras cosas preciosas.

25 Y aconteció que cuando Labán vio nuestros bienes, y que eran grandes en extremo, él los codició (Labán era un hombre avaricioso); por lo que nos echó fuera y mandó a sus siervos que nos mataran, a fin de apoderarse de nuestros bienes. (El egoísmo de Labán llegaba al extremo del asesinato con tal de obtener más).

26 Sucedió, pues, que huimos delante de los siervos de Labán, y nos vimos obligados a abandonar nuestros bienes, que cayeron en manos de Labán.

27 Y huimos al desierto sin que nos alcanzaran los siervos de Labán, y nos escondimos en la oquedad de una roca (quizás refiriéndose a una cueva).

A continuación, se nos recuerda una vez más, que cuando las circunstancias se hacen difíciles, algunas personas flojean y otras se hacen más fuertes. Por lo general, aquellos que se debilitan tratan de encontrar a alguien al que culpar. Los atributos típicos que acompañan a la culpa son la ira y la violencia.

28 Y aconteció que Lamán se irritó conmigo y también con mi padre; y lo mismo hizo Lemuel, porque se dejó llevar por las palabras de Lamán. (Lemuel parece ser un seguidor fácil de persuadir, sin embargo no es sabio al elegir a quién seguir). Por tanto, Lamán y Lemuel nos hablaron muchas palabras ásperas a nosotros, sus hermanos menores, y hasta nos golpearon con una vara.

29 Y sucedió que mientras nos golpeaban con la vara, he aquí, vino un ángel del Señor y se puso ante ellos, y les habló, diciendo: ¿Por qué golpeáis a vuestro hermano menor con una vara? ¿No sabéis que el Señor lo ha escogido (a Nefi; véase 1 Nefi 2:22) para ser gobernante sobre vosotros, y esto a causa de vuestras iniquidades (obras de maldad)? He aquí, subiréis de nuevo a Jerusalén y el Señor entregará a Labán en vuestras manos.

Esto es una promesa. Por lo tanto, ahora saben que tendrán éxito al obtener las planchas de bronce si regresan nuevamente a por ellas. Nefi enfrentará una prueba muy grande para poder obtener las planchas. Hasta la fecha, dicha prueba llegará a ser uno de los retos más difíciles en la vida del joven Nefi. Y aun así, tras la prueba tan severa de fe, tiene éxito, y crece tremendamente (fortaleciéndose en la fe) en su capacidad para guardar los mandamientos de Dios. De la misma manera, Nefi también recibe bendiciones muy grandes.

30 Y luego que nos hubo hablado, el ángel se fue.

31 Y después que el ángel hubo partido, Lamán y Lemuel empezaron otra vez a murmurar, diciendo: ¿Cómo es posible que el Señor entregue a Labán en nuestras manos? He aquí, es un hombre poderoso, y puede mandar a cincuenta, sí, y aun puede matar a cincuenta; luego, ¿por qué no a nosotros?

La respuesta que dan Lamán y Lemuel al aparecerse el ángel es para quedarse sin habla. ¿Cómo es posible que sean tan osadamente insensatos y rechacen su mensaje? ¿Cómo es posible que en un instante conviertan algo tan maravilloso como la aparición de un ángel en algo tan negativo? Podríamos llegar a la conclusión de que la iniquidad (maldad) no promueve el pensamiento racional. De hecho, este es uno de los mensajes más importantes en las escrituras.

PRIMER NEFI 4

Hasta ahora, los cuatro hijos de Lehi han hecho todo lo que estaba en su poder para lograr su misión, y aún así han fracasado. Parece ser que aquí hay una lección para todos nosotros. Es posible que al hacer muchas cosas y cumplir con muchas responsabilidades tengamos éxito a la primera. El Señor nos anima a usar nuestra inteligencia para solucionar problemas y nos dice que no es necesario que Él nos "mande en todas las cosas" y que "el poder está en" nosotros para resolver muchos problemas (ver DyC 58:26–28). Sin embargo, parece ser que de cuando en cuando necesitamos que se nos recuerde que dependemos completamente del Señor. Por ejemplo, no hay manera de ser perdonados a no ser que sea por la expiación. El Señor es el único que puede interceder por nosotros. El nos muestra Su poder y llegamos a lograr el éxito a Su manera, es decir, a través del arrepentimiento, confesión, etc.

1 Y ACONTECIÓ que hablé a mis hermanos diciéndoles: Subamos de nuevo a Jerusalén, y seamos fieles en guardar los mandamientos del Señor, pues he aquí, él es más poderoso que toda la tierra. ¿Por qué, pues, no ha de ser más poderoso que Labán con sus cincuenta, o aun con sus decenas de millares? (Dicho de otro modo, considerando que Labán en verdad tuviese miles y miles de soldados, el Señor todavía podría derrotarlos y bendecirnos con éxito al obtener las planchas).

2 Subamos pues, y seamos fuertes como Moisés; porque él de cierto habló a las aguas del Mar Rojo y se apartaron a uno y otro lado, y nuestros padres salieron de su cautividad sobre tierra seca, y los ejércitos de Faraón los persiguieron y se ahogaron en las aguas del Mar Rojo.

Hoy día parece ser que muchas personas que leen la Biblia y eruditos que la estudian e investigan no creen que Moisés y los hijos de Israel cruzaron literalmente el Mar Rojo por tierra seca al separarse este en dos y también que los ejércitos de Faraón se ahogaron mientras los perseguían. De hecho, algunos estudiosos dicen que Moisés y su pueblo no cruzaron el Mar Rojo sino un mar de cañizales, en el que no había apenas profundidad y que el viento caliente del desierto simplemente contuvo la subida de las aguas y así pudieron pasar los israelitas.

En el versículo 2, arriba, vemos como el Libro de Mormón apoya y verifica la Biblia. Los israelitas experimentaron el milagro de la partición del Mar Rojo y lo cruzaron por tierra seca, un milagro muy importante en sí mismo. La profecía de Ezequiel, que se encuentra en Ezequiel 37:15–17 se está cumpliendo ante nuestros ojos. La Biblia y el Libro de Mormón, el palo "para Judá" y el "palo de Efraín" se han convertido en "uno solo en tu mano".

3 He aquí, a vosotros os consta la certeza de esto, y también sabéis que un ángel os ha hablado; ¿cómo, pues, podéis dudar? Subamos hasta allá; el Señor puede librarnos como a nuestros padres, y destruir a Labán como a los egipcios.

4 Y cuando hube hablado estas palabras, todavía estaban irritados (enojados), y continuaron murmurando; sin embargo, me siguieron hasta que llegamos a los muros de Jerusalén.

5 Y era ya de noche; e hice que se ocultaran fuera del muro. Y cuando se hubieron escondido, yo, Nefi, entré furtivamente en la ciudad y me dirigí a la casa de Labán.

Tal y como se menciona en la nota anterior, Nefi está a punto de enfrentar una prueba de fe muy difícil. Al final pasará la prueba, pero antes habrá experimentado una lucha interna de dimensiones muy profundas. Aquí hay una lección para todos nosotros. A veces, al esforzarnos por vivir fielmente el evangelio, y desempeñar nuestros llamamientos y responsabilidades en el hogar y en la organización de la iglesia, encontramos obstáculos que ciertamente no esperábamos, especialmente a la luz de las promesas del Señor a los fieles. En tales ocasiones, la experiencia de Nefi en los siguientes versículos puede ser de gran ayuda y muy reconfortante.

6 E iba guiado por el Espíritu, sin saber de antemano lo que tendría que hacer.

7 No obstante, seguí adelante, y al acercarme a la casa de Labán vi a un hombre, y éste había caído al suelo delante de mí, porque estaba ebrio de vino.

8 Y al acercarme a él, hallé que era Labán.

9 Y percibiendo su espada, la saqué de la vaina; y el puño era de oro puro, labrado de una manera admirable, y vi que la hoja era de un acero finísimo.

Quisiera compartir un pensamiento. Sabemos que Nefi todavía era un hombre joven cuando se encontró a Labán. Es difícil ignorar su asombro y cómo da una descripción detallada de la espada refinada de Labán en el versículo 9. Simplemente es la conducta típica que podríamos esperar de un hombre joven.

A continuación, vemos y podemos sentir la lucha entre la mente y el corazón de Nefi al tratar de clarificar aquello que aprendió en su juventud en cuanto a no matar a nadie, su compromiso de seguir a Dios y el mandamiento de matar a Labán. Se trata de una lucha muy profunda y podemos aprender mucho de esto.

10 Y aconteció que el Espíritu me compelió (urgió, ordenó con firmeza) a que matara a Labán; pero dije en mi corazón: Yo nunca he derramado sangre humana. Y me sobrecogí (detuve) y deseé no tener que matarlo.

11 Y el Espíritu me dijo de nuevo: He aquí el Señor lo ha puesto en tus manos. Sí, y yo también sabía que había intentado quitarme la vida, y que él no quería escuchar (obedecer) los mandamientos del Señor; y además, se había apoderado de nuestros bienes (Labán era un ladrón).

12 Y sucedió que otra vez me dijo el Espíritu: Mátalo, porque el Señor lo ha puesto en tus manos;

13 he aquí que el Señor destruye a los malvados para que se cumplan sus justos designios. Es preferible que muera un hombre a dejar que una nación degenere y perezca en la incredulidad (una cita muy famosa del Libro de Mormón).

14 (La lucha intensa e interna de Nefi se prolonga). Y cuando yo, Nefi, hube oído estas palabras, me acordé de las que el Señor me había hablado en el desierto, diciendo: En tanto que tus descendientes (posteridad) guarden mis mandamientos, prosperarán en la tierra de promisión (literalmente las Américas; simbólicamente, el cielo).

15 Sí, y también consideré que no podrían guardar los mandamientos del Señor según la ley de Moisés,

a menos que tuvieran esa ley (las escrituras).

16 Y también sabía que la ley estaba grabada sobre las planchas de bronce.

17 Y además, sabía que el Señor había puesto a Labán en mis manos para este fin: que yo obtuviese los anales, de acuerdo con sus mandamientos.

18 Por lo que, obedeciendo la voz del Espíritu y cogiendo a Labán por los cabellos, le corté la cabeza con su propia espada.

Tal y como se ha mencionado previamente, esta fue una decisión de lo más difícil para Nefi. Parece ser que Nefi siempre ha sido rápido al obedecer, y aun así, en este caso, le lleva 9 versículos para obedecer, lo que refleja la lucha en su alma. Sin embargo, al haber pasado esta prueba tan extrema, desde este momento Nefi podrá obedecer rápidamente al Señor al enfrentar asignaciones difíciles en el futuro. Por ejemplo, cuando se le pide que construya un barco, lo cual puede ser una tarea descomunal para alguien sin experiencia en la construcción de barcos, simplemente respondió con una pregunta "¿a dónde debo ir para encontrar el mineral para fundir, a fin de que yo haga las herramientas para construir el barco . . . ?" (1 Nefi 17:9).

19 Y después que le hube cortado la cabeza con su propia espada, tomé

las ropas de Labán y me vestí con ellas, poniéndomelas todas, y me ceñí los lomos con su armadura (me puse su armadura).

20 Y cuando hube hecho todo esto, me dirigí al lugar donde se hallaba el tesoro de Labán. Y al acercarme a ese sitio, encontré al siervo de Labán (Zoram, véase el versículo 35) que guardaba las llaves del tesoro, e imitando la voz de su amo, le mandé que me acompañara al lugar del tesoro.

21 Y él supuso que yo era su amo Labán, pues vio la ropa (de Labán) y también la espada ceñida a mi cintura.

22 Y me habló concerniente a los ancianos (líderes religiosos, véase el versículo 26) de los judíos, porque sabía que su amo Labán había estado entre ellos durante la noche.

23 Y le hablé como si yo hubiese sido Labán.

24 Y también le dije que yo tenía que llevar los grabados, que estaban sobre las planchas de bronce, a mis hermanos mayores que se hallaban del otro lado de las murallas (fuera de la ciudad).

25 Y también le mandé que me siguiera.

26 Y creyendo él que me refería a los hermanos de la iglesia, y que era

en verdad Labán, a quien yo había matado, me siguió.

27 Y me habló muchas veces acerca de los ancianos de los judíos, mientras me dirigía hacia donde estaban mis hermanos fuera de las murallas.

28 Y aconteció que cuando Lamán me vio, se asustó en extremo, lo mismo que Lemuel y Sam; y huyeron de mi presencia, porque creían que era Labán, y que me había quitado la vida, e iba a matarlos también a ellos.

29 Y aconteció que los llamé, y ellos me oyeron; por tanto, cesaron de huir de mi presencia.

Imagina cuán sorprendido y desconcertado debe haberse quedado Zoram cuando Nefi habló con su voz normal y sus hermanos se detuvieron.

30 Y cuando el siervo de Labán vio a mis hermanos, empezó a temblar (temer), y estaba a punto de huir de mí y volver a la ciudad de Jerusalén.

31 Y yo, Nefi, siendo un hombre grande de estatura, y habiendo recibido mucha fuerza del Señor, prendí (agarré) al siervo de Labán y lo detuve para que no se escapara.

Ciertamente Nefi se muestra humilde en cuanto a su tamaño y fuerza y nos deja un buen ejemplo al reconocer que es gracias al Señor que tuvo la habilidad para retener a Zoram. A continuación, nos encontramos con el uso del juramento más fuerte que existe en la cultura judaica (véase la nota previa a 1 Nefi 3:15 en este libro) cuando Nefi habla con Zoram y éste le responde.

32 Y sucedió que le dije que si quería escuchar mis palabras, así como vive el Señor, y como vivo yo, que si prestaba atención a nuestras palabras, le perdonaríamos la vida.

33 Y le hablé, sí, le hice juramento de que no tenía por qué temer; que sería libre como nosotros si descendía con nosotros al desierto.

34 Y también le dije: Ciertamente el Señor nos ha mandado hacer esto, y ¿no debemos ser diligentes en guardar los mandamientos del Señor? Por lo tanto, si desciendes al desierto adonde está mi padre, habrá lugar para ti entre nosotros.

A continuación, veremos como Zoram confiará en Nefi tras haber pronunciado el juramento. Por otro lado, Nefi también se queda tranquilo en cuanto a Zoram tras haber recibido una promesa y juramento del mismo Zoram. Desafortunadamente, hoy en día raramente se confía en las promesas de palabra. Cuán maravilloso sería vivir en un mundo en el que nuestras promesas tuvieran tanto valor, significado y fuerza. Y lo cierto es que depende de nosotros. Nos ganamos la confianza de otros al ser honestos y mantener siempre nuestras promesas.

35 Y sucedió que Zoram cobró ánimo al oír las palabras que le hablé. Ahora bien, Zoram era el nombre de este siervo; y prometió que descendería al desierto a donde estaba nuestro padre. Sí, y también nos hizo juramento de que permanecería desde entonces con nosotros.

36 Ahora bien, deseábamos que permaneciera con nosotros por esta razón: que los judíos no supieran de nuestra huida al desierto, no fuera que nos persiguieran y nos destruyeran.

37 Y aconteció que cuando Zoram se juramentó, cesaron nuestros temores con respecto a él.

38 Y sucedió que tomamos las planchas de bronce y al siervo de Labán (Zoram), y partimos para el desierto y viajamos hacia la tienda de nuestro padre.

PRIMER NEFI 5

¡**Imagínate** el gozo y alivio de aquellos que estaban preocupados cuando vieron a los hijos de Lehi regresar sanos y salvos al campamento, junto a Zoram! Tal y como se menciona en la nota al principio del capítulo 3 de 1 Nefi, en este libro, se han logrado muchas cosas al cumplir con los mandamientos del Señor de volver y conseguir las planchas de bronce de Labán. Y el fortalecimiento del testimonio de

Sariah en cuanto al llamamiento profético de su marido no fue de menor importancia.

1 Y ACONTECIÓ que después de haber viajado por el desierto hasta donde estaba nuestro padre, he aquí, éste se llenó de gozo; y también mi madre Saríah se regocijó en extremo, porque verdaderamente se había afligido por nosotros;

2 porque creía que habíamos perecido en el desierto, y también se había quejado mucho contra mi padre, acusándolo de visionario, diciendo: Tú nos has sacado de la tierra de nuestra herencia, y mis hijos ya no existen y nosotros pereceremos en el desierto.

3 Y según esta manera de hablar, mi madre se había quejado contra mi padre.

4 Y había sucedido que mi padre le había hablado, diciendo: Sé que soy hombre visionario, porque si no hubiera visto las cosas de Dios en una visión, no habría conocido su bondad, sino que hubiera permanecido en Jerusalén y perecido con mis hermanos.

5 Pero he aquí, he obtenido una tierra de promisión (literalmente, las Américas; simbólicamente, el cielo), y me regocijo en estas cosas; sí, y yo sé que el Señor librará a mis hijos de las manos de Labán, y los hará volver a nosotros en el desierto.

6 Y con estas palabras mi padre Lehi consoló a mi madre Saríah, con respecto a nosotros, mientras viajábamos por el desierto hacia la tierra de Jerusalén para obtener los anales de los judíos (las planchas de bronce);

7 y cuando volvimos a la tienda de mi padre, se llenaron de gozo; y mi madre se consoló.

Ahora, al leer el testimonio de Sariah, trata de imaginar el gozo y alivio de Lehi y Nefi al escuchar a Sariah testificar.

8 Y ella habló, diciendo: Ahora sé con certeza (seguridad, sin dudar) que el Señor ha mandado a mi marido que huya al desierto; sí, y también sé de seguro que el Señor ha protegido a mis hijos, los ha librado de las manos de Labán y les ha dado poder para llevar a cabo lo que el Señor les ha mandado. Y según esta manera de hablar se expresó ella.

9 Y aconteció que se regocijaron en extremo, y ofrecieron sacrificios y holocaustos al Señor; y dieron gracias al Dios de Israel.

En el versículo 9, arriba, se nos recuerda que todavía estaban viviendo la Ley de Moisés, incluyendo el sacrificio de animales, lo cual simboliza la expiación de Cristo que habría de llegar. En este sentido, en el Libro de Mormón, todavía estamos en los tiempos del Antiguo Testamento y lo seguiremos estando hasta la visita del Salvador resucitado en Tercer Nefi.

Por cierto, al hablar de esta parte del Libro de Mormón referente a los tiempos del Antiguo Testamento, es muy importante recalcar que el Libro de Mormón proporciona un entendimiento más claro de las enseñanzas del Antiguo Testamento en cuanto a Cristo que nuestra versión actual del Antiguo Testamento.

10 Y después de haber dado gracias al Dios de Israel, mi padre Lehi tomó los anales que estaban grabados sobre las planchas de bronce, y los examinó desde el principio.

El Apóstol Bruce R. McConkie dijo los siguiente en cuanto a las planchas de bronce: ". . . las planchas de bronce . . . contienen más de la palabra del Señor de lo que contiene nuestro Antiguo Testamento si comparamos ambos registros en su época. Estas planchas también saldrán a la luz en su debido tiempo como parte de la restauración de todas las cosas" *(Millennial Mesías,* p. 113).

Ahora Nefi nos dará una descripción detallada de los contenidos de las planchas de bronce de Labán.

11 Y vio que contenían los cinco libros de Moisés (Génesis, Éxodo, Levítico, Números y Deuteronomio), los cuales relataban la historia de la creación del mundo, y también de Adán y Eva, nuestros primeros padres (nuestros primeros antepasados); (En otras palabras, esto representa la máxima distancia en el tiempo que nuestra genealogía mortal puede llegar).

Al considerar el versículo 11, justo arriba, nos vendría muy bien una cita de la Primera Presidencia. La pregunta referente a si la evolución orgánica fue el medio por el cual nuestros antepasados últimamente llegaron a existir parece que es contestada en la última frase del versículo 11. Concerniente a los orígenes de la raza humana, la Primera Presidencia dijo:

"**Algunos** sostienen que Adán no fue el primer hombre sobre la tierra, y que el ser humano original se desarrolló o evolucionó a partir de las clases inferiores de la creación de la vida animal. Sin embargo, esto son teorías de los hombres. La palabra del Señor declara que Adán fue el 'primer hombre de todos los hombres' (Moisés 1:34), por lo tanto, nosotros tenemos el deber inalterable de considerarlo como el padre original de nuestra raza . . . El hombre empezó su vida como un ser humano, a semejanza de nuestro Padre Celestial". (La Primera Presidencia [José F. Smith, John R. Winder y Anthon H. Lund], en James R. Clark, comp., Mensajes de la Primera Presidencia de La Iglesia de Jesucristo de los Santos de los Últimos Días, 4:205–6).

12 y asimismo la historia de los judíos desde su principio, aun hasta el comienzo del reinado de

Sedequías, rey de Judá; (En otras palabras, hasta aproximadamente el año 600 a.C.).

13 y también las profecías de los santos profetas desde el principio, hasta comenzar el reinado de Sedequías, y muchas profecías declaradas por boca de Jeremías. (Esto constituiría básicamente las palabras de los profetas, incluyendo las que se encuentran en nuestro Antiguo Testamento, hasta Jeremías inclusive).

14 Y aconteció que mi padre Lehi también halló sobre las planchas de bronce la genealogía de sus padres, por lo que supo que descendía de José (a través de Manasés, véase Alma 10:3), sí, aquel José que era hijo de Jacob, que fue vendido para Egipto y preservado por la mano del Señor para que salvara del hambre a su padre Jacob y a toda su casa.

15 Y también fueron librados del cautiverio y conducidos fuera del país de Egipto por el mismo Dios que los había preservado.

> **Hay** un simbolismo en el versículo 15, arriba. El Señor literalmente liberó a los hijos de Israel del cautiverio (esclavitud) en Egipto. Pero el simbolismo a que me refiero, tal y como sucede en muchos acontecimientos literales en las escrituras, tiene otras aplicaciones. Si seguimos fielmente al Señor, también seremos llevados

> (liberados) fuera de la tierra del "cautiverio" del pecado, y fuera del mundo (Egipto) hacia una "tierra prometida" (el cielo).

16 Así fue que mi padre Lehi descubrió la genealogía de sus antepasados. Y Labán también era descendiente de José, por lo que él y sus padres habían llevado los anales.

> **En** el versículo 16, arriba, es donde aprendemos que Labán era familia, cercana o lejana, de Lehi.

17 Y cuando mi padre vio todas estas cosas, fue lleno del Espíritu y empezó a profetizar acerca de sus descendientes:

18 Que estas planchas de bronce irían a todas las naciones, tribus, lenguas y pueblos que fueran de su simiente (posteridad, descendientes).

19 Por tanto, dijo que estas planchas nunca perecerían, ni jamás el tiempo las empañaría. Y profetizó muchas cosas en cuanto a su posteridad.

> **Del** versículo 19, arriba, aprendemos que las planchas de bronce de Labán todavía existen. Han sido preservadas por la mano del Señor, y no hay duda de que algún día, aquellos que sean fieles podrán verlas.

20 Y sucedió que hasta este punto mi padre y yo habíamos guardado los mandamientos que el Señor nos había mandado.

21 Y habíamos obtenido los anales

que el Señor nos había mandado, y los escudriñamos y descubrimos que eran deseables; sí, de gran valor para nosotros, por motivo de que podríamos preservar los mandamientos del Señor para nuestros hijos. (Esta es una de las razones principales por las que tenemos las escrituras, las estudiamos y las enseñamos).

22 Por lo tanto, fue en la sabiduría del Señor que los lleváramos con nosotros mientras viajábamos por el desierto hacia la tierra de promisión. (Una vez más, la "tierra de promisión" también simboliza la gloria celestial y el vivir en la presencia de Dios para siempre).

PRIMER NEFI 6

A continuación, Nefi hace referencia al registro especial que el Señor le mandó escribir treinta años después de salir de Jerusalén. Véase 2 Nefi 5:28–33. Generalmente nos referimos a este registro como las Planchas Menores de Nefi. Con especial cuidado, Nefi procura limitarse a grabar los asuntos, mensajes y lecciones de carácter más espiritual. Al leer y estudiar sus escritos vemos que los hechos históricos que grabó se reducen a detalles mínimos que nos ayudarán a comprender los antecedentes y circunstancias que acompañan aquello que nos quiere enseñar, además de algunos detalles de su propio pueblo. A lo largo del tiempo también se guardó otra colección de planchas conocidas como las Planchas Mayores de Nefi. Véase "Una Breve Explicación Acerca del Libro de Mormón" al principio de tu Libro de Mormón para saber más en cuanto a los diferentes juegos o colecciones de planchas de que se hace referencia. Véase también la nota al principio de 'El Primer Libro de Nefi' en este libro.

1 AHORA bien, yo, Nefi, no doy la genealogía de mis padres en esta parte de mis anales; ni tampoco la daré en ningún otro momento sobre estas planchas (las Planchas Menores) que estoy escribiendo, porque se halla en los anales que mi padre (las Planchas Mayores) ha llevado, y por eso no la escribo en esta obra (las Planchas Menores).

2 Básteme decir que somos descendientes de José.

3 Y no me parece importante ocuparme en una narración completa de todas las cosas de mi padre, porque no se pueden escribir sobre estas planchas (las Planchas Menores), pues deseo el espacio para escribir acerca de las cosas de Dios.

4 Porque toda mi intención (al grabar estas Planchas Menores y todo lo demás que hago) es persuadir a los hombres a que vengan al Dios de Abraham, y al Dios de Isaac, y al Dios de Jacob (en otras palabras, el único Dios verdadero), y sean salvos.

5 De modo que no escribo las cosas que agradan al mundo, sino las que agradan a Dios y a los que no son del mundo (a los justos).

6 Por tanto, daré un mandamiento a mis descendientes de que no ocupen estas planchas (las Planchas Menores) con cosas que no sean de valor para los hijos de los hombres.

PRIMER NEFI 7

Es interesante observar que durante este tiempo se pide nuevamente a los hijos de Lehi y Sariah que vuelvan a Jerusalén. Y esta vez Lamán y Lemuel no se oponen (no se quejan ni murmuran); quizás porque en esta ocasión hay algo para ellos, específicamente, mujeres (esposas). Esto puede darnos otra pista en cuanto a sus personalidades.

Una cosa más antes de empezar con este capítulo. Podemos ver la mano del Señor al proporcionar, de antemano, una familia con el número exacto de hijas solteras. Nos damos cuenta de que hay cinco que necesitan esposas. Estos son Lamán, Lemuel, Sam, Nefi y Zoram. La familia de Ismael tiene cinco hijas solteras y dos hijos casados con sus familias. Además, se nos da a entender que los dos hijos de Ismael estaban casados dentro de la familia de Lehi.

El apóstol Erastus Snow dijo que José Smith relató que tal era el caso. A partir de aquí podemos concluir que Lehi y Sariah tenían dos hijas mayores, y que se habían casado con los hijos de Ismael y ya tenían familias propias. Aquí está la cita del Elder Snow (usaremos **negrita** para resaltar):

"**El** Profeta José nos informó que el registro de Lehi, el cual estaba en las 116 páginas que tradujo primero y que luego fueron robadas, y del cual se da un resumen en el Primer Libro de Nefi, el cual es un registro de Nefi, nos aclara que éste era del linaje de Manasés; pero que Ismael era del linaje de Efraín, y que **sus hijos se casaron con mujeres de la familia de Lehi, y que los hijos de Lehi se casaron con las hijas de Ismael**". (*Journal of Discourses*, 26 vols. [London: Latter-day Saints' Book Depot, 1854–1886], 23: 185 - 186).

1 Y AHORA quisiera que supieseis que cuando mi padre Lehi hubo concluido de profetizar concerniente a su posteridad (descendientes), el Señor le habló de nuevo, diciendo que no convenía que él (no era bueno para él), Lehi, llevase a su familia sola al desierto; sino que sus hijos debían tomar mujeres por esposas para levantar posteridad (hijos) para el Señor en la tierra de promisión.

2 Y aconteció que el Señor le mandó que yo, Nefi, y mis hermanos volviésemos a la tierra de Jerusalén, y lleváramos a Ismael y su familia al desierto.

3 Y aconteció que yo, Nefi, y mis hermanos viajamos otra vez por el desierto para subir a Jerusalén.

Puede que haya algún simbolismo importante que contenga una lección muy valiosa para nosotros en el hecho de que se pida a los cuatro hermanos que regresen nuevamente a Jerusalén. De su viaje anterior a Jerusalén podemos observar que mientras uno está al servicio del Señor, las dificultades pueden llevar al fortalecimiento o al debilitamiento espiritual, dependiendo del uso que hagamos de nuestro albedrío. Lamán y Lemuel se debilitaron. Nefi y Sam se fortalecieron.

Ahora van a tener otra oportunidad (otra jornada de viaje). Este hecho es como un simbolismo que se aplica a nosotros. A lo largo de nuestras vidas se nos dan muchas, muchas oportunidades para que podamos superar las mismas pruebas una y otra vez. Por ejemplo, si "fallamos" (suspendemos o no superamos) la prueba de la Palabra de Sabiduría, la podemos "retomar", al aplicar el principio del arrepentimiento. Si no superamos la prueba de "ser amables con el prójimo", también se nos dan multitud de oportunidades extra para tratar de pasar dicha prueba. Si no pasamos la prueba de "santificar el día de reposo", se nos dan muchos días de reposo adicionales en los que lo podemos hacerlo mejor.

A estas alturas en el Libro de Mormón, el Señor es lo suficientemente benévolo (bondadoso) para dar a Lamán y Lemuel otra oportunidad para "retomar" la prueba (o el examen) de "regresar a Jerusalén", junto con Nefi y Sam, quienes ya pasaron la prueba la última vez. De hecho, parece que cuando no superamos una de las pruebas del Señor, lo podemos retomar junto a santos fieles que ya han superado esas pruebas. Tales santos son unos ejemplos buenos para nosotros.

4 Y sucedió que llegamos a la casa de Ismael, y hallamos favor ante sus ojos, de modo que pudimos anunciarle las palabras del Señor.

5 Y el Señor ablandó el corazón de Ismael y los de su casa; por tanto, viajaron con nosotros al desierto a la tienda de nuestro padre.

Será muy interesante cuando sepamos el resto de los detalles del encuentro que Nefi y sus hermanos tuvieron con Ismael y su familia. Nos damos cuenta de que, así como Nefi cargó el peso de la responsabilidad para obtener las planchas de bronce durante su última jornada a Jerusalén, esta vez parece que todos se reparten la responsabilidad. Por lo menos, el uso de la palabra "nosotros", en el versículo 4, arriba, nos lleva a dicha conclusión. En esta ocasión, el Señor también estaba involucrado, y ablandó los corazones de Ismael y su familia (véase el versículo 5, arriba) para que se fueran con ellos. No cabe duda de que todos sintieron el

Espíritu del Señor y así pudieron comenzar a edificar sus testimonios, lo cual lleva a un incremento en el nivel de responsabilidad al obedecer los mandamientos del Señor.

La cita de Erastus Snow, en la nota al principio de este capítulo, nos da a entender que Ismael era de la tribu de Efraín. Repetiremos nuevamente una parte de dicha cita y usaremos **negrita** para resaltar:

"**El** Profeta José nos informó que . . . **Ismael era del linaje de Efraín**, y que sus hijos se casaron con mujeres de la familia de Lehi, y que los hijos de Lehi se casaron con las hijas de Ismael, cumpliendo así las palabras de Jacob sobre Efraín y Manasés en el capítulo 48 de Génesis, las cuales dicen: 'y mi nombre sea llamado en ellos y el nombre de mis padres Abraham e Isaac; y multiplíquense en gran manera en medio de la tierra'. Así pues, estos descendientes de Manasés y Efraín crecieron juntos sobre el continente americano. (*Journal of Discourses*, 26 vols. [London: Latter-day Saints' Book Depot, 1854–1886], 23: 185 - 186).

6 Y mientras íbamos por el desierto, he aquí que Lamán y Lemuel, dos de las hijas, y los dos hijos de Ismael y sus familias se rebelaron contra nosotros, es decir, contra mí, Nefi, y contra Sam y contra Ismael, y su esposa y sus otras tres hijas.

7 Y aconteció que en su rebelión deseaban regresar a la tierra de Jerusalén. (Era obvio que no creían que Jerusalén sería destruida, a pesar de que muchos profetas lo habían manifestado).

8 Y yo, Nefi, afligido por la dureza de sus corazones, les hablé, sí, a Lamán y a Lemuel, diciendo: He aquí, vosotros sois mis hermanos mayores y ¿cómo es que sois tan duros de corazón, y tan ciegos de entendimiento, que tenéis necesidad de que yo, vuestro hermano menor, tenga que hablaros, sí, y daros el ejemplo?

9 ¿Cómo es que no habéis escuchado la palabra del Señor?

Una manera en la que podemos mantener nuestros testimonios vivos y fuertes es **recordar** (retener en la memoria) las bendiciones que el Señor nos ha dado en el pasado. Entre otros, en Alma 5:6 tenemos un buen ejemplo de esto. Y en los próximos tres versículos Nefi usará la palabra "olvidado" tres veces. "Olvidar" las bendiciones pasadas del Señor es una manera de perder o ignorar el testimonio personal.

10 ¿Cómo es que os habéis olvidado de haber visto a un ángel del Señor?

11 Sí, y ¿cómo es que habéis olvidado cuán grandes cosas el Señor ha hecho por nosotros, librándonos de las manos de Labán, y también ayudándonos a obtener los anales (las planchas de bronce)?

12 Sí, y ¿cómo es que habéis olvidado

que el Señor tiene poder de hacer todas las cosas según su voluntad, para los hijos de los hombres, si es que ejercen la fe en él? Por tanto, seámosle fieles.

> **En** el versículo anterior, Nefi nos recuerda que para que se manifieste el poder del Señor en nuestras vidas, son requisitos fundamentales la fe y la fidelidad. Si examinamos nuestras vidas, ¿cómo nos sentimos en cuanto a nuestra fe en Cristo y nuestra fidelidad a los convenios hechos con Dios? ¿Qué podemos hacer, además de recordar las bendiciones pasadas, para que nuestra fe y fidelidad sigan creciendo?

13 Y si es que le somos fieles, obtendremos la tierra de promisión; y sabréis en un tiempo venidero que será cumplida la palabra del Señor respecto a la destrucción de Jerusalén; porque todo cuanto el Señor ha dicho respecto de su destrucción se cumplirá.

14 Pues he aquí, el Espíritu del Señor pronto cesará de luchar con ellos; porque han rechazado a los profetas y han arrojado a Jeremías en una prisión. Y han procurado quitarle la vida a mi padre, hasta el punto de hacerlo huir del país.

> **En** el versículo 14, arriba, aprendemos que el Espíritu del Señor todavía no había cesado en Su intento de rescatar a los habitantes de Jerusalén de sus iniquidades (maldad) y dirigirlos

hacia Dios. Debido a la paciencia del Señor, se requiere mucha iniquidad para que el Señor retire Su Espíritu de Sus hijos. Sin embargo, es evidente que en esa época, los ciudadanos de Jerusalén y alrededores estaban yendo más allá del límite de la iniquidad. Por cierto, en Jeremías 37:3 a 38:28 puedes leer sobre el encarcelamiento de Jeremías a manos del joven rey Sedequías. La conducta de Sedequías claramente nos recuerda que la maldad no promueve ni el pensamiento racional ni el sentido común.

15 Y ahora bien, he aquí os digo que si volvéis a Jerusalén, también pereceréis con ellos. Así pues, si lo preferís, subid allá (adelante, regresad a Jerusalén si así lo deseáis), y recordad las palabras que os hablo, que si vais, también pereceréis (moriréis); porque así me constriñe (me manda) a hablar el Espíritu del Señor.

16 Y aconteció que cuando yo, Nefi, hube hablado estas palabras a mis hermanos, se irritaron (enojaron) contra mí. Y se lanzaron sobre mí, porque se habían enojado en extremo, y me ataron con cuerdas, pues intentaban quitarme la vida, para luego abandonarme en el desierto, a fin de que fuera devorado por animales salvajes.

> **Anteriormente** hablamos de la bondad del Señor al darnos a cada uno de nosotros muchas oportunidades para superar

los malos pensamientos y las conductas incorrectas. Dijimos que incluso el mandamiento de regresar nuevamente a Jerusalén era una bendición del Señor porque les daba a Lamán y Lemuel otra oportunidad para "superar" la prueba (examen). En este sentido, también dijimos que Lamán y Lemuel no habían superado la primera prueba de "ida y vuelta a Jerusalén" y que Sam y Nefi sí la superaron. Nuestra esperanza aumentó un poco cuando Lamán y Lemuel se mostraron dispuestos a volver por segunda vez a Jerusalén, pero acabamos de ver que su egoísmo y rebelión los hicieron caer tan bajo que llegaron a cometer asesinato en sus corazones.

Una vez más están fallando al "retomar" el "examen" o la prueba de ir y volver a Jerusalén. Y no solo eso, además han convencido a algunos miembros de la familia de Ismael para que se unan a ellos. Por el contrario, la fe de Nefi sigue creciendo a través de la adversidad y una obediencia paciente y persistente. Podemos ver esta fe en acción al continuar con el capítulo.

17 Pero aconteció que oré al Señor, diciendo: ¡Oh Señor, según mi fe en ti, líbrame de las manos de mis hermanos; sí, dame fuerzas para romper estas ligaduras (cuerdas) que me sujetan!

Nefi estaba literalmente atado con cuerdas, sin embargo, estas cuerdas también pueden simbolizar la incredulidad,

dudas e iniquidad que ataban el corazón de Lamán y Lemuel. Nefi pide con fe que él no caiga preso de tales ligaduras espirituales. También nosotros debemos orar siempre para librarnos de tales ataduras o tropezaderos. (Véase 3 Nefi 18:15,18 y Lucas 18:1).

18 Y cuando hube pronunciado estas palabras, he aquí, fueron sueltas las ligaduras de mis manos y de mis pies, y poniéndome delante de mis hermanos, les hablé otra vez.

A estas alturas nuestra esperanza sería, que tanto Lamán como Lemuel y los otros que estaban enojados, se humillasen y se disculpasen al presenciar el milagro de la liberación de las ligaduras. Sin embargo, nos desilusionamos. Quizás, una de las lecciones que aprendemos de esta escena en el Libro de Mormón es que la maldad incesante e intencionada conduce a un orgullo más profundo y cruel, el cual lleva a seguir causando daño a pesar de lo obvio.

19 Y aconteció que se enfurecieron conmigo de nuevo y trataron de apoderarse de mí; pero he aquí, una de las hijas de Ismael (espero que esta era la mujer con la que Nefi termina casándose), sí, y también su madre y uno de los hijos de Ismael, suplicaron a mis hermanos de tal manera que ablandaron sus corazones, y cesaron en sus esfuerzos por quitarme la vida.

20 Y sucedió que se sintieron apesadumbrados (tristes) de su maldad, al grado de que se humillaron delante de mí, suplicándome que les perdonara aquello que habían hecho conmigo. (Esta es una evidencia de que todavía no han dejado de sentir y nos da esperanza de que todavía se arrepentirán y se acercarán a Dios a pesar de todo. El Señor todavía sigue trabajando con ellos y les da todas las oportunidades posibles para que usen su albedrio sabiamente).

21 Y aconteció que les perdoné sinceramente todo cuanto me habían hecho, y los exhorté a que pidieran al Señor su Dios que los perdonara. Y aconteció que así lo hicieron. Y después de haber orado al Señor, emprendimos otra vez la marcha hacia la tienda de nuestro padre.

La disposición de Nefi al perdonar totalmente a sus ofensores es un ejemplo maravilloso para todos nosotros. No solo les da una oportunidad de empezar de nuevo, sino que además Nefi libera su propia alma, corazón y mente de la carga pesada que suponen los sentimientos negativos que se dan al albergar amargura y posiblemente odio. Así pues, tanto los ofensores (los que causaron el daño) como él mismo, son librados de una carga emocional dañina.

22 Y aconteció que bajamos a la tienda de nuestro padre; y cuando yo, mis hermanos y toda la casa de Ismael hubimos llegado a la tienda de mi padre, ellos dieron gracias al Señor su Dios; y le ofrecieron sacrificios y holocaustos.

Si asumimos que la frase "le ofrecieron sacrificios" incluye a Lamán y Lemuel, esto implica que tenían el sacerdocio. De acuerdo con Joseph Fielding Smith, en esta época en el Libro de Mormón, se trataría del Sacerdocio de Melquisedec. Joseph Fielding Smith enseñó lo siguiente (utilizamos **negrita** para resaltar):

"**Los** nefitas eran descendientes de José. Lehi descubrió esto al leer las planchas de bronce. Él era descendiente de Manasés, y la familia de Ismael, la cual acompañó a Lehi, era de la tribu de Efraín (Alma 10:3). Por lo tanto no había Levitas acompañando a Lehi en el hemisferio occidental. En estas condiciones **los nefitas oficiaron en virtud del sacerdocio de Melquisedec desde los días de Lehi hasta el tiempo de la aparición de nuestro Salvador entre ellos**".

"**Si** bien es cierto que Nefi 'consagró a Jacob y José' para que fueran sacerdotes y maestros sobre la tierra de los nefitas, el hecho de que los términos sacerdotes y maestros estén en plural indica que no se trataba de un oficio definido del sacerdocio. Más bien, se trataba de una asignación general para enseñar, dirigir y amonestar al pueblo. De otro modo, los términos sacerdote y maestro se hubieran dado en singular . . ."

"**De** estos y otros pasajes numerosos aprendemos que fue por la autoridad del Sacerdocio de Melquisedec que los nefitas administraron desde la ocasión en que salieron de Jerusalén hasta el tiempo de la venida de Jesucristo". (Joseph Fielding Smith, Answers to Gospel Questions, 1:124–26. 'Respuestas a preguntas del evangelio').

PRIMER NEFI 8

En este capítulo, Lehi tendrá la visión del árbol de la vida y pedirá a su familia que vayan y participen junto a él de este fruto. Antes de seguir adelante con esta narración del Libro de Mormón, haremos una pausa y consideraremos el sueño tan maravilloso que tuvo el padre de José Smith. ¿Nunca te has preguntado cómo el Señor preparó a los padres del José Smith para que fuesen los padres de un Profeta? ¿Te has preguntado alguna vez cómo pudieron ser tan leales al apoyar a su hijo, el Profeta, al enfrentar tantas burlas y adversidad? En parte, estas respuestas tienen una explicación en el hecho de que tanto el padre como la madre de José tuvieron sueños y visiones en los que se les revelaba y predecía lo que su hijo restauraría.

Fue una preparación maravillosa y tierna en su papel como padres. Se les preparó de manera similar a Abraham y Sara (Isaac), Zacarías y Elisabet (Juan el Bautista), e incluso María y José (Jesús). Puedes leer más sobre los sueños y visiones de los padres de José Smith en un libro titulado *"La historia de José Smith por su madre"*. (La referencia de dicho libro se halla al final de la próxima cita). Para nuestros propósitos, aquí solo citaremos la narración que Lucy Mack Smith nos dio sobre un sueño que tuvo el padre de José Smith en el año 1811. Presta atención y te darás cuenta de que es parecido al sueño de Lehi. Entonces podrás entender aún mejor la razón por la que él sabía que su hijo era en realidad un profeta llamado por Dios para restaurar la iglesia verdadera.

"**En** 1811, nos mudamos desde Royalton, Vermont, a la ciudad de Lebanon, en New Hampshire. Poco después de llegar allí, mi marido recibió otra visión muy particular, la cual voy a relatar:

"**Pensé,**" dijo el, "que estaba viajando por un campo espacioso y abandonado, el cual parecía muy árido o infructuoso. A medida que iba viajando tuve un pensamiento repentino sugiriéndome que más me valía parar y reflexionar en cuanto a lo que estaba haciendo antes de seguir más lejos. Así que me pregunté a mi mismo, '¿Por qué razón estoy viajando por aquí y qué clase de lugar puede ser este?' Mi guía, el cual seguía a mi lado, dijo: 'Esto es el mundo solitario; pero sigue avanzando'. El camino era tan ancho y árido que me pregunté por qué debía avanzar por tal camino; pues me dije a mi mismo: 'Ancha es la puerta y espacioso el camino que conduce a la muerte, y muchos son los que lo transitan;

pero estrecha es a puerta, y angosto el camino que conduce a la vida eterna, y pocos son los que lo hallan'. Tras avanzar un poco más, llegué a un sendero estrecho. Entré en dicho sendero, y después de viajar un poco por este, pude ver una río con agua, el cual corría desde el este hacia el oeste. No pude ver ni el origen ni la desembocadura de dicho río; sin embargo, tan lejos como podía alcanzarme la vista, pude ver una cuerda que se extendía junto a la orilla del río, a una altura en la que un hombre podía alcanzarla. Más abajo del lugar en el que me encontraba había un valle muy agradable, en el cual había un árbol como yo nunca había visto antes. Era extremadamente bello, tanto que lo contemplé con asombro y admiración. Sus ramas hermosas se extendían en forma de paraguas, y tenía una especie de fruto, con una forma similar al fruto del castaño, y era tan blanco como la nieve, o más blanco si es posible. Lo miré con gran interés, y mientras lo miraba, las cáscaras de los frutos comenzaron a abrirse y a desprender sus partículas, las cuales eran de una blancura deslumbrante. Me acerqué y empecé a comer de ese fruto y hallé que era muy delicioso, tanto que no lo podía describir. Mientras lo comía, dije en mi corazón: 'No puedo comer esto yo solo, debo traer a mi esposa y a mis hijos, para que coman conmigo'. Así pues, fui y traje a mi familia, la cual consistía de mi esposa y mis siete hijos. Todos comenzamos a comer y a alabar a Dios por esa bendición. Estábamos extremadamente felices, tanto que no era fácil expresar nuestra alegría. Mientras estábamos en esto, vi un edificio espacioso que se levantaba al lado opuesto del valle en el que estábamos, y parecía llegar hasta el mismo cielo. Estaba lleno de puertas y ventanas, las cuales estaban llenas de gente que vestía de manera muy elegante. Cuando estas personas nos vieron en el valle, debajo del árbol, nos señalaron y se burlaron; nos trataron con desprecio y nos faltaron el respeto. Pero ignoramos totalmente sus injurias. En ese momento me giré hacia mi guía y le pregunté cuál era el significado de aquel fruto tan delicioso. El me dijo que era el amor puro de Dios, que se derramaba en los corazones de todos aquellos que lo aman y guardan sus mandamientos. Entonces me mandó que fuera y trajera al resto de mis hijos. Yo le dije que ya estaban todos allí. 'No', respondió, 'mira allí, tienes dos más, y también debes traerlos'. Tras elevar mi mirada, vi a dos niños pequeños, parados a cierta distancia. Inmediatamente fui a por ellos y los traje al árbol; enseguida empezaron a comer junto a nosotros y todos juntos nos regocijamos. Parecía que cuanto más comíamos, más deseos teníamos de seguir comiendo, incluso nos arrodillamos y con ambas manos recogíamos el fruto y lo comíamos. Después de regocijarnos en este festín por un breve tiempo, le pregunté a mi guía cuál era el significado del edificio espacioso que vi. El respondió: 'Es Babilonia, es Babilonia y debe caer. La gente en las puertas y ventanas son sus habitantes, los cuales hacen burla y desprecian a los santos de Dios a causa de su humildad'. Me desperté poco después y aplaudí lleno de gozo". (Lucy Mack Smith, History of Joseph Smith by His Mother. Historia de José Smith por su madre. [Salt Lake City: Stevens & Wallis, Inc., 1945], 48).

Este fue uno de los más de siete sueños o visiones que tuvo José Smith padre y que fueron escritos por su esposa. ¡Imagínate cómo se sintió el padre Smith cuando leyó la traducción de las planchas de oro que contenían la narración del sueño de Lehi! ¡Qué testimonio tan maravilloso sobre la veracidad de la obra de su hijo!

Ahora retomaremos la narración del sueño de Lehi en el Libro de Mormón. Te darás cuenta de que hay una diferencia notable entre el sueño del padre de José Smith y el sueño de Lehi, se trata de que *todos* los hijos del Sr. Smith fueron y participaron del fruto del árbol (de hecho, durante el sueño, el señor y la señora Smith descubrieron que todavía tendrían dos hijos más, y así sucedió). Por otro lado, Lamán y Lemuel declinaron la invitación de Lehi y no participaron del fruto. Ahora leeremos varios versículos, sin Interrupción, y luego revisaremos la riqueza de los símbolos y enseñanzas contenidas en dichos versículos.

1 Y ACONTECIÓ que habíamos recogido toda suerte de semillas de toda especie, tanto de granos de todas clases, como de todo género de frutas.

2 Y sucedió que mientras mi padre estaba en el desierto, nos habló, diciendo: He aquí, he soñado un sueño o, en otras palabras, he visto una visión.

3 Y he aquí, a causa de las cosas que he visto, tengo por qué regocijarme en el Señor por motivo de Nefi y de Sam; porque tengo razón para suponer que ellos y también muchos de sus descendientes se salvarán.

4 Pero he aquí, Lamán y Lemuel, temo en gran manera por causa de vosotros; pues he aquí, me pareció ver en mi sueño un desierto obscuro y lúgubre (triste).

5 Y aconteció que vi a un hombre vestido con un manto blanco, el cual llegó y se puso delante de mí.

6 Y sucedió que me habló y me mandó que lo siguiera.

7 Y aconteció que mientras lo seguía, vi que me hallaba en un desierto obscuro y lúgubre.

8 Y después de haber caminado en la obscuridad por el espacio de muchas horas, empecé a implorarle (suplicarle, pedir con verdadera intención y ferviente deseo) al Señor que tuviera compasión de mí, de acuerdo con la multitud de sus

tiernas misericordias (bondades, bendiciones).

9 Y aconteció que después de haber orado al Señor, vi un campo grande y espacioso.

10 Y sucedió que vi un árbol cuyo fruto era deseable para hacer a uno feliz.

11 Y aconteció que me adelanté y comí de su fruto; y percibí que era de lo más dulce, superior a todo cuanto yo había probado antes. Sí, y vi que su fruto era blanco, y excedía a toda blancura que yo jamás hubiera visto.

12 Y al comer de su fruto, mi alma se llenó de un gozo inmenso; por lo que deseé que participara también de él mi familia, pues sabía que su fruto era preferible a todos los demás.

13 Y al dirigir la mirada en derredor (a mi alrededor), por si acaso descubría a mi familia también, vi un río de agua; y corría cerca del árbol de cuyo fruto yo estaba comiendo.

14 Y miré para ver de dónde procedía, y vi su fuente no muy lejos de mí; y en su manantial vi a vuestra madre, Saríah, y a Sam y a Nefi; y estaban allí como si no supieran a dónde ir.

15 Y aconteció que les hice señas y también les dije en voz alta que vinieran hacia mí y participaran de aquel fruto que era preferible a todos los demás.

16 Y sucedió que vinieron hacia mí y también comieron del fruto del árbol.

17 Y aconteció que yo sentí deseos de que Lamán y Lemuel vinieran y comieran también de aquel fruto; por tanto, dirigí la vista hacia el manantial del río por si acaso los veía.

18 Y aconteció que los vi, pero no quisieron venir hacia mí para comer del fruto.

Ahora, volveremos a leer estos versículos, y nos fijaremos en varios ejemplos de simbolismo que hasta el momento se dan en el sueño. Además, haremos hincapié en otros aspectos importantes de valor para nuestra instrucción. Usaremos **negrita** y anotaciones entre paréntesis a la vez que seguimos incluyendo notas y comentarios.

1 Y ACONTECIÓ que habíamos recogido toda suerte de semillas de toda especie, tanto de granos de todas clases, como de todo género de frutas. (Quizás simbólico del hecho que necesitamos mucha preparación específica para lograr el éxito en nuestra jornada a la "tierra prometida" o al cielo).

2 Y sucedió que mientras mi padre estaba en el desierto, nos habló, diciendo: He aquí, he **soñado un**

sueño o, en otras palabras, he **visto una visión**.

> **Aquí** parece ser que las palabras "sueño" y "visión" son intercambiables. Esto podría contener un mensaje para nosotros. A veces no podemos decir la diferencia entre si estamos soñando algo bajo la inspiración y dirección del Espíritu Santo o si en verdad estamos viendo personas y objetos reales, etc. Probablemente no merezca la pena dedicar mucho tiempo a hallar la diferencia. Sin embargo, sí podemos prestar atención al mensaje.

3 Y he aquí, a causa de las cosas que he visto, tengo por qué regocijarme en el Señor por motivo de Nefi y de Sam; porque tengo razón para suponer que ellos y también muchos de sus descendientes se salvarán.

4 Pero he aquí, **Lamán y Lemuel, temo en gran manera por causa de vosotros**; pues he aquí, me pareció ver en mi sueño un desierto obscuro y lúgubre.

> **Aquí** nos podríamos hacer una pregunta. Ya que Lehi vio esto en cuanto a Lamán y Lemuel, ¿significa que lo que vio iba a acontecer? Obviamente la respuesta es "No". Si respondiéramos con un "Sí" entonces estaríamos aceptando la doctrina de la predestinación. En realidad se trata de una advertencia para Lamán y Lemuel, pues ambos necesitan hacer cambios en sus vidas. Y tal y como veremos, estos dos hijos rebeldes todavía

tendrán muchas oportunidades para cambiar sus conductas. En el versículo 37 de este capítulo, Lehi le suplica a Lamán y Lemuel que presten atención a sus palabras para que así puedan participar de las misericordias del Señor y no ser "desechados".

> **Habrás** notado que en el párrafo de arriba hemos usado la palabra "predestinación". Predestinación significa que hay un destino fijo o que algo va a pasarnos sin importar lo que hagamos nosotros, sin importar nuestro albedrío. Esto es doctrina falsa.

5 Y aconteció que vi a un hombre vestido con un manto blanco, el cual llegó y se puso delante de mí.

6 Y sucedió que me habló y me mandó que lo siguiera.

7 Y aconteció que mientras lo seguía, vi que me hallaba en un **desierto obscuro y lúgubre**.

> **Esto** podría simbolizar el mundo sin el evangelio de Cristo. También podría ser un símbolo de nuestra situación desesperada al permanecer en nuestros pecados e imperfecciones y no tener acceso a la expiación de Cristo, la cual nos redime. Sea cual sea el caso, a medida que Lehi camina por esta "oscuridad" (véase el versículo 8, a continuación), lo cual se le hace desagradablemente largo, en ese momento, claramente se da cuenta de que necesita de la redención. Así que decide orar fervientemente para recibir "la multitud de sus tiernas misericordias", las cuales están

disponibles para todos nosotros a través de la expiación.

8 Y después de haber caminado **en la obscuridad por el espacio de muchas horas, empecé a implorarle al Señor que tuviera compasión de mí, de acuerdo con la multitud de sus tiernas misericordias.**

9 Y aconteció que después de haber orado al Señor, vi un campo grande y espacioso.

El versículo 20 explica que el "campo grande y espacioso" que aparece arriba, en el versículo 9, es simbólico del mundo. Considerando que el "sendero estrecho y angosto" y la "barra de hierro" conducen a este "campo grande y espacioso" o "mundo", podemos ver por lo menos dos significados simbólicos referentes al campo o mundo. Por un lado, pueden representar el reino celestial, la presencia de Dios. Otro significado posible sería que al seguir el "sendero estrecho y angosto" y la "barra de hierro" lleguemos al "campo grande y espacioso" de nuevas oportunidades, de nuevos comienzos en la vida gracias a la expiación del Salvador. Este simbolismo de nuevos comienzos se enseña muchas veces en las escrituras. Por ejemplo, en Levítico 14:7 leemos sobre una "avecilla" (pájaro) viva la cual se deja suelta en un "campo abierto" lo cual simboliza un sin fin de nuevas oportunidades. El pájaro vivo simboliza (o representa a) una persona que ha sido limpia por la sangre (Levítico 14:6-7). Ser limpio por

la sangre simboliza el ser limpio por la expiación del Salvador. De hecho, si lees Levítico 14:1-9, verás que hay mucho simbolismo en cuanto a la expiación.

Por ejemplo, en el versículo 4 se menciona la madera de cedro (símbolo de la cruz), la grana e hisopo (ambos relacionados con el juicio y crucifixión del Salvador; o en otras palabras, son parte del simbolismo de la expiación) los cuales representan el ser limpio por la expiación del Salvador. En resumen, cuando nos hacemos merecedores de que la expiación esté funcionando en nuestro favor, encontramos una renovación de vida y un gran abanico de nuevas oportunidades para progresar hacia la exaltación celestial.

10 Y sucedió que vi un árbol cuyo fruto era deseable para hacer a uno feliz.

Arriba, en el versículo 10, una vez más, hallamos mucho simbolismo, y esta vez en referencia al "árbol". Habrás notado que el Señor utiliza muchos símbolos en las escrituras. Algunas personas desearían que esto no fuese así, pues algunas cosas pueden ser difíciles de entender. Les parecería más fácil si el Señor simplemente se manifestara y explicara lo que estas cosas significan. Pues bien, el simbolismo puede ser infinitamente profundo, y por lo tanto permite al Espíritu Santo enseñar muchas lecciones diferentes usando el mismo objeto. Así sucede con el "árbol" en el versículo 10, arriba. En un contexto, el "árbol" puede simbolizar el árbol de la vida mencionado en Génesis 2:9, o el árbol de la vida mencionado en Apocalipsis 2:7 y 22:2. Estos "árboles" pueden representar la nutrición que viene de Dios, tanto en la vida mortal como en la eternidad.

Otra interpretación posible del árbol que Lehi vio se encuentra en 1 Nefi 11:21–22. Parece ser que aquí el árbol es un símbolo del Salvador. El Salvador es la manifestación del "amor de Dios". Este amor del Padre por nosotros se demuestra al darnos a Su Hijo Unigénito, para que podamos regresar a Él (al Padre).

Y otro uso más del "árbol" en el Libro de Mormón se encuentra en Alma 32. Allí, se planta una semilla con fe, se nutre durante un periodo de tiempo, y finalmente se convierte en un "árbol que brotará para vida eterna" (Alma 32:41). Éste da un fruto que es simbólico de lo mejor que Dios tiene para nosotros, es decir, la exaltación.

11 Y aconteció que me adelanté y comí de su fruto; y percibí que era de lo más dulce, superior a todo cuanto yo había probado antes. Sí, y vi que su fruto era blanco (símbolo de pureza, procedente de Dios), y excedía a toda blancura que yo jamás hubiera visto.

12 Y al comer de su fruto, mi alma se llenó de un gozo inmenso (símbolo, entre otras cosas, del gozo que resulta al vivir el evangelio); por lo que deseé que participara también de él mi familia, pues sabía que su fruto era preferible a todos los demás (símbolo del hecho de que las cosas de Dios son, con diferencia, las más deseables de todas, especialmente para el alma).

13 Y al dirigir la mirada en derredor, por si acaso descubría a mi familia también, vi un río de agua (símbolo de "las profundidades del infierno"; véase 1 Nefi 12:16. Lehi no se dio cuenta de que el agua estaba sucia, pero Nefi si lo notó cuando él mismo vio las mismas cosas en una visión; véase 1 Nefi 15:26–27); y corría cerca del árbol de cuyo fruto yo estaba comiendo (simbólico del hecho de que Satanás, durante nuestra vida mortal, pone tentaciones y maldad tan cerca de los justos como le es posible).

14 Y miré para ver de dónde procedía, y vi su fuente no muy lejos de mí; y en su manantial vi a vuestra madre, Saríah, y a Sam y a Nefi; y estaban allí como si no supieran (la dirección correcta) a dónde ir. (Esto es un recordatorio de que incluso las personas justas a veces pueden sentirse confundidas en cuanto a la dirección que deberían seguir. Todos necesitamos la guía de los profetas del Señor).

15 Y aconteció que les hice señas (para que viniesen hacia mí) y también les dije en voz alta que vinieran hacia mí y participaran de aquel fruto que era preferible a todos los demás (símbolo del amor de Dios, que se manifiesta al darnos a Su Hijo. También, un recordatorio de que la exaltación es, con diferencia, la gloria más deseable para pasar la eternidad).

16 Y sucedió que vinieron hacia mí y también comieron del fruto del árbol.

17 Y aconteció que yo sentí deseos de que Lamán y Lemuel vinieran y comieran también de aquel fruto; por tanto, dirigí la vista hacia el manantial del río por si acaso los veía.

18 Y aconteció que los vi, pero no quisieron venir hacia mí para comer del fruto. (Símbolo del hecho de que Lamán y Lemuel se niegan a aceptar el evangelio y a participar activa y fielmente en este).

Después de haber repetido los versículos 1–18 para recibir enseñanzas adicionales, ahora proseguiremos con el versículo 19.

19 Y percibí una barra de hierro (símbolo de la palabra de Dios; véase 1 Nefi 11:25), que se extendía por la orilla del río y conducía al árbol donde yo estaba.

20 Y vi también un sendero estrecho y angosto que corría a un lado de la barra de hierro hasta el árbol, al lado del cual me hallaba; y también pasaba por donde brotaba el manantial hasta un campo grande y espacioso a semejanza de un mundo.

La frase "sendero estrecho y angosto" en el versículo 20, arriba, es bastante interesante. Si prestamos atención, tanto la palabra "estrecho" como "angosto" tienen un significado similar. "Angosto" es un adjetivo sinónimo de "estrecho" o "reducido", por lo tanto esta expresión se podría leer como "el sendero estrecho y estrecho". Se ha sugerido que esta frase puede interpretarse como el sendero "estrecho que se estrecha más aún". Quizás esta frase en sí misma contiene una lección importante para todos. Se trata de que a medida que el Espíritu Santo nos revela "línea sobre línea", el "sendero" se vuelve más y más estrecho, llevándonos así a la exaltación.

De hecho, quisiera compartir una experiencia interesante que tuve en cuanto a este concepto. Un amigo mío se había distanciado del sendero durante un tiempo de su vida. A través del arrepentimiento y mucho esfuerzo, recuperó su membresía en la iglesia. Le iba muy bien, al punto de que sirvió una misión con su esposa y hacía muchas obras buenas. Sin embargo, un día vino a verme a mi oficina y me dijo que estaba muy preocupado en cuanto a sus posibilidades de alcanzar la exaltación celestial, cuando en años anteriores su confianza para lograr dicha exaltación era firme. Su preocupación se debía a lo siguiente. Este buen hombre se estaba dando cuenta de defectos e imperfecciones en su vida diaria los cuales no había notado antes. Creo que se quedó un tanto desconcertado cuando yo le dije "¡Regocíjate!"

Al seguir conversando, le expliqué que la razón por la cual se estaba dando cuenta de cosas (errores, defectos, pequeñas faltas, etc.) que antes pasaban desapercibidas en su vida, era una evidencia de que ahora se encontraba más cerca del Espíritu que antes. Se estaba acercando más y más al Señor y la "luz" estaba brillando con más intensidad en su sendero, por lo que ahora podía percibir y sentir preocupación por cosas más pequeñas. ¡Era una señal de que estaba haciendo las cosas mucho mejor! Cuando se dio cuenta de esto, guardó silencio por un momento, sonrió, dio un gran suspiro de alivio y salió de mi oficina muy feliz. Desde entonces, este amigo ha seguido progresando y sirviendo de manera muy efectiva en la iglesia y en la comunidad. Tal es el poder que se obtiene al entrar y caminar por el sendero "estrecho que se estrecha aún más".

A continuación, veremos que en el sueño de Lehi hay cuatro grupos o categorías de personas diferentes. Los tres primeros se parecen en muchas cosas, pero solo uno logrará con éxito la salvación. El cuarto grupo ni si quiera consigue entrar en el sendero. Al estudiar estos grupos, resaltaremos con **negrita** aquellas cosas a las

que queremos dirigir nuestra atención para considerarlas de manera especial.

Primer grupo: (versículos 21–23).

21 Y vi innumerables concursos de gentes, muchas de las cuales se estaban **apremiando** (avanzando) a fin de llegar al sendero que conducía al árbol al lado del cual me hallaba.

22 Y aconteció que **se adelantaron y emprendieron** (iniciaron) **la marcha por el sendero que conducía al árbol.**

> **Por** ahora, las personas del primer grupo quieren venir (ir) a Cristo. Han comenzado con éxito a "apremiarse" (esforzarse por ir adelante) en sus vidas para lograr esa meta. De hecho, estos han entrado en el "sendero estrecho y angosto" que lleva a la vida eterna. Al examinar 2 Nefi 31:17–18, entendemos que estas personas se habían bautizado en la iglesia. Estos versículos explican que la "puerta" que lleva a la entrada de "este estrecho y angosto camino que conduce a la vida eterna" es el bautismo. Tristemente, como ahora veremos, estas personas, las cuales tenían tan buenas intenciones al empezar, serán confundidas y llevadas fuera del sendero.

23 Y ocurrió que surgió un vapor de tinieblas (símbolo de las "tentaciones del diablo" según 1 Nefi 12:17), sí, un sumamente extenso **vapor de tinieblas** tanto así que **los que habían entrado** (grupo uno) en el sendero **se apartaron del camino,** de manera que **se desviaron y se perdieron.**

Segundo grupo: (versículos 24–28).

Las personas en este grupo empiezan igual que los del grupo uno, "avanzaron", pero estos llegaron más lejos en el sendero. Estos superaron el "vapor de tinieblas" al agarrarse a la barra de hierro. ¿Recuerdas lo que simboliza la barra de hierro? Es la "palabra de Dios". Véase 1 Nefi 11:25. ¿Cómo conseguimos la palabra de Dios? Al leer y estudiar las escrituras, al escuchar las palabras de los profetas vivientes, y al buscar y recibir la guía e instrucción del Espíritu Santo. Por lo tanto, podemos concluir que la gente en el grupo dos fueron fortalecidos por las escrituras, las palabras de sus profetas, y la guía del Espíritu, lo que los preparó para superar con éxito las tentaciones del diablo a medida que avanzaron a lo largo del "sendero estrecho y angosto". De hecho, este grupo alcanza el árbol y participa del fruto. Dicho de otro modo, entre otras cosas, estas personas en verdad tienen un testimonio del evangelio.

24 Y sucedió que vi a otros que **se adelantaban,** y llegaron y **se asieron** (agarraron) **del extremo de la barra de hierro, y avanzaron a través del vapor de tinieblas, asidos a la barra de hierro,** hasta que llegaron y participaron del fruto del árbol.

Una cosa que se nos enseña en los próximos versículos es que Satanás no deja de obrar en las personas que han alcanzado "el árbol" y han participado de su "fruto". Parece ser que tiene armas especialmente poderosas diseñadas para desviarlos y destruirlos. Una de estas armas es la presión social o de otras personas.

25 Y después de haber comido del fruto del árbol, miraron en derredor (a los alrededores) de ellos, como si se hallasen avergonzados.

26 Y yo también dirigí la mirada alrededor, y vi del otro lado del río (suciedad, inmundicia; véase 1 Nefi 15:26–27), **un edificio grande y espacioso** que parecía erguirse **en el aire,** a gran altura de la tierra.

Veamos dos cosas. Primero, los justos fueron separados por la inmundicia o suciedad de entre los ocupantes orgullosos y mundanos del "edificio grande y espacioso". Segundo, ¡El edificio no tenía fundamento! ¡No es seguro estar allí! ¡Tenemos la garantía de que caerá! Véase 1 Nefi 11:36.

27 Y estaba **lleno de personas,** tanto ancianas como jóvenes, hombres así como mujeres; y **la ropa que vestían era excesivamente fina** (eran materialistas y estaban llenos de orgullo; véase 1 Nefi 11:36); y se hallaban en actitud de estar **burlándose y señalando con el dedo a los que habían llegado hasta el fruto y estaban comiendo de él.**

(Simboliza la presión social).

28 Y después que hubieron probado del fruto, se avergonzaron a causa de los que se mofaban de ellos; y **cayeron en senderos prohibidos y se perdieron.**

> **Los** del grupo uno "se desviaron" mientras que los del grupo dos "cayeron". Quizás, una lección que podemos aprender de esto, es que cuanto más conocimiento y testimonio tenemos, más rápido y lejos caemos si es que elegimos quebrantar nuestros compromisos y convenios.

29 Y ahora bien, yo, Nefi, no relato todas las palabras de mi padre;

Tercer grupo: (versículo 30 y última parte del versículo 33).

> **Los** de este grupo, al igual que los del primer y segundo grupo, también "avanzaban". Estos "se agarraron del extremo de la barra de hierro" al igual que los del segundo grupo. Así pues, ¿cuáles son las diferencias entre los del grupo tercero y los grupos primero y segundo que Lehi vio en su sueño? Si ahora podemos aprender la lección en cuanto a lo que Nefi escogió grabar para nosotros en las Planchas Menores de Nefi, podremos obtener algunas claves para poder volver con éxito a nuestro hogar, junto a nuestro Padre Celestial. Resaltaremos con **negrita** estas "claves" y entre paréntesis haremos algunos comentarios breves para instruirnos mejor. Pero antes de hacer esto, por favor, observa que

> los miembros en este grupo no "se desviaron" ni tampoco "cayeron". Permanecen fieles. Tienen éxito. Consiguen el galardón de la vida eterna.

30 pero para ser breve en lo que escribo, he aquí, él vio otras multitudes que avanzaban; y llegaron y se agarraron del extremo de la barra de hierro; y siguieron hacia adelante, asidos **constantemente** (y no solamente cuando sentían que debían ser fieles) a la barra de hierro, hasta que llegaron, y **se postraron** (se mantuvieron humildes), y comieron del fruto del árbol. (Y de acuerdo con las últimas palabras del versículo 33, **continuaron participando del fruto**, junto a Lehi y los miembros de su familia que siguieron fieles. Además, no hicieron caso de aquellos que les "señalaban con dedo de escarnio" o se burlaban. En otras palabras, **no cedieron a la presión social** para terminar siendo partícipes de obras malas).

Cuarto grupo: (versículos 31–33).

> **Mientras** las personas de los grupos primero al tercero parece ser que son miembros de la iglesia, aquellos del grupo cuatro ni siquiera alcanzan el "sendero estrecho y angosto". Parece que no tenían una dirección clara ni tampoco "avanzaban" adelante. Por el contrario, unos se "dirigían a tientas" (versículo 31) y otros terminaban "desviándose" (versículo 32).

31 Y vio también otras multitudes que **se dirigían a tientas** hacia el grande y espacioso edificio.

32 Y aconteció que muchos **se ahogaron en las profundidades de la fuente** (fueron vencidos por la suciedad—impurezas, inmundicia); y muchos otros desaparecieron de su vista, **desviándose** por senderos extraños (caminos comúnmente transitados que nos alejan de Dios).

33 Y grande era la multitud que entraba en aquel singular edificio (el edificio grande y espacioso, versículo 26–27). Y después de entrar en él nos señalaban con dedo de escarnio a mí y también a los que participaban del fruto; pero **no les hicimos caso.** (Este es un "sermón corto" y maravilloso que nos indica cómo lidiar con la presión social negativa).

34 Éstas son las palabras de mi padre: Pues todos los que les hicieron caso (a los ocupantes del edificio grande y espacioso), se perdieron.

Nos podríamos preguntar a nosotros mismos si alguna vez hemos entrado en el "edificio grande y espacioso". Y probablemente la respuesta que daríamos cada uno de nosotros sería "sí". Por ejemplo, si alguna vez le dijimos a otro miembro de la iglesia, "¡No seas exagerado! ¿Es que no puedes tolerar esto . . . ?" al ver que se ofendió debido a que le hablamos de manera vulgar, o pusimos música o quizás una película inapropiada . . . , entonces podemos decir que ya tomamos un gran riesgo por algún tiempo y dimos unos pasos hacia dentro del "grande y espacioso". Otro caso: si alguna vez hemos tratado de convencer a un amigo o conocido de que hiciera algo que le suponía rebajar sus estándares elevados, aunque solo fuera durante un momento en el que ambos nos adentramos en caminos prohibidos e insensatos, entonces hemos entrado en ese edificio engañador. Y un ejemplo más: si alguna vez hemos vacilado para reunir a la familia con el fin de tener la oración familiar o la noche de hogar, o si hemos invitado a alguien a saltarse una reunión de la iglesia con nosotros, entonces ya nos hemos adentrado en este palacio mundano y nos hemos unido a esos que hacen burla de los justos.

Afortunadamente, existe el arrepentimiento, y tenemos la esperanza de que desde ahora en adelante podamos estar en el lado seguro del río, junto al árbol.

35 Y ni Lamán ni Lemuel comieron del fruto, dijo mi padre.

36 Y aconteció que luego que mi padre hubo relatado todas las palabras de su sueño o visión, que fueron muchas (parece ser que hay muchas más cosas referentes al sueño que no se escribieron aquí), nos dijo que a causa de estas cosas que había visto en la visión, temía en gran manera por Lamán y Lemuel; sí, temía que fueran desterrados de la presencia del Señor (y aquí nos encontramos con otra oportunidad para Lamán y Lemuel, para que presten atención a las palabras de su padre, el profeta, y cambien sus caminos).

37 Y entonces los exhortó, con todo el sentimiento de un tierno padre, a que escucharan sus consejos, para que quizá el Señor tuviera misericordia de ellos y no los desechara; sí, mi padre les predicó.

38 Y después de haberles predicado, y también profetizado de muchas cosas, les mandó que guardaran los mandamientos del Señor; y cesó de hablarles.

Encontramos un pequeño mensaje o lección para nosotros al reflexionar en el hecho de que Lehi "cesó de hablarles". Si nos esforzamos en escuchar al Señor y a sus Profetas, y tratamos de escuchar y obedecer los susurros o impresiones del Espíritu Santo, tal y como Nefi y otros hicieron, entonces gozaremos de una comunicación constante desde los cielos. Sin embargo, si constantemente nos rebelamos y murmuramos, tal y como lo hicieron Lamán y Lemuel, entonces llegará el tiempo en que el Espíritu del Señor empezará a retirarse de nosotros. Esto se puede comprobar en 2 Nefi 26:11, en donde se nos dice, "Porque el Espíritu del Señor no siempre luchará con el hombre".

PRIMER NEFI 9

Nefi nos dice en 1 Nefi 1:17, que primero haría "un compendio (un resumen) de los anales de [su] padre" sobre las Planchas Menores, y luego compartiría un relato en cuanto a su propia vida. Al llegar al final del capítulo 8 del primer libro de Nefi, habrá terminado este resumen básico o compendio de los registros de su padre. El capítulo 9 es una transición entre el compendio de Nefi del registro de su padre y el principio de la narración de su propia vida y otros eventos que además grabó en las Planchas Menores. En este capítulo, en varias ocasiones, Nefi se refiere a dos juegos de planchas, las Menores y las Mayores. Tal y como se explica en la introducción de tu Libro de Mormón, estas son las Planchas Menores de Nefi y las Planchas Mayores de Nefi. Las Planchas Menores tenían más contenidos referentes a las cosas espirituales y el evangelio, y menos contenido referente a la historia cotidiana y a los hechos seculares de la gente. Las Planchas Mayores contenían más información sobre la historia de los pueblos y las gentes del Libro de Mormón.

1 Y TODAS estas cosas mi padre vio, oyó y dijo mientras vivía en una tienda en el valle de Lemuel, como también muchísimas otras

cosas más que no se pueden escribir sobre estas planchas (las Planchas Menores).

2 Ahora bien, ya que he hablado de estas planchas (las Planchas Menores), he aquí, no son las mismas sobre las que escribo la historia completa de mi pueblo; pues a aquéllas (las Planchas Mayores) en que hago la relación completa de mi pueblo he dado el nombre de Nefi; y por tanto, se llaman las planchas de Nefi (las Planchas Mayores), conforme a mi propio nombre; y estas planchas (las Planchas Menores) también se llaman las planchas de Nefi.

3 Sin embargo, he recibido un mandato del Señor de que hiciera estas planchas (las Planchas Menores) para el objeto especial de que se grabase una relación del ministerio de mi pueblo (en otras palabras, más en cuanto a las cosas espirituales y las enseñanzas de los profetas).

4 Sobre las otras planchas (las Planchas Mayores) se debe grabar la historia del reinado de los reyes, y las guerras y contiendas de mi pueblo (es decir, la historia y eventos del día a día, la historia política, etc.); por lo tanto, estas planchas (las Planchas Menores) son mayormente para el ministerio; y las otras (las Planchas Mayores) son principalmente para el reinado de los reyes, y las guerras y

contenciones de mi pueblo.

5 Por tanto, el Señor me ha mandado hacer estas planchas (las Planchas Menores) para un sabio propósito suyo, el cual me es desconocido.

6 Pero el Señor sabe todas las cosas desde el principio; por tanto, él prepara la vía para realizar todas sus obras entre los hijos de los hombres; porque, he aquí, él tiene todo poder para el cumplimiento de todas sus palabras. Y así es. Amén.

En el versículo 5, arriba, Nefi confiesa que no sabe por qué el Señor le mandó hacer las Planchas Menores y conservar un registro diferente en estas. Qué ejemplo tan maravilloso de fe sencilla y pura, y de obediencia a los mandamientos de Dios. Véase el versículo 6. ¿Puedes imaginar cuánto trabajo extra le llevaría guardar este mandamiento? Tendría que encontrar materia prima, fundirla para obtener el metal, aplanar el metal cuidadosamente para lograr hojas suficientemente finas para poder escribir (grabar) meticulosamente en ellas un registro separado. ¡Esto debe haberle llevado muchísimo tiempo! Pero aun así, lo hizo.

Hoy en día sabemos una de las razones principales por la cual se necesitaba este registro por separado. El Señor conoce el futuro. Él sabía que Martin Harris se llevaría 116 páginas del manuscrito y las perdería (véase Doctrina y Convenios, secciones 3 y 10, incluyendo los encabezados de cada sección). Cuando a José Smith se le permitió traducir nuevamente las planchas del Libro de Mormón, se le dijo que no volviera a traducir la parte de las Planchas de Oro que ya había traducido mientras Martin Harris servía como su escriba (véase DyC 10:30). Las 116 páginas perdidas del manuscrito eran una traducción de las Planchas Mayores de Nefi (véase DyC 10:38, incluyendo la nota a pie de página 38a).

En lugar de volver a traducir de las Planchas Mayores de Nefi (parte de las planchas que Moroni entregó a José en el Cerro Cumorah), se le ordenó a José que usara las Planchas Menores de Nefi, las cuales también se encontraban entre las Planchas de Oro, y que tradujera estas para poder abarcar el mismo periodo de tiempo que cubrían las 116 páginas perdidas. Véase DyC 10:39–41. Para poder resumir lo que hemos dicho arriba, citaremos DyC 10:38–45 y resaltaremos algunas partes en negrita, además de incluir algunos comentarios entre paréntesis.

Doctrina y Convenios 10:38–45

38 Y ahora de cierto te digo, que un relato de las cosas que has escrito (las 116 páginas del manuscrito), que han desaparecido de tus manos (que has perdido), está grabado en las planchas de Nefi (las Planchas Mayores de Nefi);

39 sí, y recordarás que en esos escritos se decía que se hallaba una relación más particular de estas cosas en las planchas de Nefi (las Planchas Menores de Nefi).

40 Y debido a que el relato grabado en las planchas de Nefi (las Planchas Menores) habla más particularmente de las cosas que en mi sabiduría quisiera traer al conocimiento del pueblo en esta historia—(el Libro de Mormón)

41 traducirás, por tanto, lo que está grabado en las planchas de Nefi (las Planchas Menores), hasta llegar al reinado del rey Benjamín, o hasta llegar a lo que has traducido y retenido (lo cual no se perdió);

Las instrucciones dadas en el versículo 41, arriba, clarifican que los seis primeros libros en el Libro de Mormón, o sea, 1 Nefi, 2 Nefi, Jacob, Enós, Jarom y Omni, son la traducción de las Planchas Menores. Estas empiezan con el reinado del rey Benjamín, al cual se hace referencia en "Las Palabras de Mormón" y del cual se habla en los capítulos 1 al 6 de Mosíah. Las Palabras de Mormón es un libro pequeño dentro del Libro de Mormón, el cual contiene la transición entre las Planchas Menores de Nefi y el compendio (resumen) que Mormón hizo de las Planchas Mayores de Nefi.

42 y he aquí, lo publicarás (las Planchas Menores) como la relación de Nefi; y así confundiré a los que han alterado mis palabras.

43 No permitiré que destruyan

mi obra; sí, **les mostraré que mi sabiduría es más potente que la astucia del diablo.**

44 He aquí, ellos (los que robaron las 116 páginas) solo tienen una parte, o sea, un compendio del relato de Nefi.

45 He aquí, hay **muchas cosas grabadas en las planchas de Nefi** (las Planchas Menores) **que dan mayor claridad a mi evangelio** (las cuales enseñan y explican más cosas sobre el evangelio); por tanto, me es prudente que traduzcas esta primera parte de los grabados de Nefi (las Planchas Menores), y la incluyas en esta obra (el Libro de Mormón).

Debe ser bastante frustrante para el diablo el ver que después de ingeniar el robo de las 116 páginas, todavía hemos salido ganando. Las páginas del manuscrito que se perdieron contenían una mayor parte de los hechos seculares y la historia de la gente del Libro de Mormón, mientras que la traducción de las Planchas Menores que substituyó la parte robada nos enseña más sobre el evangelio. Esta situación nos trae a la memoria cómo Satanás intentó arruinar las cosas en el Jardín de Edén. En realidad, su estratagema resultó en una gran bendición para nuestras vidas, pues puso en marcha nuestra entrada en el mundo mortal. Quizás, tales fracasos al intentar detener el plan del evangelio están reflejados en la frase "polvo comerás todos los días de tu vida" (Génesis 3:14; Moisés 4:20). Una traducción contemporánea o moderna de esta frase podría ser que Satanás siempre se tragará el polvo levantado por el Señor; es decir, que el diablo, al final, siempre se queda atrás. De cualquier manera, hemos sido enormemente bendecidos con la pérdida de las 116 páginas del manuscrito.

PRIMER NEFI 10

Ahora que Nefi va a grabar la narración de su propia vida y ministerio en las Planchas Menores, podremos darnos cuenta de que va a resumir muchas de las cosas que su padre profetizó como parte del contexto y antecedentes para sus propios escritos.

1 Y AHORA yo, Nefi, procedo a hacer un relato sobre estas planchas (las Planchas Menores) de la historia de mis hechos, y mi reinado y ministerio; así pues, para continuar con mi relación, debo decir algo más acerca de las cosas de mi padre y también de mis hermanos (y así os proporcionaré un contexto para las cosas que escribiré más tarde).

2 Porque he aquí, aconteció que luego que mi padre hubo concluido de relatar acerca de su sueño (tal cual se registró en 1 Nefi 8), y también de exhortarlos a ejercer toda diligencia, les habló acerca de los judíos,

Ahora Nefi escribe algunas

profecías muy específicas, las cuales su padre, el profeta, profetizó en cuanto a los judíos y su cautividad, sobre el Salvador, Juan el Bautista, la expiación, la crucifixión y resurrección de Cristo, la dispersión y recogimiento de Israel, y la restauración del evangelio. Todas estas cosas y más se encuentran en los restantes 20 versículos de este breve capítulo.

3 que después que (los judíos) fuesen destruidos, sí, esa gran ciudad de Jerusalén, y muchos de ellos fuesen llevados cautivos a Babilonia (una nación poderosa y enemiga localizada a unos 800 kilómetros al este de Jerusalén; básicamente, donde hoy día encontramos el Irak moderno), volverían otra vez de acuerdo con el propio y debido tiempo del Señor, sí, (los judíos) volverían de su cautividad; y después de volver de su cautividad, poseerían otra vez la tierra de su herencia.

Como seguramente ya habrás notado, a pesar de que las profecías del versículo 3, arriba, son literales (acontecieron en verdad), también encontramos que aquí hay mucho simbolismo (el cual es típico a través de todas las escrituras). Por ejemplo:

Judíos–pueden ser un símbolo del pueblo del convenio del Señor.

Babilonia–a menudo simbólico de lo mundano, la iniquidad, el reino de Satanás.

Volver de Babilonia–a veces simboliza el arrepentimiento y volver al Señor.

Volver de la cautividad–simboliza la expiación de Cristo y el evangelio que nos lleva a la expiación.

El poseer nuevamente la tierra de su herencia–es símbolo de lograr la exaltación celestial, la cual es el derecho de nacimiento ("primogenitura") de cada uno de nosotros, pues somos hijos espirituales de nuestros Padres Celestiales (véase el segundo párrafo de *La Familia: Una Proclamación para el Mundo*, dada por la Primera Presidencia y el Consejo de los Doce Apóstoles, el 23 de septiembre de 1995).

4 Sí, seiscientos años después de la partida de mi padre de Jerusalén (Lehi y su familia salieron en el año 600 a.C.), el Señor Dios levantaría a un profeta (Cristo) entre los judíos: sí, un Mesías, o, en otras palabras, un Salvador del mundo.

5 Y también (Lehi) habló concerniente a los profetas: del gran número que había testificado de estas cosas referentes a este Mesías de quien él había hablado, o sea, de este Redentor del mundo.

6 Por lo tanto, todo el género humano se hallaba en un estado perdido y caído (debido a la caída de Adán), y lo estaría para siempre, a menos que

confiase en este Redentor. (Es decir, sin el Salvador, todos estaríamos permanentemente perdidos).

7 Y también les habló acerca de un profeta (Juan el Bautista) que habría de preceder al Mesías, para preparar la vía del Señor;

8 sí, y que saldría y proclamaría en el desierto: Preparad el camino del Señor y enderezad sus sendas, porque entre vosotros se halla uno (Cristo) a quien no conocéis; y más poderoso es que yo (Juan el Bautista), y de quien no soy digno de desatar la correa de su zapato (quizás queriendo decir "ni siquiera soy digno de desatar la correa de Sus sandalias para quitárselas y limpiar Sus pies"). Y mi padre habló mucho tocante a esta cosa.

9 Y mi padre dijo que (Juan el Bautista) bautizaría en Betábara, del otro lado del Jordán (en el lado este del rio Jordán); y también dijo que bautizaría con agua; que aun bautizaría al Mesías con agua;

10 y que después de haber bautizado al Mesías con agua, vería y daría testimonio de haber bautizado al Cordero de Dios (Cristo), que quitaría los pecados del mundo. (La expiación de Cristo está disponible para todos en el mundo entero, bajo las condiciones del arrepentimiento sincero y vivir el evangelio).

Las profecías en los versículos anteriores son muy específicas, y nos recuerdan que el Señor conoce en verdad el futuro. A continuación tenemos muchas más profecías.

11 Y aconteció que luego que mi padre hubo dicho estas palabras, habló a mis hermanos tocante al evangelio que sería predicado entre los judíos, y también concerniente a que los judíos degenerarían en la incredulidad (apostasía). Y luego que hubiesen dado muerte al Mesías (crucificado a Cristo) que habría de venir, y después de haber sido muerto, resucitaría de entre los muertos y se manifestaría a los gentiles (refiriéndose a los que no son judíos ni israelitas) por medio del Espíritu Santo.

12 Sí, mucho habló mi padre acerca de los gentiles y también de la casa de Israel, que se les compararía a un olivo, cuyas ramas serían desgajadas y esparcidas sobre toda la faz de la tierra.

El hecho de comparar la Casa de Israel (las tribus de Israel) a un olivo (árbol) conlleva un simbolismo muy interesante e importante que a menudo se usa en las escrituras. Tomemos un momento ahora para repasar este simbolismo. Usaremos algunos fragmentos de *El Libro de Mormón: Manual del Alumno de Religión. Rel. 121 y 122*, y usaremos **negrita** para resaltar.

"El uso del olivo como símbolo

de la casa de Israel es un ejemplo excelente de cómo Dios utiliza el simbolismo para enseñar a sus hijos las leyes y los principios del evangelio. Durante siglos se ha asociado el árbol del olivo con la paz. La guerra y sus penosas consecuencias de destrucción, el saqueo de la tierra, el sitio y la muerte, eran difícilmente condiciones apropiadas para el cultivo de **huertos de olivos, los cuales requieren muchos años de cuidados para alcanzar una producción plena.** Cuando la paloma volvió al arca de Noé, llevaba en su pico una hoja de olivo como símbolo de que Dios se encontraba nuevamente en paz con la tierra (véase Génesis 8:11). La rama de olivo se utilizó en Grecia y en Roma para representar la paz, y todavía se usa en ese sentido en los escudos de varios países del mundo. La única fuente de paz es Jesucristo, el Príncipe de Paz, y Su paz solo se obtiene por medio de la obediencia a las leyes y ordenanzas del evangelio. Esas leyes y ordenanzas se dan al mundo mediante la casa de Israel, simbolizada por el olivo. Alguien dijo una vez que no se eligió a Israel para ser un pueblo altivo, cuyo fin fuera elevarse por sobre los demás, sino por el contrario, para elevar a los demás".

"**En el cultivo del olivo, existe** otro evidente **significado simbólico.** Si el vástago verde de un olivo se planta directamente y se le permite crecer, se convierte en un olivo silvestre, un arbusto que crece sin control en una maraña de gajos y ramas que solamente producen un pequeño fruto inservible (véase

Harold N. y Alma L. Moldenke, Plants of the Bible, pág. 159). Para llegar a obtener un olivo productivo, el gajo principal del silvestre se debe cortar totalmente injertar en él una rama de un olivo cultivado. **Mediante podas y cuidados,** el árbol comenzará a dar fruto a los siete años, pero no alcanzará su máxima productividad hasta después de los quince años."

"**En** otras palabras, **el olivo no puede producir buen fruto por sí mismo**, sino que requiere injertos y cuidados por parte del horticultor (simbólico de Dios) para alcanzar su máxima producción. A través de su historia, **Israel** ha demostrado una y otra vez cuán extraordinariamente apropiado **es simbolizado con un olivo. Cuando el pueblo de Israel se puso en las manos de su Dios para que lo podara e injertara, prosperó y dio buen fruto; pero cuando se apartó de Cristo, el Amo de la viña, y buscó su propia fuente de vida y sostén, se tornó silvestre e infructífero**".

"**Otras dos características** importantes del olivo ilustran aún más cuán apropiado es este símbolo para Israel. **Primero**, aunque **un olivo** requiere casi quince años para alcanzar su plena fructificación, **puede** luego **producir durante siglos**. Algunos de los árboles de olivos que se encuentran en la Tierra Santa han producido frutos abundantemente por lo menos durante cuatrocientos años. La **segunda** y asombrosa cualidad de este árbol es que **cuando finalmente envejece y comienza a morir, las** raíces echan nuevos brotes, que si se injertan y se podan en la forma correcta, crecerán hasta convertirse en árboles productivos. Por lo tanto, aparte de que el árbol mismo puede producir fruto durante siglos, **la raíz del árbol puede seguir produciendo fruto y nuevos árboles durante Milenios**. Se cree que algunos de los antiguos olivos que existen en Israel en la actualidad provienen de árboles que ya eran antiguos durante el ministerio terrenal de Cristo . . ."

"**Zenós** no fue el único profeta que utilizó el olivo como símbolo figurativo para representar al pueblo escogido de Dios. Jeremías, previendo la destrucción de los judíos por los babilonios, comparó el pueblo del convenio con un olivo verde consumido por el fuego (véase Jeremías 11:16). También el apóstol Pablo utilizó una breve alegoría sumamente parecida a la de Zenós con el fin de amonestar a los cristianos romanos contra el orgullo, cuando éstos compararon su posición favorecida con la de los judíos (véase Romanos 11:16–24). En la revelación moderna, el Señor utiliza la parábola de la viña y del plantío de olivos para demostrar cuál es Su voluntad concerniente a la redención de Sión (véase D. y C. 101:43–58). (*El Libro de Mormón: Manual del Alumno de Religión.* Rel. 121 y 122, p. 47–48).

Ahora proseguiremos con la narración de Nefi sobre las profecías de su padre.

13 Por tanto, dijo que era necesario

que (aquellos que en esta ocasión viajábamos lejos de la tierra de Jerusalén junto Lehi) fuéramos conducidos unánimemente a la tierra de promisión, para que se cumpliese la palabra del Señor de que seríamos dispersados sobre toda la faz de la tierra. (En otras palabras, Nefi nos dice que tanto él como su gente son parte del cumplimiento de la profecía que dice que Israel sería esparcido por todo el mundo).

14 Y que después que la casa de Israel (las doce tribus de Israel) fuese esparcida, sería de nuevo recogida; o, en una palabra (en resumen), después que los gentiles hubiesen recibido la plenitud del evangelio (después de la restauración del evangelio por medio del Profeta José Smith), las ramas naturales del olivo, o sea, los restos de la casa de Israel, serían injertados, o llegarían al conocimiento del verdadero Mesías, su Señor y su Redentor.

El recogimiento de Israel, del que se habla arriba, ciertamente va adelante a un paso acelerado en nuestros días. Este recogimiento se está dando de manera literal (física) y espiritual. Hoy en día, los nuevos conversos y los miembros nacidos en el convenio están siendo "recogidos" (se están reuniendo o juntando) en las estacas de la iglesia allá donde quiera que vivan. Sin embargo, no es suficiente que seamos congregados físicamente. Debemos ser "recogidos" espiritualmente, para que así podamos ser literalmente "recogidos" de vuelta a la presencia del Padre en la gloria celestial y exaltación.

15 Y con estas palabras mi padre profetizó y habló a mis hermanos, y también muchas otras cosas que no escribo en este libro (las Planchas Menores); porque he escrito en mi otro libro (las Planchas Mayores) cuanto me pareció conveniente.

16 Y todas estas cosas, de las cuales he hablado, sucedieron mientras mi padre vivía en una tienda en el valle de Lemuel.

> A continuación, Nefi nos enseña muchas cosas, incluyendo cómo conseguir nuestro propio testimonio. En algunas partes usaremos **negrita** para resaltar dichas enseñanzas.

17 Y aconteció que después que yo, Nefi, **hube oído todas las palabras** (debemos escuchar el evangelio) de mi padre concernientes a las cosas que había visto en su visión, y también las cosas que **habló por el poder del Espíritu Santo** (debemos sentir el poder del Espíritu Santo dando testimonio de lo que hemos escuchado), poder que recibió por **la fe que tenía en el Hijo de Dios** (debemos tener fe en Cristo)—y el Hijo de Dios era el Mesías que habría de venir—yo, Nefi, **sentí deseos de que también yo viera, oyera y**

supiera (debemos tener un deseo sincero y honesto de obtener un testimonio) de estas cosas, por el poder del **Espíritu Santo, que es el don de Dios para todos aquellos que lo buscan diligentemente** (este testimonio está disponible para todos), tanto en tiempos pasados como en el tiempo en que se manifieste él mismo a los hijos de los hombres.

18 Porque él es siempre el mismo ayer, hoy y para siempre (el plan de salvación y los requisitos para la exaltación siempre han sido los mismos y siempre lo serán); y la vía ha sido preparada para todos los hombres desde la fundación del mundo (el plan de salvación se preparó en la vida premortal), si es que se arrepienten y vienen a él.

19 Porque **el que con diligencia busca, hallará** (se requiere diligencia y tiempo para lograr un testimonio firme y profundo); y los misterios de Dios (las enseñanzas básicas del evangelio) le serán descubiertos por el poder del Espíritu Santo, lo mismo en estos días como en tiempos pasados, y lo mismo en tiempos pasados como en los venideros; por tanto, la vía del Señor es un giro eterno.

> **Arriba,** en el versículo 19, el uso de la frase "la vía del Señor es un giro eterno" puede dar pie a muchas interpretaciones. Se puede interpretar, por ejemplo, como que Dios siempre utiliza

el mismo plan de salvación para todos Sus hijos en todos Sus mundos. Otro aspecto interesante de esta frase, es que el camino que lleva a la exaltación siempre dependerá de los mismos principios y ordenanzas del evangelio para cada persona que busque y alcance la exaltación.

También se puede interpretar como que el Padre siempre nos trae, a cada grupo de Sus hijos espirituales, a través del mismo "giro eterno": primero, una vida premortal "eterna"—inteligencias, las cuales no fueron creadas (DyC 93:29) y por lo tanto han existido siempre; segundo, un nacimiento espiritual por padres celestiales (véase el segundo párrafo de La Proclamación sobre la Familia); tercero, una vida mortal en la tierra—la cual no es eterna, pero es parte de la eternidad; cuarto, la resurrección, la cual pone nuevamente a Sus hijos en un estado eterno de existencia.

Esta explicación puede resultar un poco compleja, así que la podríamos simplificar diciendo que "un giro eterno" puede significar "de eternidad a mortalidad y vuelta a la eternidad".

Se nos enseña que utilizaremos este mismo "giro eterno" o plan de salvación para nuestros propios hijos espirituales cuando nosotros lleguemos a ser Dioses. En 1916, la Primera Presidencia hizo la siguiente declaración en cuanto a este tema (**negrita** añadida para resaltar):

". . . Solo los **seres resucitados**

y glorificados pueden llegar a ser padres de hijos espirituales. Únicamente esas almas exaltadas han alcanzado la madurez en el rumbo señalado de la vida eterna, **y los espíritus que les nazcan** en los mundos eternos **pasarán en su debida secuencia por las diversas etapas o estados mediante los cuales sus padres glorificados lograron la exaltación**" (Declaración de la Primera Presidencia en 1916, *Improvement Era,* agosto, 1916, p. 942).

A continuación, Nefi nos enseña el principio de responsabilidad (el rendir cuentas a alguien) y nos advierte de las consecuencias de las decisiones insensatas.

(**Negrita** añadida para resaltar).

20 Recuerda, pues, oh hombre, **que por todos tus hechos serás traído a juicio.**

21 Por lo que, si habéis procurado hacer lo malo en los días de vuestra probación (durante vuestras vidas mortales), entonces os halláis impuros ante el tribunal (el juicio final) de Dios; y ninguna cosa impura puede morar con Dios (nadie puede vivir con Dios sin antes haber sido limpiado a través de la expiación de Cristo); así que, debéis ser desechados para siempre (se os mantendrá fuera de la presencia de Dios para siempre).

22 Y el Espíritu Santo me da autoridad para que declare estas cosas y no las retenga.

PRIMER NEFI 11

En el versículo 17 del capítulo anterior, Nefi nos dijo que deseaba "ver, oír y saber" las cosas que su padre vio. Su deseo será concedido por el Señor; en los capítulos 11 al 14, Nefi nos narra la visión que tuvo en cuanto a lo que su padre vio (véase 1 Nefi 14:29). Al comenzar este nuevo capítulo, Nefi nos da tres claves para recibir revelación personal. Las resaltaremos usando **negrita**.

1 PUES sucedió que después que hube **deseado** conocer las cosas que mi padre había visto, y **creyendo** que el Señor podía hacérmelas saber, mientras estaba yo sentado **reflexionando** sobre esto, fui arrebatado en el Espíritu del Señor, sí, hasta una montaña extremadamente alta que nunca antes había visto, y sobre la cual nunca había puesto mis pies.

Muchos de nosotros, que deseamos recibir revelación y ayuda del Señor, cumplimos bastante bien con las dos primeras claves dadas por Nefi arriba. Pero cuando se trata de "reflexionar", parece ser que no acabamos de tomar ni planear el tiempo necesario para esto. En nuestras vidas tan ajetreadas y rápidas, muchos de nosotros ya no tenemos el hábito de buscar un tiempo apacible y sin presiones para que el Espíritu Santo traiga sus palabras e impresiones a nuestras mentes y corazones. Por lo tanto, estamos perdiendo la bendición de recibir mucha inspiración personal que de otro modo sí recibiríamos.

Algo más que encontramos arriba, en el versículo 1, es la frase "una montaña extremadamente alta". Este símbolo, entre otras cosas, hace referencia a la perspectiva. Simboliza el ver las cosas como Dios las ve. Si estamos dispuestos, el Señor nos concede, a través de Su Espíritu, aquello que podríamos llamar "experiencias de alta montaña". Durante tales experiencias, el Señor transporta nuestras mentes a lugares "altos", donde podemos ver con una perspectiva más amplia. José Smith tuvo varias "experiencias de alta montaña" tales como la Primera Visión, las visitas del ángel Moroni y otros profetas de la antigüedad, la visión de los tres grados de gloria (DyC 76), la revelación sobre el matrimonio celestial, etc.

Algo interesante en cuanto a las "experiencias de alta montaña" en nuestras vidas, es que después de dichas experiencias, debemos volver a poner los pies en el suelo, por decirlo de algún modo, y vivir en el mundo normal, con todas las actividades cotidianas y retos que son propios de todos los mortales.

Sin embargo, una vez que hemos experimentado algunas "montañas altas", la vida diaria puede ser mucho más significativa y nuestra habilidad para ser pacientes y enfrentar las pruebas y dificultades aumenta considerablemente. Un claro ejemplo de esto es el caso de José Smith en la Cárcel de Liberty (véase DyC 121–123). El Profeta experimentó algo maravilloso entre la ocasión en que clamó en humilde desesperación al principio de la sección 121 y el final de la sección 123 (véase el versículo 17). Sin haberle dicho el Señor a José tan siquiera una sola vez que saldría de la cárcel en menos de tres semanas, la actitud de José cambió completamente. Quizás sería un buen momento para estudiar en Doctrina y Convenios las secciones 121 a la 123 y prestar atención al cambio de actitud o perspectiva de José mientras sus circunstancias eran igual de miserables. Te darás cuenta de cómo el Señor transportó la mente de José, por así decirlo, a una "montaña alta", y así cambió su perspectiva y pudo ver todo lo que es realmente importante.

Nefi experimentará la revelación y ganará perspectiva mientras está en esta "montaña extremadamente alta" la cual le preparará y calificará para ser un profeta extraordinario y un gran líder del pueblo.

Es interesante ver cuán "interactiva" es esta visión de Nefi. Tal y como veremos empezando en el versículo 2, a continuación, se da un diálogo activo con preguntas y respuestas entre Nefi y el "Espíritu". Una vez más usaremos **negrita**.

PREGUNTA:

2 Y me dijo el Espíritu: He aquí, **¿qué es lo que tú deseas?**

RESPUESTA:

3 Y yo dije: Deseo **ver las cosas que mi padre vio.**

PREGUNTA:

4 Y el Espíritu me dijo: **¿Crees que tu padre vio el árbol del cual ha hablado?**

RESPUESTA:

5 Y respondí: **Sí, tú sabes que creo todas las palabras de mi padre.**

6 Y cuando hube pronunciado estas palabras, el Espíritu exclamó en voz alta: ¡Hosanna ("sálvanos ahora", véase la Guía para el Estudio de las Escrituras) al Señor, el Dios Altísimo, porque él es Dios sobre toda la tierra, sí, sobre todo! Y bendito eres tú, Nefi, **porque crees en el Hijo del Dios Altísimo**; por lo tanto, **verás** las cosas que has deseado.

7 Y he aquí, esto te será dado por señal: que después que hayas visto el árbol que dio el fruto que tu padre probó, también verás a un hombre (Cristo) que desciende del cielo, y lo presenciarás (serás testigo de haber visto a Cristo); y después que lo hayas presenciado, darás testimonio de que es el Hijo de Dios.

8 Y aconteció que me dijo el Espíritu: ¡Mira! Y miré y vi un árbol; y era semejante al que mi padre había visto; y su belleza era muy superior, sí, sobrepujaba a toda otra belleza; y su blancura excedía a la blancura de la nieve misma. (En otras palabras, el amor de Dios el Padre, tal cual se demuestra al ofrecer a Su Hijo para expiar por nuestros pecados y guiarnos de vuelta al Padre, es imposible de comprender y es, con diferencia, ¡la cosa más deseable de todas!)

9 Y sucedió que después que hube visto el árbol, le dije al Espíritu: Veo que me has mostrado el árbol (símbolo del amor de Dios; y también símbolo de Cristo mismo, quien es en sí una manifestación del amor del Padre) que es más precioso que todos.

PREGUNTA:

10 Y me preguntó: **¿Qué deseas tú?**

RESPUESTA:

11 Y le dije: Deseo **saber la interpretación de ello,** —pues le hablaba como habla el hombre; porque vi que tenía la forma de hombre. No obstante, yo sabía que era el Espíritu del Señor; y él me hablaba como un hombre habla con otro.

> **Durante** muchos años, muchos miembros de la iglesia han preguntado quién es el "Espíritu del Señor" que aparece en el versículo 11, arriba. Algunos dicen que es el Cristo premortal, mientras que otros creen que se trata del Espíritu Santo. El

apóstol James E. Talmage enseñó lo siguiente al respecto:

> **"El** Espíritu Santo, también llamado Espíritu, Espíritu del Señor, Espíritu de Dios, Consolador y Espíritu de Verdad, no mora en un cuerpo de carne y huesos, sino que es un personaje de espíritu; y aun así, sabemos que el Espíritu se ha manifestado así mismo en forma de hombre (véase 1 Nefi 11:11)". (James E. Talmage, *Articles of Faith.* Salt Lake City: Deseret Book 1981, 38).

> **"El** hecho de que el Espíritu del Señor es capaz de manifestarse a Sí mismo en la forma y figura de hombre, se muestra en la maravillosa entrevista entre el Espíritu y Nefi, en la cual Él se reveló a Si mismo al profeta. Le hizo preguntas en cuanto a sus deseos y creencias, le instruyó en cuanto a las cosas de Dios hablando cara a cara con el hombre. 'Le hablaba' dice Nefi 'como habla el hombre; porque vi que tenía la forma de hombre. No obstante, yo sabía que era el Espíritu del Señor; y él me hablaba como un hombre habla con otro'". (James E. Talmage, *Articles of Faith.* Salt Lake City: Deseret Book 1981, 144).

12 Y aconteció que me dijo: ¡Mira! Y miré para verlo, pero no lo vi más, pues se había retirado de mi presencia. (Otro "guía" se unirá a Nefi en el versículo 14).

> **A** continuación, a Nefi se le muestran los registros de Mateo, Marcos, Lucas y Juan tal cual los conocemos en el Nuevo

Testamento. Resaltaremos con **negrita** muchas de las cosas que Nefi vio para enfatizar que estaba viendo lo que hoy conocemos como los cuatro primeros libros del Nuevo Testamento.

13 Y sucedió que miré, y vi la gran ciudad de **Jerusalén**, y también otras ciudades. Y vi la ciudad de **Nazaret**, y en ella vi a una **virgen** (María, madre de Jesús), y era sumamente hermosa y blanca.

14 Y ocurrió que vi abrirse los cielos; y un ángel (el nuevo guía de Nefi para esta porción de la visión) descendió y se puso delante de mí, y me dijo: Nefi, ¿qué es lo que ves?

15 Y le contesté: **Una virgen** (María), **más hermosa y pura que toda otra virgen**. (El estatus de gran respeto del que gozaba María se enfatiza notablemente en esta visión. Este es otro testimonio de que ella era una virgen, tal y como se menciona en la Biblia).

16 Y me dijo: ¿Comprendes la condescendencia de Dios (el Padre)?

La frase "condescendencia de Dios" aparecerá dos veces en este capítulo. En el versículo 16, arriba, significa que el Padre es tan bondadoso que para ayudarnos se pone a nuestro nivel de entendimiento. Esta frase se usará otra vez en el versículo 26, pero en esta ocasión, se referirá a Jesús, el Hijo de Dios, y el significado es que Cristo, un Dios, se someterá a

las pruebas de la vida mortal, etc. para poder proporcionarnos la salvación.

A continuación se da una explicación tal cual aparece en *El Libro de Mormón: Manual del Alumno de Religión. Rel. 121 y 122*, el mismo manual que se utiliza en los institutos de religión de la iglesia, en BYU y en otras escuelas de la iglesia (usaremos **negrita** para resaltar):

En 1 Nefi 11:26 leemos que a Nefi se le enseña por segunda vez sobre **la condescendencia de Dios**. Después de que ese principio se le enseñó por primera vez (véase el verso 16), recibió la visión del nacimiento del Hijo de Dios. A la segunda vez le siguió una visión del ministerio de Cristo. El Elder Bruce R. McConkie comentó sobre los **dos sentidos diferentes de la condescendencia** de Dios de la siguiente forma:

"**La** condescendencia de Dios (versículo 16), **el Padre**, consiste en el hecho de que aunque es un personaje glorificado, perfecto y exaltado, es en sentido personal y literal el Padre de un Hijo mortal nacido de una mujer mortal. Y la condescendencia de Dios (versículo 26), **el Hijo**, consiste en el hecho de que aunque Él mismo es el Señor Omnipotente, el mismo Ser que creó la tierra y todas las cosas que en ella hay, habiendo nacido de una mujer mortal, se sometió a todas las pruebas de este estado terrenal y sufrió 'tentaciones, y dolor del cuerpo, hambre, sed y fatiga, aún más de lo que el hombre puede sufrir, sin morir' (Mosíah 3:5–8), y finalmente sufrió la muerte de la forma más ignominiosa" (*Mormon Doctrine*, pág. 155— tal cual se cita en *El Libro de Mormón: Manual del Alumno de Religión; Rel. 121 y 122, p. 12*).

17 Y le respondí: Sé que (el Padre) ama a sus hijos; sin embargo, no sé el significado de todas las cosas (una respuesta muy sabia por parte de Nefi).

18 Y me dijo: He aquí, la virgen que tú ves es la madre del Hijo de Dios, según la carne. (El ángel está explicando la visión y aquí le dice a Nefi que está viendo a María, la madre mortal de Cristo).

19 Y aconteció que vi que fue llevada en el Espíritu; y después que hubo sido llevada en el Espíritu por cierto espacio de tiempo, me habló el ángel, diciendo: ¡Mira!

20 Y miré, y vi de nuevo a la virgen llevando a un niño (Jesús) en sus brazos.

21 Y el ángel me dijo: ¡He aquí, el Cordero de Dios, sí, el Hijo del Padre Eterno! ¿Comprendes el significado del **árbol** que tu padre vio?

22 Y le contesté, diciendo: Sí, **es el amor de Dios** que se derrama ampliamente en el corazón de los hijos de los hombres; por lo tanto, es más deseable que todas las cosas.

23 Y él me habló, diciendo: Sí, y el

de mayor gozo para el alma.

A continuación, Nefi recibirá una visión del ministerio mortal del Salvador. Además, se le mostrará la interpretación de muchas cosas que su padre, Lehi, vio cuando recibió esta visión.

24 Y cuando hubo pronunciado estas palabras, me dijo: ¡Mira! Y miré, **y vi al Hijo de Dios que iba entre los hijos de los hombres**; y vi a muchos que caían a sus pies y lo adoraban.

25 Y aconteció que vi que **la barra de hierro** que mi padre había visto **representaba la palabra de Dios,** la cual **conducía a la fuente de aguas vivas** o **árbol de la vida**; y estas **aguas son una representación del amor de Dios**; y también vi que **el árbol de la vida representaba el amor de Dios.**

26 Y el ángel me dijo de nuevo: ¡Mira, y ve la condescendencia de Dios (la disposición del Dios Hijo, Cristo, para tomar un cuerpo mortal y así poder redimirnos; véase la nota junto al versículo 16, arriba)!

27 Y miré, y vi al Redentor del mundo, de quien mi padre había hablado, y vi también al profeta (Juan el Bautista) que habría de preparar la vía delante de él (Jesús). Y el Cordero de Dios (Jesús) se adelantó y fue bautizado por él (Juan el Bautista); y después que fue bautizado, vi abrirse los cielos, y al

Espíritu Santo descender del cielo y reposar sobre él (Jesús) en forma de paloma.

Aquí, la "forma de paloma" es un símbolo. El Profeta José Smith explicó este símbolo de la siguiente manera, al hablar de la misión de Juan el Bautista (negrita agregada para resaltar):

"**Primero: (A** Juan el Bautista) le fue confiada una misión divina de preparar el camino delante de la faz del Señor. ¿Quién jamás ha recibido cargo semejante, antes o después? Nadie.

Segundo: Se le confió, y le fue r equerido efectuar la importante misión de bautizar al Hijo del Hombre. ¿Quién había tenido el honor de hacer esto? ¿Quién había tenido tan grande privilegio y gloria? ¿Quién jamás llevó al Hijo del Hombre a las aguas del bautismo, y tuvo el privilegio de **ver al Espíritu Santo descender en forma de paloma, o mejor dicho, en la señal de la paloma,** como testimonio de esa administración? La señal de la paloma fue instituida desde antes de la creación del mundo como testimonio o testigo del Espíritu Santo, y el diablo no puede presentarse en la seña o señal de la paloma. **El Espíritu Santo es un personaje, y tiene la forma de una persona. No se limita a la** *forma* **de la paloma, mas se manifiesta en** *señal* **de la paloma.** (No se trata de un error de escritura o impresión al olvidarse accidentalmente del artículo 'la'; el Profeta dijo "en señal de la paloma"). **El Espíritu Santo no puede transformarse**

en paloma; pero se dio a Juan la señal de la paloma para simbolizar la verdad del hecho, así como la paloma es el emblema o representación de la verdad y la inocencia" (José Smith, *Enseñanzas del Profeta José Smith*, seleccionadas por Joseph Fielding Smith. Salt Lake City: Deseret Book 1976, p. 275).

28 Y vi que salió (el Salvador), ejerciendo su ministerio entre el pueblo con poder y gran gloria; y se reunían las multitudes para escucharlo; y vi que lo echaron de entre ellos. (A Nefi se le muestra que la gente rechazó a Cristo).

29 Y vi también a otros doce (los Doce Apóstoles en los días de Jesús) que lo seguían. Y aconteció que fueron llevados en el Espíritu de delante de mi faz, de modo que no los vi más.

30 Y aconteció que me habló de nuevo el ángel, diciendo: ¡Mira! Y miré, y vi que se abrían de nuevo los cielos, y que descendían ángeles sobre los hijos de los hombres; y les ministraban. (De este versículo aprendemos que aquellos en el otro lado del velo están muy involucrados en lo que está pasando aquí, en nuestro mundo y nuestras vidas).

31 Y de nuevo me habló, diciendo: ¡Mira! Y miré, y vi al Cordero de Dios que iba entre los hijos de los hombres. Y vi a multitudes de personas que estaban enfermas y afligidas con toda clase de males, y con demonios y con espíritus impuros; y el ángel me habló y me mostró todas estas cosas. Y fueron sanadas por el poder del Cordero de Dios; y los demonios y los espíritus impuros fueron echados fuera.

Las sanaciones físicas literales narradas en el versículo 31, arriba, son un símbolo del poder del Salvador para sanar nuestras heridas y enfermedades espirituales. Él puede sanar "toda clase de males (espirituales)", incluyendo las consecuencias del pecado y la insensatez. Cada vez que leemos sobre las sanaciones físicas (observables) que efectuó el Maestro, nos vendría bien que se nos recordara que la sanación más importante de todas es la sanación del alma; el alma decaída y apesadumbrada como resultado del pecado; la sanación de aquellos que se sienten ineptos en sus llamamientos en la iglesia; o la sanación de aquellos que lloran, etc.

A continuación, Nefi verá la crucifixión del Salvador en la visión.

32 Y aconteció que me habló otra vez el ángel, diciendo: ¡Mira! Y miré, y vi al Cordero de Dios, y que el pueblo lo apresó; sí, vi que el Hijo del eterno Dios fue juzgado por el mundo; y yo vi, y doy testimonio.

33 Y yo, Nefi, vi que fue levantado sobre la cruz e inmolado (muerto) por los pecados del mundo.

Seguidamente, se le muestra a Nefi aquello que conocemos como el resto del Nuevo Testamento, empezando con los Hechos de los Apóstoles.

34 Y después que fue muerto, vi a las multitudes de la tierra, y que estaban reunidas para combatir contra los apóstoles del Cordero; porque así llamó a los doce el ángel del Señor.

35 Y estaban reunidas las multitudes de la tierra; y vi que se hallaban en un **vasto y espacioso edificio**, semejante al que mi padre vio. Y de nuevo me habló el ángel del Señor, diciendo: He aquí **el mundo y su sabiduría**; sí, he aquí, la casa de Israel se ha reunido para combatir contra los doce apóstoles del Cordero.

36 Y aconteció que vi, y doy testimonio de que **el grande y espacioso edificio representaba el orgullo del mundo**; y cayó, y su caída fue grande en extremo. Y me habló otra vez el ángel del Señor, diciendo: **Así será la destrucción de todas las naciones, tribus, lenguas y pueblos que combatan contra los doce apóstoles del Cordero.**

PRIMER NEFI 12

La visión de Nefi continúa en este capítulo y seguirá hasta el final del capítulo 14. En este capítulo, Nefi básicamente verá todo el Libro de Mormón.

1 Y ACONTECIÓ que me dijo el ángel: Mira y ve a tu posteridad y también la posteridad de tus hermanos (mira a tus descendientes y a los descendientes de los otros integrantes en el grupo de Lehi). Y miré, y vi la tierra de promisión (las Américas); y vi multitudes de gentes, sí, cual si fuera en tan inmenso número como la arena del mar. (Los nefitas y lamanitas se multiplicaron abundantemente para llegar a ser una civilización muy numerosa en las Américas).

En el versículo 2, a continuación, se describen especialmente los libros de Alma y Helamán, en los que leemos sobre muchas guerras y matanzas; una destrucción horrible.

2 Y sucedió que vi a las multitudes reunidas para combatir unas contra otras; y vi guerras y rumores de guerras, y vi la gran mortandad causada por la espada entre los de mi pueblo.

3 Y aconteció que vi pasar muchas generaciones en guerras y contiendas en la tierra; y vi un gran número de ciudades, sí, tantas que no las conté.

Un comentario breve. En ocasiones, puede que te encuentres con teorías que dicen que la gente del Libro de Mormón representa un número relativamente pequeño de personas las cuales habitaban en poblados y ciudades pequeñas y dispersadas. Los versículos 1 al 3, arriba, no parecen apoyar tales teorías.

A continuación, del versículo 4 al 10, a Nefi se le muestra en una visión el Tercer Libro de Nefi. En el versículo 4, se le muestra la destrucción que tuvo lugar entre la gente del Libro de Mormón durante la crucifixión del Salvador. En este versículo 4, Nefi verá específicamente el capítulo 8 de Tercer Nefi.

4 Y aconteció que vi un vapor de tinieblas (durante tres días estaba completamente oscuro en esta tierra, tras la crucifixión de Cristo; véase 3 Nefi 8:19–23) sobre la faz de la tierra de promisión; y vi relámpagos, y oí truenos y terremotos y toda clase de ruidos estrepitosos; y vi que se hendieron (quebraron) las rocas y la tierra; y vi montañas desplomarse en pedazos; y vi las llanuras tornarse escabrosas; y vi que se hundieron muchas ciudades; y vi que muchas otras fueron abrasadas por fuego; y vi muchas que cayeron a tierra por causa de los terremotos.

5 Y sucedió que después de presenciar estas cosas, vi que el vapor de tinieblas desaparecía de sobre la faz de la tierra (tras tres días de completa oscuridad); y he aquí, vi multitudes (a aquellos cuya iniquidad no fue tan grande y se salvaron de ser destruidos) que no habían caído a causa de los grandes y terribles juicios del Señor.

A continuación, en su visión, Nefi verá la aparición del Salvador que se da en Tercer Nefi. Piensa que todo lo que está viendo en esta maravillosa visión lo prepara y califica para todas las responsabilidades que todavía tendrá en el futuro.

6 Y vi abrirse los cielos, y al Cordero de Dios que descendía del cielo; y bajó y se manifestó a los que no habían caído.

7 Y también vi y doy testimonio de que el Espíritu Santo descendió sobre otros doce (los doce apóstoles nefitas); y fueron ordenados de Dios, y escogidos.

Algunos miembros se preguntan si nos deberíamos referir a los Doce nefitas como "Apóstoles". Por lo general, nos referimos a ellos como los "Doce Discípulos (nefitas)" tal como aparece abajo, en el versículo 8. Pero también es apropiado referirnos a ellos como Apóstoles, ya que así lo hizo el Profeta José Smith (véase *Historia de la Iglesia*, Volumen 4, página 538; edición en inglés).

8 Y el ángel me habló, diciendo: He aquí (mira) los doce discípulos del Cordero que han sido escogidos para ministrar a los de tu descendencia.

Ahora se nos enseñan algunas cosas en cuanto al juicio. Al considerar lo que Nefi vio, descubrimos que los Doce Apóstoles que Jesús organizó durante su ministerio terrenal juzgarán a las Doce Tribus de Israel. También juzgarán a los Doce Discípulos nefitas, los cuales juzgarán a los descendientes de Nefi. Esto es bastante interesante, ya que parece darnos a entender que en nuestro juicio también formarán parte aquellos que tienen llaves del sacerdocio y tenían mayordomía sobre nosotros durante nuestras vidas. Si bien es cierto que no tenemos muchos detalles sobre cómo funciona todo esto, sí sabemos que Jesús será nuestro último juez, y que Él tendrá la última palabra en cuanto a nuestro destino en la eternidad después del Día del Juicio. Véase Juan 5:22.

9 Y me dijo: ¿Te acuerdas de los doce apóstoles del Cordero (en Jerusalén)? He aquí, ellos son los que juzgarán a las doce tribus de Israel; por tanto, los doce ministros de tu posteridad (los Doce Discípulos nefitas; véase 3 Nefi 12:1, 19:4) serán juzgados por ellos, pues vosotros sois de la casa de Israel.

10 Y estos doce ministros (los Doce nefitas) que tú ves juzgarán a tu posteridad. Y he aquí, son justos para siempre; porque a causa de su fe en el Cordero de Dios, sus vestidos son emblanquecidos en su sangre (serán exaltados).

A continuación, en los versículos 11 y 12, a Nefi se le muestra lo que acontece en el Cuarto Libro de Nefi, cuando habrá 200 años de paz tras la visita del Salvador; y rápidamente seguirá la apostasía, es decir, la separación de la iglesia y de las doctrinas verdaderas.

11 Y el ángel me dijo: ¡Mira! Y miré, y vi que murieron en rectitud tres generaciones; y sus vestidos eran blancos, así como los del Cordero de Dios (es decir, que eran dignos de la exaltación con Cristo); y me dijo el ángel: Éstos son emblanquecidos en la sangre del Cordero, a causa de su fe en él.

El simbolismo en la frase "emblanquecidos en la sangre del Cordero" (versículo 11, arriba) es precioso y muy significativo. En las escrituras encontramos mucho simbolismo en los colores. El color "blanco" simboliza pureza, limpios de pecado, dignidad para vivir en la presencia de Dios para siempre y por lo general, significa exaltación. Así pues, el ser "emblanquecidos en la sangre del Cordero" significa que se nos ha limpiado y redimido del pecado por medio de la expiación de Cristo y se nos hace limpios y dignos de vivir con Dios para siempre.

Algo más sobre el color blanco. Una vez que comprendemos lo que este color simboliza en las escrituras, se convierte en una especie de palabra clave, la cual sirve para reemplazar muchas palabras y explicaciones. Por ejemplo, en lugar de dar una explicación más larga al decir que ciertas personas han alcanzado la gloria celestial, las escrituras podrían simplemente decir "vestidos en blanco". Un ejemplo de esto se encuentra en Apocalipsis 7:9. A continuación presentamos una lista con algunos colores y el simbolismo que a menudo se asocia a dichos colores en las escrituras:

SIMBOLISMO DE LOS COLORES MÁS COMUNES EN LAS ESCRITURAS

BLANCO: pureza; rectitud; exaltación (Ejemplo: 1 Ne. 12:10; Apoc. 3:4–5)

NEGRO: maldad; hambre; oscuridad (Ejemplo: Apoc. 6:5–6)

ROJO: pecados; derramar sangre (Ejemplo: Apoc. 6:4; DyC 133:51)

AZUL: cielo; divinidad; recordar y guardar los mandamientos de Dios (Ejemplo: Núm. 15:37–40)

VERDE: vida; naturaleza (Ejemplo: Apoc. 8:7)

ÁMBAR: sol; luz; gloria divina (Ejemplo: DyC 110:2, Apoc. 1:15, Ezeq. 1:4, 27; 8:2)

ESCARLATA O PÚRPURA: realeza (Ejemplo: Dan. 5:29; Mateo 27:28–29)

PLATA: digno, pero menos que el color oro (Ejemplo: Ridges, *Isaías Made Easier*, notas en Isa. 48:10)

ORO: lo mejor; exaltación (Ejemplo: Apoc. 4:4)

12 Y yo, Nefi, también vi a muchos de los de la cuarta generación que murieron en rectitud.

Ahora, Nefi verá la terrible destrucción de sus descendientes tal cual se describe en Mormón. Además, se le darán más interpretaciones de los símbolos que su padre vio. Usaremos negrita para resaltar dichas interpretaciones.

13 Y sucedió que vi reunidas a las multitudes de la tierra.

14 Y el ángel me dijo: He aquí tu posteridad, y también la de tus hermanos. (Es decir, los nefitas y los lamanitas al reunirse para las grandes batallas descritas en Mormón).

15 Y ocurrió que miré y vi a los de mi posteridad (a los nefitas) reunidos en multitudes contra la posteridad de mis hermanos (los lamanitas); y se hallaban congregados para la batalla.

16 Y el ángel me habló, diciendo: He aquí **la fuente de aguas sucias** que tu padre vio; sí, **el río del que habló**; y **sus profundidades son las profundidades del infierno.**

17 Y **los vapores de tinieblas son las tentaciones del diablo** que ciegan los ojos y endurecen el corazón de los hijos de los hombres, y los conducen hacia caminos anchos, de modo que perecen y se pierden.

No hay duda de que Nefi quiere que aprendamos las muchas lecciones que él escribió para nosotros en el versículo 17, arriba. Entre estas cosas, encontramos que Satanás intenta "cegarnos" para que no podamos ver el peligro, o no podamos ver o entender las verdades y perspectivas espirituales. Él busca destruir la sabiduría y respeto por aquellos que tienen sabiduría verdadera. Su éxito al tratar de "cegarnos" es más que evidente si nos fijamos en muchas de las cosas que acontecen en nuestra sociedad moderna.

Otra advertencia que Nefi nos da en el versículo 17, es que el diablo se esfuerza por endurecer nuestros corazones. Una definición de "endurecen el corazón" es la falta de sentimientos, la ausencia de preocupación ante el pecado, la carencia de preocupación ante los derechos y necesidades de otros.

Una advertencia más en este versículo: Satanás intenta guiar a las personas a "caminos anchos". Esta expresión es interesante; cuando estamos en el "sendero estrecho y angosto" (1 Nefi 8:20), tenemos muchos mandamientos. Somos bendecidos "con mandamientos no pocos" (DyC 59:4), y con reglas y dirección del Señor a través de profetas. El mensaje del malvado y el propósito del insensato es deshacerse de las restricciones y reglas. Y así, busca que las personas se precipiten rápidamente o vayan a la deriva lentamente hacia los "caminos anchos", los cuales llevan a la cautividad, el remordimiento y la pérdida de libertad. Mientras que aquellos que voluntaria y diligentemente viajan por el "estrecho y angosto" ganan más y más libertad, hasta que llegan a encontrarse entre la gente más libre del universo, es decir, los dioses.

18 Y **el vasto y espacioso edificio** que tu padre vio **representa las vanas ilusiones y** el **orgullo** de los hijos de los hombres. Y **un grande y terrible abismo** los separa; sí, la palabra de la **justicia** del Dios Eterno y el Mesías, que es el Cordero de Dios, de quien el Espíritu Santo da testimonio desde el principio del mundo hasta hoy, y desde ahora y para siempre.

El "grande y terrible abismo" en el versículo 18, arriba, es un recordatorio de que la "misericordia" no puede robar a la "justicia" (véase Alma 42:25). Aquellos que malgastan o dejan pasar todas sus oportunidades para arrepentirse, cuando podían haber hecho uso de la misericordia, y llegan al tribunal de Dios "inmundos todavía" (2 Nefi 9:16), estarán sujetos a la ley de la justicia. No serán considerados dignos de vivir en la presencia de Dios, y por lo tanto estarán fuera de Su presencia para siempre. Véase DyC 29:29 y DyC 76:112, además de esta cita de Spencer W. Kimball:

"**Después** de que una persona haya sido asignada a su lugar en un reino, bien sea el telestial, el terrestre, el celestial, o su exaltación, esta persona ya no progresará nunca más de su estado de gloria asignado a otra gloria". (Spencer W. Kimball, *El*

Milagro del Perdón).

19 Y mientras el ángel pronunciaba estas palabras, vi que la posteridad de mis hermanos combatía contra la mía, según la palabra del ángel; y a causa del **orgullo** de mi posteridad y de las **tentaciones del diablo**, vi que la posteridad de mis hermanos venció a los de mi descendencia (los lamanitas destruyeron la civilización nefita. Véanse los capítulos 6 y 8 de Mormón).

20 Y aconteció que miré, y vi que los de la posteridad de mis hermanos habían vencido a la mía; y se repartieron en multitudes sobre la superficie de la tierra.

21 Y los vi reunirse en multitudes; y vi entre ellos guerras y rumores de guerras; y en guerras y rumores de guerras, vi pasar muchas generaciones.

Nefi acaba de ver, en esta porción de la visión de lo que su padre Lehi vio, el final del Libro de Mormón y más allá.

22 Y el ángel me dijo: He aquí que éstos degenerarán en la incredulidad.

23 Y aconteció que vi, que después que hubieron degenerado en la incredulidad, se convirtieron en una gente obscura, repugnante y sucia, llena de ocio y de todo género de abominaciones.

La consecuencia final del orgullo

y la iniquidad voluntaria, tal como se describe arriba, en el versículo 23, se aplica a todas las personas en todo lugar y en todo tiempo, sin importar la raza, género, privilegios o posición social.

PRIMER NEFI 13

A medida que la visión continúa, a Nefi se le muestra la formación de una "grande y abominable iglesia" y aquello a lo que usualmente nos referimos como la "Edad Media" o el Periodo del Oscurantismo. Además se le muestran unos detalles extraordinarios en cuanto a Cristóbal Colón, los Padres Peregrinos, la destrucción de los lamanitas en las Américas, las Trece Colonias Estadounidenses, la Guerra de la Independencia de los Estados Unidos, y la ayuda de Dios a las colonias inexpertas que lucharon por su independencia de Gran Bretaña. Además, verá que estos traerán la Biblia y que ésta había sido despojada de "muchas partes claras y preciosas". Nefi también verá el establecimiento de los Estados Unidos, la aparición del Libro de Mormón, la reunión de la Biblia y el Libro de Mormón, y por último, una breve visión de los últimos días.

1 Y ACONTECIÓ que el ángel me habló, diciendo: ¡Mira! Y miré, y vi muchas naciones y reinos (por el contexto, entendemos que se trata de las naciones de Europa).

2 Y me dijo el ángel: ¿Qué ves? Y yo dije: Veo muchas naciones y reinos.

3 Y me dijo él a mí: Éstas son las naciones y los reinos de los gentiles.

La palabra "Gentiles", tal cual aparece en el versículo 3, arriba, tiene muchas definiciones diferentes, lo cual puede llevar a confusión si no se considera el contexto. En el sentido más básico, puede significar "alguien que no es de tu grupo". En las escrituras, dependiendo del contexto, tiene dos significados comunes. En un sentido se refiere a las personas que no eran del linaje de Israel. En otros contextos de las escrituras, hace referencia a las naciones que no tienen el evangelio, a pesar de que puedan tener sangre israelita (véase 'Gentiles' en la Guía para el Estudio de las Escrituras). En el Libro de Mormón, esta palabra a menudo se refiere a las personas que no eran de la región de Jerusalén. A esto precisamente se refiere el versículo 3, arriba, y en especial, hace referencia a las naciones de Europa durante la edad oscura y después de esta época, pues casi todos tenían sangre israelita.

4 Y aconteció que vi entre las naciones de los gentiles la formación de una grande iglesia.

Aquí, Nefi nos enseñará sobre la "grande y abominable Iglesia". A veces, existe un malentendido en cuanto a esta "iglesia". En el pasado, muchos han considerado que esta iglesia era una iglesia cristiana en concreto. Si leemos atentamente, nos daremos cuenta de que tal no es el caso, no puede ser. Si esta escritura se refiriera exclusivamente a una iglesia o denominación, se estaría pasando por alto a todos los otros que enseñan o apoyan falsedades o maldades, incluyendo diferentes tipos de combinaciones secretas, colectivos o bandas, naciones o grupos que buscan la caída de la democracia, etc.

5 Y el ángel me dijo: He aquí la formación de una iglesia que es la más abominable de todas las demás iglesias, que mata a los santos de Dios, sí, y los atormenta y los oprime, y los unce con un yugo de hierro, y los reduce al cautiverio.

6 Y aconteció que vi esta grande y abominable iglesia, y vi que el diablo fue su fundador.

En los versículos 5 y 6, arriba, descubrimos que el diablo es el "fundador" de la "gran y abominable". Esto nos enseña que la gran y abominable iglesia es el reino del diablo, sin importar el tipo de organización que él escoja para esconderse. Se nos confirma esto en 1 Nefi 14:10, en donde se nos dice que hay básicamente dos iglesias, una es la "iglesia del Cordero" y la otra es la "iglesia del diablo".

La palabra "iglesia" en la frase "iglesia del diablo" puede ser un poco confusa para algunos lectores. Podría llegar a pensarse que se refiere únicamente a una organización religiosa; sin embargo, nos ayudará el sustituir la palabra "iglesia" por "reino" y así tendremos la frase

"el reino del diablo". Y esta frase representaría a cualquier grupo, individuos u organizaciones que luchan en contra de lo que es justo y bueno. La frase "reino del diablo" se usa en 1 Nefi 22:22.

A continuación, en los versículos 7 al 9, nos encontramos con lo que podríamos llamar "las tres herramientas clave de Satanás". Son las siguientes: materialismo, inmoralidad sexual y orgullo. Estas tres categorías mayores de tentación y pecado parecen haber sido tremendamente efectivas a través de toda la historia de la humanidad al desviar a las personas de lo bueno. Hoy en día el diablo todavía las sigue utilizando. Resaltaremos en **negrita** estas "tres herramientas clave" de la iniquidad.

MATERIALISMO E INMOR-ALIDAD SEXUAL

7 Y vi también **oro** y **plata** y **sedas** y **escarlatas** y **linos de fino tejido** y **toda especie de vestiduras preciosas**; y vi **muchas rameras**.

8 Y el ángel me habló, diciendo: He aquí, el **oro** y la **plata**, las **sedas** y **escarlatas**, y los **linos de fino tejido**, y los **preciosos vestidos**, y las **rameras**, son lo que desea esta grande y abominable iglesia.

ORGULLO

9 Y también, **por motivo de las alabanzas del mundo**, destruyen a los santos de Dios y los reducen al cautiverio.

10 Y sucedió que miré, y vi muchas aguas (océanos); y éstas separaban a los gentiles (especialmente aquellos en Gran Bretaña y Europa) de la posteridad de mis hermanos (de los lamanitas en las Américas).

11 Y aconteció que el ángel me dijo: He aquí, la ira de Dios está sobre la posteridad de tus hermanos (el enojo o la ira del Señor está sobre los lamanitas).

12 Y miré, y vi entre los gentiles (en Europa) a un hombre (Cristóbal Colón) que estaba separado de la posteridad de mis hermanos (en las Américas) por las muchas aguas (océanos); y vi que el Espíritu de Dios descendió y obró sobre él (lo inspiró y dirigió); y el hombre partió sobre las muchas aguas (Colón navegó sobre el océano), sí, hasta donde estaban los descendientes de mis hermanos que se encontraban en la tierra prometida.

El Elder Mark E. Peterson, del Quórum de los Doce Apóstoles, escribió que Cristóbal Colón sintió que él fue inspirado a realizar su viaje. El Elder Peterson explicó:

"Colón creía que podía alcanzar 'las Indias' navegando hacia el oeste. Aun cuando había todavía algunas personas de su época que creían que la tierra era plana, Colón no pensaba así y deseaba fervientemente hacer el viaje. Sin embargo, fue algo más que un ansia de aventura

lo que impulsó al descubridor a llevar a cabo lo que él llamó 'su empresa'.

"**Id** a cualquier biblioteca pública, leed cualquier biografía detallada del descubridor, e inmediatamente se tornará claro para vosotros que él mismo se sentía un hombre inspirado, enviado de los cielos para hacer el viaje. Por ejemplo, Columbus, Don Quixote of the Seas (Colón, el Don Quijote de los mares), escrito en alemán por Jacob Wassermann . . . relata claramente esa parte de la historia:

"'**Desde** mi juventud fui marino y sigo siéndolo hasta el presente . . . Dondequiera que un barco haya ido en esta tierra, allí también he estado yo. He hablado y he tratado con hombres de gran conocimiento, con sacerdotes, con laicos, latinos, griegos, judíos y moros, y con muchos hombres de otros credos. El Señor estuvo muy dispuesto a conceder mi deseo y me dio valor y entendimiento. Me dotó de conocimiento de navegación en abundancia, de astronomía tanto como fue necesario y también de geometría. Además, me dio placer y habilidad para hacer mapas y colocar en ellos ciudades, montañas, ríos, islas y bahías, cada uno en su lugar. He visto y he estudiado fielmente muchos libros sobre cosmografía, historia, crónicas y filosofías y otras artes, por lo cual nuestro Señor me abrió la mente, me envió al mar y me inspiró para cumplir la empresa. Quienes oyeron de mi aventura la llamaron locura, se burlaron de mí y se rieron.

Pero ¿quién puede dudar de que el Espíritu Santo me inspiró?' (Boston: Little, Brown, and Co., 1930, pp. 19-20)".(Mark E. Petersen, The Great Prologue, págs. 25-26).

A continuación, Nefi ve a los padres peregrinos (los primeros colonizadores de los Estados Unidos) huyendo de la opresión y viajando a América.

13 Y aconteció que vi al Espíritu de Dios que obraba sobre otros gentiles (los peregrinos), y salieron de su cautividad, cruzando las muchas aguas.

14 Y sucedió que vi muchas multitudes de gentiles (primeros colonizadores) sobre la tierra de promisión, y vi que la ira de Dios vino sobre los descendientes de mis hermanos (los lamanitas en las Américas), y fueron dispersados delante de los gentiles, y afligidos.

En el versículo 14, arriba, Nefi ve la destrucción entre los lamanitas debido a que los exploradores y colonizadores extranjeros llegaron a las Américas y se extendieron entre los indios. La cita siguiente, que figura en la edición de 1982 de *El Libro de Mormón: Manual del Alumno de Religión; Rel. 121 y 122* (el cual se utilizó en BYU, institutos de religión y otras escuelas de la iglesia), nos da un resumen de las maneras en que el pueblo indio fue "dispersado delante de los gentiles, y afligidos" (usaremos negrita para resaltar):

"**El** cumplimiento de la profecía de Nefi concerniente al esparcimiento de la descendencia de sus hermanos es un tema tan amplio que se necesitarían muchísimos libros para analizarlo completamente; por lo tanto, aquí solo podemos mencionarlo. Es una de las historias más trágicas, y en muchas maneras igual a la persecución y sufrimiento del pueblo judío a través de los siglos (véase 1 Nefi 19:13-15). Desde la época en que Colón desembarcó en las Indias Occidentales, comenzó la destrucción y expulsión de los aborígenes. El alcance de esta destrucción solo ha comenzado a salir a la luz recientemente.

Por ejemplo, Wilbur R. Jacobs, un reconocido historiador, refuta proyecciones anteriores hechas por eruditos europeos y americanos en cuanto a la población aborigen **en la época en que Colón llegó al hemisferio occidental** en 1492. Los cálculos indicaban que **la población indígena** en América del Norte era de casi un millón de personas, y la de todo el continente no sobrepasaba los 8 millones. Sin embargo, de acuerdo con Jacobs, los cálculos actuales nos llevan a la cifra de **90 millones** de personas para todo el hemisferio y casi **10 millones solo para América del Norte** (véase "The Indian and the Frontier in American History-A Need for Revisión", *Western Historical Quarterly*, enero de 1973, pág. 45).

Al comparar este total de **10 millones de aborígenes que vivían en América del Norte con**

los 235.000 que había a comienzos del siglo veinte, comenzamos ahora a vislumbrar el alcance de la tragedia".

"¿Qué sucedió con todos esos indios? Cook y Dobyns, investigadores de **enfermedades epidémicas entre los indios**, sostienen convincentemente que millones de ellos murieron a causa de catastróficas epidemias de **viruela, peste bubónica, tifoidea, gripe, paludismo, sarampión, fiebre amarilla y otras enfermedades**. (Además al traer virus y bacterias del Viejo Mundo, los europeos trajeron malas hierbas, plantas, ratas, insectos, animales domésticos, bebidas alcohólicas y una nueva tecnología que alteró la vida de los aborígenes y el equilibrio ecológico). **La viruela**, producida por un virus que transmite el aire mismo, era y es una de las enfermedades contagiosas más mortíferas. El contagio producido por medio del aire, la ropa, la ropa de cama (mantas) o por un leve contacto (aun mediante individuos inmunes), **barrió tribus enteras**, a menudo dejando solamente un puñado de sobrevivientes. Aunque algunos tipos de enfermedades epidémicas quizás se reduzcan a una suave virulencia entre los indios (como entre los blancos) después de generaciones de estar en contacto con el mal, **la viruela en cambio fue sin duda la más mortífera de todas**, ya que las epidemias atacaban una y otra vez a las generaciones sobrevivientes, acabando también con ellas". (Jacobs, *"The Indian"*, pág. 46).

"**Esta** no fue la única tragedia que cayó sobre los descendientes de Lehi. Los aborígenes que describió Colón eran "seres amables, almas hospitalarias, curiosas y alegres, que decían la verdad y eran fieles, andaban con gracia y eran poseedores de una religión espiritual" (Citado en la obra de John Collier, *The Indians of the Americas*, págs. 97–98). No estaban preparados para enfrentarse con la naturaleza despiadada del hombre blanco que como aves de rapiña venía en busca de oro y conversos. 'La situación era como si un misterioso extranjero, anunciándose con palabras de amor, a quien se recibía con gusto como huésped, se abrazaba como un amigo, a quien se le daba el manejo de la casa y era recibido en el seno de la familia, repentinamente se mostrara no como un hombre sino como un hombre lobo hambriento'. (Collier, *The Indians*, pág. 97). Se produjo inmediatamente la explotación de los indios como fuente barata de trabajo forzado. **A miles de ellos se les enviaron a Europa**, y miles de europeos vinieron a América para recibir "una concesión de tierras acompañada con indios **destinados al trabajo**, por toda la vida, **en forma gratuita y obligatoria**". (Collier, *The Indians*, pág. 98).

"**La** verdad es que en las Indias Occidentales no solo diezmaron, sino que aniquilaron a aquel pueblo que Colón describió como amable, alegre y hermoso. Como al principio se suponía que la mano de obra era ilimitada, **a estos esclavos** (indígenas), **a los cuales se les trataba como un** objeto, se les ponía a trabajar hasta la muerte. Tan terrible era la vida que llevaban que se suicidaban en masa, cometían infanticidio de la misma forma, y se abstenían sexualmente a fin de no tener hijos que nacieran en ese horror. Las epidemias letales se añadieron al deseo de morir. Los asesinatos y las desolaciones excedieron a los producidos por los más inflexibles tiranos de épocas anteriores, y no se han logrado sobrepasar desde entonces". (Collier, *The Indians*, pág. 98).

Collier indica que "de la población aborigen de Haití y Santo Domingo, calculada entre doscientos y trescientos mil cuando llegó Colón, quedaban menos de quinientos nativos sobrevivientes en el año 1548, ¡solo cincuenta y seis años más tarde! (Collier, *The Indians*, pág. 99).

Esa historia se repitió numerosas veces en manos de hombres como Cortés, Pizarro y Soto en Perú, Colombia, México y los Estados Unidos. Las escenas que vio Nefi seiscientos años antes de Cristo se convirtieron en una horrible realidad. Tal como lo dijo un escritor:

"He aquí una raza que se vio absorbida por un pujante diluvio de pueblos de una cultura totalmente diferente. Se les arrancó de su medio; se les trasplantó una y otra vez; los blancos los trataron como obstáculos hostiles en una tierra fértil, a los que había que sacar o destruir; se encontraban confundidos por un tipo de economía para

el cual no estaban preparados, diezmados por la enfermedad y los vicios a los que no eran inmunes; vieron que constantemente se violaban los tratados solemnes que con ellos se habían hecho; estaban sometidos a un cambio constante de pautas de gobierno, víctimas de oficiales incompetentes y codiciosos; y a veces se sentían desmoralizados por un exceso de bondad paternal bien intencionada pero mal dirigida. Con todo eso, es realmente sorprendente que hayan sobrevivido". (Kenneth Scott Latourette, *A History of the Expansión of Christianity, The Great Century*, tomo 4, pág. 323).

15 Y vi que el Espíritu del Señor estaba sobre los gentiles (los colonizadores), y prosperaron y obtuvieron la tierra por herencia; y vi que eran blancos y muy bellos y hermosos, semejantes a los de mi pueblo (los nefitas) antes que los mataran.

16 Y aconteció que yo, Nefi, vi que los gentiles (los cuales llegaron a formar las 13 Colonias y posteriormente se convirtieron en los Estados Unidos) que habían salido de la cautividad se humillaron delante del Señor, y el poder del Señor estaba con ellos.

A continuación, Nefi ve la Guerra de Independencia de los Estados Unidos en su visión. Ve la mano de Dios ayudando a los bandos pequeños de colonizadores (los cuales no solo tenían un adiestramiento precario, sino que estaban mal equipados) bajo el mando de George Washington. También ve el triunfo de estos colonos ante los potentes ejércitos británicos, los cuales estaban mucho mejor adiestrados para la guerra.

17 Y vi que las madres patrias (Gran Bretaña) de los gentiles se hallaban reunidas sobre las aguas, y sobre la tierra también (Gran Bretaña envió el ejército y la marina), para combatirlos (a los colonizadores en Norteamérica).

18 Y vi que el poder de Dios estaba con ellos, y también que la ira de Dios pesaba sobre todos aquellos que estaban congregados en contra de ellos para la lucha.

Hay muchas narraciones fascinantes en cuanto al poder de Dios manifestado en favor de George Washington y sus soldados. Una y otra vez, sus sufridos y andrajosos soldados fueron salvados contra todo pronóstico. En octubre de 1987, en la revista Ensign se publicó un artículo maravilloso titulado *"Delivered by the Power of God"* (Librados por el Poder de Dios). El autor de este artículo, Jonathan A. Dibble, nos da ejemplos de este poder. A continuación leeremos unos párrafos de este artículo:

"**Los** británicos se retiraron pronto de Boston y navegaron hacia Nueva York. Washington, al anticipar dicho movimiento, marchó hacia Nueva York. Allí, una serie de eventos hizo posible otro rescate milagroso de los soldados americanos.

Washington dividió su mando y llevó la mayor parte de sus tropas a

Long Island's Brooklyn Heights. Disponía solamente de diez mil soldados para proteger un frente de quince millas (24 kilómetros), mientras que el General Howe embarcó aproximadamente quince mil soldados británicos y alemanes (Hessian) en Gravesend Bay, Long Island. Dejó cuatro mil soldados detrás en Staten Island como refuerzos. . . . los británicos, al navegar hacia arriba del East River, pudieron desembarcar sus tropas detrás de las líneas de Washington y rodearon a su ejército. Los americanos lo tenían muy difícil. Si Washington hubiera perdido diez mil hombres al comienzo de la guerra, es muy probable que la Declaración de la Independencia no hubiera recibido el apoyo público necesario para alimentar el fuego de la libertad.

"**Sin** embargo, una vez más los elementos intervinieron. El 26 de agosto de 1776, los refuerzos de Howe (los británicos) se retrasaron debido a un fuerte viento de noreste y una marea amenazante que 'obligó a la flota a bajar a la bahía para anclarse'. A las nueve de la mañana del día siguiente, los estadounidenses podían oír los cañones británicos en la retaguardia americana. En una marcha durante una noche resplandeciente, el general británico Henry Clinton se había deslizado por el lado este de los estadounidenses y había capturado ochocientos presos, entre ellos los generales John Sullivan y William Stirling.

"En este momento, Washington, en lugar de retirarse a través del rio East River, reforzó las posiciones estadounidenses en Brooklyn Heights y esperó el asalto de Howe. Al ver que las tropas estadounidenses estaban atrincheradas, el general británico Howe decidió retrasar su ataque hasta que la flota británica entrara en el rio East River. Sin embargo, los barcos británicos fueron nuevamente retenidos por otro fuerte viento de noreste. Entonces torrentes de lluvia cayeron, lo que dificultaba aún más que la flota británica entrara en el East River y por lo tanto atenuando los esfuerzos de las tropas británicas en tierra. Howe comenzó a acorralar a las líneas de Washington cuando, según el historiador Henry B. Carrington, 'La lluvia (llegó a ser) incesante, y acompañada de un viento tan violento, que las tropas británicas se refugiaron dentro de sus tiendas, y el progreso en sus obras fue muy lento".

"Por último, en la noche del 29 de agosto de 1776, Washington, reconociendo la oportunidad para llevar a cabo una retirada táctica, ordenó a sus tropas que atravesaran el rio East River. La primera unidad se embarcó a las diez en punto. Pero a la medianoche, el viento cambió. Y así como el avance británico anterior había sido detenido por los elementos, esta vez la retirada de los estadounidenses se veía amenazada con el desastre. Las balandras y otras embarcaciones de vela no podían navegar, y había muy pocos botes a remos para completar la evacuación en una noche. Según nos relata Carrington, "el viento y la marea eran tan violentos que incluso soldados marineros de Massachusetts no pudieron extender una vela estrecha en ninguno de sus embarcaciones, y los buques de mayor tamaño, de los que tanto dependían, habrían sido arrastrados al mar si hubieran caído en las fuertes corrientes". "Washington se vio forzado a abandonar la evacuación, pero entonces, milagrosamente, el viento cambió repentinamente, lo que permitió a los estadounidenses cruzar el río justo antes de amanecer. Nueve mil hombres fueron trasladados durante esa retirada. El historiador Bart McDowell escribió que después del amanecer, mientras la última embarcación del ejército avanzaba, un joven capitán notó que los barcos navegaban 'cubiertos por una amigable y espesa niebla', lo cual 'aumento el riesgo de pánico, pero también impidió que nos descubrieran'. El historiador Christopher Ward señaló que 'la imprevisible Naturaleza (había) favorecido una vez más a los estadounidenses'. Washington 'había arrebatado a un ejército derrotado de las fauces de una fuerza victoriosa, y prácticamente ante la nariz de la armada más grande jamás vista en aguas Americanas' (Jonathan A. Dibble, "'Delivered by the Power of Dios': The American Revolution and Nephi's Prophecy," Ensign, Oct. 1987, 45–52).

19 Y yo, Nefi, vi que los gentiles que habían salido de la cautividad (los colonizadores) fueron librados por el poder de Dios de las manos de todas las demás naciones.

20 Y ocurrió que yo, Nefi, vi que prosperaron en la tierra; y vi un libro (la Biblia), y lo llevaban entre ellos. (Los inmigrantes cristianos trajeron la Biblia con ellos desde los países del viejo mundo").

21 Y me dijo el ángel: ¿Sabes tú el significado del libro?

22 Y le respondí: No lo sé.

23 Y dijo: He aquí (la Biblia), proviene de la boca de un judío (la Biblia nos ha llegado por medio de los judíos). Y yo, Nefi, miré el libro (vi la Biblia); y el ángel me dijo: El libro que ves es una historia de los judíos, el cual contiene los convenios que el Señor ha hecho con la casa de Israel; y también contiene muchas de las profecías de los santos profetas; y es una narración semejante a los grabados sobre las planchas de bronce, aunque menos en número. No obstante, contienen los convenios que el Señor ha hecho con la casa de Israel; por tanto, son de gran valor para los gentiles.

Aprendemos del versículo 23, arriba, que las planchas de bronce contenían más escritos del Antiguo Testamento que nuestro Antiguo Testamento actual. A continuación, se le mostrará a Nefi que se quitaron muchas cosas de la Biblia antes

de que la recibiéramos.

24 Y el ángel del Señor me dijo: Has visto que el libro (la Biblia) salió de la boca de un judío, y cuando salió de la boca del judío, contenía la plenitud del evangelio del Señor, de quien dan testimonio los doce apóstoles; y ellos testifican conforme a la verdad que está en el Cordero de Dios. (En otras palabras, las enseñanzas y sermones originales usados para la compilación original de la Biblia contenían la plenitud del evangelio de Jesucristo. En los próximos versículos, resaltaremos en negrita algunos sucesos relacionados con esto).

25 Por lo tanto, estas cosas (las enseñanzas y escritos originales de la Biblia) proceden en su pureza de los judíos a los gentiles, según la verdad que está en Dios.

26 Y después que proceden por la mano de los doce apóstoles del Cordero (Cristo), de los judíos a los gentiles (los no judíos), tú ves la formación de una iglesia grande y abominable (la iglesia del diablo; véase 1 Nefi 14:10), que es la más abominable de todas las demás iglesias, pues, he aquí, **ha despojado el evangelio del Cordero de muchas partes que son claras y sumamente preciosas,** y **también** ha quitado **muchos** de los **convenios** del Señor.

Habrás notado que los convenios

solo son requisitos para entrar en el reino celestial. No se requieren convenios para entrar en la gloria terrestre o telestial. Por lo tanto, al quitar el sacerdocio y los convenios, Satanás ha hecho mucho daño.

27 Y ha hecho todo esto para pervertir las rectas vías del Señor, para cegar los ojos y endurecer el corazón de los hijos de los hombres.

28 Por tanto, ves tú que después que el libro (la Biblia) ha pasado por las manos de esa grande y abominable iglesia, se han quitado muchas cosas claras y preciosas del libro, el cual es el libro del Cordero de Dios.

29 Y después que se quitaron estas cosas claras y de gran valor, va entre todas las naciones de los gentiles; y luego que va entre todas las naciones de los gentiles, sí, aun hasta el otro lado de las muchas aguas (océanos) que has visto, entre los gentiles que han salido del cautiverio, tú ves que—a causa de las muchas cosas claras y preciosas que se han quitado del libro, cosas que eran claras al entendimiento de los hijos de los hombres, según la claridad que hay en el Cordero de Dios—, a causa de estas cosas que se han suprimido del evangelio del Cordero, muchísimos tropiezan, sí, de tal modo que Satanás tiene gran poder sobre ellos. (La ignorancia en cuanto a las verdades y convenios del evangelio es una desventaja

terrible. Esta es una de las razones por las que el Libro de Mormón y las escrituras modernas tienen tanto valor. Estos últimos restauran los "cosas claras y preciosas" para nosotros).

Tenemos una gran deuda de gratitud con los monjes y sacerdotes católicos y otras personas del pasado por preservar meticulosamente la Biblia para todos nosotros en su formato presente. Esta ha ido a todo el mundo básicamente en la forma en la que estos la preservaron, tal y como lo atestiguan manuscritos antiguos en los museos y archivos de nuestro día. Estas personas sufrieron mucho para conservarla en la misma forma en que ellos la recibieron de generaciones anteriores. Por desgracia, algunos en nuestros días, culpan a estos hombres por alterar significativamente la Biblia. Sin embargo, el versículo 29, arriba, nos dice que las "cosas claras y preciosas" fueron quitadas antes de que la Biblia fuera "entre todas las naciones de los gentiles". Haríamos bien en decirles a nuestros amigos católicos "¡Gracias!" por el gran regalo que han dado al mundo. A continuación, se le enseña a Nefi en cuanto a la ayuda divina que recibe los Estados Unidos.

30 No obstante, tú ves que los gentiles que han salido de la cautividad (los primeros colonizadores en el nuevo mundo, que más tarde pasa a ser los Estados Unidos), y que, gracias al poder de Dios, han sido elevados sobre todas las demás

naciones que hay en la superficie de la tierra, que es una tierra escogida sobre todas las demás, la cual es la tierra que el Señor Dios dio a tu padre por convenio para que fuese la herencia de sus descendientes; por tanto, ves que el Señor Dios no permitirá que los gentiles destruyan completamente a los de la mezcla de tu descendencia que se hallan entre tus hermanos. (Vemos que los descendientes supervivientes de Nefi, que se habrán mezclado con los lamanitas, no serán completamente destruidos por la llegada de los viajantes que llegaran desde el otro lado de los océanos).

31 Ni permitirá (Dios) tampoco que los gentiles (colonizadores) destruyan a la posteridad de tus hermanos (los lamanitas).

A continuación, la mente de Nefi es transportada en visión a un contexto nuevo en el que se le mostrará la restauración del evangelio por medio de José Smith.

32 Ni permitirá el Señor Dios que los gentiles permanezcan para siempre en ese horrible estado de ceguedad, en el que ves que están a causa de las partes claras y sumamente preciosas del evangelio del Cordero que ha suprimido esa iglesia abominable, cuya formación tú has visto.

33 Por tanto, dice el Cordero de Dios (Cristo): Seré misericordioso con los gentiles, aun al grado de visitar al resto de la casa de Israel (a los descendientes de Lehi, o sea, los lamanitas; véase el versículo 34 a continuación) con gran juicio.

"**Visitar** con gran juicio" es una expresión propia de las escrituras. Básicamente significa cosechar al fin las consecuencias del continuo rechazo de los mandamientos y enseñanzas de Dios.

34 Y aconteció que el ángel del Señor me habló, diciendo: He aquí, dice el Cordero de Dios, después que haya visitado al resto de la casa de Israel—y este resto del que hablo es la posteridad de tu padre (los indios, los indígenas de las Américas)—por lo tanto, después que los haya visitado con juicio, y los haya herido por la mano de los gentiles, y después que los gentiles tropiecen muchísimo a causa de las partes más claras y preciosas que fueron suprimidas del evangelio del Cordero por esa abominable iglesia, que es la madre de las rameras, dice el Cordero, seré misericordioso con los gentiles en aquel día, de tal modo que haré llegar a ellos, por medio de mi propio poder, mucho de mi evangelio que será claro y precioso, dice el Cordero. (En otras palabras, Dios restaurará Su iglesia verdadera sobre la tierra. Esta es la restauración que empezó con el Profeta José Smith).

La expresión "madre de las rameras" tal cual aparece en el versículo 34, arriba, es muy típica en los idiomas del oriente próximo. "Madre" puede referirse a "el origen de" o "el líder de". Quizás, una explicación adicional en cuanto a la palabra "ramera" también nos ayudará. Un sinónimo sería el verbo "prostituir", que significa usar de una manera errada aquello que es puro y santo. Por lo tanto, la expresión "madre de las rameras" es una descripción muy correcta del diablo y sus obras de maldad.

35 Porque he aquí, dice el Cordero: Yo mismo me manifestaré a los de tu posteridad (esto haría referencia a la visita del Señor Resucitado tal cual está registrado en el Tercer Libro de Nefi), por lo que escribirán muchas cosas que yo les suministraré, las cuales serán claras y preciosas; y después que tu posteridad sea destruida (como se registra en el Cuarto Libro de Nefi), y degenere en la incredulidad, lo mismo que la de tus hermanos, he aquí que estas cosas serán escondidas (Moroni escondió los registros en el cerro Cumorah), a fin de que sean manifestadas a los gentiles (por medio de José Smith a todos nosotros), por el don y el poder del Cordero.

36 Y en ellas (las planchas, incluyendo aquellas de las cuales se tradujo el Libro de Mormón) estará escrito mi evangelio, dice el Cordero, y mi roca y mi salvación.

37 Y bienaventurados aquellos (incluyendo a todos los miembros fieles de la iglesia en el día de hoy) que procuren establecer a mi Sión en aquel día (en los últimos días), porque tendrán el don y el poder del Espíritu Santo; y si perseveran hasta el fin, serán enaltecidos (exaltados) en el último día (el Día del Juicio) y se salvarán en el reino eterno del Cordero (en el reino celestial); y los que publiquen la paz, sí, nuevas de gran gozo, ¡cuán bellos serán sobre las montañas!

A continuación, se le muestra a Nefi cómo tendrá lugar en los últimos días la restauración del evangelio de Jesucristo.

38 Y aconteció que vi al resto de la posteridad de mis hermanos, y también vi que el libro (Biblia) del Cordero de Dios, que había salido de la boca del judío, llegó de los gentiles (los colonizadores, peregrinos, misioneros, conquistadores, exploradores, inmigrantes, etc. los cuales vinieron a las Américas) al resto de la posteridad de mis hermanos (los lamanitas).

39 Y después que (la Biblia) hubo llegado a ellos, vi otros libros (tales como el Libro de Mormón, Doctrina y Convenios, y la Perla de Gran Precio), que vinieron por el poder del Cordero, de los gentiles (de José Smith y los miembros de la iglesia, incluyéndonos a nosotros) a ellos (a

los lamanitas), para convencer a los gentiles (refiriéndose en general, a los que todavía no son miembros en todas partes) y al resto de la posteridad de mis hermanos (hablando específicamente de los lamanitas), y también a los judíos (esta parte de la visión todavía no se ha cumplido, a excepción de algunos casos maravillosos aislados aquí y allá) que se encontraban esparcidos sobre toda la superficie de la tierra, de que los escritos de los profetas (que contiene la Biblia) y de los doce apóstoles del Cordero (que contiene el Nuevo Testamento) son verdaderos.

El Libro de Mormón y los "otros libros" a los que se alude en el versículo 39, arriba, dan testimonio de la Biblia. Esto es especialmente necesario en nuestros días, pues muchas personas ya no consideran la Biblia como la palabra de Dios, y la han "rebajado o degradado" al simple estado de literatura común o cultural.

Quizás puedas acordarte de la ocasión en que se añadió la declaración "Otro Testamento de Jesucristo" al título del Libro de Mormón. Como resultado, tanto el Libro de Mormón y las otras obras canónicas, como las enseñanzas de los profetas y apóstoles modernos sostienen a la Biblia como un libro sagrado que contiene la Palabra de Dios, tal cual Nefi lo vio en esta visión.

40 Y el ángel me habló, diciendo: Estos últimos anales (el Libro de Mormón y los "otros libros" en el versículo 39, arriba) que has visto entre los gentiles, establecerán la verdad de los primeros (sostendrán y apoyarán a la Biblia como un registro que contiene verdades de Dios), los cuales son los de los doce apóstoles del Cordero, y darán a conocer las cosas claras y preciosas que se les han quitado (restaurarán las enseñanzas, doctrinas y convenios que se quitaron de la Biblia), y manifestarán a todas las familias, lenguas y pueblos (o sea, a todos en la tierra), que el Cordero de Dios (Cristo) es el Hijo del Eterno Padre, y es el Salvador del mundo; y que es necesario que todos los hombres vengan a él, o no serán salvos.

Desde unos comienzos tan pequeños que tuvieron lugar en el estado de Nueva York, el 6 de abril de 1830, estamos ahora siendo testigos del cumplimiento de la profecía en el versículo 40, arriba, la cual dice que este evangelio irá a todo el mundo. De hecho, en la Conferencia General de la iglesia de octubre de 1995, el Presidente Gordon B. Hinckley dijo a los miembros que a comienzos de 1996 habría más miembros de la iglesia fuera de los Estados Unidos que dentro del país. Esto ya ha acontecido. De hecho, a principios de 2013, la iglesia ya tiene miembros en 189 países (de los 224 países y territorios a nivel mundial). Por lo tanto, tenemos el privilegio de ser testigos del cumplimiento de profecías, tanto antiguas como modernas. ¡Qué bendición más increíble el vivir en estos días!

A continuación, en el versículo 41, verás que se resalta una vez más que no hay otra manera de ser salvos, sino la de venir a Cristo. Solo hay un camino que lleve a la salvación y exaltación en la gloria celestial. Muchas otras iglesias pueden guiarnos a la gloria terrestre, pero solo una nos guiará a la celestial.

41 Y han de venir (todas las personas deben dirigirse hacia Cristo y aceptar a Cristo, tal cual se declara en el versículo 40, arriba) conforme a las palabras que serán establecidas por boca del Cordero; y las palabras del Cordero se darán a conocer en los anales de tu posteridad (el Libro de Mormón), como también en los anales de los doce apóstoles del Cordero (la Biblia); por lo que los dos serán reunidos en uno solo (la Biblia y el Libro de Mormón se juntarán y estarán unidos como testimonios de Cristo. Véase también Ezequiel 37:16–17); porque hay un Dios y un Pastor (Cristo) sobre toda la tierra.

A continuación, se le enseña a Nefi que Cristo vendrá a la tierra y establecerá Su evangelio, primero entre los judíos y después entre los gentiles (especialmente a través del apóstol Pablo). Esto aconteció en los tiempos del Nuevo Testamento. Después se le mostrará a Nefi que en los últimos días, se invertirá ese

orden. Es decir, Jesús se manifestará a sí mismo primero a los gentiles (a través de José Smith y la restauración, y a través de la ministración del Espíritu Santo y de los ángeles de Dios), y finalmente, habrá una conversión a gran escala entre los judíos.

42 Y viene el tiempo (unos 600 años desde que Nefi tuvo esta visión) en que él (Cristo) se manifestará a todas las naciones, tanto a los judíos como también a los gentiles (durante los tiempos del Nuevo Testamento); y después que se haya manifestado a los judíos y también a los gentiles, entonces (en los últimos días) se manifestará a los gentiles (a los no judíos) y también a los judíos; y los últimos (los gentiles que finalmente recibieron el evangelio en el Nuevo Testamento, tras recibirlo los judíos) serán los primeros, y los primeros (los judíos, a quienes se les dio el evangelio primero durante el ministerio del Salvador en el Nuevo Testamento) serán los últimos (en recibir el evangelio en los últimos días).

PRIMER NEFI 14

Nos hallamos ante el último capítulo de la visión de Nefi, en la que nos ha mostrado las cosas que su padre, Lehi, vio. En este nos mostrará cosas referentes a los últimos días, incluyendo los días en que vivimos ahora. El ángel que se menciona en el versículo 40 del capítulo 13 todavía está dirigiendo la visión que está teniendo Nefi y le está explicando las cosas está viendo y sintiendo.

En los siguientes versículos, el tema principal es el de tener a Dios a nuestro lado a través de la rectitud personal, incluso si vivimos en un mundo inicuo. Este mensaje es de vital importancia para todos nosotros.

1 Y SUCEDERÁ que si los gentiles (las personas a las que llegará primero el evangelio en los últimos días) escucharen al Cordero de Dios el día (los últimos días) en que él mismo se manifieste a ellos, tanto en palabra, como también en poder, real y verdaderamente, para quitar sus tropiezos (tropiezos mencionados en 1 Nefi 13:26–29),

2 y no endurecieren sus corazones contra el Cordero de Dios (es decir, si aceptan y viven fielmente el evangelio), serán contados entre la posteridad de tu padre (serán considerados dignos y rectos, así como lo eran Nefi y otros descendientes justos de Lehi); sí, serán contados entre los de la casa de Israel (una frase típica en las escrituras que significa que recibirán todas las bendiciones de Abraham, Isaac y Jacob, los cuales ya se han convertido en dioses [véase DyC 132:37]; en otras palabras, una manera de decir que recibirán la exaltación); y serán para siempre un pueblo bendito sobre la tierra prometida (simboliza alcanzar el cielo, la gloria celestial, y vivir en la presencia del Padre y de Cristo para siempre), y no serán llevados más al cautiverio (Satanás ya no tendrá éxito contra ellos); y la casa de Israel ya no será confundida (detenida, desviada).

3 Y ese profundo abismo (la trampa de Satanás para nosotros; el infierno; las tinieblas de afuera) que ha cavado para ellos esa grande y abominable iglesia (la iglesia del diablo; todo aquello que Satanás hace y trata de hacer para atraparnos y destruirnos; véase 1 Nefi 14:10), la cual establecieron el diablo y sus hijos (sus seguidores) para conducir las almas de los hombres al infierno, sí, ese profundo abismo que ha sido cavado para la destrucción de los hombres, se llenará con aquellos que lo abrieron (los inicuos o malvados terminan por destruirse a sí mismos; véase Mormón 4:5), hasta su completa destrucción, dice el Cordero de Dios; no la destrucción del alma, a menos que sea el arrojarla en aquel infierno que no tiene fin.

En el versículo 3, arriba, encontramos esta frase, ". . . .no la destrucción del alma", la cual es una declaración doctrinal muy importante. Nunca nadie podrá o dejará de existir, nunca. Una vez tuve una estudiante que me preguntó si yo sabía de algún pecado que ella pudiera cometer que trajera como consecuencia el que ella dejara de existir completamente. Ella me explicó que sabía que después de nuestra muerte, y después que nuestro cuerpo mortal finalmente se descomponga, nosotros todavía seguiremos existiendo como seres de espíritu hasta la resurrección. Entonces me dijo que ella quería que su espíritu y su inteligencia también dejaran de existir. Con mucho tacto le expliqué que esto no podía ser así. Entonces, con la ayuda de su buen obispo, sus problemas se solucionaron y su vida, una vez más volvió a tener gran valor. El asunto aquí es que ya somos seres eternos y que la "destrucción del alma", de que se habla en el versículo 3, arriba, significa la cautividad (sujeción) total del alma a manos del diablo, y permanecer bajo dicho cautiverio para siempre (véase Alma 34:35). Esta cautividad "para siempre" solo se aplicaría a los hijos de perdición, pues todos los demás están fuera del alcance de Satanás (véase la visión de los tres grados de gloria y los hijos de perdición—tinieblas de afuera—en Doctrina y Convenios, sección 76).

Tengamos presente que la frase "tinieblas de afuera", puede referirse, según el contexto, a los hijos de perdición o a la prisión espiritual (véase Alma 40:13).

4 Porque he aquí que esto va de conformidad con la cautividad del diablo, y también con la justicia de Dios (la ley de la justicia), sobre todos los que (de su propia voluntad o deseo) cometan iniquidades y

abominaciones (maldades terribles cometidas abiertamente y con clara intención) ante él.

De acuerdo con el versículo 4, arriba, es interesante notar que la auto-destrucción (el no arrepentirse de la iniquidad personal) también sigue unas reglas.

La profecía en el versículo 5, a continuación, es lo que podríamos llamar una "profecía condicional", lo cual significa que existe la relación de la condición "si—entonces". En otras palabras, "Si hacen o no hacen . . . lo que sea el tema en cuestión . . . entonces esto o aquello acontecerá". Es el tipo de profecía que nos recuerda que tenemos albedrío, y que dependiendo del uso que hacemos de nuestro albedrío, estamos decretando nuestro futuro. Ahora, por razones de enseñanza y énfasis, usaremos subrayado y negrita.

5 Y aconteció que el ángel me habló a mí, Nefi, diciendo: Tú has visto que si los gentiles **se arrepienten** (condición), **les irá bien** (resultado); y también sabes acerca de los convenios del Señor con la casa de Israel; y también has oído que **el que no se arrepienta** deberá perecer.

6 Por lo tanto, ¡ay de los gentiles, si es que **endurecen sus corazones** contra el Cordero de Dios!

7 Porque viene el día, dice el Cordero de Dios, en que haré una

obra grande y maravillosa entre los hijos de los hombres, una obra que será sempiterna, ya para una cosa u otra; **ya para convertirlos a la paz y vida eterna, o entregarlos a la dureza de sus corazones y ceguedad de sus mentes** hasta ser llevados al **cautiverio**, y también a la **destrucción**, tanto temporal (literalmente muertos aquí, en la vida mortal) como espiritualmente (en lo que concierne a la espiritualidad personal y la rectitud), según la cautividad del diablo, de la cual he hablado.

Los versículos de arriba son un claro recordatorio de la función que nuestro albedrío desempeña en nuestra última "ubicación" en la eternidad. Nuestras decisiones tienen consecuencias eternas. Como conclusión, ahora estamos viviendo la experiencia de la "Universidad de la Tierra", en la que estamos tomando nuestras últimas decisiones de cara a nuestra ubicación o destino eterno. Considera que nos hemos estado preparando durante eternidades de tiempo (eones) en la vida premortal para llegar a esta prueba final, y ahora la estamos tomando.

8 Y aconteció que cuando el ángel hubo hablado estas palabras, me dijo: ¿Recuerdas los convenios del Padre con la casa de Israel? (Por cierto, se pueden revisar estos convenios al leer Abraham 2:9–11, en tu libro, Perla de Gran Precio). Yo le contesté: Sí.

9 Y sucedió que (el ángel) me dijo: Mira, y ve esa grande y abominable iglesia que es la madre de las abominaciones (la cual produce una corrupción y maldad terribles), cuyo fundador es el diablo.

Solo hay que dar una mirada a las noticias (periódicos, televisión, internet, etc.) para darnos cuenta de la grave corrupción y terrible maldad que inspira la "grande y abominable".

10 Y me dijo: He aquí, no hay más que dos iglesias solamente; una es la iglesia del Cordero de Dios, y la otra es la iglesia del diablo; de modo que el que no pertenece a la iglesia del Cordero de Dios, pertenece a esa grande iglesia que es la madre de las abominaciones, y es la ramera de toda la tierra (la que pervierte, confunde y trata de destruir los planes de Dios por toda la tierra en todo momento).

Esta es una doctrina básica y muy fuerte (la del versículo 10, arriba). Se refiere a que al final solo hay dos equipos o dos posiciones que podemos tomar. O bien estamos con Dios o con el diablo. Muchas personas no se sienten cómodas al tener que reducir las opciones a tan simples términos. En verdad, parte del astuto plan de engaño de Satanás es que haya muchas opciones intermedias y que podemos esperarnos a un tiempo futuro para tomar decisiones que demuestren nuestra lealtad a Dios o al diablo.

Además, solo hay dos "iglesias". La Iglesia de Jesucristo de los Santos de los Últimos Días se presenta en solitario como la iglesia verdadera y se da a conocer a sí misma, sola e independiente en gloria y poder haciendo que la exaltación esté disponible a todos los que vienen a Cristo. Todas las influencias que desvíen a las personas lejos de los compromisos y convenios disponibles en la iglesia verdadera se consideran parte de la otra "iglesia" o el "reino del diablo" tal y como se declara en 1 Nefi 22:22.

Debemos tener cuidado de no rebajar o menospreciar a todas las iglesias Cristianas y no-cristianas al haber leído el versículo 10, arriba. En verdad, DyC 10:52 nos recuerda que no debemos "destruir" lo que saben otras iglesias; por el contrario, debemos entender que nuestra iglesia complementa las carencias que existen en las doctrinas y enseñanzas de otras iglesias y así las edifica y completa lo que estas ya han comenzado.

A continuación, en el versículo 11, se usa un lenguaje fuerte para describir el reino y el poder de Satanás en los últimos días. Aquí, la palabra "ramera" significa "tomar aquello que es puro, santo y bueno, y transformarlo para que su uso produzca destrucción, degradación, suciedad, e incluso destruya la rectitud o integridad personal". La imagen de la "ramera" (Satanás y sus seguidores malvados) sentados sobre las "muchas aguas" bien nos puede recordar a las "aguas sucias", que por

ejemplo, tienen lugar durante una inundación en el sótano de una casa. Estas aguas sucias tratan de "alcanzar y meterse" en todo lugar y todo objeto. Así pues, Satanás, en los últimos días, será muy poderoso e intentará "alcanzar y meterse" en cada aspecto de nuestras vidas.

11 Y aconteció que miré y vi a la ramera de toda la tierra (el reino de Satanás en los últimos días), y se asentaba sobre muchas aguas (simbólico de la habilidad para meterse en cada aspecto de la sociedad); y tenía dominio (gran poder) sobre toda la tierra, entre todas las naciones, tribus, lenguas y pueblos.

A continuación, Nefi verá que en los últimos días, tras la restauración del evangelio por medio de José Smith, la iglesia, a pesar de ser relativamente pequeña en su número de miembros, tendrá influencia por todo el mundo. Esta profecía ya ha empezado a cumplirse. El informe de membresía dado en Octubre de 2013 indica que la iglesia ya ha alcanzado los 15 millones de miembros en congregaciones localizadas en el 85% de todas las naciones y territorios del mundo. Y este número sigue creciendo a medida que los gobernantes abren sus puertas a la libertad de expresión religiosa. Esto es un milagro considerando los humildes comienzos de la iglesia hace 183 años. El Señor siempre prepara el camino para que Su palabra se cumpla.

12 Y sucedió que vi la iglesia del

Cordero de Dios (la iglesia verdadera), y sus números eran pocos a causa de la iniquidad y las abominaciones de la ramera que se asentaba sobre las muchas aguas (debido al poder y dominio de Satanás). No obstante, vi que la iglesia del Cordero, que eran los santos de Dios, se extendía también sobre toda la superficie de la tierra; y sus dominios sobre la faz de la tierra eran pequeños, a causa de la maldad de la gran ramera a quien yo vi.

13 Y ocurrió que vi que la gran madre de las abominaciones (Satanás y sus seguidores malvados) reunió multitudes sobre toda la superficie de la tierra, entre todas las naciones de los gentiles, para combatir contra el Cordero de Dios. (Satanás tendrá muchos "aliados" en los últimos días, a medida que hace la guerra en contra de la predicación y expansión del evangelio verdadero de Cristo).

> El versículo 14, a continuación, es muy reconfortante y esperanzador. Se nos recuerda que en realidad no estamos solos (negrita agregada para enfatizar).

14 Y aconteció que yo, Nefi, vi que el poder del Cordero de Dios descendió sobre los santos de la iglesia del Cordero y sobre el pueblo del convenio del Señor, que se hallaban dispersados sobre toda la superficie de la tierra; y **tenían por armas** su

rectitud y el poder de Dios en gran gloria.

> **Seguidamente**, Nefi verá "guerras y rumores de guerras". Estas guerras son una de las señales más significativas de los tiempos (últimos días), indicando que la Segunda Venida del Salvador no está muy lejos.

15 Y sucedió que vi que la ira de Dios se derramó sobre aquella grande y abominable iglesia, de tal modo que hubo guerras y rumores de guerras entre todas las naciones y familias de la tierra.

16 Y cuando empezó a haber guerras y rumores de guerras entre todas las naciones que pertenecían a la madre de las abominaciones (la cual sigue los objetivos y estándares personales de Satanás), me habló el ángel, diciendo (ahora el ángel enfatizará y explicará a Nefi algunos conceptos clave y enseñanzas de esta visión): He aquí, la ira de Dios está sobre la madre de las rameras (los inicuos, el reino de Satanás); y he aquí, tú ves todas estas cosas;

> **Tal** como se indica arriba, el ángel está revisando ahora los elementos clave de la visión, los cuales llevan a la restauración de la iglesia verdadera en los últimos días.

17 y cuando llegue el día en que la ira de Dios sea derramada sobre la madre de las rameras, que es la iglesia grande y abominable de toda

la tierra, cuyo fundador es el diablo, entonces, en ese día, empezará la obra del Padre, preparando la vía para el cumplimiento de sus convenios que él ha hecho con su pueblo que es de la casa de Israel. (En otras palabras, cuando llegue el tiempo, tal cual se ilustra en la visión, el evangelio será restaurado, y comenzará a cumplirse la profecía pronunciada tiempo atrás referente al recogimiento de Israel. Nefi está viendo nuestros días).

18 Y aconteció que el ángel me habló, diciendo: ¡Mira!

19 Y miré, y vi a un hombre (Juan, el apóstol amado, el mismo que escribió el Libro del Apocalipsis de nuestra Biblia; véase el versículo 27 en este capítulo), que estaba vestido con un manto blanco.

> **Recordemos** por un instante que en las escrituras hay mucho simbolismo. Juan está vestido de blanco, lo cual simboliza pureza y dignidad para estar en la presencia de Dios. Además está vestido con un manto, lo cual es símbolo de que ha hecho convenios y los ha guardado con éxito, y por lo tanto es digno de la exaltación, la deidad.

20 Y el ángel me dijo: ¡He ahí uno de los doce apóstoles del Cordero!

21 He aquí, él verá y escribirá el resto de estas cosas (las cosas que tú, Nefi, verás a continuación en esta visión); sí, y también muchas que han sucedido.

22 Y escribirá también sobre el fin del mundo.

23 Por tanto, las cosas que él escriba son justas y verdaderas; y he aquí, están escritas en el libro (la Biblia) que tú has visto salir de la boca del judío. Y en la época en que salieron de la boca del judío, o sea, cuando el libro salió de la boca del judío, las cosas que estaban escritas eran claras y puras, y las más preciosas y fáciles para el entendimiento de todos los hombres. (Es decir, cuando el Libro del Apocalipsis fue escrito por Juan el amado, era sencillo, claro y fácil de entender).

24 Y he aquí, las cosas que este apóstol del Cordero escribirá son muchas de las que tú ya has visto; y he aquí, el resto tú lo verás.

25 Pero las que verás en adelante, no escribirás; porque el Señor Dios ha ordenado que las escriba el apóstol del Cordero de Dios.

> **Esta** instrucción dada a Nefi es fascinante. Nefi ahora verá muchas más cosas, las cuales conducen al fin de la tierra. Sin embargo, no es su mayordomía escribirlas. Es la mayordomía del apóstol Juan, quien casi 700 años en el futuro verá las mismas cosas que Nefi podrá ver ahora. Juan es el que escribirá estas cosas para que las leamos nosotros. Estos escritos de Juan se encuentran en la Biblia, en el Libro del Apocalipsis.

Desafortunadamente, el Libro del Apocalipsis es muy difícil de entender para muchas personas. Sin embargo, aquellos que ponen el esfuerzo requerido para estudiarlo y entenderlo, este libro llega a convertirse en un libro precioso y en una revisión doctrinal maravillosa del Plan de Salvación. Contiene varias doctrinas, las cuales no se han incluido o se han quitado intencionalmente de los otros libros en la Biblia. Quizás quieras recibir ayuda extra para entender mejor el Libro de Apocalipsis. Si es así, puedes leer las notas del Libro del Apocalipsis tal cual aparecen en el libro "*The New Testament Made Easier, Part 2*", por David J. Ridges, publicado por Cedar Fort Inc., 2003).

26 Y ha habido también otros a quienes el Señor ha mostrado todas las cosas, y las han escrito; y han sido selladas, según la verdad que está en el Cordero, para aparecer en su pureza a la casa de Israel en el propio y debido tiempo del Señor.

El versículo 26, arriba, nos informa de que todavía existen otros registros sellados, los cuales, algún día estarán disponibles para el pueblo del Señor por el poder de Dios. Este versículo debe haber sido fascinante para José Smith, al darse cuenta de que habría otros que también estarían involucrados en sacar a la luz otros registros antiguos.

27 Y yo, Nefi, oí, y testifico que el nombre del apóstol del Cordero era Juan, según la palabra del ángel.

El Juan que se menciona arriba, fue el apóstol que escribió el Evangelio de San Juan, además de las tres epístolas universales de Juan (1 Juan, 2 Juan y 3 Juan), y también el Libro del Apocalipsis. Él fue el mismo que sirvió en la "Primera Presidencia" de la iglesia después de la ascensión del Salvador al cielo. Fue esta misma "presidencia", compuesta por Pedro, Santiago y Juan, quienes restauraron el Sacerdocio de Melquisedec a José Smith y Oliver Cowdery (véase DyC 27:12).

A continuación, Nefi se prepara para terminar la narración de su visión, y nos recuerda que está siguiendo las instrucciones del ángel, por lo tanto no debe escribir el resto de lo que vio en la visión.

28 Y he aquí que a mí, Nefi, se me prohíbe escribir el resto de las cosas que vi y oí; por lo que me basta con las que he escrito; y no he escrito más que una pequeña parte de lo que vi. (Sería interesante si algún día pudiéramos pasar un rato con Nefi, cuando él tenga tiempo, para que nos cuente el resto de lo que vio en su visión, si es que se le permite).

29 Y doy testimonio de que yo (Nefi) vi las cosas que mi padre vio, y el ángel del Señor me las hizo saber.

30 Y ahora ceso de hablar tocante a las cosas que vi cuando fui llevado en el espíritu; y si todas las cosas que vi no están escritas (quizás, Nefi nos

esté diciendo, "No tengo tiempo, energía o espacio suficiente en estas planchas para grabar todo lo que se me está permitido escribir, por lo tanto . . ."), las que he escrito son verdaderas. Y así es. Amén.

Aquí se termina la visión de Nefi.

PRIMER NEFI 15

Hasta aquí, Nefi ha tenido una experiencia maravillosa de "alta montaña". Ha visto lo que le pasará a su posteridad y a los descendientes de sus hermanos. Se le ha mostrado aquello que conocemos como el Nuevo Testamento, el descubrimiento y colonización de América, la Guerra de Independencia de Estados Unidos, el establecimiento de los Estados Unidos de América, la restauración del Evangelio, la aparición del Libro de Mormón, los últimos días, y todo lo que Juan el Revelador vio. No cabe duda de que ahora Nefi está ansioso por compartir todo esto (su experiencia y el testimonio de las cosas que su padre vio) con los demás, al volver al campamento. Sin embargo, a medida que se acerca al campamento ve a sus hermanos contendiendo. ¡Qué decepción! ¡Qué aflicción! Ahora "escucharemos" a Nefi mientras nos cuenta esta parte de su historia.

1 Y OCURRIÓ que después que yo, Nefi, hube sido arrebatado en el espíritu, y hube visto todas estas cosas, volví a la tienda de mi padre.

2 Y sucedió que vi a mis hermanos, y estaban disputando entre sí concerniente a las cosas que mi padre les había hablado.

3 Porque verdaderamente les habló muchas grandes cosas que eran difíciles de comprender, a menos que uno recurriera al Señor; y como eran duros de corazón, no acudían al Señor como debían.

Nefi nos recuerda en el versículo anterior que las cosas de Dios son difíciles de entender a menos que acudamos al Señor para pedirle ayuda. Esta lección tan importante se aplica a todos nosotros a lo largo de nuestras vidas.

A continuación, veremos que Nefi se sintió abatido por su padecimiento. Sabiendo que Nefi fue inspirado en cuanto a aquello que debía incluir en el registro especial que formaba parte de las Planchas Menores, quizás podamos consolarnos en este mensaje del Señor, de que incluso personas maravillosas y muy capaces también pueden atravesar tiempos de dolor y depresión.

4 Y yo, Nefi, estaba apesadumbrado por la dureza de sus corazones, como también a causa de las cosas que yo había visto (recuerda que él había visto la caída de su pueblo), las cuales sabía que inevitablemente habrían de suceder, debido a la gran iniquidad de los hijos de los hombres.

La frase "hijos de los hombres" tal cual se usa en el versículo 4, arriba, es una expresión que a menudo se utiliza en las escrituras. Significa "las personas aquí en la tierra".

5 Y aconteció que me sentí abatido por causa de mis aflicciones, porque las consideraba mayores que cualquier otra cosa, por motivo de la destrucción de mi pueblo, porque yo había visto su caída.

A continuación, veremos como Nefi trata de ayudar a sus hermanos a entender las cosas de Dios. Cuando lleguemos al versículo 11, se nos dará una fórmula para recibir ayuda y consejo de Dios. También es una fórmula para recibir un testimonio personal.

6 Y aconteció que después de haber recobrado la fuerza, hablé a mis hermanos, deseando saber la causa de sus disputas (la causa por la cual estaban discutiendo y contendiendo entre ellos).

7 Y dijeron: He aquí, no podemos comprender las palabras que nuestro padre ha hablado concernientes a las ramas naturales del olivo, y también con respecto a los gentiles.

8 Y les dije: ¿Habéis preguntado al Señor?

9 Y me contestaron: No, porque el Señor no nos da a conocer tales cosas a nosotros. (Es posible que en esta respuesta haya algo de sarcasmo; como si los hermanos de Nefi contestaran, "El Señor no nos habla a nosotros como te habla a ti, santito").

A continuación, usaremos **negrita** para resaltar las enseñanzas de Nefi en cuanto a cosas que pueden imposibilitar que seamos sensibles al Espíritu Santo, y por tanto nos impiden llegar a entender las cosas de Dios.

10 He aquí, les dije: ¿Cómo es que **no guardáis los mandamientos del Señor** (una razón muy importante por la cual no somos sensibles al Espíritu del Señor)? ¿Cómo es que queréis perecer (ser destruidos espiritualmente, o en lo concerniente a las cosas espirituales) a causa de **la dureza de vuestros corazones?**

11 (Aquí está la fórmula que mencionamos anteriormente en la nota que sigue al versículo 5, arriba. Esta fórmula es para recibir ayuda del Espíritu y así poder entender las cosas de Dios. Usaremos **negrita** por razones de enseñanza y énfasis). ¿No recordáis las cosas que el Señor ha dicho: **Si no endurecéis vuestros corazones**, y **me pedís con fe, creyendo que recibiréis, guardando diligentemente mis mandamientos**, de seguro **os serán manifestadas estas cosas?**

Ahora Nefi enseñará y explicará a sus hermanos en cuanto al uso del simbolismo del olivo, el cual le fue mostrado al padre Lehi. Sería un buen momento para revisar las notas que acompañan 1 Nefi 8 referentes al olivo. Tienen que ver con el recogimiento de Israel en los últimos días. Y nosotros tenemos el privilegio de presenciar el cumplimiento de dicha profecía a medida que sigue creciendo y floreciendo en nuestros días. Esto es un testimonio poderoso de la verdad del Libro de Mormón.

12 He aquí, os digo que la casa de Israel fue comparada a un olivo por el Espíritu del Señor que estaba en nuestro padre; y he aquí, ¿no hemos sido desgajados de la casa de Israel (lo cual simboliza el haber sido separados del resto de Israel)? ¿No somos nosotros una rama de la casa de Israel (acaso no pertenecemos nosotros a Israel)?

13 Ahora bien, lo que nuestro padre quiere decir concerniente al injerto (el ser agregados de nuevo al árbol) de las ramas naturales, por medio de la plenitud de los gentiles (a través de la plenitud del evangelio que está siendo restaurado entre los gentiles—José Smith y la restauración), es que en los días postreros (en los últimos días, antes de la Segunda Venida), cuando nuestros descendientes hayan degenerado en la incredulidad (hayan caído en la apostasía, se hayan apartado del evangelio de Cristo), sí, por el espacio de muchos años, y muchas generaciones después que el Mesías sea

manifestado en la carne a los hijos de los hombres (muchas generaciones después del ministerio terrenal del Salvador), entonces la plenitud del evangelio del Mesías vendrá a los gentiles (el evangelio y la verdadera iglesia serán restaurados nuevamente, esta vez a los gentiles, es decir, José Smith y la restauración); y de los gentiles vendrá al resto de nuestra posteridad (y los lamanitas lo recibirán de los miembros de la iglesia restaurada).

Es de vital importancia que sepamos "quiénes somos". Debemos tener muy claro que somos hijos de Dios, y que en nosotros existe el potencial de llegar a ser como Él, podemos llegar a ser dioses. Este conocimiento es esencial para nuestra valía personal y autoestima, para desarrollar conductas rectas y un compromiso interno y profundo fundado en los principios del evangelio de Cristo. A continuación, Nefi profetizará que esta bendición de saber quiénes somos será restaurada a los lamanitas en los últimos días.

El Elder Spencer W. Kimball, del Consejo de los Doce Apóstoles, destacó este hecho de la siguiente manera:

"De gran importancia para esta obra de reunir a las ramas dispersas de la casa de Israel es la obra de llevar las bendiciones del evangelio restaurado de Jesucristo a los lamanitas, ya que la obra del Señor en estos últimos días no puede completarse de ningún modo hasta que estos hijos de la gran promesa sean de nuevo traídos al redil. A través de su profeta Lehi, el Señor dijo: 'He aquí, os digo que sí; se hará memoria de ellos otra vez entre la casa de Israel; y siendo una rama natural del olivo, serán injertados en el olivo verdadero' (1 Ne. 15:16). Estamos siendo testigos de estos acontecimientos".

"Durante mil años, tras finalizarse el registro del Libro de Mormón, este pueblo anduvo en la oscuridad espiritual y fueron esparcidos sobre los continentes americanos y las islas del mar; perdieron su idioma escrito, su elevada cultura y, peor aún, su conocimiento del Dios viviente y de su obra. Desde la llegada del hombre blanco a las Américas, han sido perseguidos despiadadamente, asesinados y degradados. La fe fue reemplazada por miedo, un lenguaje rico por dialectos reducidos, y un entendimiento de Dios y sus caminos por idolatría . . . Solamente la persona más cruel podría mantenerse inconmovible al contemplar la caída de este pueblo. Sin embargo, el decreto del Señor era que los lamanitas serían preservados en la tierra, y que este remanente de José recibiría nuevamente su prometida herencia".

"Las promesas del Señor con respecto a los lamanitas empezaron a cumplirse con la aparición del Libro de Mormón en esta dispensación" (véase Éter 4:17).

"En verdad nuestros caminos se han reunido una vez más. Nosotros, una mezcla del remanente de Israel, principalmente de Efraín, aunque se nos conoce como gentiles, estamos ahora saliendo de la cautividad (véase, por ejemplo, 1 Ne. 13:19, 39), . . . a través de la gracia del Dios Altísimo el cual nos ha restaurado las bendiciones del evangelio, para que a cambio, nosotros podamos ser una bendición a las naciones de la tierra; y los lamanitas, también un pueblo desobediente, regresan ahora al redil".

"Los lamanitas deben alzarse nuevamente en dignidad y fortaleza para unirse con sus hermanos de la familia de Dios a fin de llevar adelante su obra, de prepararse para el día en que el Señor Jesucristo regrese a dirigir a su pueblo" ("Caminaremos por la misma senda", Liahona. Enero, 1977, págs. 1–4).

14 Y en aquel día (después de que el evangelio haya sido restaurado entre los gentiles en los últimos días) el resto de los de nuestra posteridad (los lamanitas) sabrán que son de la casa de Israel, y que son el pueblo del convenio del Señor; y entonces sabrán y llegarán al conocimiento de sus antepasados, y también al conocimiento del evangelio de su Redentor, que él ministró a sus padres. Por tanto, llegarán al conocimiento de su Redentor y de los principios exactos de su doctrina, **para que sepan cómo venir a él** y ser salvos.

El mensaje al final del versículo 14, arriba, es tremendamente importante. No es suficiente para las personas el querer ser salvas. También deben saber cómo ser salvas. Quizás haya muchas personas e iglesias cristianas y no cristianas que estén en desacuerdo con nosotros en cuanto a esto. Pero es muy posible que este desacuerdo se deba, en parte, a que dichas personas no saben lo que significa "ser salvos" o "salvarse". No se dan cuenta ni aceptan el hecho de que, casi siempre, en las escrituras, la expresión "ser salvos" significa llegar a ser como Dios y que nosotros mismos podemos llegar a ser dioses.

Así pues, con un entendimiento limitado debido a la falta de conocimiento (en referencia a "los principios exactos de su doctrina", versículo 14, arriba), algunas personas y grupos creen que para "ser salvos" lo único que se requiere es ser buenos. Por un lado, esto es cierto en cuanto a alcanzar la gloria terrestre (véase DyC 76:75). Pero para llegar a "ser salvos" en la exaltación celestial, necesitamos el conocimiento del evangelio. Tal y como dijo el profeta José Smith, es imposible que nos salvemos en la ignorancia del evangelio (véase DyC 131:6). Necesitamos los "puntos exactos" de la doctrina; necesitamos la autoridad del sacerdocio para poder hacer y guardar convenios.

15 Y entonces, ¿no se regocijarán (los lamanitas) en aquel día, y alabarán a su eterno Dios, su roca y su salvación? Sí, ¿no recibirán en aquel día la fuerza y nutrición de la verdadera vid (Cristo; véase Juan 15:1)? Sí, ¿no vendrán al verdadero rebaño (la verdadera iglesia; finalmente, exaltación celestial) de Dios?

16 He aquí, os digo que sí; se hará memoria de ellos otra vez entre la casa de Israel (al ser recogidos e injertados al "olivo", a la "verdadera vid"); y siendo una rama natural del olivo (siendo descendientes de sangre de Israel—Abraham, Isaac y Jacob), serán injertados en el olivo verdadero.

17 Y esto es lo que nuestro padre quiere decir; y nos da a entender que no sucederá sino hasta después que los hayan dispersado los gentiles; y se refiere a que se llevará a cabo por medio de los gentiles (llegará a los lamanitas por medio de la iglesia que José Smith establecerá entre los gentiles—los no judíos), a fin de que el Señor manifieste a éstos su poder, precisamente porque será rechazado por los judíos, o sea, por los de la casa de Israel.

Puede que todavía haya algo de confusión en cuanto a la diferencia entre las palabras "judíos" y "gentiles" tal cual se usan en el Libro de Mormón. Quizás nos ayude un breve repaso. Los "judíos" en el Libro de Mormón pueden haber salido de una o varias de las tribus de Israel en la

Tierra Santa. La cuestión es que "geográficamente" procedían de la Tierra Santa, en un tiempo relativamente reciente. Tal cual se usa en el Libro de Mormón, los "gentiles" son todas las personas en el mundo que no proceden de la Tierra Santa. Muchos de los gentiles tienen sangre de Israel, pero no proceden "geográficamente" de la Tierra Santa en tiempos recientes. Incluso hoy en día, la palabra "judío" se refiere básicamente a los ciudadanos no árabes de Israel, y también a las personas de cualquier lugar del mundo cuyos antepasados procedían de la Tierra Santa en tiempos relativamente modernos. La mayoría de los "judíos" tienen sangre en sus venas que procede de varias de las 12 tribus de Israel.

Antes de seguir, prestemos atención a la frase "la casa de Israel", la cual significa los descendientes de Abraham, Isaac y Jacob, o "el pueblo del convenio". Abraham y Sara tuvieron a Isaac. Isaac y Rebeca tuvieron a Jacob. Jacob y sus esposas tuvieron 12 hijos. A Jacob se le cambió el nombre y se le llamó "Israel". De ahí que tengamos "la casa de Israel" o "la familia de Israel". Las bendiciones del evangelio y los convenios del sacerdocio se dan a todo el mundo a través de este linaje (que se resume como Abraham, Isaac y Jacob). Dios hizo convenios con Abraham y los renovó con Isaac y luego con Jacob. La promesa de esos convenios era que a través de ellos todo el mundo sería bendecido (véase Génesis 12:1-3, 17:4-8, Abraham 2:9-11; Génesis 26:2-5; Génesis 32:24-30). El nuevo nombre de Jacob, Israel (Génesis 32:28) significa "el que tiene poder con Dios". Israel tuvo 12 hijos, a través de los cuales la sangre de Abraham e Isaac fue perpetuada y multiplicada sobre la faz de la tierra al casarse estos y también sus hijos, etc. Hoy en día, la responsabilidad de llevar el evangelio y las bendiciones del sacerdocio a todos en el mundo, recae sobre Israel.

Esta es una de las razones por las cuales la designación del linaje en tu bendición patriarcal es tan importante. Es un recordatorio de tus responsabilidades como misionero durante toda tu vida. También te recuerda que tienes el potencial para llegar a ser un dios. Tal como mencionamos anteriormente, Abraham, Isaac y Jacob (y sus esposas) ya han llegado a convertirse en dioses (véase DyC 132:37).

18 Por tanto, nuestro padre no ha hablado solamente de nuestra posteridad, sino también de toda la casa de Israel (todos los descendientes de Abraham, Isaac y Jacob), indicando el convenio que se ha de cumplir en los postreros días, convenio que el Señor hizo con nuestro padre Abraham, diciendo: En tu posteridad serán benditas todas las familias (personas) de la tierra.

19 Y aconteció que yo, Nefi, les hablé mucho respecto de estas cosas; sí, les hablé concerniente a la restauración de los judíos en los postreros días.

(Los judíos serán reunidos o recogidos de vuelta en la Tierra Santa y se convertirán en una nación. Esto ha pasado y sigue pasando en nuestros días. Es una de las señales de los tiempos la cual debe darse antes de la Segunda Venida. Aún queda otro "recogimiento" de los judíos, el cual no se ha dado todavía. Se trata del recogimiento de estos en Cristo y en la iglesia verdadera. A excepción de algunos casos aislados, parece que esto todavía ha de acontecer en el futuro).

20 Y les repetí las palabras de Isaías, quien se refirió a la restauración de los judíos, o sea, de la casa de Israel (aquí, la palabra "judíos" se expande y significa toda la casa de Israel, lo cual nos incluiría a todos nosotros); y que después que fuesen restaurados, no volverían a ser confundidos (o interrumpidos en su progreso hacia la exaltación celestial), ni esparcidos otra vez. (La iglesia nunca más caerá en la apostasía tras la restauración de José Smith. Esta declaración también se encuentra en Daniel 2:35, 44–45). Y sucedió que hablé muchas palabras a mis hermanos, de modo que se tranquilizaron y se humillaron ante el Señor. (Lo cual nos hace recobrar la esperanza, una vez más, por Lamán y Lemuel y aquellos en la familia que han sido rebeldes).

El hecho de ver que estos miembros rebeldes del grupo comienzan a hacer preguntas inteligentes con sinceridad, nos hace recobrar cierta esperanza. Esto debe haber sido muy bueno para el corazón de Nefi. En realidad, ahora nos hallamos ante una sesión de preguntas y respuestas muy valiosas, incluso para nosotros. Usaremos **negrita** por razones de enseñanza y énfasis.

PREGUNTA:

21 Y aconteció que de nuevo me hablaron, diciendo: **¿Qué significa esta cosa que nuestro padre vio en un sueño? ¿Qué significado tiene el árbol que vio?**

RESPUESTA:

22 Y yo les dije: **Era una representación del árbol de la vida.**

PREGUNTA:

23 Y me dijeron: **¿Qué significa la barra de hierro, que nuestro padre vio, que conducía al árbol?**

RESPUESTA:

24 Y les dije que **era la palabra de Dios; y que quienes escucharan la palabra de Dios y se aferraran a ella, no perecerían jamás** (¡esta es una promesa increíble!); **ni los vencerían las tentaciones ni los ardientes dardos del adversario para cegarlos y llevarlos hasta la destrucción.**

25 Por tanto, yo, Nefi, los exhorté (les advertí o invité con mucha intensidad) a que escucharan la palabra del Señor; sí, les exhorté con todas las energías de mi alma y con toda la facultad que poseía, a que obedecieran la palabra de Dios y se acordaran siempre de guardar sus mandamientos en todas las cosas.

PREGUNTA:

26 Y me dijeron: **¿Qué significa el río de agua que nuestro padre vio?**

RESPUESTA:

27 Y les respondí que **el agua que mi padre vio representaba la inmundicia**; y que su mente se hallaba absorta a tal grado en otras cosas que no vio la suciedad del agua.

28 Y les dije que **era un abismo horroroso que separaba a los inicuos del árbol de la vida, y también de los santos de Dios.**

29 Y les dije que **era una representación de aquel infierno terrible que el ángel me dijo había sido preparado para los inicuos.**

30 Y les dije que nuestro padre también vio que **la justicia de Dios separaba a los malos de los justos; y su resplandor** (es decir, el resplandor de las leyes eternas de la justicia) **era como el de una llama de fuego que asciende hasta Dios para siempre jamás y no tiene fin.**

PREGUNTA:

31 Y me preguntaron: **¿Significa esto el tormento del cuerpo en los días de probación** (durante nuestra vida en la tierra)**, o significa el estado final del alma, después de la muerte del cuerpo temporal** (el cuerpo físico)**, o se refiere a las cosas que son temporales** (las cosas que pertenecen a esta vida mortal)**?**

RESPUESTA:

32 Y aconteció que les dije que aquello **era una representación de cosas temporales así como espirituales; porque habría de llegar el día en que serían juzgados por sus obras; sí, según las obras efectuadas por el cuerpo temporal en sus días de probación.** (En otras palabras, todos nosotros nos presentaremos ante Cristo para dar cuentas de las decisiones que hemos tomado durante este periodo de probación en la tierra).

Es importante que se tenga en cuenta el contexto de las escrituras y que consideremos las doctrinas clave, tales como el albedrío y el juicio, dentro del contexto global de las escrituras y las palabras de los profetas modernos. En los versículos de arriba, Nefi ha estado hablando y respondiendo a preguntas de personas que tenían muchos testimonios indiscutibles de que hay un Dios y de que Lehi y Nefi están enseñando la verdad. Y estas personas todavía tendrán muchos más testimonios de que en verdad están al servicio de Dios. Si así lo quieren, cuando decidan rechazar el evangelio, lo harán en contra de su conocimiento.

Así pues, el cómo elijan usar los "días de su probación", o en otras palabras, sus vidas mortales, constituirá su juicio final. Claramente vemos que Nefi les está enseñando estas cosas.

Sin embargo, sabemos que hay muchísimas personas en esta vida que no llegan a tener un conjunto completo de oportunidades para entender y obedecer las leyes de Dios. Sabiendo que Dios es completamente justo, estas personas recibirán el resto de oportunidades para poder entender y aceptar las leyes y convenios del evangelio en el campo misional de los espíritus (el mundo de los espíritus), tal cual se enseña en DyC 138. No conviene que nos juzguemos unos a otros para concluir quién ha tenido o no un conjunto completo de oportunidades justas aquí en la tierra durante nuestros días de probación temporal o mortal. Sin embargo, no cabe duda de que haríamos bien en considerar nuestros días mortales o "temporales" como el factor determinante o decisivo en la continuidad de nuestro progreso hacia la exaltación tras nuestra muerte física.

En DyC 76:74 y 79 se nos hace saber que aquellos que reciben un conjunto de oportunidades justas para aceptar y vivir el evangelio durante la vida mortal, y deciden no vivirlo, limitan su progreso y no podrán ir más allá del reino terrestre tras el Día del Juicio Final.

33 Por lo tanto, **si morían en su iniquidad, tendrían que ser desechados también, con respecto a las cosas que son espirituales, las cuales se relacionan con la rectitud; de modo que deberán comparecer ante Dios** (el Día del Juicio Final) **para ser juzgados según sus obras. Y si sus obras han sido inmundicia, por fuerza ellos son inmundos; y si son inmundos, por fuerza ellos no pueden morar en el reino de Dios; de lo contrario, el reino de Dios también sería inmundo.**

A continuación, Nefi continuará explicando las razones y la lógica que justifica que aquellos que son indignos no pueden volver a morar con Dios para siempre. Sus hermanos, con sinceridad, le hicieron preguntas excelentes, y Nefi, como un maestro extraordinario que es, les da una oportunidad para entender.

34 Pero he aquí, os digo que el reino de Dios no es inmundo, y ninguna cosa impura puede entrar en el reino de Dios; de modo que es necesario que se prepare un lugar de inmundicia para lo que es inmundo.

35 Y se ha preparado un lugar; sí,

aquel infierno horroroso de que he hablado, y quien lo ha preparado es el diablo. Por tanto, el estado final de las almas de los hombres es morar en el reino de Dios, o ser expulsados, por razón de esa justicia (la ley de la justicia) a que me he referido.

36 Así que (esta es la razón por la que) los malos son desechados (finalmente separados) de entre los justos, y también de aquel árbol de la vida, cuyo fruto es el más precioso y el más apetecible de todos los frutos; sí, y (la exaltación; véase DyC 14:7) es el más grande de todos los dones de Dios. Y así hablé a mis hermanos. Amén.

PRIMER NEFI 16

Tal y como se ha indicado en el capítulo anterior, los hermanos de Nefi han hecho, con sinceridad, algunas preguntas inteligentes con la finalidad de buscar entendimiento en cuanto a lo que Lehi les enseñó. A pesar de que parecían sinceros, las respuestas a sus preguntas conllevan una contrariedad con sus estilos de vida. Por lo tanto, estas respuestas en cuanto a la responsabilidad personal, el juicio final, la inmundicia, los requisitos para morar en la presencia de Dios para siempre, etc., les resultan bastante difíciles de digerir o aceptar.

A menudo se requiere tiempo y paciencia para implementar o adoptar los estándares de conducta del evangelio en nuestras vidas diarias, especialmente cuando nuestras actitudes y objetivos anteriores no han sido justos o buenos. Y a menos que seamos diligentes y estemos dispuestos a perseverar hasta resolver los viejos hábitos, estaremos en peligro de recaer. Es muy común que las personas vuelvan adoptar sus viejas actitudes y estilos de vida (especialmente si existe algún tipo de adicción no resuelta o si los malos hábitos están muy arraigados).

A continuación, los hermanos de Nefi expresan su preocupación por que las cosas que han oído son "duras". Sin embargo, las manchas "duras", por lo general, no se eliminan con un jabón "suave". Esta lección se la enseñará claramente Nefi a continuación, el cual siente grandes esperanzas tras escuchar las respuestas de sus hermanos. Una vez más usaremos **negrita** para resaltar y por razones de enseñanza.

1 Y ACONTECIÓ que después que yo, Nefi, hube terminado de hablar a mis hermanos, he aquí, ellos me dijeron: Tú nos has declarado **cosas duras, más de lo que podemos aguantar.**

2 Y sucedió que les dije que yo sabía que había hablado palabras duras contra los inicuos, según la verdad; y **a los justos he justificado** (he enseñado que la rectitud traerá frutos buenos eternamente), y testificado que ellos habrían de ser enaltecidos (exaltados) en el postrer día (el Día del Juicio); por tanto, **los culpables hallan la verdad dura, porque los hiere hasta el centro.**

3 Ahora bien, mis hermanos, **si vosotros fuerais justos y desearais escuchar la verdad y prestarle atención**, a fin de **andar rectamente** delante de Dios, [**entonces**] **no murmuraríais por causa de la verdad**, ni diríais: Tú hablas cosas duras en contra de nosotros.

4 Y aconteció que yo, Nefi, exhorté (enseñé y avisé) a mis hermanos con toda diligencia a guardar los mandamientos del Señor.

5 Y sucedió que **se humillaron ante el Señor**, de tal modo que **sentí gozo y grandes esperanzas** (por mis hermanos) de que anduvieran por las sendas de la rectitud.

6 Ahora bien, todas estas cosas se dijeron y se hicieron mientras mi padre vivía en una tienda en el valle al que dio el nombre de Lemuel.

7 Y sucedió que yo, Nefi, tomé por esposa a una de las hijas de Ismael; e igualmente mis hermanos se casaron con las hijas de Ismael, y también Zoram tomó por esposa a la hija mayor de Ismael. (¡Esta debe haber sido una ceremonia extraordinaria, llena de regocijo y celebración!)

A continuación, Nefi hace una declaración muy positiva en cuanto a su padre, la cual puede ser un consuelo para los padres con hijos que no han seguido el "sendero estrecho y angosto".

8 Y así cumplió mi padre con todos los mandamientos del Señor que le habían sido dados. Y también yo, Nefi, había sido altamente bendecido del Señor.

Parece ser que Lehi y su grupo pequeño de viajantes han estado acampando en el valle de Lemuel (véase 1 Nefi 2:6, 14; 16:6) por algún tiempo. Lehi y Saríah se esperaron allí mientras que sus hijos regresaron para obtener las planchas de bronce. También permanecieron allí mientras los hermanos regresaron por segunda vez a Jerusalén para traer a Ismael y a su familia con la finalidad de tomar esposas y empezar sus propias familias. Estaban acampados en este valle cuando Lehi tuvo el sueño del árbol de la vida, y mientras Nefi tuvo su experiencia de "alta montaña" en la que vio todas las cosas que su padre vio.

No sabemos cuánto tiempo de los ocho años que pasaron en el desierto ya habían transcurrido en el momento en el que el Señor mandó a Lehi que prosiguiera su jornada por el desierto. Sea cual sea el caso, ahora continuarán su viaje y finalmente llegarán al océano. Allí construirán un barco y cruzarán las aguas hacia la tierra prometida.

Muchas de las escenas que vienen a continuación son de lo más familiar para aquellos que ya han leído y estudiado el Libro de Mormón. Por ejemplo, Lehi recibirá la Liahona; Nefi romperá su arco; Ismael morirá y habrá una rebelión entre algunos integrantes del grupo; Lamán maquinará un plan con otros para quitarles la vida a Lehi y a Nefi. Estos miembros rebeldes del grupo tendrán todavía otra oportunidad para arrepentirse y cambiar su actitud y la dirección de sus vidas cuando el Señor les hable directamente y les amoneste con severidad.

9 Y aconteció que la voz del Señor habló a mi padre en la noche, y le mandó que a la mañana siguiente continuara su camino por el desierto.

10 Y ocurrió que al levantarse mi padre por la mañana, y al dirigirse a la entrada de la tienda, con gran asombro vio en el suelo una esfera de bronce fino, esmeradamente labrada (la Liahona; véase Alma 37:38); y en la esfera había dos agujas, una de las cuales marcaba el camino que debíamos seguir por el desierto.

De vez en cuando, el Señor ha proporcionado artefactos o instrumentos físicos para ayudar a los profetas a que reciban dirección y guía, tanto para sí mismos como para el pueblo. Sabemos que había más de un Urim y Tumim (véase GEE). Aquí, se le da a Lehi un instrumento maravilloso de elaboración exquisita para que le ayude tanto a él como a su gente mientras viajan por el desierto peligroso.

Claramente aquí tenemos algunos simbolismos. Entre otras cosas, este mundo puede ser un "desierto" más bien peligroso, con trampas y distracciones instaladas por el diablo y sus malvados seguidores. Necesitamos una guía constante a medida que viajamos por la vida, y la recibimos a través de las escrituras y el consejo y enseñanzas de nuestros profetas y apóstoles modernos, además de nuestros líderes locales. Se podría decir que tenemos nuestras "Liahonas" en forma de acceso electrónico a las palabras y enseñanzas de las Autoridades Generales. Con el uso de aparatos electrónicos y los avances tecnológicos podemos buscar y acceder a muchos de sus mensajes y consejos, a temas específicos, etc.

11 Y aconteció que recogimos cuanto habíamos de llevar al desierto, y todo el resto de nuestras provisiones que el Señor nos había dado; y juntamos semillas de todas clases para llevar al desierto.

12 Y sucedió que tomamos nuestras tiendas y partimos para el desierto, allende el río Lamán.

13 Y aconteció que durante cuatro días seguimos un curso casi hacia el sudsudeste, y asentamos nuestras tiendas otra vez; y dimos al lugar el nombre de Shazer.

14 Y acaeció que tomamos nuestros arcos y flechas, y salimos al desierto a cazar, a fin de obtener alimento para

nuestras familias. Y después que hubimos procurado alimentos para ellas, volvimos a nuestras familias en el desierto, al lugar llamado Shazer. Y emprendimos de nuevo la marcha por el desierto, llevando la misma dirección, manteniéndonos en los parajes más fértiles del desierto que lindaban con el Mar Rojo.

15 Y aconteció que viajamos por el espacio de muchos días, cazando por el camino lo necesario para nuestro sustento, con nuestros arcos, y nuestras flechas, y nuestras piedras y hondas.

16 Y seguimos las indicaciones de la esfera, la cual nos dirigió por los parajes más fértiles del desierto.

En el versículo 28 de este capítulo, Nefi nos dice que las agujas de la Liahona (o esfera) funcionaban "de acuerdo con la fe, diligencia y atención que nosotros les dábamos". Y según el versículo 16, arriba, el propósito de la "esfera" era dirigirlos. Al considerar estos dos hechos, podríamos concluir, que a estas alturas, la mayoría o quizás todos los miembros en el grupo de viajeros estaban ejercitando la fe y la obediencia, y por lo tanto, la Liahona funcionaba bien y los guiaba.

17 Y después que hubimos viajado por el espacio de muchos días, plantamos nuestras tiendas por algún tiempo, para que de nuevo pudiéramos descansar y obtener alimento para nuestras familias.

Quizás habrás notado que las cosas les van bastante bien mientras están ocupados viajando. Parece ser que cuando hacen una parada y disponen de tiempo libre, aquellos con la tendencia a rebelarse se rebelan.

En este mismo lugar de descanso Lamán y Lemuel y los hijos de Ismael murmurarán en contra de Nefi. Y cuando vuelven a detenerse otra vez (versículo 33) e Ismael muere, se vuelve a levantar otra rebelión desagradable. Al reanudar nuevamente el viaje (1 Nefi 17:1) y mantenerse ocupados con el trabajo que conlleva el viajar, dejan de murmurar (capítulo 17, versículo 2). Pero cuando finalmente llegan al océano, en donde tienen una parada larga, surge nuevamente la rebelión (1 Nefi 17:17-20, etc.).

Ciertamente, aquí hay una lección para todos nosotros. Hay un viejo dicho que dice algo así como "una mente ociosa se convierte en un pasatiempo para el diablo", y parece ser que esto es cierto.

A continuación, Nefi romperá su arco. Qué triste es que sus hermanos parecen estar siempre listos y ansiosos para culpar a Nefi de todas sus aflicciones, cuando quizás si estos hubiesen descordado sus propios arcos cuando debían, ahora podrían conservar la elasticidad de sus arcos. Sea cual fuere el caso, se trata de una de las viejas herramientas de Satanás, encontrar a alguien a quien culpar por nuestra propia conducta pecaminosa e inapropiada. Qué fácil es ver y señalar la paja en el ojo ajeno.

18 Y aconteció que yo, Nefi, al salir a cazar, he aquí, rompí mi arco, que era de acero fino; y después que rompí mi arco, mis hermanos se enojaron contra mí a causa de la pérdida de mi arco, porque no obtuvimos alimentos.

Durante muchos años, los críticos del Libro de Mormón concluían que había un error con la idea de que Nefi pudiera tener un arco hecho de "acero fino". Estos afirmaban que no había tal cosa en la época en que tuvo el lugar el viaje de Nefi según lo data el Libro de Mormón. Hugh Nibley tenía unas palabras para estos críticos. La siguiente es una cita de sus escritos:

"**A** través de los años, los críticos del Libro de Mormón constantemente han censurado como error grave e improcedente el que se haga mención del acero [algo que estaba muy por delante de ese periodo de tiempo]. Pero ahora se nos recuerda que uno no puede ser dogmático al datar la aparición del acero, pues se sabe que en la antigüedad había muchos tipos de acero con 'una serie enorme de variantes en la combinación de los componentes de hierro y acero'; y cuando se descubría una combinación particular refinada, se guardaba en secreto y se transmitía a modo de 'taller individual' al 'pasar de padre

a hijo por muchas generaciones'. Por lo tanto, no debe ser muy sorprendente el saber que 'hasta en los periodos antiguos de Europa' se han encontrado evidencias de la producción de un acero 'de alta calidad' y de gran dureza. Además, sabemos de la existencia de acero en el oriente, el cual data de épocas anteriores" (Hugh Nibley, *Since Cumorah: The Libro de Mormón in the Modern World*, pág. 254).

19 Y aconteció que volvimos sin alimento a nuestras familias, y por estar muy fatigadas a causa de sus viajes, sufrieron mucho por la falta de víveres.

20 Y ocurrió que Lamán y Lemuel y los hijos de Ismael empezaron a murmurar en gran manera por motivo de sus padecimientos y aflicciones en el desierto; y también mi padre empezó a murmurar contra el Señor su Dios; sí, y todos se sentían sumamente afligidos, tanto así que murmuraron contra el Señor.

Es como que ya nos hacemos la idea de que Lamán y Lemuel junto a los hijos de Ismael comenzarán a quejarse y a obrar con maldad cuando las cosas se vuelven difíciles. Pero el ver que Lehi también "empezó a murmurar contra el Señor su Dios" nos sorprende a todos desprevenidos y puede llegar a ser algo muy decepcionante.

Sin embargo, al recordar que una de las intenciones de Nefi, al escribir, era mostrarnos "las entrañables misericordias del Señor" (véase 1 Nefi 1:20), podemos ver que una de las razones por las que Nefi menciona este periodo tan difícil para su padre, es el mostrarnos que la bondad del Señor también llega a aquellos que saben hacer cosas mejores que murmurar.

21 Ahora bien, sucedió que yo, Nefi, habiéndome afligido con mis hermanos por la pérdida de mi arco, y como sus arcos habían perdido su elasticidad (posiblemente debido a la negligencia de estos al no descordar sus arcos cuando no los utilizaban), empezó a dificultársenos en extremo, sí, a tal grado que no podíamos obtener alimento.

22 Y sucedió que yo, Nefi, hablé mucho a mis hermanos, porque habían endurecido otra vez sus corazones, aun hasta quejarse contra el Señor su Dios.

23 Y aconteció que yo, Nefi, hice un arco de madera, y una flecha de un palo recto; por tanto, me armé con un arco y una flecha, y con una honda y piedras, y le dije a mi padre: ¿A dónde debo ir para obtener alimento?

Quisiera compartir una experiencia interesante que tuve hace unos años en referencia al arco de madera y la flecha de un palo recto que Nefi hizo, lo cual se describe arriba.

Una tarde, recibí una llamada de un buen amigo mío. Este me dijo, "David, ¿sabes cuán verdadero es el Libro de Mormón?" Yo le respondí, "Sí, creo que lo sé". A lo cual el me respondió, "Si, pero ¿sabes cuán verdadero? En ese momento me pregunté a dónde quería llegar mi amigo, así que le dije, "Dime, ¿cuán verdadero es? Y eso era lo que él estaba esperando.

Me preguntó, "¿sabes por qué Nefi hizo una flecha de un palo para usarlo con el arco de madera que acababa de hacer? ¿Por qué no utilizó simplemente una de las flechas que ya tenía para su arco de acero, el cual rompió? Le respondí que nunca había pensado en eso. Él procedió y me comentó que había estado interesado en el tiro con arco, y que al leer una vez más esta parte del Libro de Mormón, se le ocurrió que los arcos de acero usarían flechas más bien cortas, pero que un arco de madera es mucho más flexible que el arco de acero y por lo tanto requeriría flechas bastante más largas.

Terminó la conversación expresando su testimonio de que no es posible que José Smith se haya inventado el Libro de Mormón y que ese pasaje sobre la necesidad de una nueva flecha de madera supuso para él otro testimonio del llamamiento divino del Profeta. Sintió que no había manera de que José Smith hubiera sabido esos detalles basándose en la experiencia práctica para inventarse dicha narración.

Le di las gracias a mi amigo por compartir esto conmigo, y ahora yo también me maravillo más aún ante la veracidad del Libro de Mormón cada vez que leo la narración de Nefi sobre su arco de acero roto y la flecha de madera.

En el versículo 23, arriba, encontramos una lección muy importante. Se trata de que debemos honrar a los padres, incluso cuando estos no siempre vivan a la altura de nuestras expectativas y esperanzas. El hecho de que Nefi todavía honró a su padre Lehi, a pesar de la respuesta negativa de este ante las dificultades que sufrieron, debe haber tenido un efecto para Lehi tanto humillante como redentor.

24 Y aconteció que él preguntó al Señor, porque se habían humillado a causa de mis palabras; pues les dije muchas cosas con toda la energía de mi alma.

25 Y ocurrió que la voz del Señor habló a mi padre; y verdaderamente fue reprendido por haber murmurado en contra del Señor, a tal grado que sintió una intensa aflicción.

Hay un nombre para referirse al tipo de aflicción o pesar que Lehi experimentó en esta ocasión. Se llama "la tristeza que es según Dios" y es el tipo de pesar que produce un cambio profundo hacia una rectitud personal y una fuerza más profunda para seguir los mandamientos de Dios. El apóstol Pablo habló de esta "tristeza según Dios" en 2 Corintios 7:8–11. Ahora dedicaremos un momento para revisar las enseñanzas de Pablo en cuanto a este tema. Incluiremos

algunas notas junto a estos versículos.

2 Corintios 7:8–11

8 Porque aunque os contristé con aquella carta (a pesar de que fui la causa de que os entristecierais cuando os reprendí en la última carta que os envié—Primera de Corintios), no me pesa (no me retracto de lo que dije porque lo necesitabais), aunque entonces me pesó (sin embargo lamento haber herido vuestros sentimientos), pues veo que aquella carta (epístola), aunque por algún tiempo, os contristó (y os restablecisteis tras un tiempo).

9 Ahora me regocijo, no porque hayáis sido contristados (no porque yo os causé la pena), sino porque fuisteis contristados para arrepentimiento (sino porque finalmente os arrepentisteis debido a lo que os dije), porque habéis sido contristados según Dios (mi carta fue la razón por la que experimentasteis la "tristeza según Dios" por lo que verdaderamente os arrepentisteis), para que ninguna pérdida padecieseis por nuestra parte (o sea, que al final resultó que nosotros no os lastimamos en ninguna manera).

Ahora Pablo define "tristeza según Dios", la cual es una parte vital del arrepentimiento verdadero.

10 Porque la tristeza que

es según Dios produce arrepentimiento para salvación (y por lo tanto para lograr la exaltación), de lo cual no hay que arrepentirse (lo cual no nos deja con lamentos); pero la tristeza del mundo (sentir pesar porque has sido sorprendido o porque tienes vergüenza, o sientes pesar porque te han quitado las oportunidades de continuar pecando, etc.) produce muerte (lleva a la muerte espiritual).

Ahora Pablo describe algunos de los componentes de la "tristeza según Dios" los cuales hacen que esta sea tan efectiva al limpiarnos de los pecados y guiarnos a un cambio verdadero, a ser más rectos y justos.

11 Porque he aquí, esto mismo (esta tristeza según Dios, la mismísima cosa que os he estado enseñando, esto es), de que hayáis sido contristados (y sentíais pesar por los pecados) según Dios (en la manera que Dios quiere que sea), ¡qué solicitud (sinceridad, ansiedad) ha producido en vosotros, *qué* defensa (disposición a defenderse o estar limpios de todo pecado), *qué* indignación (irritación, enojo contra uno mismo al cometer pecado), *qué* temor (alarma), *qué* gran anhelo (fuerte deseo de cambiar), *qué* celo (entusiasmo para cambiar) y *qué* vindicación (castigo; sufrir lo que sea necesario para que el cambio sea permanente)! En *todo* os habéis mostrado limpios en el asunto (en todo lo que habéis hecho habéis demostrado que entendéis la tristeza según Dios).

26 Y sucedió que la voz del Señor le dijo (a Lehi): Mira la esfera y ve las cosas que están escritas.

27 Y aconteció que cuando mi padre vio las cosas que estaban escritas sobre la esfera, temió y tembló en gran manera, y también mis hermanos y los hijos de Ismael y nuestras esposas.

> **Hay** algunos paralelismos bastante evidentes entre cómo la Liahona funcionó para el grupo de Lehi y como el Espíritu Santo funcionan para nosotros. Tiene mucho que ver con la "fe, diligencia y atención" que damos.

28 Y aconteció que yo, Nefi, vi las agujas que estaban en la esfera, y que funcionaban de acuerdo con la fe, diligencia y atención que nosotros les dábamos.

29 Y también se escribía sobre ellas una escritura nueva que era fácil de leer, la que nos daba conocimiento respecto a las vías del Señor (El Señor está constantemente buscando la oportunidad para enseñarnos si es que decidimos escucharle); y se escribía y cambiaba de cuando en cuando, según la fe y diligencia que nosotros le dábamos. Y así vemos que por pequeños medios el Señor puede realizar grandes cosas.

Hay mucho que aprender del versículo 29, arriba. Por un lado, se enseña en cuanto al valor de la obediencia como un requisito para obtener más conocimiento y revelación. Nefi dijo que la escritura diaria en las agujas era "fácil de entender" y que "cambiaba de vez en cuando" dependiendo de la obediencia que prestaban a estas.

Uno de los principios más básicos para el progreso personal tal cual se enseña en las escrituras es que la obediencia basada en la fe precede a la revelación adicional.

En Moisés 5:5–11 encontramos un gran ejemplo de cómo la obediencia diligente y fiel puede llevar a recibir luz y entendimiento adicionales. Consideraremos por un instante estos versículos. Presta atención a cómo Adán y Eva reciben una abundancia de luz y conocimiento adicional debido a su simple obediencia basada en la fe (negrita agregada para resaltar):

Perla de Gran Precio: Moisés 5:5–11

5 Y les dio mandamientos que adorasen al Señor su Dios y ofreciesen las primicias de sus rebaños como ofrenda al Señor. **Y Adán fue obediente** a los mandamientos del Señor.

6 Y después de muchos días, un ángel del Señor se apareció a Adán y le dijo: **¿Por qué ofreces sacrificios al Señor?** Y Adán le contestó: **No sé, sino que el Señor me lo mandó** (un ejemplo de pura obediencia basada en la fe).

Fíjate como el ángel enseña a Adán y le imparte mucha luz y conocimiento adicionales como resultado de su obediencia fiel.

7 Entonces el ángel le habló, diciendo: Esto (el ofrecer sacrificios) es una semejanza (un símbolo) del sacrificio del Unigénito del Padre (Cristo), el cual es lleno de gracia (capacidad y deseo de ayudarnos) y de verdad.

8 Por consiguiente (esta es la razón por la que), **harás todo cuanto hicieres en el nombre del Hijo, y te arrepentirás** e **invocarás a Dios en el nombre del Hijo para siempre jamás.**

9 Y en ese día **descendió sobre Adán el Espíritu Santo,** que da testimonio del Padre y del Hijo, diciendo (dando testimonio de Cristo): Soy el Unigénito del Padre desde el principio, desde ahora y para siempre, para que así como has caído **puedas ser redimido; y también todo el género humano, sí, cuantos quieran** (todos aquellos que lo deseen).

Presta atención ahora a como Adán y Eva resumen el maravilloso entendimiento y testimonio que han recibido del ángel y del Espíritu Santo, todo por su simple obediencia por fe.

10 Y **Adán** bendijo a Dios en ese día y **fue lleno** (con el Espíritu Santo), y **empezó a profetizar** concerniente a todas las familias de la tierra,

diciendo: Bendito sea el nombre de Dios, pues **a causa de mi transgresión se han abierto mis ojos, y tendré gozo en esta vida,** y en la carne de nuevo veré a Dios.

11 Y **Eva,** su esposa, oyó todas estas cosas y **se regocijó,** diciendo: **De no haber sido por nuestra transgresión, nunca habríamos tenido posteridad** (hijos), **ni hubiéramos conocido jamás el bien y el mal,** ni el **gozo** de nuestra redención, ni la vida eterna que Dios concede a todos **los que son obedientes.**

Resumiendo, se trata del siguiente principio básico: al obedecer primero con fe en Dios y Cristo, recibimos más luz y conocimiento. Entonces, si obedecemos a dicha luz y conocimiento, recibiremos más de estos. Y si obedecemos nuevamente, aún recibimos más, y así sucesivamente hasta que llegará el día en que comprenderemos "aún a Dios" (DyC 88:49).

Así pues, en esta parte del Libro de Mormón, Nefi nos está enseñando sobre el poder y potencial de la simple obediencia por fe.

30 Y aconteció que yo, Nefi, ascendí hasta la cima de la montaña conforme a las indicaciones dadas sobre la esfera.

31 Y sucedió que maté animales silvestres, de modo que obtuve alimento para nuestras familias.

32 Y aconteció que volví a nuestras tiendas, llevando los animales que había matado; y cuando vieron que yo había obtenido alimento, ¡cuán grande fue su gozo! Y aconteció que se humillaron ante el Señor y le dieron gracias. (Aquí, una vez más, se humillan y nuevamente se avivan las esperanzas de Nefi por ellos).

33 Y ocurrió que reanudamos nuestra jornada, viajando aproximadamente en la misma dirección que tomamos al principio; y después de haber viajado por el espacio de muchos días, plantamos nuestras tiendas de nuevo para permanecer allí algún tiempo.

Quizás, a estas alturas, te sientas algo nervioso-a al ver que van a detenerse en su viaje, por lo que tendrán tiempo libre. Efectivamente, surgirán problemas, y esta vez la situación se pondrá muy fea. En esta ocasión, Nefi menciona específicamente que algunas mujeres en el grupo también murmuran. A veces se dice que Satanás, a menudo, lo tiene fácil cuando se trata de hacer que los hombres se vuelvan hacia la maldad y la iniquidad. Sin embargo, mientras hay mujeres que se conservan fieles a los principios del evangelio, la sociedad se mantiene relativamente estable. Pero cuando el diablo tiene éxito al hacer que las mujeres también cedan a la maldad, ¡mucho cuidado!

Usaremos negrita para enfatizar algunas cosas en los próximos versículos.

34 Y aconteció que **murió Ismael**, y fue enterrado en el lugar llamado Nahom.

35 Y sucedió que **las hijas de Ismael se lamentaron sobremanera a causa de la muerte de su padre**, y por motivo de sus **aflicciones en el desierto**; y **murmuraron contra mi padre** por haberlas sacado de la tierra de Jerusalén, diciendo: Nuestro padre ha muerto; sí, y nosotras hemos andado errantes por el desierto, y hemos padecido mucha aflicción, hambre, sed y fatiga; y después de todos estos sufrimientos, hemos de perecer de hambre en el desierto.

36 Y **así era como murmuraban contra mi padre y también contra mí; y querían volver a Jerusalén**. (Recuerda que varios profetas habían profetizado que Jerusalén sería destruida. Por lo tanto, al expresar el deseo de volver a Jerusalén, estaban expresando abiertamente su falta de fe y su rebeldía).

Ya hemos visto muchas veces las misericordias y la paciencia de Dios para con los miembros rebeldes de la compañía de Lehi. Desde luego apreciamos esto, pues nosotros mismos lo necesitamos. Tal y como hemos indicado previamente, tanto Lamán y Lemuel como los hijos de Ismael ya han tenido muchas oportunidades para conocer a Dios, para adquirir sabiduría y testimonios personales, y para ser fieles y obedientes a los principios que llevan a la exaltación. Nuestra esperanza por ellos se ha avivado en varias ocasiones, pero ahora veremos por qué las escrituras constantemente nos aconsejan a que "perseveremos hasta el fin".

Parece ser que Satanás trabaja muy duro para moldear a las personas y convertirlas en "amigos de lo placentero". Los amigos de lo placentero son aquellos que son fieles y leales cuando las cosas van bien y tanto sus necesidades inmediatas como sus deseos egoístas están cubiertos. Sin embargo, tan pronto como las "recompensas" disminuyen o dejan de darse por un tiempo, retiran su lealtad. Los hermanos y cuñados de Nefi no parece que quieran perseverar por una hora más y mucho menos "perseverar hasta el fin". Una de las trampas de Satanás es condicionar (adiestrar) a las personas para que esperen una gratificación o satisfacción inmediata, es decir, recompensas instantáneas. Y así les debilita en la resolución de ser fieles entre conductas buenas y recompensas obvias por tales conductas.

Otra lección que podríamos aprender de lo que ocurre a continuación, es que cuando las personas y grupos se rebelan una y otra vez contra la evidencia de la verdad y la rectitud, parece ser que estas necesitan hacerse más crueles para poder sostener su rebelión y ceguedad. Y pronto llegan a ser más como el diablo.

37 Y Lamán dijo a Lemuel, y también a los hijos de Ismael: He aquí, matemos a nuestro padre y también a nuestro hermano Nefi, el cual se ha impuesto como gobernante y maestro de nosotros, que somos sus hermanos mayores. (Ahora el orgullo se está apoderando y controlando a estos hombres).

38 Ahora dice que el Señor ha hablado con él, y también que ha recibido la ministración de ángeles. Mas he aquí, a nosotros nos consta que él nos miente; y nos dice estas cosas, y obra muchas otras por medio de sus artificios para engañar nuestros ojos, pensando, quizá, que logrará conducirnos a algún desierto extraño; y después de llevarnos, él tiene pensado hacerse nuestro rey y gobernante para hacer con nosotros según su voluntad y placer. Y así era como mi hermano Lamán incitaba sus corazones a la ira. (En este versículo, vemos el uso de una estrategia típica del adversario, el autoengaño. Es como si este pequeño grupo de rebeldes se dijeran a sí mismos: "Si no tenemos más evidencias tangibles en este momento, usaremos el razonamiento para formular cualquier excusa con tal de negar que hemos visto ángeles y el poder de Dios en nuestras vidas". Muchas personas, incluyendo a varios en la comunidad científica, también buscan justificar con este tipo de razonamientos la no existencia de Dios o de experiencias espirituales, tales como las manifestaciones de seres celestiales. Esto también puede ser una forma de autoengaño y un freno al progreso eterno al tomar la posición dogmática de negar la existencia de aquello que por ahora no han podido ver o medir).

El comportamiento de Lamán se está volviendo más y más como el de Satanás. Ahora está diciendo mentiras a plena luz del día con tal de incitar a sus aliados en contra de Lehi y Nefi. Nos vemos inclinados a distanciarnos de él y decir: "¡un momento, el tiene un conocimiento mucho mejor que lo que está diciendo!" Y en verdad lo tiene. O quizás, debamos empezar a decir, "¡en verdad lo tenía!".

En otras palabras, lo que probablemente estamos empezando a ver es uno de los engaños categóricos del adversario en acción. Él nos manipula hasta llegar al punto en que empezamos a creernos nuestras propias mentiras. Esto le pasó a Korihor (véase Alma 30:53). Aquí comenzamos a demostrar el hecho de que la iniquidad (maldad) no promueve el pensamiento racional. La realidad y la verdad se distorsionan en nuestras mentes al punto de que ya no llegamos a pensar como lo hace la gente recta y justa. Esta es una de las razones por las que la iniquidad es tan peligrosa para nuestras almas. Se destruye nuestra habilidad para pensar como Dios piensa. Si nos hallamos, en cualquier manera, en el sendero de la rebelión contra la luz y la verdad, haríamos bien de volvernos inmediatamente, y salir corriendo en el sentido contrario.

A continuación, a Lamán y a sus aliados todavía se les da una oportunidad más para arrepentirse y comportarse de acuerdo con los principios del evangelio. Este es otro recordatorio para nosotros de la tremenda paciencia y amor de un Padre bondadoso y el amor infinito del Salvador. Quizás hayas notado que a medida que Lamán y Lemuel y sus cómplices se vuelven más duros e insensibles, los métodos del Señor, para tratar de llegar a estos, siempre respetando su albedrío, necesariamente se vuelven más duros y fuertes.

39 Y aconteció que el Señor estaba con nosotros; sí, la voz del Señor vino y les habló muchas palabras, y los amonestó (regañó) severamente; y después que los reprendió la voz del Señor, apaciguaron su cólera y se arrepintieron de sus pecados, al grado que el Señor nos bendijo otra vez con alimento, de modo que no perecimos. (Vemos que en esta ocasión responden positivamente ante un método más fuerte por un Dios amoroso, y una vez más, recobramos nuestra esperanza por ellos).

PRIMER NEFI 17

Al comenzar el capítulo 17, nos damos cuenta de que la compañía de emigrantes está una vez más de camino, viajando más o menos hacia el este. La mayoría de estudiosos del Libro de Mormón suelen creer que a estas alturas Lehi y su gente están viajando dirección este a lo largo de la parte más baja de la península de Arabia Saudita.

Una vez más, vemos que el arrepentimiento en combinación con mantenerse ocupado a diario al viajar parece promover el bienestar y harmonía en el grupo. De hecho, tal y como Nefi nos indica en el versículo dos, las bendiciones del Señor se derraman generosamente y pueden continuar el viaje sin contenciones.

También aquí hay un mensaje muy valioso para nosotros. De acuerdo con los versículos 1 y 2, todavía están pasando por muchas privaciones. Y aún así, con la ayuda y bendiciones del Señor, sus cargas parecen aligerarse, y en realidad se vuelven ligeras. Esto es similar a la comunidad de los santos justos de Alma, la que se describe en Mosíah 24:14-15. Y lo mismo sucede con nosotros. Sin duda, habrás conocido a miembros fieles que están atravesando pruebas muy severas, y sin embargo, llevan esas aflicciones tan duras de manera feliz y con buen ánimo. Se trata de una bendición directa del Señor.

1 Y SUCEDIÓ que emprendimos otra vez nuestro viaje por el desierto, y nos dirigimos casi hacia el este de allí en adelante. Y viajamos y pasamos por muchas aflicciones en el desierto; y nuestras mujeres dieron a luz hijos en el yermo.

2 Y tan grandes fueron las bendiciones del Señor sobre nosotros, que aunque vivimos de carne cruda en el desierto, nuestras mujeres tuvieron abundante leche para sus niños, y eran fuertes, sí, aun como los hombres; y empezaron a soportar sus viajes sin murmurar.

3 Y así vemos que los mandamientos de Dios se deben cumplir. Y si los hijos de los hombres guardan los mandamientos de Dios, él los alimenta y los fortifica, y provee los medios por los cuales pueden cumplir lo que les ha mandado; por tanto, él nos proporcionó lo necesario mientras permanecimos en el desierto (símbolo de la vida terrenal).

Si te fijas bien, el Señor proporcionó "lo necesario" para su viaje por el desierto—simbólico de la vida mortal. En ocasiones, algunos miembros pensamos que Dios nos va a bendecir con gran abundancia de riquezas materiales al ser fieles en nuestro pago de diezmos y por esforzarnos en guardar fielmente los mandamientos. Sin embargo, Dios, que sabe mejor que nadie lo que más nos conviene para nuestro progreso eterno, nos puede asistir amorosamente al proporcionarnos únicamente lo necesario. Y aunque pueda parecernos poco, es justo lo que necesitamos para seguir adelante y poder culminar con éxito nuestra misión terrenal.

4 Y permanecimos por el espacio de muchos años, sí, *ocho años en el desierto.

A continuación, por fin llegan al océano.

5 Y llegamos a la tierra que llamamos Abundancia, a causa de sus muchos frutos y también miel silvestre; y el Señor preparó todo esto para que no pereciéramos. Y vimos el mar, al que dimos el nombre de Irreántum, lo cual, interpretado, significa muchas aguas.

6 Y aconteció que plantamos nuestras tiendas a orillas del mar; y a pesar de que habíamos sufrido numerosas aflicciones y mucha dificultad, sí, tantas que no podemos escribirlas todas, nos regocijamos en extremo cuando llegamos a las playas del mar; y llamamos al lugar Abundancia, por causa de su mucha fruta.

Aquí aprendemos mucho, otra vez, en cuanto a la actitud de Nefi y su obediencia tan simple. Presta atención a su reacción cuando el Señor le manda que construya un barco.

7 Y aconteció que después que yo, Nefi, había estado muchos días en la tierra de Abundancia, la voz del Señor vino a mí, diciendo: Levántate y sube al monte. Y acaeció que me levanté y subí al monte, y clamé al Señor.

Permíteme un breve comentario en referencia al posible

simbolismo que puede haber en 'subir a una montaña para comunicarse con el Señor'. Se requiere esfuerzo para subir a una montaña. De manera similar, se requiere nuestro esfuerzo para vivir dignos de la inspiración y guía que vienen de Dios. Simbólicamente, subir a una montaña también podría representar acercarse más al cielo, o acercarse más a Dios.

8 Y aconteció que el Señor me habló, diciendo: Construirás un barco, según la manera que yo te mostraré, para que yo lleve a tu pueblo a través de estas aguas.

9 Y yo dije: Señor, ¿a dónde debo ir para encontrar el mineral para fundir, a fin de que yo haga las herramientas para construir el barco, según el modo que tú me has mostrado?

10 Y aconteció que el Señor me dijo a dónde debía ir para encontrar el mineral a fin de que yo hiciera herramientas.

Podemos aprender mucho de la reacción que Nefi tiene ante el mandamiento de construir un barco. Considera cuánto trabajo puede llevar solo el fabricar fuelles con pieles de animales para aventar el fuego y así avivarlo para poder subir la temperatura lo suficiente y fundir minerales para poder extraer metal con el fin de fabricar herramientas para construir el barco.

Primero, Nefi tendría que ir a cazar. Después de tener éxito en su caza, tendría que quitarles la piel a los animales, y luego secar y preparar las pieles. Seguidamente, debería cortarlas y coser las piezas juntas para formar los fuelles. Posteriormente, tendría que extraer (excavar) el mineral que el Señor le dijo, recolectar madera para usar como combustible, hacer un fuego, derretir el mineral y formar herramientas a partir del metal fundido. Todo esto lo hizo sin quejarse o murmurar ni una sola vez. ¡En verdad se está ganando su exaltación!

Me pregunto cómo se sentirá Nefi al observar desde el otro lado del velo que muchos líderes tienen que rogar a algunos miembros que cumplan con la orientación familiar y las visitas de maestras visitantes y otros llamamientos mucho más simples que el de construir un barco. Esto es básicamente la diferencia en la obediencia por fe.

11 Y sucedió que yo, Nefi, hice un fuelle con pieles de animales para avivar el fuego; y después que hube hecho el fuelle que necesitaba para avivar la llama, golpeé dos piedras, la una contra la otra, para producir fuego.

12 Porque hasta entonces el Señor no había permitido que encendiésemos mucho fuego al viajar por el desierto; pues dijo: Yo haré que vuestros alimentos os sean sabrosos para que no tengáis que cocerlos;

13 y también seré vuestra luz en el desierto; y prepararé el camino delante de vosotros, si es que guardáis mis mandamientos. Por lo tanto, al grado que guardéis mis mandamientos, seréis conducidos hacia la tierra prometida (también simboliza el cielo); y sabréis que yo soy el que os conduce.

14 Sí, y el Señor también dijo: Después que hayáis llegado a la tierra prometida, sabréis que yo, el Señor, soy Dios; y que yo, el Señor, os libré de la destrucción; sí, que yo os saqué de la tierra de Jerusalén.

Vemos que hay una gran riqueza de símbolos en el versículo 14, arriba. En este momento, durante nuestra jornada por nuestras vidas mortales, hacemos muchas cosas por fe. Pero cuando finalmente lleguemos al cielo (a la "tierra prometida") entonces sabremos de manera perfecta que el Señor es Dios, que Él existe, y nos daremos cuenta de las muchas ocasiones en que Él intervino en nuestras vidas mientras estábamos aquí en la tierra. Sabremos que Él nos rescató de la destrucción y cautividad espiritual por medio de la expiación de Cristo. Sabremos que Él nos sacó fuera del mundo y de lo mundano y nos llevó al cielo.

15 Por tanto, yo, Nefi, me esforcé por guardar los mandamientos del Señor, y exhorté a mis hermanos a que fueran fieles y diligentes.

16 Y sucedió que hice herramientas con el metal que fundí de la roca (mineral).

Tristemente, en los próximos versículos recibiremos una vivida perspectiva de algunos de los métodos utilizados por Satanás para desanimar a los justos. Como solemos hacer, usaremos **negrita** para resaltar y dirigir la enseñanza. (¡Imagínate lo que Noé y Nefi se dirían el uno al otro al platicar sobre cómo se les burlaron cuando empezaron a construir sus barcos!).

17 Y cuando vieron mis hermanos que estaba a punto de construir un barco, empezaron a murmurar contra mí, diciendo: **Nuestro hermano está loco**, pues se imagina que puede construir un barco; sí, y también piensa que puede atravesar estas grandes aguas.

18 Y así **murmuraron mis hermanos contra mí**, y no quisieron trabajar, pues **no creyeron que yo era capaz de construir un barco, ni creían tampoco que había recibido instrucciones del Señor.**

La actitud de estos hermanos le causó gran tristeza a Nefi. Y como suele pasar con aquellos que se burlan de los justos, estos sintieron mucho gusto por las penas que estaban ocasionando. Esto es similar a la conducta de Satanás cuando este causa la destrucción de los hijos del Señor. A continuación hay un ejemplo de esto, el cual se encuentra en 3 Nefi 9:1–2 (**negrita** agregada para resaltar): "Y sucedió que se oyó una voz entre todos los habitantes de la tierra, por toda la superficie de esta tierra, clamando: ¡Ay, ay, ay de este pueblo! ¡Ay de los habitantes de toda la tierra, a menos que se arrepientan; porque **el diablo se ríe y sus ángeles se regocijan, a causa de la muerte de los bellos hijos e hijas de mi pueblo**; y es por motivo de sus iniquidades y abominaciones que han caído!"

19 Y ahora bien, aconteció que yo, Nefi, me sentí sumamente afligido a causa de la dureza de su corazón; y **cuando ellos vieron que empezaba a afligirme, se alegraron sus corazones al grado de que se regocijaron por causa de mí**, diciendo: Sabíamos que tú no podías construir un barco, pues sabíamos que te faltaba juicio; por tanto, no puedes ejecutar tan grande obra.

Una herramienta típica de Satanás es que culpemos a otros por nuestras propias faltas e insensateces. A continuación, Lamán y Lemuel y los demás tratan de culpabilizar a Lehi por todos sus problemas. Parece increíble que tan rápidamente ya se habían olvidado de que cuando ellos mismos fueron fieles y obedientes, fueron bendecidos en abundancia, incluso al punto en que sus mujeres y niños prosperaron y tuvieron una vida muy buena (véase el versículo 2, arriba).

20 Tú **te pareces a nuestro padre, que se dejó llevar por las** imaginaciones locas de su corazón; sí, nos ha sacado de la tierra de Jerusalén, y hemos andado errantes por el desierto estos muchos años; y **nuestras mujeres han trabajado, aun estando embarazadas; y han dado a luz hijos en el desierto, y han padecido todo menos la muerte; y habría sido mejor que ellas hubieran muerto** antes de salir de Jerusalén, que haber pasado por estas aflicciones.

21 He aquí, hemos padecido en el desierto estos muchos años; y durante este tiempo hubiéramos podido disfrutar de nuestras posesiones y de la tierra de nuestra herencia; sí, y hubiéramos podido ser dichosos.

Es realmente sorprendente ver cuán lejos llegan a ir estos hombres rebeldes, y lo rápido que vuelven a la ceguedad espiritual y al pensamiento irracional y distorsionado. De hecho, quizás ya hayas notado que no solo han vuelto a recaer, sino que además se han hundido en nuevas profundidades de pérdida de razón y pérdida de contacto o conciencia con la realidad. ¡Una vez más se presenta la evidencia clara de que la iniquidad no promueve el pensamiento racional!

En el próximo versículo, piensan en regresar a Jerusalén y estiman a sus habitantes como justos, ciudadanos temerosos de Dios que guardan los mandamientos que el Señor dio a Moisés (recuerda que en verdad habían madurado en la iniquidad y estaban listos para ser destruidos). Nefi nos enseña ahora una lección sobre lo rápido que Satanás puede enmascarar y corromper los sentidos y la sensibilidad de los estudiantes que están dispuestos a cometer iniquidad. De un modo más bien triste e impactante, Lamán, Lemuel y los otros dan testimonio de que la iniquidad es en verdad rectitud. Nos tememos que se crean sus propias mentiras.

22 Y sabemos que **el pueblo que se hallaba en la tierra de Jerusalén era justo**, porque **guardaba los estatutos y juicios del Señor, así como todos sus mandamientos** según la ley de Moisés; por tanto, **sabemos** que **es un pueblo justo**; y nuestro padre lo ha juzgado, y nos ha sacado porque escuchamos sus palabras; sí, y nuestro hermano es semejante a él. Y con esta clase de palabras mis hermanos murmuraban y se quejaban de nosotros.

A continuación, Nefi lleno de inspiración, enseñará con gran pericia a sus hermanos descarriados y rebeldes. Usará escrituras que les son familiares a estos. Y cuando termina, el Señor añade Su testimonio de un modo que no pueden ignorar. Y una vez más, se humillarán y de inmediato empezarán a ayudar a Nefi a construir el barco.

Aquí hay un mensaje muy significativo, el cual se repite una y otra vez. Es el siguiente: El Señor

nos ama. ¡Ama incluso a los más irritantes! Y les da una oportunidad tras otra y otra, y otra. Incluso cuando estos se rebelan y le rechazan a Él y a Sus mensajeros, Él les da oportunidades adicionales para arrepentirse y volver a Él. Esto también se enseña claramente en cualquier parte de las escrituras. Por ejemplo, en Ezequiel 18:21–32, leemos (**negrita** agregada para resaltar):

21 Pero **el malvado, si se aparta de todos los pecados que cometió, y guarda todos mis estatutos y hace juicio y justicia, ciertamente vivirá** (se salvará en el cielo); no morirá (espiritualmente).

22 **Ninguna de las transgresiones que cometió le será recordada** (compárese con DyC 58:42–43); por la justicia que hizo, vivirá.

23 **¿Acaso quiero yo la muerte del malvado?**, dice Jehová el Señor. ¿No vivirá si se aparta de sus caminos?

24 Pero si el justo se aparta de su justicia, y comete iniquidad y actúa conforme a todas las abominaciones que el malvado hizo, ¿vivirá él? Ninguna de las justicias que hizo será recordada; por la infidelidad que cometió y por el pecado que cometió, por ello morirá.

25 Y si decís: No es recto el camino del Señor; oíd ahora, casa de Israel: ¿No es recto mi camino? ¿Acaso no

son vuestros caminos los que no son rectos?

26 Si se aparta el justo de su justicia y comete iniquidad, morirá por ello; por la iniquidad que cometió, morirá.

27 Y si el malvado se aparta de la maldad que hizo y hace juicio y justicia, hará vivir su alma.

28 Porque miró (consideró sus caminos y se arrepintió), **se apartó de todas las transgresiones** que había cometido, ciertamente vivirá; no morirá.

29 Si aún dice la casa de Israel: No es recto el camino del Señor. ¿No son rectos mis caminos, oh casa de Israel? ¿Acaso no son vuestros caminos los que no son rectos?

30 Por tanto, yo juzgaré a cada uno según sus caminos, oh casa de Israel, dice Jehová el Señor. **Arrepentíos y apartaos de todas vuestras transgresiones, y la iniquidad no os será piedra de tropiezo.**

31 Echad de vosotros todas vuestras transgresiones que habéis cometido, y **haceos un corazón nuevo y un espíritu nuevo**. ¿Por qué habéis de morir, oh casa de Israel?

32 Porque **no quiero** (no hallo placer en) **la muerte del que muere, dice Jehová el Señor. ¡Arrepentíos, pues, y viviréis!**

Tras citar a Ezequiel, observaremos y aprenderemos de cómo Nefi se vale de las escrituras para enseñar a sus hermanos, los cuales están necesitados espiritualmente. Nefi recalcará bendiciones pasadas de la mano del Señor y también la importancia de recurrir a dichas bendiciones como un ancla para ser leales al Señor en el presente. Hay mucho simbolismo en los acontecimientos literales que Nefi utiliza para enseñar a los suyos. Señalaremos algunos de estos símbolos a medida que seguimos adelante.

23 Y aconteció que yo, Nefi, les hablé, diciendo: ¿Creéis vosotros que nuestros padres (antepasados), que eran los hijos de Israel, habrían sido librados de las manos de los egipcios si no hubiesen escuchado las palabras del Señor? (Simbolismo: ¿Creéis que seríamos rescatados de la cautividad del pecado si no escucháramos al Señor?)

24 Sí, ¿suponéis vosotros que habrían sido conducidos fuera del cautiverio si el Señor no hubiese mandado a Moisés que los librara de la esclavitud? (Simbolismo: ¿Pensáis que seríamos librados de la esclavitud del pecado si rechazáramos escuchar a nuestros profetas actuales?)

25 Vosotros sabéis que los hijos de Israel se hallaban en la esclavitud; y sabéis que estaban sobrecargados con tareas gravosas de soportar; por lo tanto, sabéis que debe haber sido cosa grata para ellos ser librados de su servidumbre. (Simbolismo: Sabéis que el pecado es un esclavizador terrible, un mercenario de esclavos. Sabéis que el pecado pone cargas muy pesadas sobre vosotros. Por lo tanto, sabéis que os conveniente mucho que el Señor os rescate del pecado).

26 Y vosotros sabéis que Moisés recibió del Señor el mandamiento de hacer esa gran obra, y que por su palabra se dividieron las aguas del Mar Rojo, a uno y otro lado, y cruzaron por tierra seca. (Simbolismo: Nuestros profetas son guiados y dirigidos por el Señor, así pues, si los seguimos fielmente, podemos superar nuestras dificultades y también escapar de las fuerzas del mal).

Algunos críticos no creen que el Mar Rojo se dividiera y tratan de buscar otras explicaciones. Estos críticos están equivocados y el Libro de Mormón nos aclara, tal y como leemos en los versículos 26 y 27, que en verdad "se dividieron las aguas del Mar Rojo, a uno y otro lado" y el pueblo de Israel cruzó "por tierra seca" y "los ejércitos de Faraón se ahogaron en el Mar Rojo". Este es otro ejemplo en el que el Libro de Mormón apoya y da validez a la Biblia. Además, este hecho sería una parte más del cumplimiento de la profecía de Ezequiel, en la que vio el día en que la Biblia y el Libro de Mormón se juntarían para llegar

a ser "uno solo en tu mano" (véase Ezequiel 37:16–20).

27 Pero sabéis que los egipcios que componían los ejércitos de Faraón se ahogaron en el Mar Rojo. (Simbolismo: Llegará el día en que los inicuos que persiguen o buscan destruir la obra del Señor y se niegan a arrepentirse, serán destruidos).

28 Y también sabéis que los hijos de Israel fueron alimentados con maná en el desierto. (Simbolismo: El Señor sostiene a Su pueblo con las bendiciones que vienen del cielo).

29 Sí, y también sabéis que Moisés, por su palabra, según el poder de Dios que había en él, hirió la roca, y salió agua, para que los hijos de Israel calmasen su sed. (Simbolismo: Nuestra sed por las cosas de Dios se sacia con las "aguas vivas" que vienen de Cristo y Su expiación; véase Juan 4:10, 14).

30 Y a pesar de ser guiados, yendo el Señor su Dios, su Redentor, delante de ellos, conduciéndolos de día y dándoles luz de noche, y haciendo por ellos todo cuanto al hombre le era propio recibir, endurecieron sus corazones y cegaron sus mentes e injuriaron a Moisés y al Dios verdadero y viviente. (Simbolismo: A pesar de que Dios hace todo lo posible para bendecir a Sus hijos, algunos de ellos todavía se rebelan).

El versículo 30, arriba, es de

especial interés para Lamán, Lemuel y sus compañeros de rebelión. Es una fuerte indicación por parte de Nefi de que estos compañeros de viaje están siendo tal como lo fueron los insensatos Hijos de Israel, los cuales, a pesar de tener claramente presentes la ayuda y testimonios de Dios, todavía se rebelaron contra su profeta líder y contra Dios.

31 Y aconteció que según su palabra los destruyó; y según su palabra los guió; y según su palabra hizo por ellos todas las cosas; y no se hizo nada salvo que fuese por su palabra.

32 Y después que hubieron cruzado el río Jordán, él los hizo fuertes para arrojar a los habitantes de esa tierra, sí, para esparcirlos hasta su destrucción.

> **Simbolismo**: Se puede hallar mucho simbolismo en el hecho de cruzar el río Jordán para llegar a la tierra prometida. Por ejemplo, nosotros mismos debemos cruzar el "agua" (bautismo) para poder tener entrada en la "tierra prometida" (reino celestial). Los poseedores del Sacerdocio (los sacerdotes que transportaban el arca del convenio; véase Josué 3:6) hicieron posible que los Hijos de Israel cruzaran el agua (los poseedores del sacerdocio nos bautizan). Con la ayuda de Dios, podemos arrojar a todos nuestros "enemigos" tales como el pecado, malos hábitos, etc. fuera de nuestras vidas.

33 Y ahora bien, ¿pensáis vosotros que los habitantes de esa tierra (los habitantes de Palestina—Canaán—cuando Josué guió a los Hijos de Israel dentro de esta), que se hallaban en la tierra de promisión, y que fueron echados por nuestros padres, pensáis vosotros que eran justos? He aquí, os digo que no.

34 ¿Pensáis vosotros que nuestros padres hubieran sido más favorecidos que ellos si éstos hubiesen sido justos? Yo os digo que no. (Simbolismo: La rectitud pone a todas las personas, sin importar la raza u otros factores, en una posición de igualdad ante Dios en lo que respecta a las bendiciones eternas).

35 He aquí, el Señor estima (ama) a toda carne igual; el que es justo es favorecido de Dios. Pero he aquí, los de este pueblo habían rechazado toda palabra de Dios, y habían llegado a la madurez de la iniquidad; y la plenitud de la ira (justicia) de Dios estaba sobre ellos. Y el Señor maldijo la tierra contra ellos y la bendijo para nuestros padres (antepasados); sí, la maldijo contra ellos para su destrucción, y la bendijo para nuestros padres al grado de que se enseñorearon de ella.

36 He aquí, el Señor creó la tierra para que fuese habitada; y ha creado a sus hijos para que la posean. (Mensaje: El propósito de esta tierra

es tener un lugar en el que las personas puedan crecer y desarrollarse, y no un lugar en el que estas se destruyen así mismas. Una sugerencia para Lamán y Lemuel: Si os destruís a vosotros mismos debido a vuestra iniquidad, entonces estáis echando a perder los propósitos por los cuales fuisteis enviados a la tierra).

37 Y levanta a la nación justa, y destruye a las naciones de los inicuos.

38 Y conduce a los justos a tierras preciosas, y destruye a los inicuos, y maldice la tierra por causa de ellos. (Mensaje: Dios administra o dirige las cosas aquí en la tierra en función de cómo las personas usan su albedrío).

39 Reina en las alturas de los cielos, porque son su trono; y esta tierra es el escabel (pedestal) de sus pies. (Simbolismo: Todos estamos subordinados a Dios. Él tiene poder sobre todas las cosas—incluyendo la construcción de barcos . . . , como ya veremos).

40 Y ama a los que lo aceptan como su Dios. He aquí, él amó a nuestros padres, e hizo convenio con ellos, sí, con Abraham, Isaac y Jacob; y recordó los convenios que había hecho; por tanto, los sacó de la tierra de Egipto.

La palabra "ama", tal cual se usa en el contexto del versículo 40, arriba, y también en muchas otras referencias en las escrituras, en realidad significa que Dios "está dispuesto a bendecir".

41 Y los afligió (disciplinó, castigó) en el desierto con su vara, porque endurecieron sus corazones aun como vosotros lo habéis hecho; y el Señor los afligió a causa de sus iniquidades (maldades). Envió serpientes ardientes voladoras entre ellos; y cuando los mordieron, dispuso un medio para que sanaran; y la tarea que tenían que cumplir era mirar; y por causa de la sencillez de la manera, o por ser tan fácil, hubo muchos que perecieron. (Simbolismo: El modo de vida del evangelio es en realidad la manera más sencilla de vivir. Hay muchos que la consideran demasiado simplista y dicen que se ha de tener una mentalidad muy reducida para creer en Dios y la expiación de Cristo, en la responsabilidad personal, en la vida después de la muerte, etc. Y por lo tanto, rechazan el evangelio en sus vidas).

42 Y endurecieron sus corazones de cuando en cuando, y vilipendiaron (se rebelaron y criticaron) a Moisés y también a Dios. No obstante, sabéis que por su incomparable poder fueron conducidos a la tierra de promisión.

43 Y ahora, después de todas estas

cosas, ha llegado el tiempo en que (los judíos; aquí se está refiriendo a los descendientes de los hijos de Israel que moraron en la región de Jerusalén en la época de Lehi) se han vuelto inicuos, sí, casi hasta la madurez (ya casi listos para ser destruidos); y no sé si en este día están a punto de ser destruidos, porque sé que ciertamente vendrá el día en que deben ser destruidos, salvo unos pocos solamente que serán llevados al cautiverio.

44 Por tanto (por esta razón), el Señor mandó a mi padre que partiera para el desierto; y los judíos también procuraron matarlo; sí, y vosotros también habéis procurado quitarle la vida. Por tanto, sois homicidas en vuestros corazones y sois como ellos.

Aquí se utiliza un lenguaje fuerte, el cual ayuda a explicar por qué los hermanos rebeldes de Nefi y los otros rebeldes son tan insensibles al Espíritu. A continuación, nos encontramos con uno de los versículos más famosos en el Libro de Mormón, el versículo 45. En éste se explica claramente que han tenido manifestaciones maravillosas, las cuales deberían haber fortalecido sus testimonios y haberlos hecho más firmes en el evangelio. Se explica cuál es el problema que tienen y se nos dice por qué el Señor tiene que "subir el volumen" (en Sus advertencias) para tratar de recuperar a algunos de Sus hijos

desobedientes aquí en la tierra.

Resaltaremos en negrita algunas de las palabras y frases de Nefi, las cuales parecen indicar que el nivel de responsabilidad para rendir cuentas que recae sobre Lamán, Lemuel y los hijos de Ismael está aumentando.

45 Sois prontos en cometer iniquidad, pero lentos en recordar al Señor vuestro Dios. **Habéis visto a un ángel**; y **él os habló**; sí, **habéis oído su voz de cuando en cuando**; y **os ha hablado con una voz apacible y delicada**, pero habíais dejado de sentir, de modo que no pudisteis sentir sus palabras; por tanto, **os ha hablado como con voz de trueno** que hizo temblar la tierra como si fuera a partirse.

46 Y **vosotros** también **sabéis** que por el poder de su palabra omnipotente él puede hacer que la tierra deje de ser; sí, y **sabéis** que por su palabra él puede hacer que los lugares escabrosos se hagan llanos, y los lugares llanos se hiendan. Oh, ¿cómo, pues, podéis ser tan duros de corazón?

47 He aquí, mi alma se parte de angustia por causa de vosotros; y mi corazón está adolorido, porque temo que seréis desechados para siempre jamás. He aquí, estoy lleno del Espíritu de Dios, a tal extremo que mi cuerpo no tiene fuerzas.

Quizás hayas notado que

cuando el Espíritu del Señor está sobre ti, experimentas unos sentimientos fuertes de compasión y amor por otros. Este hecho puede ayudarnos a explicar por qué en el versículo 47, arriba, Nefi se preocupa de un modo tan intenso por sus hermanos, a pesar del trato tan detestable que recibe de estos. Aquí también hay una lección muy poderosa para todos nosotros. ¿Puedes pensar en alguien al que te cueste amar o perdonar? La solución para cambiar estos sentimientos está en buscar y recibir el Espíritu del Señor, el cual nos sanará y llenará de un amor y compasión que sobrepasan nuestro entendimiento y capacidad natural.

48 Y aconteció que cuando hube hablado estas palabras, se enojaron conmigo, y quisieron arrojarme al fondo del mar; y al acercarse para asirme (agarrarme), les hablé, diciendo: En el nombre del Dios Todopoderoso, os mando que no me toquéis, porque estoy lleno del poder de Dios, aun hasta consumirme la carne; y cualquiera que ponga sus manos sobre mí se marchitará como una caña seca; y será como nada ante el poder de Dios, porque Dios lo herirá.

49 Y aconteció que yo, Nefi, les dije que no debían murmurar más contra su padre; tampoco debían negarme su trabajo, pues Dios me había mandado que construyera un barco.

50 Y les dije: Si Dios me hubiese mandado hacer todas las cosas, yo podría hacerlas. Si me mandara que dijese a esta agua: Conviértete en tierra, se volvería tierra; y si yo lo dijera, se haría.

51 Ahora bien, si el Señor tiene tan grande poder, y ha hecho tantos milagros entre los hijos de los hombres, ¿cómo es que no puede enseñarme a construir un barco?

52 Y sucedió que yo, Nefi, dije muchas cosas a mis hermanos, a tal grado que quedaron confundidos y no pudieron contender contra mí; ni se atrevieron a poner la mano encima de mí, ni a tocarme con sus dedos, sí, por el espacio de muchos días. Y no osaban hacer esto por temor de consumirse delante de mí, tan poderoso era el Espíritu de Dios; y así era como había obrado en ellos.

Un método tan cortés y tierno como la "voz apacible y delicada" no fue suficiente para que escogieran ser humildes. Sin embargo, la amenaza de una destrucción física sí funciona. Y en muchas maneras, tal es el caso en nuestros días (véase DyC 88:88–90). Entendemos que esta es la razón principal por la que hay (y habrá) tantos desastres naturales y conmoción en la naturaleza en estos últimos días. Se trata de un intento final por parte del Señor para atraer la atención sus hijos y que se puedan arrepentir. De otro modo, estos serán destruidos por las últimas guerras, catástrofes, etc., o cuando tenga lugar la Segunda Venida.

A continuación, veremos como un Dios amoroso todavía da otra oportunidad a estos rebeldes para que se arrepientan. Mientras algunos podrían ver esto como algo muy severo, en el plano eterno de las cosas, se trata de una bondad maravillosa. (Usaremos **negrita** para resaltar).

53 Y sucedió que el Señor me dijo: Extiende de nuevo tu mano hacia tus hermanos, y no se consumirán delante de ti, pero los sacudiré, dice el Señor, y **esto haré para que sepan que yo soy el Señor su Dios.**

54 Y aconteció que extendí mi mano hacia mis hermanos, y no se consumieron delante de mí; pero el Señor los sacudió según su palabra que había hablado. (Vemos que el poder del Señor se puede manifestar de infinitas formas, en cualquier circunstancia y tiempo, según Su voluntad, siempre con el fin de animarnos a escoger el camino que lleva a la salvación).

55 Y ellos entonces dijeron: **Sabemos con certeza** que el Señor está contigo, pues **sabemos** que es el poder del Señor lo que nos ha sacudido; y se postraron ante mí, y estaban a punto de adorarme, pero no se lo permití, y les dije: Soy vuestro hermano, por cierto,

vuestro hermano menor; por tanto, adorad al Señor vuestro Dios, y honrad a vuestro padre y a vuestra madre para que vuestros días sean largos en la tierra que el Señor vuestro Dios os dé.

PRIMER NEFI 18

La construcción del barco está progresando rápidamente porque están trabajando en unidad a la vez que el Señor los dirige al comunicarse con Nefi "de cuando en cuando" (versículo 1). Como verás, todos están ocupados y todo parece ir bien. Aquí encontramos un simbolismo interesante e importante, incluso en la construcción del barco. Sabemos que su objetivo era cruzar las aguas para llegar a la tierra prometida. Una vez más el agua puede simbolizar el bautismo y la tierra prometida puede simbolizar el cielo. Y el barco puede representar la ayuda de Dios para que regresemos al cielo. Sin Su ayuda (el barco) no lo podemos conseguir. Y el hecho de que este barco no era "a la manera de los hombres" (versículo 2), podría simbolizar que no podemos alcanzar la tierra prometida al vivir el estilo de vida común del "hombre natural" (Mosiah 3:19). Por último, al considerar que Nefi "a menudo oraba" (versículo 3), nos puede recordar la necesidad que todos tenemos de orar constantemente y comunicarnos con Dios a lo largo de nuestras vidas. Una vez más y con brevedad, usaremos **negrita** para resaltar lo que se ha dicho en esta nota.

1 Y ACONTECIÓ que **adoraron al Señor, y fueron conmigo;** y labramos maderos con maestría singular (con gran destreza y exquisitez). Y **el Señor me mostraba** de cuando en cuando la forma en que debía yo trabajar los maderos del barco.

2 Ahora bien, yo, Nefi, **no** labré los maderos en la forma aprendida por los hombres (no según el conocimiento de los hombres), ni construí el barco **según la manera del hombre**, sino que lo hice según el modo que me había mostrado el Señor; por lo tanto, no fue conforme a la manera de los hombres.

3 Y **yo, Nefi, subía con frecuencia al monte y a menudo oraba al Señor**; por lo que el Señor me manifestó grandes cosas. (Simbolismo: Cuando nos comunicamos con el Señor, se nos enseñan cosas grandes o maravillosas del evangelio y la vida eterna, por el poder del Espíritu Santo).

4 Y aconteció que cuando hube acabado el barco, conforme a la palabra del Señor, vieron mis hermanos que era bueno y que su ejecución era admirable en extremo; por lo que **de nuevo se humillaron** ante el Señor.

5 Y sucedió que llegó a mi padre la voz del Señor de que debíamos levantarnos y entrar en el barco.

6 Y aconteció que al día siguiente, después que hubimos preparado todas las cosas, mucha fruta y carne del desierto, y miel en abundancia y provisiones según lo que el Señor nos había mandado, entramos en el barco con todas nuestras cargas y nuestras semillas y todo cuanto habíamos traído con nosotros, cada cual según su edad; por tanto, todos entramos en el barco, con nuestras mujeres y nuestros hijos.

A continuación, Nefi nos dice más sobre la familia de sus padres. Además de tener dos hijos más, también se nos hace saber que Lehi y Saríah tenían hijas (véase 2 Nefi 5:6).

7 Ahora bien, mi padre había engendrado (sido el padre o progenitor de) dos hijos en el desierto (durante los ocho años en el desierto); el mayor se llamaba Jacob, y José, el menor.

8 Y aconteció que después que todos hubimos entrado en el barco, y llevado con nosotros nuestras provisiones y las cosas que se nos había mandado, nos hicimos a la mar; y fuimos impelidos por el viento hacia la tierra prometida. (Quizás el "viento" en este versículo podría simbolizar la ayuda del Señor. Al igual que el viento, Su ayuda no se puedes ver con los ojos naturales, pero sí se puede sentir. Y si decidimos usar nuestro albedrío para guiar nuestra vida en la dirección en que el suave viento nos susurra, terminaremos en la "tierra prometida").

Quizás estés empezando a sentirte preocupado al pensar que mientras estén a bordo del barco tendrán mucho tiempo libre. Es posible que una de las pruebas más difíciles en la vida sea decidir lo que hacemos con nuestro tiempo libre.

9 Y después de haber sido impelidos por el viento por el espacio de muchos días, he aquí, mis hermanos y los hijos de Ismael, y también sus esposas, empezaron a holgarse (asumimos que la palabra "holgarse" en este contexto significa tener una conducta inapropiada, bullicio, alboroto), de tal manera que comenzaron a bailar, y a cantar, y a hablar groseramente, sí, al grado de olvidarse del poder mediante el cual habían sido conducidos hasta allí; sí, se entregaron a una rudeza desmedida. (La "rudeza" y su acompañante, la vulgaridad, ofenden al Espíritu. Desafortunadamente, nuestra sociedad, y también el mundo entero, se han vuelto y se están volviendo cada vez más y más descorteses y vulgares a medida que Satanás lanza sin cesar sus dardos de maldad con más furia en estos últimos días. Haríamos bien en evitar todos aquellos actos vulgares que parecen no tener importancia, pero que finalmente nos llevarán a pecados mayores).

El bailar y cantar, tal cual se mencionan en el versículo 9, arriba, deben haber sido cantos y danzas de algún modo vulgares o inapropiados, pues sabemos que el Señor obviamente aprueba la música y el baile apropiados. En DyC 136:28 el Señor nos dice: "Si te sientes alegre, alaba al Señor con cantos, con música, con baile y con oración de alabanza y acción de gracias".

10 Y yo, Nefi, empecé a temer en extremo, no fuese que el Señor se enojara con nosotros, y nos hiriera por nuestras iniquidades, y fuésemos hundidos en las profundidades del mar. Por tanto, yo, Nefi, empecé a hablarles seriamente; pero he aquí, se irritaron contra mí, diciendo: No queremos que nuestro hermano menor nos gobierne.

11 Y aconteció que Lamán y Lemuel me tomaron y me ataron con unas cuerdas, y me maltrataron mucho; no obstante, el Señor lo permitió a fin de mostrar su poder para dar cumplimiento a sus palabras que había hablado con respecto a los malvados.

En el versículo 11, arriba, tenemos una explicación importante sobre algunos de los padecimientos que los justos sufren a causa de los inicuos. A pesar de que los justos sufran mucho debido a los hechos malos de los malvados, al final les irá bien en la eternidad, que es lo que al fin y al cabo cuenta. Sin embargo, los malvados no estarán bien en las eternidades, a menos que se arrepientan. Si el Señor tuviera que detener cada hecho cruel o de maldad que se lleva a cabo en contra de los justos, veríamos que pronto dejaría de haber un albedrío verdadero, y la vida mortal ya no tendría validez como un lugar de probación.

12 Y aconteció que después que me hubieron atado al grado de no poder moverme, la brújula (la Liahona; símbolo del Espíritu Santo; compárese con 1 Nefi 16:28) que el Señor había preparado para nosotros cesó de funcionar.

13 Por tanto, no supieron por dónde habían de dirigir el barco, y en esto se desató una fuerte tempestad, sí, una tempestad fuerte y terrible, y fuimos impulsados hacia atrás sobre las aguas durante tres días (símbolo de que cuando cesamos de seguir al Espíritu, empezamos a retroceder); y empezaron a temer en gran manera que fueran a ahogarse en el mar. Sin embargo, no me desataban.

14 Y al cuarto día de haber sido impelidos hacia atrás, la tempestad comenzó a empeorar.

15 Y sucedió que estábamos a punto de ser tragados en las profundidades del mar. Y después que hubimos sido arrojados hacia atrás sobre las aguas durante cuatro días, mis hermanos empezaron a ver que los juicios de Dios estaban sobre ellos, y que tendrían que perecer a menos

que se arrepintieran de sus iniquidades. Por tanto, se llegaron a mí y me desataron las ligaduras de las muñecas, y he aquí, éstas estaban sumamente hinchadas; y también se me habían hinchado mucho los tobillos, y el dolor era grande.

Nefi es un gran ejemplo de lo que una perspectiva correcta y la proximidad al Señor pueden hacer por una persona mientras esta esté pasando por pruebas y sufrimientos extremos. Es cierto que tales adversidades y sufrimientos no son más que "un momento en la eternidad", y aun así, mientras se experimentan, parecen ser "un momento eterno". Pero con la ayuda del Señor, estas aflicciones se pueden "sobrellevar bien" (véase DyC 121:8). A continuación, Nefi nos da un consejo muy claro sobre cómo sobrellevarlo bien (**negrita** agregada para resaltar).

16 No obstante, **acudía a mi Dios y lo alababa todo el día; y no murmuré contra el Señor a causa de mis aflicciones.**

17 Ahora bien, mi padre Lehi les había dicho muchas cosas, y también a los hijos de Ismael; pero he aquí que ellos proferían muchas amenazas a cualquiera que hablara en mi favor; y siendo mis padres de una edad muy avanzada, y habiendo padecido mucha aflicción a causa de sus hijos, cayeron enfermos, sí, aun tuvieron que guardar cama. (El comportamiento de Lamán y Lemuel y los hijos de Ismael casi trajo la muerte a Lehi y Saríah. Supongo que todos sabemos de padres cuya salud se ha visto gravemente deteriorada o sus vidas acortadas debido al sufrimiento que resulta de algunas decisiones o conductas por parte de sus hijos).

18 Y a causa de su dolor y mucha pena, y la iniquidad de mis hermanos, llegaron casi al punto de ser llevados de esta vida para volver a su Dios; sí, sus cabellos blancos estaban a punto de ser depositados en el polvo; sí, hasta estuvieron a punto de ser sepultados con dolor en las aguas.

> **Las** palabras del versículo 18, arriba, son muy típicas del idioma del Oriente Próximo. Una vez más, otra evidencia interna de que la narración del Libro de Mormón comenzó en el contexto del Oriente Próximo.

19 Y también Jacob y José, siendo jóvenes todavía (ninguno de los dos podía haber tenido más de ocho años de edad), y teniendo necesidad de mucho sostén, se acongojaron a causa de las aflicciones de su madre; y ni mi esposa con sus lágrimas y súplicas, ni tampoco mis hijos (ahora Nefi tiene su propia familia), lograron ablandar el corazón de mis hermanos y conseguir que éstos me soltaran.

20 Y no había nada sino el poder de Dios, que amenazaba destruirlos, que ablandara sus corazones; así que, cuando se vieron próximos a ser sepultados en las profundidades del mar, se arrepintieron de lo que habían hecho conmigo, tanto así que me desataron.

> **Una** y otra vez, Lamán, Lemuel y sus cuñados rebeldes se arrepienten, pero solo cuando sus propias vidas se ven amenazadas. Parece ser que siguen descendiendo en forma de espiral. Cada vez que se rebelan en contra de una "experiencia fortalecedora de sus testimonios" que ya han tenido previamente, parece ser que se requiere de una experiencia intimidante más poderosa para que de nuevo recuperen el sentido común. El amor de Dios se les manifestó incluso en la "tempestad fuerte", porque esta se les dio para invitarlos a arrepentirse y así poder tener una eternidad placentera y feliz.

21 Y aconteció que después que me hubieron soltado, he aquí, tomé la brújula, y funcionó conforme a mis deseos. Y ocurrió que oré al Señor; y después de haber orado, los vientos cesaron, y la tempestad se aplacó, y **hubo gran calma**. (Símbolo de lo que sucede en nuestras vidas cuando damos la espalda a la maldad y nos volvemos hacia a Dios).

22 Y sucedió que yo, Nefi, dirigí el barco de manera que navegamos de nuevo hacia la tierra prometida.

23 Y ocurrió que después que

hubimos navegado por el espacio de muchos días, llegamos a la tierra prometida; y avanzamos sobre la tierra, y plantamos nuestras tiendas; y la llamamos la tierra prometida.

24 Y aconteció que empezamos a cultivar la tierra y a plantar semillas; sí, sembramos todas las semillas que habíamos traído de la tierra de Jerusalén; y sucedió que crecieron extraordinariamente; por tanto, fuimos bendecidos en abundancia.

25 Y ocurrió que encontramos en la tierra de promisión, mientras viajábamos por el desierto, que había animales de toda especie en los bosques; tanto la vaca como el buey, y el asno, y el caballo, y la cabra, y la cabra montés, y toda clase de animales silvestres, los cuales el hombre podía utilizar. Y hallamos toda clase de minerales, tanto oro, como plata, como cobre.

Los críticos de José Smith y del Libro de Mormón han ridiculizado la idea de que hubiera caballos en el "Nuevo Mundo". Sin embargo, desde que se dieron dichas críticas, han surgido evidencias sólidas de que en realidad había caballos en las Américas antes de la llegada de Colón. *El Libro de Mormón, Manual del Alumno de Religión; Rel. 121 y 122 (1996)*, el cual se utiliza en BYU y en los institutos de religión de la iglesia, contiene una cita que anula dicha censura. Dice lo siguiente:

"**Si** José Smith hubiera escrito el Libro de Mormón en lugar de traducirlo de anales antiguos, hubiera sido una locura incluir referencias sobre la existencia de caballos en el continente americano en aquella época. (1 Nefi 18:25; Enós 21.) En 1830 casi todos los historiadores y eruditos estaban convencidos de que no había caballos en América antes de la venida de Colón. Después de que el Libro de Mormón se publicó, se produjeron descubrimientos arqueológicos que indican claramente que había caballos en las Américas antes del tiempo de Colón. En los depósitos de asfalto de Rancho LaBrea, en el estado de California, se encontraron numerosos restos fósiles de caballos, que datan de épocas anteriores a la del Libro de Mormón. Aunque estos descubrimientos no comprueban en absoluto que en América hubiera caballos en el período del Libro de Mormón (entre 2600 a. J. C. y el 421 de J. C.), demuestran que sí hubo caballos antes de la venida de Colón' (Daniel H. Ludlow, *A Companion to Your Study of el Libro de Mormón*, pág. 117).

PRIMER NEFI 19

Ahora Nefi tomará un momento para explicar otra vez que se le ha mandado hacer dos clases de registros, o planchas. Tal y como se explica en los capítulos 6 y 9 de Primer Nefi, a estas dos clases de planchas se las conoce como las Planchas Mayores de Nefi y las Planchas Menores de Nefi.

Además, en este capítulo, entre muchas otras cosas, Nefi explicará por qué las palabras de Isaías son tan importantes y valiosas.

1 Y ACONTECIÓ que me mandó el Señor, por tanto, hice unas planchas de metal (las Planchas Mayores de Nefi) para grabar sobre ellas la historia de mi pueblo. Y sobre las planchas que hice (las Planchas Mayores), grabé la historia de mi padre, y también nuestros viajes en el desierto y las profecías de mi padre; y también muchas de mis propias profecías he grabado sobre ellas.

2 Y yo no sabía en la ocasión en que las hice (las Planchas Mayores) que el Señor me mandaría hacer estas planchas (las Planchas Menores de Nefi); por tanto, la historia de mi padre, y la genealogía de sus padres, y la mayor parte de todo cuanto hicimos en el desierto están grabadas sobre aquellas primeras planchas (las Planchas Mayores) de que he hablado; de modo que en las primeras planchas (las Planchas Mayores) ciertamente se hace más particular mención de lo que aconteció antes que yo hiciera éstas (las Planchas Menores).

En el versículo 3, descubriremos que la pérdida de las 116 páginas del manuscrito a manos de Martin Harris, se tornan en nuestro beneficio, pues la traducción de repuesto vino de las Planchas Menores de Nefi, las cuales contenían más relatos espirituales que las Planchas Mayores de Nefi, de las cuales salió la traducción de las 116 páginas. Usaremos **negrita** para resaltar esto.

3 Y después que hube hecho estas planchas (las Planchas Menores), según me fue mandado, yo, Nefi, recibí el mandamiento de que **el ministerio y las profecías, sus partes más claras y preciosas, se escribiesen sobre estas planchas**; y que las cosas que fuesen escritas se guardaran **para la instrucción de mi pueblo** que iba a poseer el país, y **también para otros sabios propósitos** (incluyendo el de reemplazar las 116 páginas de la traducción perdidas de que hemos hablado antes), los cuales son conocidos al Señor.

4 Por lo que yo, Nefi, grabé una historia sobre **las otras planchas** (las Planchas Mayores), la cual da una relación, o sea, da **una relación más detallada de las guerras, y contiendas y destrucciones de mi pueblo**. Y esto he hecho, y he mandado a mi pueblo lo que debe hacer cuando yo ya no esté; y que estas planchas (las Planchas Menores) deben transmitirse de una generación a otra, o sea, de un profeta a otro, hasta que el Señor mande otra cosa.

5 Y más adelante (en 2 Nefi 5:28–33) daré cuenta de cómo hice estas planchas (las Planchas Menores);

y ahora bien, he aquí, prosigo de acuerdo con lo que he hablado; y esto lo hago **para que se conserven las cosas más sagradas** (en las Planchas Menores) para el conocimiento de mi pueblo.

6 Sin embargo, no escribo nada sobre planchas a no ser que yo lo considere sagrado. Ahora bien, si yerro (cometo faltas o errores), también los de la antigüedad erraron; no que quiera excusarme por causa de otros hombres, sino por motivo de la debilidad que hay en mí, según la carne, quiero disculparme.

7 Porque las cosas que algunos hombres consideran que son de gran valor, tanto para el cuerpo como para el alma, otros las tienen en nada y las huellan bajo sus pies (las desprecian como algo que no vale nada e incluso algunos hacen burla). Sí, hasta al mismo Dios de Israel (Cristo; véase el versículo 8) huellan los hombres bajo sus pies. Digo que lo huellan bajo sus pies, pero me expresaré de otra manera: lo estiman como nada, y no dan oídos a la voz de sus consejos (a pesar de que se trata del Creador y Redentor del mundo, y la única opción para nuestra salvación).

En el versículo 7, arriba, se nos da una definición más bien fuerte de lo que significa ignorar las enseñanzas y consejos del Salvador. ¡Cuando hacemos esto, estamos, en efecto, "hollándolo"

o pisoteando sobre Él!

8 Y he aquí, él ha de venir, según las palabras del ángel, seiscientos años después del tiempo de la salida de mi padre de Jerusalén. (Así es como podemos calcular que Lehi salió de Jerusalén unos 600 a. C.).

9 Y el mundo, a causa de su iniquidad (maldad), lo juzgará (a Cristo) como cosa de ningún valor (una persona sin valor alguno); por tanto, lo azotan (a latigazos; véase Mateo 27:26), y él lo soporta (lo permite); lo hieren (Mateo 27:30; Lucas 22:63–64), y él lo soporta. Sí, escupen sobre él (Mateo 27:30), y él lo soporta, por motivo de su amorosa bondad y su longanimidad (paciencia) para con los hijos de los hombres.

Seguidamente, en el versículo 10, nos hallamos ante una de las explicaciones más claras nunca dadas en las escrituras del hecho de que Jesucristo es el Dios del Antiguo Testamento (usaremos **negrita** para resaltar).

10 Y **el Dios de nuestros padres** (antepasados), que fueron llevados fuera de Egipto, fuera de la servidumbre, y a quienes también **preservó en el desierto**, sí, **el Dios de Abraham, y de Isaac, y el Dios de Jacob se entrega a sí mismo** como hombre, según las palabras del ángel, **en manos de hombres inicuos** (malos) **para ser levantado** (en la

cruz), según las palabras de Zenoc, y para ser **crucificado**, según las palabras de Neum, y para ser **enterrado en un sepulcro** (tumba), de acuerdo con las palabras de Zenós, palabras que él habló tocante a tres días de tinieblas, los cuales serán una señal de su muerte que se dará a los que habitaren las islas del mar, y más especialmente dada a los que son de la casa de Israel.

Si prestas atención a la composición y contenidos del versículo 10, encontrarás varias lecciones de mucho valor. En primer lugar, te darás cuenta, una vez más, de que la gran fe de Nefi tenía un fundamento sólido. Nefi conocía muy bien las escrituras, a los profetas y sus enseñanzas. Es obvio que Nefi estudiaba y reflexionaba a menudo en cuanto a las escrituras. También habrás notado que los nombres de los tres profetas de los cuales habla Nefi en este versículo, no se mencionan en ningún otro lugar que no sea el Libro de Mormón. Se trata de Zenoc, Neum y Zenós. Aparentemente, estos eran profetas del Antiguo Testamento, y sus escritos se han omitido o perdido de la Biblia. En la Guía para el Estudio de las Escrituras (GEE, página 64), bajo el encabezado *"Escrituras que se han perdido"*, se nos hace saber que hay "muchos escritos sagrados con los cuales no contamos hoy en día". Ni si quiera se encuentran en nuestra Biblia actual. En otras palabras, la Biblia no está completa. Además, en el Diccionario de

la Biblia, *Bible Dictionary* (solo en la versión inglesa de las escrituras) dice lo siguiente en cuanto a estos tres profetas que se mencionan en el Libro de Mormón: "El Libro de Mormón hace referencia a escritos y conexiones con los tiempos del Antiguo Testamento que no se encuentran en la Biblia, ni en el Libro de Mormón, ni en ninguna otra fuente. Estos escritos son los de Zenoc, Neum y Zenós (1 Ne. 19:10; Alma 33:13–17)". No cabe duda de que algún día, bien sea aquí o en la próxima vida, tendremos el privilegio de leer las palabras de estos tres profetas mencionados en el versículo diez. Por cierto, disponemos de otro escrito de Zenós. Jacob cita al profeta Zenós en el capítulo 5 de Jacob. Se trata de la conocida alegoría del olivo cultivado y el olivo silvestre.

Además, en el versículo 10, hay una frase que se debe interpretar bien al estudiar el Libro de Mormón. La frase es: "islas del mar". Probablemente la mayoría de nosotros piense en islas pequeñas en medio del océano al leer esta frase. Pero eso no es lo que significa esta frase en las escrituras. Más bien se refiere a todos los continentes y masas de tierra más allá de las tierras que alcanzaban las rutas de comercio comunes desde Israel. Una cita en *El Libro de Mormón: Manual del Alumno de Religión: Rel. 121 y 122* (1982) lo explica así:

"**De** acuerdo con una cita de Reynolds y Sjo-dahl, 'Sir Isaac Newton observa que para los hebreos los continentes de Asia y África eran "la tierra" porque llegaban a ellos por tierra, en tanto que las regiones de la tierra a las que llegaban por barco eran 'las islas del mar'" (Commentary on the Book of Mormon, 1:214).

"**Por** eso, Nefi no solamente se refiere a las islas del mar como el lugar donde se encuentran otros restos de la casa de Israel, sino que también indica que él y su pueblo vivían en una 'isla del mar', cuando claramente se refiere a la gran masa de tierra conocida como el continente americano. (2 Nefi 10:20–21). La siguiente cita es sumamente interesante:

"'**Los** indios casi universalmente creían que la tierra seca que conocían era parte de una gran isla, rodeada por todas partes de agua cuyos límites no se conocían. Muchas tribus tenían mitos de un viaje desde más allá del mar; muchos situaban más allá del mar a la cuna del sol y de la luz, y también decían que allá estaba el feliz lugar de caza de las almas de los difuntos' (*Library of Aboriginal American Literature*, 5:134; Reynolds and Sjodahl, *Commentary on the Book of Mormon*, 1:319)." (Ludlow, Companion, p. 121); *El Libro de Mormón: Manual del Alumno de Religión; Rel. 121 y 122*, p. 55 (1982).

A continuación, Nefi citará a uno de los profetas (no sabemos exactamente a quién) al describir las condiciones en el continente americano durante los días de la crucifixión y resurrección del Salvador. Es significativo darse cuenta de que la gente más justa en ese tiempo escuchará

en persona al Salvador, mientras que los otros encontrarán destrucción a causa de sus iniquidades. Resaltaremos en **negrita** algunas palabras en el siguiente versículo para marcar esta diferencia.

11 Porque así habló el profeta: Ciertamente el Señor Dios visitará a toda la casa de Israel en ese día; **a algunos con su voz, a causa de su rectitud, para su inmensa alegría y salvación, y a otros con los truenos y relámpagos de su poder, por tempestades, por fuego, por humo y vapores de tinieblas, y por el hendimiento de la tierra y montañas que se levantarán.**

12 Y todas estas cosas ciertamente deben venir, dice el profeta Zenós. **Y se henderán** (quebrarán) **las rocas de la tierra;** y a causa de los gemidos de la tierra, muchos de los reyes de las islas del mar se verán constreñidos (impulsados) a exclamar por el Espíritu de Dios: ¡El Dios de la naturaleza padece!

La profecía continúa y se dan detalles proféticos sobre los judíos tras haber crucificado a Cristo.

13 Y en cuanto a los que se hallen en Jerusalén, dice el profeta, serán fustigados (apaleados, maltratados) por todos los pueblos, porque crucifican al Dios de Israel (Cristo), y apartan sus corazones, desechando señales y prodigios (incluyendo los milagros que hizo el Salvador), y el poder y la gloria del Dios de Israel.

14 Y porque apartan sus corazones (porque se niegan a creer en Cristo y Su evangelio), dice el profeta, y han despreciado al Santo de Israel (Cristo), vagarán en la carne (irán de aquí para allá sobre la tierra) y perecerán (morirán), y serán un escarnio y un oprobio (y llegarán a ser como un insulto; se les mirará mal), y serán aborrecidos entre todas las naciones.

15 No obstante, dice el profeta, cuando llegue el día en que no vuelvan más sus corazones contra el Santo de Israel (cuando se arrepientan y se alleguen a Cristo), entonces él se acordará de (podrá guardar) los convenios que hizo con sus padres (antepasados).

Aquí, Nefi nos está enseñando en cuanto al recogimiento de Israel en los últimos días, cuando el evangelio será restaurado. El evangelio irá a todas las partes de la tierra en los últimos días.

16 Sí, entonces se acordará de (traerá Su evangelio y sus convenios a) las islas del mar (los otros continentes en el mundo, incluyendo las Américas); sí, y a todos los que son de la casa de Israel yo recogeré de las cuatro partes de la tierra (de toda la tierra, el mundo), dice el Señor, según las palabras del profeta Zenós.

17 Sí, y toda la tierra (toda persona) verá la salvación del Señor, dice el profeta; toda nación, tribu, lengua y pueblo serán bendecidos.

Es importante que al hablar del recogimiento de Israel en los últimos días, recordemos que todos debemos ser "recogidos" o reunidos espiritualmente. En otras palabras, si bien hay muchos "recogimientos" a nivel físico en varias tierras, tales como los judíos que serán reunidos de nuevo en la Tierra Santa, todos aquellos que desean la salvación en la exaltación celestial deben permitir ser "recogidos" ante el Salvador y Su Padre.

18 Y yo, Nefi, he escrito estas cosas a los de mi pueblo, para que tal vez los persuada (se llenen de interés y deseos) a que se acuerden del Señor su Redentor.

19 Por tanto (por esta razón), hablo a toda la casa de Israel, por si acaso llegasen a obtener estas cosas (mis escritos; las escrituras).

20 Pues he aquí, siento estremecimientos en el espíritu (tengo grandes razones para preocuparme en mi mente y alma), que me agobian al grado de que se debilitan todas mis coyunturas (esta es una frase muy típica del "Oriente Medio"—otro testimonio interno de que el Libro de Mormón es de origen antiguo), por los que se hallan en Jerusalén; porque si el Señor en su misericordia no me hubiera manifestado lo concerniente a ellos, así como lo había hecho a los antiguos profetas, yo también habría perecido.

21 Y ciertamente él mostró a los antiguos profetas todas las cosas concernientes a ellos; y también mostró a muchos tocante a nosotros; por tanto, es preciso (muy importante) que sepamos lo que a ellos atañe, porque está escrito sobre las planchas de bronce.

Seguidamente, Nefi nos explica por qué era tan importante que él y su pueblo tuvieran acceso a las escrituras grabadas sobre las planchas de bronce. Lo resaltaremos en **negrita**.

22 Y aconteció que yo, Nefi, **les enseñé** estas cosas (en cuanto al recogimiento de Israel de que se ha hablado en los versículos anteriores) **a mis hermanos**; y sucedió que **les leí muchas cosas** que estaban grabadas sobre las planchas de bronce, **a fin de que supieran acerca de los hechos del Señor en otras tierras, entre los pueblos de la antigüedad.**

23 Y **les leí** muchas cosas que estaban escritas en los libros de Moisés (los cinco primeros libros del Antiguo Testamento, escritos por Moisés; estos son Génesis, Éxodo, Levítico, Números y Deuteronomio); pero **a fin de convencerlos más plenamente de que creyeran en el Señor su Redentor**, les leí lo que escribió el profeta Isaías; porque **apliqué todas las Escrituras a nosotros mismos para nuestro provecho e instrucción.**

Arriba, en el versículo 23, encontramos una clave muy importante para entender y aplicar las escrituras en nuestras vidas. Debemos aplicar "todas las escrituras a nosotros mismos". Necesitamos desarrollar la habilidad para ver aplicaciones (usos prácticos) en las escrituras que podrían ser paralelas o equivalentes a las condiciones o situaciones en nuestras propias vidas. Al hacerlo, las escrituras toman vida.

Por ejemplo, los hermanos de Nefi lo trataron muy mal, y aun así Nefi los perdona "sinceramente" (1 Nefi 7:21). Es probable que cada uno de nosotros se haya encontrado, o se encontrará en circunstancias en las que otras personas nos traten muy mal. Si logramos tener éxito al "aplicar las escrituras a nosotros mismos", también nosotros podremos perdonar sinceramente. Al hacerlo nos libraremos del efecto esclavizante que acompaña al resentimiento y al odio.

Ahora volveremos a repetir el versículo 23 para que fluya con el 24. Hay una razón importante para hacer esto. Se trata de que Nefi ahora nos indicará por qué es tan importante que nosotros comprendamos las palabras de Isaías. Nos dará dos razones clave para estudiar los escritos de Isaías. Lo resaltaremos en **negrita**.

23 Y les leí muchas cosas que estaban escritas en los libros de Moisés; **pero a fin de convencerlos más plenamente de que creyeran en el Señor su Redentor**, les leí lo que escribió el profeta Isaías; porque apliqué todas las Escrituras a nosotros mismos para nuestro provecho e instrucción.

24 Por tanto, les hablé, diciendo: Escuchad las palabras del profeta, vosotros que sois un resto de la casa de Israel, una rama que ha sido desgajada (un grupo separado); escuchad las palabras del profeta que fueron escritas a toda la casa de Israel, y aplicáoslas a vosotros mismos, **para que podáis tener esperanza**, así como vuestros hermanos de quienes habéis sido separados; porque de esta manera es como el profeta ha escrito.

> **Quisiera** expresar unos pensamientos y comentarios en cuanto a entender a Isaías antes de proceder con los dos capítulos siguientes del primer libro de Nefi.
>
> **Para** muchos miembros de la iglesia, es difícil entender los escritos de Isaías. El considerar simplemente lo que Nefi escribió en los versículos 23 y 24, arriba, debe ser un aliciente (una motivación) para renovar nuestro esfuerzo y tratar de entender los escritos de Isaías. Si tenemos éxito, lograremos un entendimiento y testimonio más fuertes de que Cristo es nuestro

Redentor. A cambio, esto nos proporcionará la "esperanza" maravillosa de que nuestro día del juicio será placentero. La palabra "esperanza", tal cual se usa en el Libro de Mormón, tiene un uso diferente al que comúnmente se da en el idioma español hoy en día. En el Libro de Mormón, "esperanza" significa "seguridad" (véase Alma 58:11). Por lo tanto, en 2 Nefi 31:20, Nefi nos anima a "seguir adelante con firmeza en Cristo" lo cual nos lleva a tener "un fulgor perfecto de esperanza", la cual nos lleva a la vida eterna (exaltación). Vemos que en este tipo de esperanza no caben las dudas o indecisiones tales como "es que . . ." o "podría ser . . ." o "puede que sí, puede que no, pero . . .", etc. Se trata de una certeza absoluta, "¡será así!".

Así pues, al entender bien a Isaías, sabremos que da testimonio de Cristo. Y cuando este testimonio sea confirmado en nuestras almas por el Espíritu Santo, podremos entonces ser fortalecidos en nuestras actitudes y conductas, a tal grado, que podemos contar con que lograremos la vida eterna. Esta afirmación de que "podemos contar con la vida eterna" no es arrogancia; ni tampoco es orgullo o insensatez. Se trata simplemente de la condición verdadera de los seguidores humildes de Cristo. Es el "fulgor perfecto (o completo) de esperanza" al cual nos invita Isaías.

Si estás dispuesto a pagar el precio (o poner el esfuerzo requerido) al estudiar bajo oración y con atención los próximos dos capítulos y las notas que los acompañan, entonces empezarás a entender a Isaías. Verás que este profeta usa mucho simbolismo. Notarás que pinta cuadros con palabras. Incluiremos muchas notas a lo largo de los versículos para ayudarte a captar el estilo de escritura y mensajes de Isaías. Considera y entiende que el Salvador mismo citó a Isaías más que a ningún otro profeta. De hecho, en 3 Nefi 23:1, Jesús mandó a Su pueblo que estudiaran a Isaías; dijo lo siguiente: ". . . debéis escudriñar estas cosas (los escritos de Isaías). Sí, un mandamiento os doy de que escudriñéis estas cosas diligentemente, porque grandes son las palabras de Isaías".

Una última sugerencia antes de comenzar con los próximos dos capítulos. Nefi dijo que su gente tenía dificultades para entender a Isaías porque **"no saben concerniente a la manera de profetizar entre los judíos"** (véase 2 Nefi 25:1). Por esta razón, también puede ser difícil para nosotros. Nos podría ayudar el anotar algunas características sobre "la manera de profetizar" de Isaías. Por ejemplo:

Isaías usa mucho simbolismo. Utiliza muchas frases propias de su época y su pueblo. Estas se conocen como "modismos" o expresiones típicas de un idioma o lengua.

EJEMPLO:

". . . **nervio** de hierro es tu cerviz (cuello), y tu frente de bronce"; (1 Nefi 20:4). Básicamente, está diciendo, "Tienes hierro en tu cuello y un cráneo duro". En otras palabras, humildes no sois; no inclinaréis vuestras cabezas en humildad ante Dios, y es difícil hacer que algo bueno entre en vuestras cabezas (es decir, tenéis la cabeza dura, sois testarudos, porfiados, obstinados, no queréis cambiar). Isaías repite lo mismo deliberadamente para resaltar su mensaje. Debido a esta técnica de escritura y enseñanza, algunas personas llegan a pensar que se están perdiendo algo, porque no creen que Isaías pueda repetir las mismas cosas una y otra vez.

EJEMPLO:

"Salid de Babilonia, huid de entre los caldeos" (los habitantes del sur de Babilonia; véase 1 Nefi 20:20). En otras palabras, "¡alejaos del mal!"

EJEMPLO:

Seguidamente Isaías repite la misma idea de dos maneras diferentes: "El Señor me llamó desde el vientre; desde las entrañas de mi madre hizo él mención de mi nombre" (1 Nefi 21:1). En otras palabras, Israel fue preordinado para ser el pueblo del convenio de Dios. **Muchas** de las cosas que Isaías enseña pueden tener más de un significado y más de un cumplimiento. Por lo tanto, sería imprudente limitar lo que él nos enseña a un solo significado específico, a menos que el contexto lo garantice.

EJEMPLO:

"**Y** no tuvieron sed; los llevó por los desiertos; les hizo brotar aguas de la roca; hendió la peña, y salieron las aguas" (1 Nefi 20:21). Mientras que el Señor guió a los Hijos de Israel, literalmente a través del desierto, e hizo que saliera agua literalmente de una roca para aliviar la sed de Su pueblo y salvar así sus vidas, también vemos que hay otros significados simbólicos. Por ejemplo, Él nos guía (simbólicamente) a través del desierto del pecado y la iniquidad. Y también Él nos proporciona el "agua viva" (Juan 4:10) para aliviar nuestra sed espiritual para siempre, eternamente.

PRIMER NEFI 20

En este capítulo, cada versículo es diferente al capítulo equivalente en la Biblia (Isaías 48). Nefi vivió 100 años después de Isaías lo cual sitúa a Nefi más cerca del registro original que contenía los escritos de Isaías, incluyendo las planchas de bronce. Además, recordarás que la razón principal que Nefi tenía al enseñar a su pueblo (y también a Lamán, Lemuel y los demás) en cuanto a Isaías, no era condenarlos, sino darles esperanza (véase 1 Nefi 19:23–24). A nosotros también

nos vendría bien recordar el mensaje principal de Isaías en lugar de verlo como a un profeta de tragedias deprimentes, así como muchas personas lo ven.

1 ESCUCHAD y oíd esto, oh casa de Jacob (hijos de Jacob; en otras palabras, las Doce Tribus de Israel), que os llamáis del nombre de Israel (Jacob), y habéis salido de las aguas de Judá, o sea, de las aguas del bautismo (que sois el pueblo de mi convenio), los que juráis (hacéis convenios) por el nombre del Señor (tal como nosotros hoy, también hacemos convenios en el nombre de Jesucristo) y hacéis mención (oráis y habláis) del Dios de Israel, mas no juráis ni en verdad ni en rectitud (el problema es que se dicen ser el pueblo del Señor pero quebrantan los convenios, no viven el evangelio).

2 Y no obstante que de la ciudad santa os hacéis nombrar (reclamáis ser el pueblo del Señor), no os apoyáis (no confiáis) en el Dios de Israel, que es el Señor de los Ejércitos (el Dios de todo). Sí, el Señor de los Ejércitos es su nombre.

En los próximos versículos, Isaías le recuerda a Israel que no hay carencia de evidencias de que existe el Dios verdadero.

3 He aquí, yo (el Señor) he declarado las cosas anteriores (profecías) desde el principio (para que tengáis abundancia de evidencias de que Yo existo); y (las profecías) salieron de mi boca (a través de los profetas), y las mostré (cumplí). De improviso las mostré (cuando no os esperabais que acontecieran, para que podáis saber que Yo soy en verdad vuestro Dios, y vuestros ídolos son falsos; véase Isaías 42:9).

> A continuación, el Señor le dirá a Su pueblo del convenio que son orgullosos y obstinados.

4 Y (Yo el Señor) lo hice porque sabía que eres obstinado (orgulloso, testarudo), y nervio de hierro es tu cerviz (tu cuello tiene hierro; no eres humilde, no inclinarás tu cuello en señal de humildad), y tu frente de bronce (cabeza dura; p. ej., es difícil hacer pasar algo a través de un cráneo grueso y duro);

> A continuación, por medio de Isaías, el Señor le dice al Israel del convenio que desde el principio Él ha dado a modo de profecías futuras muchas evidencias claras de que Él existe. Entonces, el Señor cumplirá dichas profecías para que Su pueblo tenga todas las oportunidades posibles y retengan sus testimonios en cuanto a Su existencia y Su preocupación por ellos. Esto se asimila a las profecías de los últimos días, o a las señales de los tiempos, las cuales se están cumpliendo por todo el mundo en estos últimos días en que vivimos.

5 y te las he declarado (he profetizado cosas) aun desde el principio; antes que (esas cosas que he profetizado) sucedieran te las manifesté (te las profeticé a ti); y las manifesté por temor de que dijeses: Mi ídolo las hizo; mis imágenes de escultura y de fundición mandaron estas cosas (te he mostrado mi poder por medio de profecías para que no pudieras afirmar que tus ídolos tienen poder).

6 Lo viste y lo oíste todo (todas esas evidencias incuestionables de que Yo existo); y ¿no queréis anunciarlo (reconocerlo)? Y que desde entonces te he mostrado cosas nuevas (cosas que no te habría sido posible saber por adelantado), sí, cosas ocultas que no sabías (no prestaste atención; no reconociste).

7 Ahora son creadas (los eventos profetizados tienen lugar ahora), y no desde el principio (no podrías haber adivinado que iban a pasar en la ocasión en que se pronunciaron las profecías), ni aun antes del día en que las oíste (en aquel entonces, cuando no tenías prueba alguna de que los eventos profetizados se cumplirían) te fueron declaradas (te lo dije por adelantado), para que no dijeras: He aquí, yo las sabía.

8 Sí, y tú (Israel, pueblo del convenio) no oíste (ignoraste las profecías) ni supiste (ni las reconociste); sí, no se abrió desde entonces tu oído (te negaste a escucharlas); pues sabía yo que serías muy desleal, y fuiste

llamado transgresor desde el vientre (¡He tenido problemas con vosotros, Israelitas, desde el principio!).

> **Ahora** el Señor nos recordará a todos que si no fuera por Su misericordia, Israel hubiera sido descartada hace mucho tiempo.

9 No obstante, por causa de mi nombre (Yo, el Señor, tengo reputación de ser paciente, de ser misericordioso) diferiré mi ira, y para alabanza mía (En la Biblia en alemán, edición de Martín Lutero: gloria, honor; reputación) me contendré para no talarte (no te destruiré completamente).

10 He aquí, (Yo el Señor) te he purificado (a ti, Israel); te he escogido (en alemán: te crearé) en el horno de la aflicción (te purificaré en el fuego del refinador).

> **La** expresión "el fuego del refinador" nos lleva a imaginar a un artesano experto que con gran destreza y cuidado está aplicando fuego al mineral bruto para poder eliminar todas las impurezas y así producir oro puro.

> **A** continuación, en el versículo 11, se nos recuerda que el Señor no solo nos ayuda porque Su llamamiento y deber es el de ser nuestro Redentor y Salvador. Más bien, Él nos ayuda y obra pacientemente con nosotros porque nos ama.

11 Por mí (debido a que Yo te amo; véase el versículo 14), sí, por mi propia causa (porque Yo quiero), lo haré (te refinaré y purificaré en el horno de aflicción), para que no sea amancillado mi nombre (en alemán: no sea que mi nombre sea deshonrado por no guardar mis promesas a Israel); y mi honra no la daré a otro (te seré fiel a ti; véase Jeremías 3:14. Por cierto, este puede ser un buen consejo para la pareja en el matrimonio).

> **El** tema principal de los versículos 12 al 17 es que Israel es llamado y preordinado para servir.

12 Óyeme, Jacob, y tú, Israel, a quien llamé (tienes un llamamiento; véase Abraham 2:9–11); pues yo mismo soy (Cristo); yo el primero, yo el postrero también (soy vuestro Salvador; Jesús estaba presente en la creación y estará presente en el juicio final).

13 Mi mano fundó también la tierra (Soy el Creador), y mi diestra (mano del convenio; mano del poder) extendió los cielos (creó los cielos); los llamo (Israel en los versículos 12 y 14), y se presentan juntamente (permíteles, Israel, que todos se levanten y escuchen; esto va con la primera parte del versículo 14).

14 Juntaos todos vosotros y oíd: ¿Quién entre ellos (refiriéndose quizás a los ídolos de Israel; véase el versículo 5) les (a Israel) ha anunciado estas cosas (profecías; véanse versículos 3, 6 etc.)? El Señor lo amó (Israel); sí, y (el Señor) cumplirá su palabra que por ellos (los profetas) ha declarado, y ejecutará su voluntad en Babilonia, y su brazo (símbolo de poder) caerá sobre los caldeos (al sur de Babilonia; Babilonia será finalmente destruida, tal y como se profetizó).

15 También dice el Señor: Yo, el Señor, he hablado; sí, lo llamé (a Israel) a declarar (Israel tiene una obra que hacer), y lo traje; y él hará próspero su camino (Dios ayudará; también podría interpretarse como que el Padre Celestial llamó a Cristo para profetizar; o también que Cristo llamó a Isaías para profetizar).

> En el versículo 15, arriba, acabamos de ver un ejemplo de cómo los escritos de Isaías pueden tener más de un significado o interpretación.

16 Allegaos (Israel) a mí; no he hablado en secreto (he sido muy directo en cuanto al evangelio, etc.); desde el principio, desde el momento en que se declaró, yo he hablado; y el Señor Dios me ha enviado, y su Espíritu (el Padre envió a Cristo; o quizás esto significa que Cristo envió a Isaías).

17 Y así dice el Señor, Redentor tuyo (Cristo), el Santo de Israel: Yo lo he enviado (Israel; véanse los versículos 12 y 19; o paralelamente esto

también podría referirse a Isaías); el Señor tu Dios que te enseña provechosamente (en alemán: para tu provecho, beneficio), que te guía por la vía por la que debes andar, él lo ha hecho.

18 Oh, si hubieras escuchado mis mandamientos (se puede aplicar directamente a Lamán y Lemuel; no hay duda de que esta es una de las razones por las cuales Nefi les está citando a Isaías) habría sido entonces tu paz como un río (habríais podido tener paz fluyendo constantemente en vuestras vidas) y tu rectitud cual las ondas (olas) del mar (firme, estable, constante);

> A continuación, Isaías básicamente dice que Israel tiene el potencial de llegar a ser una nación realmente grande; y esto si tan solo hicieran convenios con Dios y los guardaran. Sin embargo, tal y como está escrito, Isaías parece usar una expresión que refleja el futuro como si ya hubiera pasado. Proféticamente les dice a los israelitas que hubieran podido llegar a ser una gran nación, si tan solo . . .

19 y como la arena tu descendencia (habría podido llegar a ser la posteridad de Israel), y los renuevos de tus entrañas (tu descendencia) como los granitos de ella; su nombre (Israel) no habría sido cortado, ni raído de mi presencia (Israel podría haber tenido una situación muy buena y

haber evitado tan gran destrucción).

20 Salid de Babilonia (alejaos de la maldad; cesad de ser inicuos), huid de entre los caldeos (iniquidad; los caldeos eran residentes del sur de Babilonia): declarad con voz de cantos (sed felices si vivís rectamente); publicadlo, llevadlo hasta lo postrero de la tierra; decid: Redimió el Señor a Jacob, su siervo (Israel puede salvarse—incluyendo a Lamán y Lemuel—si se arrepienten).

> **"Babilonia"**, tal y como se usa en el versículo 20, arriba, tiene mucho simbolismo. En realidad, en la antigüedad fue un país y una ciudad, localizada básicamente donde hoy se encuentra Irak. Tanto Isaías como muchos otros profetas usan "Babilonia" como símbolo de (para representar) iniquidad o maldad, y para representar el reino de Satanás. La imagen mental de esto es fascinante, pues Babilonia era un enemigo muy temido por Israel. La enorme ciudad de Babilonia era tan grande que se necesitaron cerca de 90 kilómetros de muralla para rodearla y protegerla. Los muros tenían unos 100 metros de alto y 25 metros de ancho (véase *Bible Dictionary*, pág. 618). Era un centro de iniquidad (maldad), por lo tanto, en muchas escrituras llegó a simbolizar la iniquidad en general y el domino y territorio del diablo.

> **De** hecho, parte de este icono gráfico de Babilonia es que parecía ser indestructible, tal como el reino y dominio de

> Satanás sobre la tierra también parece ser poderoso e indestructible. Sin embargo, Babilonia cayó en el año 538 a.C. y nunca más fue reconstruida, tal y como realmente sucederá con la caída del reino de Satanás. Y nunca más se volverá a levantar porque él y sus seguidores serán echados a las tinieblas de afuera (véase DyC 1:16; 88:111–115).

21 Y no tuvieron sed; los llevó por los desiertos; les hizo brotar aguas de la roca; hendió la peña, y salieron las aguas (¡sencillamente mira lo que el Señor puede hacer por aquellos que ponen su confianza en Él!).

22 Y a pesar de haber hecho todo esto, y más, no hay paz para los inicuos, dice el Señor (un mensaje importante para Lamán y Lemuel y para todos nosotros).

PRIMER NEFI 21

1 Y ADEMÁS: ¡Oídme, oh casa de Israel, todos vosotros los que habéis sido separados y echados fuera (dispersados; Isaías está hablando proféticamente al Israel dispersado) por causa de la iniquidad de los pastores (líderes y maestros) de mi pueblo; sí, todos vosotros que habéis sido separados y esparcidos, quienes sois de mi pueblo, oh casa de Israel! ¡Oídme (Israel; véase el versículo 3), islas del mar (naciones y territorios lejanos, incluyendo aquellos al otro lado del mar), y escuchad, pueblos lejanos!

El Señor me llamó (Israel) desde el vientre (preordinación); desde las entrañas de mi madre hizo él (el Señor) mención de mi nombre (a Israel se le encomendó un trabajo desde el principio).

2 Y puso mi boca como espada aguda (Israel ha de difundir o predicar el evangelio, el cual es duro para los inicuos, pero también ayuda a los justos a discernir las falsedades): me cubrió con la sombra (protección) de su mano, y me puso por saeta (cuerpo de una espada) pulida (un siervo eficiente, tal como José Smith, Isaías o cualquier israelita fiel); me guardó en su aljaba;

3 y me dijo (a mí, Israel): ¡Mi siervo eres tú, oh Israel; en ti seré glorificado (Israel todavía cumplirá con su mayordomía)!

En los versículos 4 al 12 y los que siguen, Isaías representa la soledad de Israel mientras espera la restauración. Es casi como si Isaías estuviera escribiendo un guión de teatro en el que hay un solo protagonista en el escenario, el cual representa a Israel, y este está hablando con un tono triste de voz, lleno de lamento, y recapitulando todas las oportunidades que aparentemente ya ha perdido para completar su misión y lograr el destino dado por Dios.

4 Pero yo (Israel) dije: Por demás (para nada) he trabajado, en vano (no he sido un buen siervo; he malgastado mis esfuerzos), y sin provecho (en religiones o doctrinas falsas y vida de rituales) he consumido mi fuerza; ciertamente mi causa está ante el Señor, y mi obra con mi Dios (en otras palabras, mi destino se halla en el Señor; de Dios depende lo que suceda conmigo ahora que le he fallado).

5 Ahora bien, dice el Señor—que me formó desde el vientre (quien me preordinó) para ser su siervo (especialmente la tribu de Efraín), para hacer volver a él a Jacob—, aun cuando Israel no sea reunido, con todo, estimado seré ante los ojos del Señor (si doy mi mejor esfuerzo me irá bien, incluso cuando las personas rechacen mi mensaje), y mi fortaleza será el Dios mío.

A continuación, en este "drama", el Señor, básicamente le dice a Israel que el llamamiento de trabajar meramente para traerle de vuelta al Israel disperso es una tarea muy fácil. Por lo tanto, Israel necesita un reto más grande, es decir, llevar el evangelio, no solo a Israel, sino a todos los pueblos y personas de la tierra.

6 Y dijo (el Señor): Poco es (en alemán: no es suficiente) que tú (Israel) me seas siervo para levantar (restaurar el evangelio a) las tribus de Jacob y restaurar los preservados (el remanente, el resto) de Israel (el trabajo de la iglesia hoy en día). También (te daré otra asignación, es

decir, que serás o) te pondré por luz de los gentiles (una profecía extraordinaria en los días de Isaías, cuando casi cada nación que así lo deseaba podía pisotear a Israel), para que seas mi salvación hasta lo postrero de la tierra (llevar el evangelio a cada persona en el mundo).

En Abraham 2:9–11 se nos enseña claramente en cuanto a esta responsabilidad que tiene Israel de llevar el evangelio y las bendiciones del sacerdocio a toda la tierra. De hecho, en tu bendición patriarcal se declara tu linaje (es decir, la Tribu de Israel a la que perteneces). Esta parte de tu bendición es de suma importancia, ya que es un recordatorio de tu deber sagrado en ayudar a llevar el evangelio a todo el mundo durante toda tu vida.

Seguidamente, Isaías profetiza que llegará el día en que Israel se convertirá en una potencia poderosa en el mundo; mientras que en el pasado, Israel fue pisoteada de manera deliberada por muchas naciones.

7 Así dice el Señor, el Redentor de Israel (Cristo), el Santo suyo (de Israel), al (Israel) menospreciado del hombre, al abominado de las naciones (en alemán: a la nación aborrecida por otros), al siervo de soberanos (durante una gran parte de la historia, Israel ha sido sierva y esclava de muchas naciones): Reyes verán y se levantarán (por respeto a Israel); y príncipes (líderes de naciones) también adorarán, a causa del Señor que es fiel (porque el Señor guardará Sus promesas).

8 Así dice el Señor: ¡En el tiempo propicio (empezando con la restauración y José Smith) os he escuchado (habré escuchado vuestros ruegos y peticiones de ayuda), oh islas del mar (continentes lejanos más allá de Asia y África, tales como América, etc.), y en el día de salvación os he ayudado! Y os conservaré, y a mi siervo os daré (profetas, incluyendo a José Smith) por convenio del pueblo, para establecer la tierra (para restablecer el evangelio sobre la tierra), para hacer heredar las desoladas heredades (para restaurar a Israel a las tierras de su herencia; es decir, el recogimiento se llevará a cabo; véase el versículo 19);

9 para que digáis a los presos (a los vivos y a los muertos en la oscuridad o tinieblas espirituales): ¡Salid! (¡Libraos de la esclavitud espiritual!); y a los que están en tinieblas: ¡Manifestaos! (¡Salid de la prisión!) En los caminos serán apacentados (su "Pastor", Cristo, los dirigirá al camino del evangelio), y en todas las alturas habrá pastos para ellos (participarán de lo mejor, de lo más elevado, del evangelio de Cristo).

10 No tendrán hambre ni sed (nunca más en cuanto al evangelio verdadero, porque lo tendrán con ellos), ni el calor ni el sol los afligirá; porque

el que tiene de ellos misericordia los guiará, y los conducirá (beneficios al aceptar y vivir el evangelio) a manantiales de aguas (símbolo de aguas vivas; véase Juan 4:10).

> **Tal** y como se indica al principio del capítulo 20, Isaías es muy cabal. Suele repetir y volver a repetir el mensaje, y luego lo repite otra vez, y una vez más. En estos versículos, vemos como Isaías usa este método para resaltar las maravillosas bendiciones del evangelio restaurado y como seguir a Cristo a las "alturas", en donde el "pasto" es el mejor que podamos encontrar, es decir, la exaltación eterna.

11 Y tornaré en camino (la manera en que llegamos a un destino) todos mis montes (las "montañas" a menudo simbolizan templos), y mis calzadas serán elevadas (prepararé "calzadas o caminos elevados del evangelio" en todas las partes del mundo, a través de la restauración del evangelio y el recogimiento en estos últimos días, los cuales conducirán a los santos fieles a la exaltación).

12 ¡Y entonces (en los días del recogimiento), oh casa de Israel, he aquí, éstos (Israel) vendrán de lejos; y he aquí, éstos del norte y del occidente; y éstos de la tierra de Sinim! (Según el libro *Strong's Exhaustive Bible Concordance*, este versículo puede hacer referencia a los habitantes del sur de China; véase también

la palabra "Sinim" en *Smith's Bible Dictionary*).

13 ¡Cantad, oh cielos, y alégrate, oh tierra, porque serán asentados los pies de los que están en el oriente! ¡Prorrumpid en alabanzas, oh montes! porque ellos no serán heridos más, pues el Señor ha consolado a su pueblo (hablando proféticamente del futuro, como si ya hubiese acontecido), y de sus afligidos tendrá misericordia (al final, el Señor redime a Israel).

> **Recordarás** que después del versículo 3, habíamos sugerido que los versículos 4 al 12 (y los que siguen) podrían ser como un escenario de teatro, con Israel como el único actor, lamentándose por haber fracasado al no cumplir con el llamado que recibió del Señor. En el versículo 14, a continuación, Israel básicamente ignora el ánimo de la profecía que ha recibido en el versículo 13.

14 Mas he aquí, Sión (Israel) ha dicho: El Señor me abandonó, y de mí se ha olvidado mi Señor (una queja del Israel inicuo); pero él mostrará que no.

15 Porque, ¿puede una mujer olvidar a su niño de pecho al grado de no compadecerse del hijo de sus entrañas? ¡Pues aun cuando ella se olvidare (pues aun cuando entre los mortales esto ocurra), yo nunca me olvidaré de ti, oh casa de Israel! (¡una promesa! Cumpliré mi promesa de

restaurar el evangelio y recoger nuevamente a Israel).

A continuación, en el versículo 16, encontramos algunos ejemplos del simbolismo más hermoso que existe en las escrituras en cuanto a la expiación. Tal como las manos del arduo trabajador testifican de su trabajo—como por ejemplo un carpintero con callos y ampollas en sus manos— así las marcas de los clavos en las manos del Salvador dan testimonio de Su obra por nosotros.

16 Pues he aquí, te tengo grabada en las palmas de mis manos (cada uno de nosotros estamos "grabados" en las manos del Salvador, donde los clavos traspasaron Su carne; es decir, las heridas en las palmas de Sus manos dan testimonio de su obra por nosotros); tus muros están siempre delante de mí (los "muros" representarían la casa de una persona; o sea, sé dónde vives y siempre sé el tipo de ayuda que necesitas).

Isaías ahora profetizará que las cosas cambiarán en los últimos días, de manera que los enemigos de Israel, los cuales en un tiempo la afligían, ahora huirán de ella.

17 Tus hijos se apresurarán contra tus destructores (tus descendientes al final ganarán el poder contra sus enemigos); y los que te asolaron se apartarán de ti (huirán de ti; se cambiarán los papeles en los últimos días).

18 ¡Alza tus ojos (déjame mostrarte—a la Israel que se quejaba en el versículo 14—el futuro) y mira alrededor; todos éstos (descendientes rectos y fieles en los últimos días) se han reunido (¡Tu pensaste que ibas a ser completamente destruida, pero mira a todos tus descendientes en el futuro!), y vendrán a ti! Y vivo yo (la promesa más seria y solemne en la cultura hebrea), dice el Señor, que de todos serás vestida, como de vestidura de adorno, y de ellos serás ceñida como novia (la novia se viste con su vestido más especial para tal ocasión; Israel tendrá sus descendientes más especiales en los últimos días).

19 Porque tus sitios desiertos y desolados, y la tierra de tu destrucción (has sido pisoteada durante siglos), ahora serán demasiado estrechos por causa de los moradores (tendrás tantísimos descendientes que parecerá que no te quede espacio; el recogimiento de Israel en los últimos días); y los (enemigos de antes) que te devoraban serán arrojados lejos.

20 Los niños (los conversos al evangelio verdadero) que tendrás, después de haber perdido a los primeros (debido a la apostasía, guerras, etc.), dirán otra vez a tus oídos: Demasiado estrecho es para mí este sitio (no hay suficiente espacio para todos nosotros); dame lugar para que yo habite.

El cumplimiento de esta profecía, arriba, la cual dice que en los últimos días habrá un gran crecimiento de miembros fieles de la iglesia, es muy evidente en nuestros días. Simplemente, considera el programa tan extenso que la iglesia tiene para construir templos y capillas para poder ponerse al día con dicho crecimiento. A fecha de hoy (2013), se completa y se dedica una capilla aproximadamente cada día del año en algún lugar del mundo.

21 Entonces (en los últimos días) dirás (tú Israel) en tu corazón: ¿Quién me engendró a éstos (¿de dónde han salido tantos israelitas? ¿cómo es esto posible?), dado que he perdido a mis hijos, y estoy desolada, cautiva y voy errante de un lado a otro (dispersada)? ¿Y quién crió a éstos? He aquí, fui abandonada (yo creí que ya estaba acabada, terminada); ¿dónde estuvieron éstos?

Espero que puedas empezar a apreciar la habilidad tan inspirada que Isaías tenía para generar imágenes y sentimientos—un verdadero drama—a medida que enseña. Quizás hayas podido sentir el desánimo de Israel y posiblemente te hayas dado cuenta del toque de autocompasión que tiene Israel por sí misma a medida que Isaías la describe en este capítulo. Así pues, con gran maestría, Isaías concibe el escenario para la sorpresa que experimentará Israel ante el cumplimiento, en los últimos días, de las profecías que le hizo el Señor. Esto podría simbolizar a los escépticos en todas las épocas de la historia y lugares del mundo, los cuales están destinados a verse sorprendidos cuando los milagros de la profecía del recogimiento y la Segunda Venida tengan lugar.

A continuación, el Señor responde a la pregunta de Israel, "¿De dónde han salido estos?" El Señor nos hace saber cómo logrará el gran recogimiento de Israel en los últimos días.

22 Así dice el Señor Dios: He aquí, yo alzaré mi mano (haré una señal) a los gentiles, y levantaré mi estandarte (la iglesia, el evangelio verdadero de Cristo) al pueblo; y (los gentiles) traerán en brazos a tus hijos, y en hombros llevarán a tus hijas (las naciones de los gentiles ayudarán a recoger y congregar a Israel).

23 Y reyes serán tus ayos, y sus reinas, tus nodrizas (ejemplo: Gran Bretaña tuvo una gran influencia al ayudar a establecer un lugar de residencia para los judíos en Palestina; esto fue después de la Primera Guerra Mundial. Y también ayudó a esponsorizar la entrada de la Nación de Israel en las Naciones Unidas en 1948); con el rostro hacia la tierra (los líderes de las naciones) se postrarán ante ti, y lamerán el polvo de tus pies (se dará la vuelta a los papeles en los últimos días); y sabrás que yo soy el Señor; porque los que me esperan no serán avergonzados (confiarán en mí).

Permíteme unas pocas palabras más en cuanto al cumplimiento de esta maravillosa profecía en el versículo 23, arriba. En 1830, cuando la iglesia fue oficialmente organizada, la población judía en la Tierra Santa sumaba cerca de siete mil personas. ¡Hoy en día supera los tres millones!

A continuación, en el versículo 24, Isaías representa a Israel haciéndose básicamente la siguiente pregunta, "¿Cómo es posible, que nosotros que siempre hemos sido víctimas (presas) de enemigos tan poderosos, podamos llegar a ser rescatados de ellos y lleguemos a ser un pueblo libre?" El Señor responderá a esta pregunta en el versículo 25.

24 ¿Pues será quitada la presa (Israel) al poderoso (enemigos poderosos)?; o ¿serán librados (lograr la libertad) los cautivos legítimos (el pueblo del convenio del Señor)?

25 Pero así dice el Señor: Aun los cautivos (Israel) le serán quitados (rescatados) al poderoso (enemigos poderosos), y la presa (víctimas) del tirano será librada; porque (Yo el Señor) contenderé con el que contienda contigo (Israel), y salvaré a tus hijos (la respuesta a la pregunta de Israel en el versículo 24 es que el Señor los rescatará y los hará libres).

26 Y a los (enemigos de los israelitas) que te oprimen haré comer su propia carne; y con su propia sangre serán embriagados (sin control)

como con vino (tus enemigos se volverán unos contra otros y se destruirán a sí mismos; compárese con Mormón 4:5); y conocerá toda carne que yo, el Señor, soy tu Salvador y tu Redentor, el Fuerte de Jacob.

PRIMER NEFI 22

Una de las grandes bendiciones de tener el Libro de Mormón es que Nefi nos explica muchos capítulos de Isaías. Esto nos proporciona una gran ventaja sobre todas las demás personas en el mundo en lo referente a entender a Isaías. En este caso, Nefi explicará lo que Isaías dijo en los capítulos 20 y 21 del Primer Libro de Nefi. El hecho de tener a Nefi como nuestro maestro también nos ayuda a mejorar nuestra habilidad para entender otros capítulos de Isaías.

Por cierto, considerando que las planchas de bronce se crearon unos 100 años (o menos) después de Isaías, los escritos de Isaías contenidos en estas planchas pueden suponer una fuente mucho más original que los manuscritos más antiguos que se incluyeron en la Biblia. De hecho, las planchas de bronce contenían tres versículos que no están en nuestra Biblia. Estos tres versículos se encuentran en 1 Nefi 22:15–17. Nefi hace mención de estos al explicar el próximo segmento de Isaías.

A medida que continuamos, veremos cómo los hermanos de Nefi hacen buenas preguntas para entender a Isaías. Las respuestas de Nefi también nos son de gran ayuda. En algunas partes usaremos **negrita** por motivos de enseñanza.

1 Y aconteció que después que yo, Nefi, hube leído estas cosas (algunos de los escritos de Isaías) que estaban grabadas sobre las planchas de bronce, mis hermanos vinieron a mí, y me dijeron: (**Pregunta**): **¿Qué significan estas cosas que has leído?** (**Pregunta**): He aquí, **¿deben entenderse conforme a cosas que son espirituales, que se verificarán según el espíritu, y no según la carne** (son espirituales o literales)?

2 Y yo, Nefi, les contesté: He aquí, la voz del Espíritu las manifestó al profeta; porque por el Espíritu son reveladas a los profetas todas las cosas que acontecerán a los hijos de los hombres según la carne (durante nuestro tiempo mortal).

3 Por tanto, (**Respuesta**): **lo que he leído tiene que ver con cosas temporales así como espirituales** (son cosas que acontecerán literalmente a la casa de Israel, además de cosas que también tienen un significado espiritual); porque parece que **la casa de Israel** (la descendencia de Abraham, Isaac y Jacob) **será dispersada**, tarde o temprano, **sobre toda la superficie de la tierra**, y también entre todas las naciones.

4 Y he aquí, hay muchos de quienes ningún conocimiento tienen ya los que están en Jerusalén (como las Diez Tribus Perdidas, las cuales fueron dirigidas a otros lugares aproximadamente en el año 721 a.C.); sí, la mayor parte (la mayoría) de todas las tribus han sido llevadas; y se encuentran esparcidas acá y allá sobre las islas del mar (por todo el mundo); y dónde se hallan, ninguno de nosotros sabe, solo sabemos que se las han llevado.

5 Y desde que se las han llevado, se han profetizado estas cosas (las palabras de Isaías) concernientes a ellas, así como a todos aquellos que más tarde serán dispersados y confundidos (interrumpidos en su progreso) a causa del Santo de Israel, porque endurecerán sus corazones contra él (Cristo); por lo que (Israel) serán dispersados entre todas las naciones, y serán odiados por todos los hombres (especialmente los judíos; véase 1 Nefi 19:13–14).

6 No obstante, después que (el Israel dispersado) sean nutridos (reciban ayuda para reunirse) por los gentiles, y el Señor haya levantado su mano sobre los gentiles (los ha bendecido con el evangelio restaurado) y los haya puesto por estandarte (después de que el evangelio haya sido restaurado entre los gentiles por medio del Profeta José Smith), y sus hijos (los descendientes de Israel) hayan sido llevados en los

brazos de los gentiles, y sus hijas (descendientes) sobre sus hombros (de los gentiles), he aquí, **estas cosas de que se habla son temporales (literales**; en verdad acontecerán físicamente a Israel); porque así son los convenios del Señor con nuestros padres (antepasados); y se refiere a nosotros (los lamanitas) en los días venideros, y también a todos nuestros hermanos que son de la casa de Israel (en otras palabras, todos aquellos que estén dispuestos serán reunidos para Dios);

7 y significa que viene el tiempo, después que toda la casa de Israel haya sido dispersada y confundida, en que el Señor Dios levantará una nación poderosa (los Estados Unidos de América) entre los gentiles, sí, sobre la superficie de esta tierra (América); y nuestros descendientes (los lamanitas) serán esparcidos por ellos (los gentiles que llegaron de Europa, etc. y colonizaron América).

A continuación, Nefi explicará y aplicará la profecía de Isaías de manera específica a los lamanitas.

8 Y después que nuestra posteridad haya sido dispersada, el Señor Dios procederá a efectuar una obra maravillosa entre los gentiles (la restauración del evangelio por medio de José Smith), que será de gran valor para nuestra posteridad (los lamanitas);

por tanto, se compara a que serán nutridos por los gentiles (los miembros de la iglesia) y llevados en sus brazos y sobre sus hombros.

9 Y también (el evangelio restaurado) será de valor a los gentiles; y no solamente a los gentiles, sino a toda la casa de Israel, para dar a conocer los convenios del Padre de los cielos con Abraham, que dicen: En tu posteridad serán benditas todas las familias de la tierra.

Tal y como dijimos anteriormente, recordarás que la palabra "gentiles" tiene muchos significados, los cuales dependen del contexto. En los versículos 8 y 9, arriba, se refiere a la gente que lleva la sangre de Israel y cuyos antepasados no vinieron específicamente de la Tierra Santa en generaciones recientes (véase **Gentiles** en la Guía para el Estudio de las Escrituras).

10 Y quisiera, mis hermanos, que supieseis que no pueden ser bendecidas todas las familias (personas) de la tierra, a menos que el Señor desnude su brazo (muestre Su poder) a los ojos de las naciones. (En otras palabras, se requerirá una intervención incuestionable por parte de Dios para que tenga lugar el recogimiento profetizado).

11 Por lo que, el Señor Dios procederá a desnudar su brazo a los ojos de todas las naciones, al llevar a efecto sus convenios y su evangelio para

con los que son de la casa de Israel.

Mientras que la definición literal y estricta de Israel contempla a todo aquel que tenga la sangre de Abraham, Isaac, Jacob (Israel) y las Doce Tribus de Israel en sus venas, podemos decir que en nuestros días prácticamente todas las personas tienen la sangre de Israel debido a la dispersión tan extensa de Israel sobre toda la tierra durante miles de años.

Por lo tanto, todos aquellos que se unen a la iglesia son considerados el Israel del convenio y les corresponden totas las responsabilidades y bendiciones propias de los descendientes de Abraham, Isaac y Jacob.

12 Por tanto, los sacará otra vez de su cautividad (esclavitud literal y espiritual), y serán reunidos en las tierras (no solo una tierra, sino muchas tierras) de su herencia; y serán sacados de la obscuridad y de las tinieblas; y sabrán que el Señor es su Salvador y su Redentor, el Fuerte de Israel.

13 Y la sangre de esa grande y abominable iglesia, que es la ramera de toda la tierra (el reino de Satanás, incluyendo a todos los inicuos que siguen sus senderos de maldad; véase el versículo 22), se volverá sobre su propia cabeza; porque guerrearán entre sí, y la espada de sus propias manos descenderá sobre su propia cabeza; y se emborracharán con su propia sangre. (Una descripción de las condiciones entre los inicuos, especialmente en los últimos días, antes de la Segunda Venida).

14 Y toda nación que luche contra ti, oh casa de Israel, se volverá la una contra la otra (esta profecía es muy específica, y la podemos reconocer en el presente a medida que continua cumpliéndose), y caerán en la fosa que cavaron para entrampar al pueblo del Señor. Y todos los que combatan contra Sión serán destruidos, y esa gran ramera (el reino de Satanás; los malvados) que ha pervertido (contaminado y tergiversado para satisfacer su propia lujuria) las rectas vías del Señor, sí, esa grande y abominable iglesia (la iglesia del diablo; véase 1 Nefi 14:10), caerá a tierra, y grande será su caída.

En los versículos 15 al 17, a continuación, parece que Nefi cita tres versículos de los escritos de Isaías los cuales no aparecen en ningún otro lugar de las escrituras. Damos por entendido que estos tres versículos estaban en las planchas de bronce, pero se excluyeron en la Biblia en algún momento de la historia. Parece ser que estos versículos encajan bien al final del capítulo 21 del Primer Libro de Nefi. Además, conectan bien los capítulos 49 y 50 del libro de Isaías en la Biblia (véase *Antiguo Testamento: Manual del Alumno, Rel. 302*—el cual se utiliza en los institutos de religión de la iglesia).

Estos tres versículos apuntan

hacia la Segunda Venida del Salvador y hacia las escenas inmediatamente previas a Su venida.

15 Porque he aquí, dice el profeta (Isaías), se acerca rápidamente el tiempo en que Satanás no tendrá más poder sobre el corazón de los hijos de los hombres; porque pronto se acerca el día en que todos los soberbios y todos los que obran inicuamente serán como rastrojo (que no aprovecha para nada); y está cerca el día en que han de ser quemados. (Serán quemados por la gloria de la venida de Cristo. Véase DyC 5:19 y también 2 Nefi 12:10, 19, 21).

16 Pues está próximo el tiempo en que la plenitud de la ira de Dios (la justicia de Dios) será derramada sobre todos los hijos de los hombres (todas las personas inicuas); porque no consentirá que los inicuos destruyan a los justos.

17 Por lo tanto, protegerá a los justos por su poder, aun cuando tuviese que venir la plenitud de su ira, y serán preservados los justos aun hasta la destrucción de sus enemigos por fuego. Por tanto, los justos no tienen por qué temer (un mensaje de gran importancia); porque así dice el profeta: Se salvarán, aun como si fuese por fuego.

A continuación, Nefi explicará el texto de Isaías que acaba de citar en los versículos 15 al 17, arriba.

Acuérdate de que Nefi todavía está respondiendo a las preguntas que sus hermanos le hicieron en el versículo 1. Estos querían saber cuáles de las profecías de Isaías eran literales y cuáles eran simbólicas o espirituales.

18 He aquí, os digo, mis hermanos, que estas cosas deben venir muy pronto (acontecerán poco después de la restauración del evangelio); sí, debe haber sangre y fuego y vapor de humo (estas son señales de los tiempos en los últimos días); y es menester que sea sobre la superficie de esta tierra (acontecerá literalmente sobre la tierra); y sobrevendrá a los hombres según la carne (le pasará literalmente a la gente), si es que endurecen sus corazones en contra del Santo de Israel (Cristo).

19 Pues he aquí, los justos no perecerán; porque ciertamente vendrá el tiempo en que todos los que combatan contra Sión serán talados (apartados, destruidos).

20 Y el Señor ciertamente preparará una vía para su pueblo, a fin de cumplir las palabras que habló Moisés, diciendo: El Señor vuestro Dios os levantará a un profeta (Cristo), semejante a mí (Moisés); a él oiréis en todo lo que os dijere. Y sucederá que todos aquellos que no quieran escuchar a ese profeta (Cristo) serán desarraigados de entre el pueblo (serán separados del pueblo del Señor).

21 Y ahora bien, yo, Nefi, os declaro que este profeta de quien habló Moisés era el Santo de Israel (el Salvador); por tanto, (Cristo) juzgará con justicia.

22 Y los justos no tienen por qué temer, pues ellos son los que no serán confundidos (no se les detendrá en su progreso hacia la exaltación). Mas es el reino del diablo (la "iglesia del diablo" en 1 Nefi 14:10), el cual será edificado entre los hijos de los hombres (el cual llegará a ser poderoso en la tierra), el cual está establecido entre aquellos que se encuentran en la carne; (en otras palabras, Satanás, literalmente ganará un gran poder entre los inicuos sobre la tierra durante los últimos días);

En los versículos de arriba (17, 19 y 22), Nefi menciona tres veces que "los justos no tienen por qué temer". En realidad, este es un mensaje clave tanto de Isaías, como de Nefi y del Salvador.

Nefi describirá ahora los movitos (razones) que incitan a la gente y las organizaciones inicuas. Más nos valdría evitar tales motivaciones en nuestros propios pensamientos y conductas. Usaremos **negrita** para resaltar.

23 porque pronto llegará el tiempo en que todas las iglesias (organizaciones, bien sean religiosas, políticas, combinaciones secretas o lo que sea) que se hayan establecido **para obtener ganancia**, y todas las que hayan sido edificadas **para lograr poder** sobre la carne (para ejercer injusto dominio sobre las personas), y las que se hayan fundado **para hacerse populares ante los ojos del mundo**, y aquellas que **busquen las concupiscencias** (placeres y lujuria) **de la carne**, y **las cosas del mundo**, y cometan toda clase de iniquidades, en fin (en resumen), todos los que pertenezcan al reino del diablo son los que deberán temer, temblar y estremecerse; ellos son los que deben ser humillados hasta el polvo (debido a la ley de la justicia); ellos son los que deben ser consumidos como el rastrojo (los que serán quemados como balas de paja seca); y esto según las palabras del profeta (Isaías).

A continuación, Nefi describe las condiciones que se darán durante el Milenio.

24 Y rápidamente se acerca el tiempo en que los justos han de ser conducidos como becerros de la manada (tendrán paz y protección), y el Santo de Israel ha de reinar con dominio, y fuerza, y potestad, y gran gloria (Cristo reinará y gobernará sobre la tierra; Milenio).

25 Y recoge a sus hijos de las cuatro partes de la tierra (aquellos que están dispuestos a seguir a Cristo serán reunidos de todas las partes de la tierra); y cuenta a sus ovejas (a sus seguidores fieles), y ellas lo conocen (escuchan y siguen la voz del Espíritu y así reciben un testimonio de la verdad); y habrá un redil y un pastor; y él apacentará a sus ovejas, y en él hallarán pasto.

26 Y a causa de la rectitud del pueblo del Señor, Satanás no tiene poder; por consiguiente, no se le puede desatar por el espacio de muchos años (mil años); pues no tiene poder sobre el corazón del pueblo, porque el pueblo mora en rectitud, y el Santo de Israel reina.

Algunas personas consideran que la "rectitud de Su pueblo" (versículo 26, arriba) durante el Milenio constituirá la única razón por la cual el poder de Satanás estará limitado durante estos mil años. Pero esto no es así. En DyC 101:28 se nos enseña que Satanás ni siquiera tendrá el poder para tentarnos durante el Milenio. Si bien es cierto que nosotros podemos limitar su poder sobre nosotros al no ceder a sus tentaciones, también es cierto que ahora no podemos detenerlo o evitar que nos tiente. Cristo es el único que lo puede detener completamente. Y Él lo hará cuando venga de nuevo en Su gloria. Esta doctrina se enseña claramente en *Doctrina y Convenios: Manual del Alumno de instituto (1981)*. En los próximos párrafos podremos leer la explicación de dicho manual:

"**Hablando** en cuanto a la época del Milenio, Nefi dijo que 'a causa de la justicia del pueblo del Señor, Satanás no tiene poder; por consiguiente, no se le puede desatar por el espacio de muchos años; pues no tiene poder sobre el corazón del pueblo, porque el pueblo mora en justicia, y el Santo de Israel reina' (1 Nefi 22:26).

"**El** presidente Joseph Fielding Smith enseñó con respecto a este punto: 'Hay muchos entre nosotros que enseñan que las ataduras de Satanás se limitarán al hecho de que quienes moren en la tierra rehusarán escuchar sus artimañas. Pero esto no es así, porque durante ese período él no tendrá el privilegio de tentar a ninguna persona. (D. y C. 101:28)' (*Church History and Modern Revelation*, 1:192).

"**A** primera vista, estas dos declaraciones pueden parecer contradictorias, pero en realidad no lo son. Cierto es que el resultado de la rectitud de los santos es que Satanás no puede ejercer poder sobre ellos. Además, las restricciones a que se verá sometido Satanás serán consecuencia de dos pasos importantes que dará el Señor: (1) desterrará la maldad telestial de la tierra en el momento de su segunda venida; y (2) como recompensa por haber escuchado sus consejos, el Señor derramará su Espíritu sobre los justos que queden, hasta el punto de que el poder de Satanás será derrotado. En esa forma, éste no tendrá poder para tentar ni influir negativamente en el pueblo del Señor. Tanto la rectitud de los santos como la aplicación del poder del Señor son necesarias para sujetarlo: Si aquéllos no prestan atención a la palabra de Dios, Él no les dará su Espíritu; y sin la influencia del Señor para ayudarlos, los santos, por sus propios medios, no pueden soportar la fuerza del adversario (Doctrina y Convenios Manual, p.89.)

27 Y ahora bien, he aquí, yo, Nefi, os declaro que todas estas cosas deben acontecer según la carne (todas estas cosas se cumplirán literalmente).

28 Pero he aquí, todas las naciones, tribus, lenguas y pueblos vivirán con seguridad en el Santo de Israel, si es que se arrepienten. (La paz y la seguridad que vienen por la expiación de Cristo y Su evangelio están disponibles a todas las personas, sin importar el linaje u otros factores, cualesquiera que sean).

Al final, bien sea en esta vida o en el mundo de los espíritus que sigue, todos recibiremos un conjunto completamente justo de oportunidades para que podamos usar nuestro albedrío y podamos (si así lo escogemos) seguir a Cristo (véase DyC 138). Por lo tanto, todos "vivirán con seguridad en el Santo de Israel" si así lo escogen (véase el versículo 28, arriba).

29 Y ahora, yo, Nefi, concluyo, porque no me atrevo aún a hablar más tocante a estas cosas (esto es todo lo que me he atrevido a decir a mis hermanos por ahora).

30 Por tanto, mis hermanos, quisiera que consideraseis que las cosas (Isaías en particular) que se han escrito en las planchas de bronce son verdaderas; y testifican que el hombre debe ser obediente a los mandamientos de Dios.

31 Por lo tanto, no debéis suponer que mi padre y yo somos los únicos que las hemos atestiguado y también enseñado (Isaías y otros también las han enseñado). Por tanto, si sois obedientes a los mandamientos, y perseveráis hasta el fin, seréis salvos en el postrer día. Y así es. Amén.

EL SEGUNDO LIBRO DE NEFI

SEGUNDO NEFI 1

EN LOS CAPITULOS 1 al 3, Lehi dará su mensaje final a su pueblo; enseñará, revisará, profetizará y bendecirá a su posteridad.

1 Y aconteció que después que yo, Nefi, hube concluido de enseñar a mis hermanos, nuestro padre Lehi les habló muchas cosas también, y les recordó cuán grandes cosas el Señor había hecho por ellos al sacarlos de la tierra de Jerusalén,

2 y les habló de sus rebeliones sobre las aguas, y de las misericordias de Dios al salvarles la vida, para que no fuesen hundidos en el mar;

3 y también les habló tocante a la tierra de promisión que habían obtenido, de cuán misericordioso había sido el Señor en advertirnos que saliéramos de la tierra de Jerusalén.

En los versículos 1 al 3, arriba, Lehi intenta una vez más fortalecer los testimonios de sus hijos rebeldes al recordarles las misericordias del Señor. Los insta a que recuerden estas cosas. El recordar las bendiciones pasadas del Señor es una manera muy poderosa de fortalecer nuestros testimonios y ayudarnos a mantenernos fieles al enfrentar los tiempos de prueba en nuestras vidas.

4 Porque he aquí, les dijo, he visto una visión, por la cual yo sé que Jerusalén está destruida; y si hubiésemos permanecido en Jerusalén, también habríamos perecido.

5 Pero, dijo él, a pesar de nuestras aflicciones, hemos obtenido una tierra de promisión, una tierra escogida sobre todas las demás (esto es literal; y también simboliza el alcanzar el cielo, a pesar de las pruebas, dificultades y privaciones durante nuestras vidas en la tierra); una tierra que el Señor Dios hizo convenio conmigo de que sería una tierra para la herencia de mi posteridad. Sí, el Señor me ha dado esta tierra por convenio a mí y a mis hijos para siempre, y también para todos aquellos que la mano del Señor conduzca de otros países.

Simbolismo: Debemos ser guiados por el Señor para poder entrar en la gloria celestial; se requieren los convenios para poder entrar en el reino celestial—a excepción de los niños que mueren antes de alcanzar la edad de responsabilidad (véase DyC 137:10), y los que sufren discapacidades mentales y no pueden entender suficientemente (véase DyC 29:50).

6 Por tanto, yo, Lehi, profetizo según el Espíritu que obra en mí,

que nadie vendrá a esta tierra a menos que sea traído por la mano del Señor.

El versículo anterior contiene una profecía fascinante. Encontramos una gran lección al darnos cuenta que debido a unos propósitos prácticos el "Nuevo Mundo" permaneció "sin descubrir" durante muchos siglos (hasta Cristóbal Colón), a pesar de que muchos aventureros tales como los vikingos lo habían visitado temporalmente. Esto es un testimonio de que el Señor contuvo a otros de asentarse o colonizar las Américas hasta que llegara el tiempo propicio del "descubrimiento" para el bien del mundo entero (véase el versículo 8, abajo).

En el versículo 7, a continuación, encontramos la fórmula para mantener la libertad e independencia en esta tierra (América). También es una fórmula para mantener nuestra libertad personal de la esclavitud espiritual. Usaremos **negrita** para resaltar.

7 Por tanto, esta tierra está consagrada (separada, guardada o apartada) a quienes él (Señor) traiga. **Y en caso de que le sirvan** (los habitantes que moren en esta tierra) **según los mandamientos** que él ha dado, **será para ellos una tierra de libertad;** por lo que **nunca serán reducidos al cautiverio;** si tal sucediere, será por causa de la iniquidad; porque **si abunda la iniquidad, maldita será la tierra por causa de ellos;** pero

para los justos será bendita para siempre.

A continuación, Lehi explica la sabiduría del Señor al contener a otros de descubrir las Américas durante el tiempo que se requería esto.

8 Y he aquí, es prudente que esta tierra no llegue todavía al conocimiento de otras naciones; pues he aquí, muchas naciones sobrellenarían la tierra, de modo que no habría lugar para una herencia.

9 Por tanto, yo, Lehi, he obtenido la promesa de que, si aquellos—incluyendo a los mulekitas (Mosíah 25:2) y la gente de Lehi—que el Señor Dios trae de la tierra de Jerusalén obedecen sus mandamientos, prosperarán sobre la superficie de esta tierra y serán preservados de todas las demás naciones, a fin de que posean esta tierra para sí mismos. Y en caso de que guarden sus mandamientos, serán bendecidos sobre la superficie de la tierra; y no habrá quien los moleste ni les quite la tierra de su herencia; y habitarán seguros para siempre.

Simbolismo: Esta tierra o mundo se convertirá en el reino celestial (DyC 130:9-11) y aquellos que guarden los mandamientos vivirán en ella para siempre.

10 Pero he aquí, cuando llegue el día en que (los lamanitas) degeneren en la incredulidad, después de haber

recibido tan grandes bendiciones de la mano del Señor—teniendo el conocimiento de la creación de la tierra y de todos los hombres, conociendo las grandes y maravillosas obras del Señor desde la creación del mundo, habiéndoseles dado el poder para hacer todas las cosas por la fe; teniendo todos los mandamientos desde el principio, y habiendo sido conducidos por su infinita bondad a esta preciosa tierra de promisión— he aquí, digo que si llega el día en que rechacen al Santo de Israel, el verdadero Mesías, su Redentor y su Dios, he aquí, los juicios (castigos) del que es justo (Dios) descenderán sobre ellos.

11 Sí, él traerá sobre ellos a otras naciones, a las que dará (a las otras naciones) poder, y les quitará (a los lamanitas) la tierra de sus posesiones, y hará que sean dispersados y afligidos.

12 Sí, al pasar de una generación a otra habrá efusión de sangre y grandes calamidades (castigos) entre ellos; por lo tanto, hijos míos, quisiera que recordaseis, sí, quisiera que escuchaseis mis palabras.

13 ¡Oh que despertaseis; que despertaseis de ese profundo sueño (espiritualmente dormidos), sí, del sueño del infierno, y os sacudieseis de las espantosas cadenas que os tienen atados, cadenas que sujetan a los hijos de los hombres a tal grado que son llevados cautivos al eterno abismo de miseria y angustia! (El "abismo" que separa a los inicuos de los justos y Dios).

A medida que Lehi continúa suplicándoles a Lamán y Lemuel que se arrepientan y traten de guardar los mandamientos, aprendemos una verdad obvia y reconfortante. Se trata de que los padres de hijos rebeldes, que han hecho lo posible por enseñar y guiar a sus hijos en los caminos de la rectitud, estos mismos padres podrán ser salvos. (Utilizaremos negrita para resaltar).

14 ¡Despertad y levantaos del polvo! ¡Escuchad las palabras de un padre tembloroso, cuyo cuerpo pronto tendréis que entregar a la fría y silenciosa tumba, de donde ningún viajero puede volver; unos días más, y seguiré el camino de toda la tierra (moriré pronto)!

15 Pero he aquí, **el Señor ha redimido a mi alma del infierno; he visto su gloria, y estoy para siempre envuelto entre los brazos de su amor.**

16 Y mi deseo es que os acordéis de observar los estatutos (leyes y mandamientos) y los juicios del Señor; he aquí, ésta ha sido la ansiedad de mi alma desde el principio.

17 Mi corazón ha estado agobiado de pesar de cuando en cuando, pues he temido que por la dureza de vuestros corazones, el Señor vuestro Dios viniese en la plenitud de su ira sobre vosotros, y fueseis talados y destruidos para siempre;

18 o que una maldición os sobreviniera por el espacio de muchas generaciones; y fueseis castigados por la espada y por el hambre, y fueseis aborrecidos, y llevados según la voluntad y cautividad del diablo.

19 ¡Oh hijos míos, que no os sucedan estas cosas, sino que seáis un pueblo escogido y favorecido del Señor! Mas he aquí, hágase su voluntad, porque sus vías son para siempre justas.

20 Y él ha dicho: Si guardáis mis mandamientos, prosperaréis en la tierra; pero si no guardáis mis mandamientos, seréis desechados de mi presencia. (Una declaración simple sobre una realidad eterna).

21 Y ahora bien, para que mi alma se regocije en vosotros, y mi corazón salga de este mundo con gozo por causa vuestra, a fin de que no sea yo llevado con pena y dolor a la tumba, levantaos del polvo, hijos míos, y sed hombres, y estad resueltos en una sola voluntad y con un solo corazón, unidos en todas las cosas, para que no descendáis al cautiverio (literal y espiritual);

A continuación, Lehi define la palabra "maldecidos" en el sentido más preciso de la palabra. Significa ser o estar detenido o interrumpido en el progreso eterno. Y en lugar de dicho progreso, estar sujetos a Satanás eternamente. (Usaremos negrita para resaltar).

22 para que no seáis **maldecidos con una grave maldición** (muy severa); ni que tampoco traigáis el desagrado de un Dios justo sobre vosotros para la condenación, sí, **la eterna condenación del cuerpo y del alma** (espíritu).

Sabemos que todos resucitaremos, incluyendo a los hijos de perdición (véase DyC 88:28–32 y 97–102). Por lo tanto, el espíritu y el cuerpo continuarán juntos para siempre tras la resurrección. Tal y como se indica a veces, estos no pueden ser "destruidos" en el sentido en que dejan de existir. Por lo tanto, siempre que oigamos que se habla de la destrucción eterna del alma y cuerpo, debe referirse a no tener nunca más el privilegio de morar en la presencia de Dios en la gloria celestial (véase DyC 76:112); lo cual equivale a la "eterna condenación" de la que habla Lehi arriba.

23 Despertad, hijos míos; ceñíos con la armadura de la rectitud. Sacudíos de las cadenas con las cuales estáis sujetos, y salid de la obscuridad, y levantaos del polvo.

24 No os rebeléis más en contra de vuestro hermano, cuyas

manifestaciones han sido gloriosas, y quien ha guardado los mandamientos desde la época en que salimos de Jerusalén; y el cual ha sido un instrumento en las manos de Dios para traernos a la tierra de promisión; porque si no hubiese sido por él, habríamos perecido de hambre en el desierto; no obstante, habéis intentado quitarle la vida; sí, y él ha padecido mucha angustia a causa de vosotros.

25 Y yo temo y tiemblo en extremo que por causa de vosotros él padezca de nuevo; porque he aquí, lo habéis acusado de que pretendió poder y autoridad sobre vosotros; mas yo sé que él no ha procurado poder ni autoridad sobre vosotros; sino que ha procurado la gloria de Dios y vuestro propio bienestar eterno.

A continuación, se nos da una lección excelente. Se trata de que las perspectivas que sostienen los inicuos son muy diferentes de la realidad. Es muy importante, aunque difícil, que nos demos cuenta que la gente malvada o inicua no piensa como lo hacen los que son justos.

26 Y habéis murmurado porque él ha sido claro con vosotros. Decís que ha recurrido a la aspereza; decís que se ha enojado con vosotros; mas he aquí, que su severidad fue el rigor del poder de la palabra de Dios que estaba en él; y lo que

vosotros llamáis ira fue la verdad, según la que se halla en Dios, la cual él no pudo reprimir, expresándose intrépidamente concerniente a vuestras iniquidades.

27 Y es menester (necesario) que el poder de Dios esté con él, aun hasta mandaros que obedezcáis. Mas he aquí, no fue él, sino el Espíritu del Señor que en él estaba, el cual le abrió la boca para que hablara, de modo que no la podía cerrar.

28 Y ahora bien, hijo mío, Lamán, y también Lemuel y Sam, y también vosotros, hijos míos, que sois hijos de Ismael, he aquí, si escucháis la voz de Nefi, no pereceréis. Y si lo escucháis, os dejo una bendición, sí, mi primera bendición (la bendición más selecta; quizás, en este caso se podría llamar la bendición de "primogenitura").

A cada uno de nosotros, sin importar el orden en el que hayamos nacido, tiene el derecho a heredar todo lo que el Padre tiene, o en otras palabras, alcanzar la exaltación. Esto sería la "primera bendición" o la "bendición de primogenitura" en el sentido eterno del evangelio. Y esta bendición y derecho nos llegará a cada uno de nosotros al guardar los mandamientos de Dios.

29 Pero si no queréis escucharlo, retiro mi primera bendición (perderéis vuestra herencia espiritual, incluyendo el derecho a liderar

a nuestra gente), sí, mi bendición, y quedará sobre él.

30 Y ahora te hablo a ti, Zoram: He aquí, tú eres el siervo de Labán; no obstante, has sido traído de la tierra de Jerusalén, y sé que tú eres un amigo fiel de mi hijo Nefi para siempre.

31 Por lo tanto, porque has sido fiel, tu posteridad será bendecida con su posteridad, para que vivan prósperamente por largo tiempo sobre la faz de esta tierra; y nada, a menos que sea la iniquidad entre ellos, dañará ni perturbará su prosperidad sobre la superficie de esta tierra para siempre.

> Zoram ya se ha convertido en un miembro más de la familia de Lehi, tal y como se lo prometió Nefi en 1 Nefi 4:31-37. Ciertamente esto simboliza el hecho de que cada uno de nosotros, sin importar el linaje, podemos llegar a convertirnos en ciudadanos legales o miembros de la familia de la Casa de Dios al hacer y guardar convenios.

32 Así pues, si guardáis los mandamientos del Señor, él ha consagrado esta tierra para la seguridad de tu posteridad con la de mi hijo.

SEGUNDO NEFI 2

Este capítulo contiene los sermones más completos y claros que podamos encontrar en todas las escrituras en cuanto a la caída de Adán, la justicia, la misericordia, la expiación y el albedrío. Claramente se describe como todos estos elementos se interrelacionan entre sí. Además, puede que quieras anotar en el encabezamiento de tus propias escrituras que este capítulo (2 Nefi 2), tiene un vínculo muy cercano con 2 Nefi 9.

Al considerar que las enseñanzas de estos dos capítulos (2 Nefi 2, 9) son esenciales para nuestro entendimiento del evangelio de Cristo, nos vamos a detener por un momento y vamos a hacer algo diferente del formato típico que hasta ahora hemos utilizado para enseñar y aprender. Quisiera invitarte a evaluar tu conocimiento en cuanto a la caída, la expiación y otros temas relacionados. Lo haré en forma de test con las opciones verdadero o falso. Te proporcionaré las respuestas al final del test.

TEST VERDADERO O FALSO SOBRE 2 NEFI 2 Y 9

1. Verdadero o falso

Debido a la expiación del Salvador, todas las personas en todo el mundo, a excepción de los que han sido muy malvados, resucitarán.

2. Verdadero o falso

En cierto modo, fue un error que Adán y Eva comieran del fruto prohibido, porque nuestras vidas hubieran sido mucho más fáciles si estos no hubiesen comido.

3. Verdadero o falso

Si Adán y Eva no hubiesen transgredido en el Jardín de Edén, tanto ellos como sus hijos nunca se habrían vuelto mortales y nunca habrían progresado.

4. Verdadero o falso.

Debido a su transgresión y a la Caída que resultó de la transgresión, Adán fue maldecido severamente por Dios, pero Eva recibió una maldición aún peor.

5. Verdadero o falso

A causa de la expiación de Cristo, todas las personas pueden ser perdonadas de todo a excepción de dos tipos de pecado.

6. Verdadero o falso

Los obispos pueden perdonar pecados.

7. Verdadero o falso

Los únicos pecados que debemos confesar al obispo son los pecados que constan en la entrevista para la recomendación del templo.

8. Verdadero o falso

Si tienes un problema para confesar tus pecados a tu propio obispo, se te puede permitir confesarlos a otro obispo.

9. Verdadero o falso

Parte del castigo por pecar es tener que confesar al obispo.

10. Verdadero o falso

No es posible llegar a saber en esta vida si hemos sido perdonados, pero podemos tener un sentimiento de paz que nos da esperanza.

11. Verdadero o falso

Una de las maneras en las que podemos decir si hemos sido perdonados es que ya no recordaremos más nuestro pecado.

12. Verdadero o falso

Si nos arrepentimos de nuestros pecados, estos serán eliminados de los registros en los cielos.

13. Verdadero o falso

Hay mucho más en el arrepentimiento que el mero hecho de confesar.

14. Verdadero o falso

El que Adán y Eva comieran del fruto prohibido fue algo muy bueno.

15. Verdadero o falso

Muchas personas tendrán un día del juicio muy gozoso.

16. Verdadero o falso

Sin la expiación del Salvador no podríamos resucitar y por lo tanto llegaríamos a ser como el diablo.

17. Verdadero o falso

Es correcto contar con que vamos a lograr el grado más alto en los cielos.

A continuación tienes las respuestas del test verdadero/falso:

1. Falso

Todos resucitarán. (2 Nefi 9:22)

2. Falso

La Caída era buena y además indispensable. (2 Nefi 2:22–25)

3. Falso

No habrían podido tener hijos. 2 Nefi 2:22–23.

4. Falso

Ninguno de los dos fue maldecido. La Caída fue una gran bendición y originó que Adán y Eva fueran responsables por sus decisiones, las cuales trajeron un gran gozo y también las dificultades que son necesarias para facilitar el crecimiento (véase Moisés 5:10–11). Por otro lado, Satanás sí que fue maldecido. Y la tierra fue maldecida por causa de Adán (Génesis 3:14–17).

5. Verdadero

Negar el Espíritu Santo (DyC 76:31–35) y el asesinato premeditado (DyC 42:18) son imperdonables. Todos los otros pecados pueden ser perdonados (Isaías 1:18).

6. Verdadero o falso, según lo que estés pensando.

Solo Dios puede perdonar pecados, pero el obispo puede perdonar pecados en la iglesia, es decir, el obispo permite a los miembros ir al templo, etc.

7. Básicamente verdadero.

Esto es porque hay una parte en la entrevista en la que se pregunta si existe algún pecado que debería haber sido confesado con un obispo y que no haya sido confesado. Sin embargo, también podrías contestar "falso" porque en dicha entrevista no se mencionan todos los pecados posibles.

8. Falso.

Tu obispo es el único que tiene las llaves de autoridad sobre ti (a excepción de estudiantes que pertenezcan a un barrio en el campus y al barrio de su hogar). El problema se halla en las llaves de autoridad y la mayordomía de dichas llaves. Si un miembro tuviere un problema aceptable para no hablar con su obispo, entonces puede confesarse con su presidente de estaca.

9. Absolutamente falso.

El tener que recibir ayuda para que podamos superar los pecados no es un "castigo."

10. Falso.

El Espíritu Santo te puede dar un sentimiento bueno de paz, etc., y esto te puede hacer saber que estás en el camino hacia la exaltación. En 2 Nefi 31:20 se nos aconseja ". . . seguir adelante con . . . un fulgor perfecto de esperanza".

11. Falso.

Alma podía recordar sus pecados pero ya no le "atormentaban" (Alma 36:19). A veces, algunas personas parecen confundir lo que el Señor nos dice en cuanto a nuestros pecados en DyC 58:42–43, "no los recuerdo más" con el hecho de que nosotros no deberíamos recordar los pecados que ya se nos han perdonado. Sin embargo, en esta escritura, el Señor se refiere a su veredicto en el día del juicio en cuanto a nuestros pecados ya perdonados.

12. Verdadero.

Véase DyC 58:42. Sin embargo, si el estudiante de las escrituras es muy observador, podría hacer referencia a DyC 82:7, donde el Señor nos advierte que los "pecados anteriores volverán al alma" si se vuelve a repetir el pecado. En este contexto, la respuesta correcta a la pregunta sería "falso". El resultado importante al debatir esta pregunta es que tras un arrepentimiento profundo y sincero, nuestros pecados son perdonados y eliminados para siempre. Isaías 1:18.

13. Verdadero.

Véase DyC 58:42–43 y muchas otras escrituras.

14. Verdadero.

Véase 2 Nefi 2:22–25, Moisés 5:10–11, entre otras.

15. Verdadero.

Véase 2 Nefi 9:14, la segunda parte del versículo.

16. Verdadero.

Véase 2 Nefi 9:7–9.

17. Verdadero.

Véase 2 Nefi 31:20 y muchas otras referencias. Si no planeamos o contamos con ello,

tendremos menos determinación en nuestro objetivo por lograr la exaltación.

Ahora que ya has superado este test, continuaremos con las poderosas enseñanzas de Lehi en cuanto al albedrío, la caída, la expiación, la justicia y la misericordia. Lehi le está hablando a su hijo, Jacob, el cual debe tener unos veinte años de edad. Jacob fue el primer hijo de Lehi y Saríah nacido en el desierto. José nació después de Jacob. Por razones de enseñanza usaremos **negrita** a lo largo de todo el capítulo.

1 Y ahora, Jacob, te hablo a ti: Tú eres mi primer hijo nacido en los días de mi tribulación en el desierto. Y he aquí, tú has padecido aflicciones y mucho pesar en tu infancia a causa de la rudeza de tus hermanos.

La palabra "rudeza" tal cual se usa en el versículo 1, arriba, parece tener un significado más fuerte de lo que hoy en día tiene para nosotros dicha palabra. Parece ser que además incluía crueldad y maldad.

2 No obstante, Jacob, mi primer hijo nacido en el desierto, tú conoces la grandeza de Dios; y **él consagrará tus aflicciones para tu provecho.**

Aquellos que permanecen fieles a Dios durante los tiempos de probación y tribulación, hacen posible que Él los bendiga y los fortalezca enormemente.

3 Por consiguiente, tu alma será bendecida, y vivirás en seguridad con tu hermano Nefi; y tus días se emplearán al servicio de tu Dios. Por tanto, **yo sé que tú estás redimido a causa de la justicia** (expiación) **de tu Redentor**; porque has visto que en la plenitud de los tiempos (el tiempo señalado por el Padre) él vendrá para traer la salvación a los hombres.

> **Tomemos** un momento para hacer un comentario doctrinal basado en el versículo 3, arriba. La expiación de Cristo tenía efecto antes de que ésta fuera llevada a cabo por el Salvador. Lehi nos dice que tuvo efecto tanto para Jacob como para muchos otros vivieron antes de Cristo. De hecho, tenía efecto incluso en la vida premortal, donde ya ejercíamos nuestro albedrío. El Elder Jeffrey R. Holland nos lo enseñó así:

> "**Podemos** recordar que incluso en el Gran Concilio de los Cielos Él nos amó y fue increíblemente fuerte, y que triunfamos incluso allí por el poder de Cristo y nuestra fe en la sangre del Cordero" (Elder Jeffrey R. Holland, Conferencia General, Octubre, 1995).

> **Al** referirse a nuestra vida premortal, el Manual del Alumno sobre el Nuevo Testamento usado en los institutos de religión de la iglesia, nos enseña lo siguiente: "Se nos dieron leyes y el albedrío, y se nos mandó tener fe y arrepentirnos de las transgresiones que hiciéramos allí" ". . . el hombre podía pecar y en muchos casos pecó antes de nacer. . . ." *Nuevo Testamento:*

> *Manual del Alumno, Rel. 211–12, pág. 336, edición 1979.* El punto clave aquí es que la expiación ya ha sido una bendición en nuestras vidas durante incontables millones de años y lo continuará siendo si nos esforzamos en guardar los mandamientos.

4 Y en tu juventud has visto su gloria (parece ser que Jacob vio al Salvador mientras que aún era joven); por lo tanto, bienaventurado eres, así como lo serán aquellos a favor de quienes él ejercerá su ministerio en la carne; porque el Espíritu es el mismo, ayer, hoy y para siempre (el mismo plan de salvación ha sido utilizado y siempre se utilizará para traer a las personas a Cristo). Y la vía está preparada desde la caída del hombre (la caída de Adán), y la salvación es gratuita (disponible para todos).

> **Fíjate** y notarás con qué habilidad Lehi establece un principio sobre otro a medida que nos enseña el plan básico de salvación. Primero nos enseña que para poder tener y utilizar el albedrío debemos tener un conocimiento suficiente del evangelio.

5 Y **los hombres son suficientemente instruidos para discernir el bien del mal**; y la ley (de Moisés) es dada a los hombres. Y por la ley ninguna carne se justifica (nadie puede salvarse por la Ley de Moisés), o sea, por la ley (de Moisés) los hombres son desarraigados (no pueden volver a la presencia de Dios). Sí, por la ley temporal fueron desterrados; y también por la ley espiritual perecen en cuanto a lo que es bueno, y llegan a ser desdichados para siempre.

> **Entendemos** que la "ley espiritual" en el versículo 5, arriba, es la ley que gobierna la muerte espiritual. En otras palabras, la iniquidad lleva a la muerte espiritual, que incluye la muerte de nuestra espiritualidad. Y esta muerte espiritual nos impide alcanzar la gloria celestial.

> **Ahora** que Lehi ya ha establecido el fundamento doctrinal, nos mostrará que es necesario tener la expiación de Cristo.

6 Por tanto, la redención viene en el Santo Mesías y por medio de él, porque él es lleno de gracia y de verdad (completamente capaz de salvarnos).

7 He aquí, él (Cristo) se ofrece a sí mismo en sacrificio por el pecado, para satisfacer las demandas de la ley (ley de la justicia), por todos los de corazón quebrantado (humildes) y de espíritu contrito ("contrito" significa "deseando la corrección cuando se necesite"); y por nadie más se pueden satisfacer las demandas de la ley (de la justicia).

8 Por lo tanto, cuán grande es la importancia de dar a conocer estas cosas a los habitantes de la tierra (esta es la razón por la que el evangelio debe enseñarse a todo el mundo), para que sepan que ninguna carne

(o las personas resucitadas) puede morar en la presencia de Dios, sino por medio de los méritos, y misericordia, y gracia del Santo Mesías (la expiación), quien da su vida, según la carne (como un mortal), y la vuelve a tomar (resucitará) por el poder del Espíritu, para efectuar la resurrección de los muertos, siendo el primero que ha de resucitar. (Cristo será el primero en resucitar en este mundo).

9 De manera que él es las primicias (los primeros en resucitar) para Dios (el Padre), pues él intercederá por todos los hijos de los hombres (Su expiación estará disponible a todas las personas); y los que crean en él serán salvos (exaltados).

> **A** continuación, Lehi enseñará en cuanto a las leyes de la justicia y la misericordia.

10 Y por motivo de la intercesión (la expiación) hecha por todos, todos los hombres vienen a Dios (al final todos tendrán que rendir cuentas); de modo que comparecen ante su presencia para que él los juzgue de acuerdo con la verdad y santidad que hay en él (el juicio de Cristo será completamente justo). Por tanto, los fines de la ley (los propósitos de la ley de la justicia) que el Santo (Cristo) ha dado, para la imposición del castigo que se ha fijado (al violar o transgredir las leyes de Dios), el cual castigo que se ha fijado se halla

en oposición a la felicidad (la ley de la misericordia) que se ha fijado, para cumplir los fines (propósitos, objetivos) de la expiación;

> **Lehi** nos explica ahora que para que nuestro albedrío sea un albedrío verdadero, debemos tener opciones. Y para tener opciones reales, debemos tener opuestos. Y para poder tener opuestos o contrarios, debemos estar en un ambiente en el que exista la oposición. Es necesario tener las leyes de la justicia y la misericordia para que la expiación pueda funcionar.

11 porque es preciso que haya una oposición en todas las cosas. Pues de otro modo, mi primer hijo nacido en el desierto (Jacob), no se podría llevar a efecto la rectitud (la expiación de Cristo) ni la iniquidad, ni tampoco la santidad ni la miseria, ni el bien ni el mal. De modo que todas las cosas necesariamente serían un solo conjunto (todo sería lo mismo; nada funcionaría en lo que se refiere al progreso personal); por tanto, si fuese un solo cuerpo (si todo fuera lo mismo, sin fuerzas que se opongan), habría de permanecer como muerto (no cambiaría nada), no teniendo ni vida ni muerte, ni corrupción ni incorrupción, ni felicidad ni miseria, ni sensibilidad ni insensibilidad.

12 Por lo tanto, tendría que haber sido creado en vano (nada tendría propósito); de modo que no habría habido ningún objeto en su creación.

Esto, pues, (si no hubieran fuerzas oponiéndose, lo cual es requerido para que hayan opciones para que se dé el albedrío) habría destruido la sabiduría de Dios y sus eternos designios, y también el poder, y la misericordia, y la justicia de Dios.

> ¡A continuación, veremos una secuencia con una lógica extraordinaria!

13 Y si decís que **no** hay **ley**, decís también que **no** hay **pecado**. Si decís que **no** hay **pecado**, decís también que **no** hay **rectitud**. Y si **no** hay **rectitud, no** hay **felicidad**. Y si **no** hay **rectitud ni felicidad, tampoco** hay **castigo ni miseria**. Y si estas **cosas no existen, Dios no existe. Y si no hay Dios, nosotros no existimos, ni la tierra**; porque no habría habido creación de cosas, ni para actuar ni para que se actúe sobre ellas (no habría oportunidad para escoger); por consiguiente, todo se habría desvanecido (¡no habría habido existencia!).

> **Una** vez que Lehi ya nos ha enseñado en cuanto a las funciones clave de la justicia y la misericordia, el albedrío y la oposición, ahora dará testimonio de Dios y del sistema que Él ha establecido para que todos nosotros tengamos la opción de usar nuestro albedrío para volver Él.

14 Y ahora bien, hijos míos, os hablo estas cosas para vuestro provecho e instrucción; porque **hay un Dios**, y él ha creado todas las cosas, tanto los cielos como la tierra y todo cuanto en ellos hay; **tanto las cosas que actúan como aquéllas sobre las cuales se actúa** (para que así podamos tener un albedrío verdadero).

A continuación, Lehi explica por qué Adán y Eva tuvieron que enfrentarse a opciones opuestas ante los dos árboles en el Jardín de Edén.

15 Y para realizar sus eternos designios en cuanto al objeto del hombre (Sus objetivos para Sus hijos), después que hubo creado a nuestros primeros padres (Adán y Eva), y los animales del campo, y las aves del cielo, y en fin (resumiendo), todas las cosas que se han creado, era menester (absolutamente esencial) una oposición; sí, **el fruto prohibido en oposición al árbol de la vida**, siendo **dulce el uno** y **amargo el otro**.

Seguidamente, Lehi conecta el albedrío moral con lo que nos ha enseñado arriba, y nos explica en cuanto la necesidad absoluta de que haya oposición para que se ejercite el albedrío.

16 Por lo tanto (así es como), **el Señor Dios le concedió al hombre que obrara por sí mismo.** De modo que el hombre no podía actuar por sí a menos que lo atrajera lo uno o lo otro.

A continuación, Lehi explicará cómo Lucifer se opone a Dios y

por qué trata de persuadirnos a que le sigamos.

17 Y yo, Lehi, de acuerdo con las cosas que he leído, debo suponer que un ángel de Dios (Lucifer) había caído del cielo, según lo que está escrito; por tanto, se convirtió en un diablo, habiendo procurado lo malo ante Dios.

18 Y porque **había** caído del cielo, y **llegado a ser miserable** para siempre, **procuró igualmente la miseria de todo el género humano.** Por tanto (el ángel caído del versículo 17, arriba, no se refiere literalmente a una serpiente), dijo a Eva, sí, esa antigua serpiente (uno de los apodos de Satanás), que es el diablo, el padre de todas las mentiras, así le dijo: Come del fruto prohibido, y no morirás, sino que serás como Dios, conociendo el bien y el mal.

Satanás solo dijo una mentira en el Jardín de Edén. Les dijo que ellos no morirían. Por otro lado, todo lo demás que les dijo fue verdad. Esto es un recordatorio de que el diablo es un maestro en mezclar un engaño entre muchas verdades de tal manera que sus tentaciones nos llegan a parecer correctas.

19 Y después que Adán y Eva hubieron comido del fruto prohibido, fueron echados del jardín de Edén, para cultivar la tierra.

20 Y tuvieron hijos, sí, la familia

de toda la tierra (Adán y Eva son el origen del hombre).

Ahora Lehi nos enseña que necesitamos el tiempo suficiente en este estado mortal para ejercer nuestro albedrío en medio de las opciones que tenemos para escoger entre el bien y el mal. De ese modo, recae sobre nosotros responsabilidad en nuestro juicio final. Para aquellos que tienen más de ocho años de edad, y mueren antes de que hayan tenido tiempo suficiente para ser enseñados y ejercitar su albedrío, existe una obra misional grandiosa en el mundo de los espíritus (véase DyC 138).

21 Y los **días de los hijos de los hombres** (seres mortales) **fueron prolongados**, según la voluntad de Dios, **para que se arrepintiesen mientras se hallaran en la carne** (durante la vida mortal); por lo tanto, su estado (la vida mortal) llegó a ser **un estado de probación** (de pruebas y aprendizaje), y su tiempo fue prolongado, conforme a los mandamientos que el Señor Dios dio a los hijos de los hombres. Porque **él dio el mandamiento de que todos los hombres se arrepintieran;** pues mostró a todos los hombres que estaban perdidos a causa de la transgresión de sus padres (Adán y Eva). (Todas las personas fueron— o serán—enseñadas en cuanto a la caída de Adán y Eva, para que así puedan ejercitar su albedrío moral bajo unas circunstancias justas).

A continuación, Lehi nos sigue enseñando sobre lo que habría sucedido si Adán y Eva no hubieran comido del fruto prohibido.

22 Pues, he aquí, **si** Adán **no hubiese transgredido, no habría caído,** sino que habría permanecido en el jardín de Edén. Y **todas las cosas** que fueron creadas **habrían permanecido en el mismo estado** en que se hallaban después de ser creadas; y habrían permanecido **para siempre,** sin tener fin.

La palabra "fin" en el versículo 22, arriba, puede tener dos significados en ese contexto, y ambos tienen sentido. Un significado es "sin terminar nunca". El otro significado es "sin tener propósito".

23 Y **no** hubieran tenido **hijos;** por consiguiente, habrían permanecido en un estado de inocencia, **sin** sentir **gozo,** porque **no** conocían la **miseria; sin** hacer **lo bueno,** porque **no** conocían el **pecado.**

A continuación, Lehi responde a una pregunta que muchos miembros de la iglesia suelen hacerse. Es la siguiente: "¿Se sorprendió Dios cuando estos comieron del fruto? ¿Existía un 'plan B' en caso de que Adán y Eva no hubieran comido del fruto prohibido?" La respuesta es "No". Dios sabe todas las cosas, tal y como lo veremos seguidamente en el versículo 24.

24 Pero he aquí, **todas las cosas**

han sido hechas según la sabiduría de aquel que todo lo sabe.

> Como ahora veremos, tanto Brigham Young como Spencer W. Kimball enseñaron que no había un "plan B":
>
> "El Señor sabía que ellos harían esto, y Él había designado que ellos debían hacerlo". (Brigham Young, *Discourses of Brigham Young*, página 103).
>
> "No se trataba de especulaciones ni de ensayo y error". (Spencer W. Kimball, Marzo 1976 Ensign, páginas 71–72.)
>
> Además, José Smith dijo lo siguiente: "Adán no pecó al comer de los frutos, pues Dios había decretado que él debía de comer y caer" (*The Words of Joseph Smith*, pág. 63).
>
> A continuación, nos encontramos con una de las citas más bonitas y típicas del Libro de Mormón. Es un buen recordatorio de que la vida mortal está diseñada principalmente para que disfrutemos.

25 Adán cayó para que los hombres existiesen; y existen los hombres para que tengan gozo.

> José Smith enseñó: "La felicidad es el objeto y propósito de nuestra existencia" (*Enseñanzas del Profeta José Smith*, página 312). A continuación, Lehi resalta el papel de la expiación al triunfar sobre los efectos de la caída.

26 Y el Mesías vendrá en la plenitud de los tiempos (según el plan establecido por el Padre), **a fin de redimir a los hijos de los hombres** (mortales) **de la caída. Y porque son redimidos de la caída, han llegado a quedar libres para siempre, discerniendo el bien del mal, para actuar por sí mismos, y no para que se actúe sobre ellos**, a menos que sea por el castigo de la ley en el grande y último día (Día del Juicio), según los mandamientos que Dios ha dado.

> En el versículo 26, arriba, nos encontramos una enseñanza muy interesante y significativa. Muchos estudiantes del evangelio se preguntan "por qué el Señor permite que los inicuos sigan haciendo maldades sin que Él los detenga". Tanto en el versículo 26 como los versículos previos, Lehi nos enseña que sus días fueron "prolongados" para que tuvieran oportunidades de sobra para ejercer su albedrío sabiamente. Y ésta es básicamente (por lo menos, para la mayoría de personas) la razón por la que no se sorprenderá y detendrá a los inicuos hasta el día final del juicio. En ese día, finalmente se hará justicia con un juicio justo por Aquel que todo lo sabe.

27 Así pues, los hombres son libres según la carne (las personas son libres para elegir a lo largo de toda la vida mortal); y les son dadas todas las cosas que para ellos son propias (al final, todas las personas tendrán todas las oportunidades posibles para ejercitar su albedrío sabiamente, bien sea en la vida mortal o en el mundo de los espíritus; véase DyC 138). Y **son libres para escoger la libertad y la vida eterna**, por medio del gran Mediador (Cristo) de todos los hombres, **o escoger la cautividad y la muerte**, según la cautividad y el poder del diablo; pues él busca que todos los hombres sean miserables como él.

28 Y ahora bien, hijos míos, quisiera que **confiaseis en el gran Mediador y que escuchaseis sus grandes mandamientos; y sed fieles a sus palabras y escoged la vida eterna** (en las escrituras, "vida eterna" siempre significa "exaltación"), según la voluntad de su Santo Espíritu;

29 y **no escojáis la muerte eterna** ("muerte espiritual"; una separación para siempre que impide volver a vivir con Dios), según el deseo de la carne (al ceder a los deseos, lujurias y vicios de la carne) y la iniquidad que hay en ella, que da al espíritu del diablo el poder de cautivar, de hundiros en el infierno, a fin de poder reinar sobre vosotros en su propio reino.

30 Os he hablado estas pocas palabras a todos vosotros, hijos míos, en los últimos días de mi probación (poco antes de morir); y he escogido la buena parte (he escogido la vida eterna), según las palabras del profeta (tal y como lo han enseñado los

profetas). Y no tengo ninguna otra intención sino el eterno bienestar de vuestras almas. Amén.

SEGUNDO NEFI 3

En este capitulo, Lehi nos relata una profecía maravillosa, la cual pronunció José, el que fue vendido a Egipto. Esta profecía no está en la Biblia. En 2 Nefi 4:2 se nos dice que la profecía se encontraba en las planchas de bronce. Lehi la pudo estudiar y Nefi la grabó sobre las Planchas Menores de Nefi, las cuales estamos leyendo ahora en el Libro de Mormón. José profetizó en cuanto a uno de sus descendientes, concretamente, el Profeta José Smith.

Quizás recordarás que el ángel le dijo a Nefi durante su visión, que las planchas de bronce contenían más escritos que el Antiguo Testamento (véase 1 Nefi 13:23). Parece ser que esta profecía de José en Egipto es un ejemplo de este hecho.

1 Y ahora (yo Lehi) te hablo a ti, José, mi postrer hijo. Tú naciste en el desierto de mis aflicciones; sí, tu madre te dio a luz en la época de mis mayores angustias.

La palabra "angustias", tal cual se utiliza en el versículo 1, arriba, puede ayudarnos a entender la palabra "dolor" tal cual se usa en Génesis 3:16, donde dice, "con dolor darás a luz los hijos". Muchas personas piensan que la palabra "dolor" o "angustias" denotan castigo. Ese tipo de razonamiento no está en acuerdo con 2 Nefi 2:25. El Presidente Spencer W. Kimball prefería la palabra "estrés" o "aflicción" (*Ensign*, Marzo, 1976).

En lugar de tratarse de un castigo dado a Eva por comer del fruto prohibido, la palabra "dolor" significa dificultad, esfuerzo, trabajo, situaciones estresantes, etc., lo cual está relacionado con la vida mortal. Y tal como Lehi se lo enseñó a su hijo, Jacob en 2 Nefi 2:2, esos tiempos tan estresantes y de tanta aflicción son para nuestro bien y crecimiento. El Señor le enseñó éste mismo principio a José Smith cuando estaba en la cárcel de Liberty (véase DyC 122:7). Ciertamente, a Eva se le estaba enseñando el mismo principio en Génesis, donde la palabra "dolor" se utilizó para describir aquellas experiencias que inevitablemente se le presentarían seguidamente en su vida.

2 Y el Señor te consagre también a ti esta tierra (América), la cual es una tierra tan preciosa, por herencia tuya y la herencia de tu posteridad con tus hermanos, para vuestra seguridad perpetua, **si es que guardáis los mandamientos del Santo de Israel**.

3 Y ahora bien, José, mi último hijo, a quien he traído del desierto de mis aflicciones, el Señor te bendiga para siempre, porque tu posteridad (descendientes) no será enteramente destruida.

4 Porque he aquí, tú eres el fruto de mis lomos (eres uno de mis hijos); **y yo soy descendiente de José que fue llevado cautivo a Egipto.** Y grandes fueron los convenios que el Señor hizo con José.

Ahora tomaremos un momento para hacer mención de los cuatro "Josés" a los que Lehi se refiere al enseñar a su hijo José. Los describimos a continuación:

1. José el que fue vendido a Egipto. El hijo de Jacob, nieto de Isaac y bisnieto de Abraham.

2. José, el hijo de Lehi, al que se dirige este capítulo.

3. José Smith, padre, el padre del Profeta José Smith.

4. José Smith, hijo, el profeta de la restauración.

5 Por lo tanto, **José** (el que fue vendido a Egipto) **realmente vio nuestro día**. Y recibió del Señor la promesa de que del fruto de sus lomos (de entre su posteridad) el Señor Dios levantaría una rama justa (un líder justo) a la casa de Israel; no el Mesías, sino una rama que iba a ser desgajada (separada, dispersada), mas no obstante, sería recordada en los convenios del Señor de que el Mesías sería manifestado a ellos (Israel?) en los últimos días, con el espíritu de poder, para sacarlos de las tinieblas a la luz; sí, de la obscuridad oculta (muchas personas que se hallan en la oscuridad espiritual piensan que están siendo "iluminadas" o que viven en la luz, por lo tanto, no acaban de discernir que aún viven bajo la oscuridad espiritual) y del cautiverio a la libertad.

6 Porque José (en Egipto) en verdad testificó diciendo: El Señor mi Dios levantará a un vidente (José Smith, hijo), el cual será un vidente escogido para los del fruto de mis lomos (mi posteridad; ambos Efraín y Manasés).

7 Sí, José (en Egipto) verdaderamente dijo: Así me dice el Señor: Levantaré a un vidente escogido (José Smith, hijo) del fruto de tus lomos, y será altamente estimado entre los de tu simiente (muy respetado entre los de tu posteridad). Y a él daré el mandamiento de que efectúe una obra (la restauración del evangelio en los últimos días) para el fruto de tus lomos, sus hermanos (sus compañeros israelitas), la cual será de mucho valor para ellos, aun para llevarlos al conocimiento de los convenios que yo he hecho con tus padres (Abraham, Isaac y Jacob).

8 Y le daré (a José Smith, hijo) el mandamiento de que no haga ninguna otra obra, sino la que yo le mande (José Smith, hijo, no prosperará en otras cosas que no sean la obra del evangelio; véase DyC 24:9). Y lo haré grande a mis ojos, porque ejecutará mi obra.

9 Y (José Smith, hijo) será grande como Moisés, de quien dije que os lo levantaría (a vosotros, los hijos de Israel en Egipto), para librar a mi pueblo, ¡oh casa de Israel!

10 Y levantaré a Moisés para librar a tu pueblo de la tierra de Egipto.

11 Pero del fruto de tus lomos (de José en Egipto) levantaré a un vidente (José Smith, hijo), y a él (a José Smith, hijo) daré poder para llevar mi palabra a los de tu descendencia (Efraín y Manasés); y no solamente para llevarles mi palabra, dice el Señor, sino para convencerlos de mi palabra que ya se habrá declarado entre ellos (por medio de la Biblia).

12 Por lo tanto, el fruto de tus lomos (José en Egipto) escribirá (el Libro de Mormón), y el fruto de los lomos de Judá escribirá (la Biblia); y lo que escriba el fruto de tus lomos (el Libro de Mormón), y también lo que escriba el fruto de los lomos de Judá (la Biblia), crecerán juntamente para confundir (identificar y desechar) las falsas doctrinas, y poner fin a las contenciones, y establecer la paz entre los del fruto de tus lomos, y llevarlos al conocimiento de sus padres (antepasados) en los postreros días, y también al conocimiento de mis convenios, dice el Señor.

13 Y de la debilidad él (José Smith, hijo) será hecho fuerte, el día en que mi obra empiece entre todo mi

pueblo para restaurarte, oh casa de Israel, dice el Señor.

14 Y así profetizó José (en Egipto), diciendo: He aquí, el Señor bendecirá a ese vidente (José Smith, hijo), y los que traten de destruirlo serán confundidos (no tendrán éxito); porque se cumplirá esta promesa que he recibido del Señor tocante al fruto de mis lomos. He aquí, (yo, José en Egipto) estoy seguro del cumplimiento de esta promesa;

15 y su nombre será igual que el mío (y él, José—Smith, hijo—se llamará así por mi); y será igual que el nombre de su padre (y se le llamará así por su padre). Y será semejante a mí (un profeta y vidente), porque aquello que el Señor lleve a efecto por su mano, por el poder del Señor, guiará a mi pueblo a la salvación.

16 Sí, José (en Egipto) así profetizó: Estoy seguro de esto, así como estoy seguro de la promesa de Moisés; porque el Señor me ha dicho: Preservaré a tu descendencia para siempre.

17 Y ha dicho el Señor: Levantaré a un Moisés; y le daré poder en una vara (será un gran líder con autoridad), y le daré prudencia para escribir (Moisés será un escritor hábil—escribió los libros de Génesis, Éxodo, Levítico, Números y Deuteronomio). Mas no desataré su lengua para que hable mucho (Moisés no será muy buen orador; Éxodo 4:10), porque no lo haré grande en cuanto a la palabra. Pero (yo, Jehová, Jesús) le escribiré mi ley, con el dedo de mi propia mano (en las tablas de piedra que contendrán los mandamientos), y prepararé a un portavoz para él (Aaron; Éxodo 4:14–16).

18 Y también me dijo el Señor (a mí, José en Egipto): Levantaré a uno (José Smith, hijo) para el fruto de tus lomos (tu posteridad), y prepararé para él (José Smith, hijo) un portavoz (quizás Sidney Rigdon; véase DyC 100:9). Y he aquí, le concederé (a José Smith, hijo) que escriba (traduzca) la escritura del fruto de tus lomos (las planchas del Libro de Mormón), para el fruto de tus lomos (para que mi evangelio pueda llegar a tus descendientes); y el portavoz de tus lomos la declarará.

19 Y las palabras (de las planchas de oro) que él (José Smith, hijo) escriba (traduzca) serán las que yo en mi sabiduría juzgue conveniente (esencial) que lleguen al fruto de tus lomos; y será como si los del fruto de tus lomos (los profetas y la gente del Libro de Mormón) les hubiesen clamado desde el polvo, porque conozco su fe.

20 Y (los profetas del Libro de Mormón) clamarán desde el polvo (hablarán desde el pasado); sí, el arrepentimiento a sus hermanos, sí, aun después de haber pasado sobre ellos muchas generaciones. Y sucederá que su clamor saldrá, sí, según la sencillez de sus palabras. (El Libro de Mormón contribuirá de manera fundamental a la restauración de las muchas cosas o verdades "claras y preciosas").

21 A causa de su fe (de los profetas del Libro de Mormón) sus palabras saldrán de mi boca (la del Señor) a sus hermanos, que son el fruto de tus lomos (descendientes de José en Egipto); y la debilidad de sus palabras yo fortaleceré en su fe, a fin de que recuerden mi convenio (pues estoy guardando mi promesa) que hice con tus padres (los de José en Egipto).

Ahora Lehi resumirá brevemente, para su hijo José, las profecías de José en Egipto.

22 Y ahora bien, he aquí, mi hijo José (el hijo de Lehi), así fue como profetizó mi padre (mi antepasado, José en Egipto) de antaño.

23 Por lo tanto, bendito eres (José, hijo de Lehi) por causa de este convenio; porque tus descendientes no serán destruidos, pues escucharán las palabras del libro.

24 Y se levantará entre ellos uno poderoso (José Smith, hijo) que efectuará mucho bien, tanto en palabras como en obras, siendo un instrumento en las manos de Dios, con gran fe, para obrar potentes maravillas y realizar aquello que es grande a la vista de Dios, para efectuar mucha restauración (la restauración del evangelio y de la iglesia verdadera) a la casa de Israel y a la posteridad de tus hermanos.

25 Y ahora bien, bendito eres tú, José (el hijo de Lehi). He aquí, eres pequeño; escucha, por tanto, las palabras de tu hermano Nefi, y será hecho contigo de conformidad con las palabras que he hablado. Recuerda las palabras de tu padre, que está para morir. Amén.

Antes de dejar atrás este capítulo, nos resultará gratamente interesante el darnos cuenta de un "milagro" pequeño y maravilloso, el cual ocurrió cuando llegó la hora de escoger el nombre para José Smith, hijo. Tal y como se registra en el versículo 15, arriba, José en Egipto profetizó que al profeta de la restauración se le daría su nombre y también el nombre del padre del profeta.

Por lo general, cuando un marido y su esposa deciden ponerle a un hijo el nombre de su padre, se le da ese nombre al primer hijo varón. Por lo tanto, podríamos imaginar que hubo un poco "inspiración urgente" desde los cielos cuando José Smith, padre, y su esposa, Lucy Mack Smith tuvieron su primer hijo, el cual resultó ser un varón. Podemos imaginarlos a ambos contemplando a su bebé y pensando:

"Hola, José". Y en ese momento también podemos imaginar que recibieron un susurro inspirado: "No, este no se llamará José". Y así, juntos consideraron que "José" no parecía ser el nombre correcto. Por lo tanto, para este primer hijo escogieron otro nombre, "Alvin". Quizás pasó lo mismo con el segundo hijo, al cual llamaron "Hyrum". Su tercer retoño resultó ser una niña, así que no hubo ningún problema; la llamaron "Sophronia". Tras ella nació el cuarto hijo. Este hijo, en particular, había sido escogido y preordinado en las esferas premortales para que llegara a ser el profeta de la restauración. Lo llamaron como a su padre, "José Smith" y seguro que los ángeles en el cielo, los cuales tenían el encargo de supervisar que se cumpliera la profecía de José en Egipto, sonrieron. (En realidad, simplemente estoy dejando que mi imaginación vuele un poco al pensar que debe haber habido ángeles con la asignación de supervisar el cumplimiento de la profecía, pero posiblemente . . .).

Puedes leer y estudiar más sobre las profecías de José, el que fue vendido a Egipto, en la traducción que José Smith hizo de Génesis 50:24-38, la cual se encuentra en la traducción de la Biblia que llevó a cabo José Smith (TJS) y que encontrarás en la sección titulada *Ayudas para el estudio*, bajo la abreviación TJS (Traducción de José Smith) al final de la Biblia (edición 2009) impresa por nuestra iglesia. Incluiremos aquí este fragmento en concreto para tu comodidad. Si decides leer estos mismos versículos en la sección TJS de tu Biblia, verás que hay palabras en cursiva; estas son las que agregó el Profeta José Smith.

TJS, Génesis 50:24-38

24 Y José dijo a sus hermanos: Yo voy a morir, *y voy a mis padres; y desciendo a mi sepulcro con gozo. El Dios de mi padre Jacob esté con vosotros para libraros de la aflicción en los días de vuestra esclavitud; porque Jehová me ha visitado, y he recibido la promesa de Jehová de que del fruto de mis lomos Jehová Dios levantará una rama justa de mis lomos; y a ti, a quien mi padre Jacob ha llamado Israel, te levantará a un profeta (no el Mesías que es llamado Silo); y este profeta librará a mi pueblo de Egipto en los días de tu servidumbre.*

25 *Y acontecerá que nuevamente serán esparcidos; y será desgajada una rama, y será llevada a un país lejano; no obstante, serán recordados en los convenios del Señor, cuando venga el Mesías; porque él se les manifestará en los últimos días, con el Espíritu de poder, y los sacará de las tinieblas a la luz; de las tinieblas ocultas, y del cautiverio a la libertad.*

26 *Jehová mi Dios levantará a un vidente, el que será un vidente escogido para el fruto de mis lomos.*

27 *Así me dice Jehová, el Dios de mis padres: Del fruto de tus lomos, levantaré a un vidente escogido y será altamente* estimado entre los del fruto de tus lomos; y a él daré el mandamiento de que efectúe una obra para el fruto de tus lomos, sus hermanos.

28 Y él los llevará al conocimiento de los convenios que yo he hecho con tus padres; y él efectuará toda obra que yo le mande.

29 Y lo haré grande ante mis ojos, porque ejecutará mi obra; y será grande como aquel de quien he dicho que os levantaría para librar a mi pueblo, oh casa de Israel, de la tierra de Egipto; porque levantaré a un vidente para librar a mi pueblo de la tierra de Egipto; y se llamará Moisés. Y por este nombre él sabrá que es de tu casa, pues será criado por la hija del rey, y será llamado su hijo.

30 Y además, del fruto de tus lomos levantaré a un vidente, y a él daré poder para llevar mi palabra a los de tu descendencia; y no solamente para llevarles mi palabra, dice Jehová, sino para convencerlos de mi palabra que ya se habrá declarado entre ellos en los últimos días;

31 por lo tanto, el fruto de tus lomos escribirá, y el fruto de los lomos de Judá escribirá; y lo que escriba el fruto de tus lomos, y también lo que escriba el fruto de los lomos de Judá, crecerán juntamente para confundir las falsas doctrinas, y poner fin a las contenciones, y establecer la paz entre los del fruto de tus lomos, y llevarlos al conocimiento de sus padres en los últimos días, y

también al conocimiento de mis convenios, dice Jehová.

32 Y de la debilidad él será hecho fuerte, el día en que mi obra empiece entre todo mi pueblo, para restaurarlos, a los que son de la casa de Israel, en los últimos días.

33 Y bendeciré a ese vidente, y los que traten de destruirlo serán confundidos; porque te hago esta promesa; pues te recordaré de generación en generación; y su nombre será José, y será igual que el nombre de su padre; y será semejante a ti, porque lo que Jehová lleve a efecto por su mano llevará a mi pueblo a la salvación.

34 Y Jehová juró a José que preservaría a su descendencia para siempre, diciendo: Levantaré a Moisés, y en su mano habrá una vara, y él reunirá a los de mi pueblo, y los conducirá como a rebaño, y herirá las aguas del Mar Rojo con su vara.

35 Y tendrá prudencia, y escribirá la palabra de Jehová. Y no hablará muchas palabras, porque le escribiré mi ley con el dedo de mi propia mano. Y prepararé a un portavoz para él, y se llamará su nombre Aarón.

36 Y también te será hecho en los últimos días, así como he jurado. Por tanto, José dijo a sus hermanos: Dios ciertamente os visitará y os hará subir de esta tierra a la tierra que juró a Abraham, a Isaac y a Jacob.

37 Y José confirmó muchas

otras cosas a sus hermanos, e hizo jurar a los hijos de Israel, *diciéndoles*: Dios ciertamente os visitará, y haréis llevar de aquí mis huesos.

38 Y murió José a la edad de ciento diez años; y lo embalsamaron, y fue puesto en un ataúd en Egipto; *y los hijos de Israel no lo sepultaron, a fin de llevarlo y ponerlo en el sepulcro con su padre. Y así recordaron el juramento que le habían hecho.*

SEGUNDO NEFI 4

En este capítulo, Lehi da sus últimas bendiciones a su posteridad. Tras esto envejece y muere. Al prestar atención a las palabras de Lehi, podremos darnos cuenta de algunas perspectivas doctrinales muy importantes referentes al destino de los hijos cuyos padres no son fieles al Señor. Las señalaremos cuando lleguemos a ellas.

Primeramente, Nefi considerará algunas de las palabras de su padre y nos las enseñará. Tras esto veremos cómo Nefi expresa con humildad su preocupación por sus propias faltas y debilidades. Es importante que prestemos mucha atención a todas las conclusiones de Nefi referentes a sus debilidades, de lo contrario nos perderemos una lección vital para nuestras propias vidas.

1 Y AHORA yo, Nefi, hablo respecto a las profecías de las cuales ha hablado mi padre, concernientes a José, que fue llevado a Egipto.

2 Porque he aquí, él (José en Egipto) verdaderamente profetizó acerca de toda su posteridad (Efraín y Manasés); y no hay muchas profecías mayores que las que él escribió (quizás refiriéndose a la importancia, pero también puede referirse a profecías que tienen más cobertura en cuanto al tema). Y profetizó concerniente a nosotros y nuestras generaciones venideras; y está escrito en las planchas de bronce.

Ahora presta mucha atención a lo que Lehi dice en su bendición a los hijos de Lamán, los cuales no tendrán las mismas oportunidades que los hijos de Nefi para aprender el evangelio en la tierra. Te darás cuenta de que se trata de un mensaje muy importante en cuanto a la igualdad y justicia.

3 Por tanto, luego que mi padre hubo concluido de hablar concerniente a las profecías de José, **llamó a la familia de Lamán, sus hijos y sus hijas, y les dijo**: He aquí, mis hijos e hijas, vosotros que sois los hijos e hijas de mi primogénito, quisiera que escuchaseis mis palabras.

4 Porque el Señor Dios ha dicho que: **Al grado que guardéis mis mandamientos, prosperaréis en el país; y si no guardáis mis mandamientos, seréis desechados de mi presencia.**

5 Mas he aquí, mis hijos e hijas, no puedo descender a la tumba sin dejar sobre vosotros una bendición; porque he aquí, **sé que si sois instruidos en la senda que debéis seguir, no la abandonaréis.**

La última frase en el versículo 5, arriba, es una doctrina primordial en cuanto a aquellos que no reciben un conjunto completo de oportunidades para aprender y aceptar el evangelio mientras están en la tierra, bien sea porque los padres les han dado un mal ejemplo o por otras razones. Lehi expresa su convicción de que si se hubiera criado e instruido a su posteridad correctamente en las sendas del evangelio, estos habrían permanecido fieles a este.

Se enseña una doctrina similar en DyC 137:7–8. Dice así:

7 Por lo que, me habló la voz del Señor, diciendo: Todos los que han muerto sin el conocimiento de este evangelio, quienes lo habrían recibido si se les hubiese permitido permanecer, serán herederos del reino celestial de Dios;

8 también **todos aquellos que de aquí en adelante mueran sin un conocimiento de él, quienes lo habrían recibido de todo corazón, serán herederos de este reino;**

Así pues, vemos que Dios es completamente justo, y que todos Sus hijos tendrán un cúmulo completo de oportunidades para aceptar y vivir el evangelio antes del juicio final. Y esto es así incluso si dichas oportunidades se presentan en el Mundo de los Espíritus (véase DyC 138) o durante el Milenio. Ahora continuaremos con la bendición de Lehi a los hijos de Lamán.

6 Por tanto, si sois maldecidos (si estáis estancados en vuestra progresión en el evangelio debido a que no se os ha enseñado adecuadamente), he aquí, dejo mi bendición sobre vosotros, para que os sea quitada la maldición, y recaiga sobre la cabeza de vuestros padres (vuestros padres serán los responsables).

¿Qué sucede con los padres que se arrepienten, cuando parece que es demasiado tarde para recuperar a sus hijos que ya se han extraviado? Respuesta: De eso es de lo que se trata la expiación, es decir, de quitar esos pecados y cargas de nuestros hombros cuando nosotros mismos no nos las podemos quitar. Dicho de otro modo, también se puede perdonar a los padres, y Dios se asegurará de que los hijos tengan una oportunidad justa antes del Día del Juicio, tal y como se indica en las citas anteriores.

7 Por tanto, a causa de mi bendición el Señor Dios no permitirá que perezcáis (espiritualmente); por tanto, será misericordioso con vosotros y con vuestra posteridad para siempre.

8 Y aconteció que luego que mi

padre hubo concluido de hablar a los hijos de Lamán, **hizo venir ante él a los hijos e hijas de Lemuel.**

9 Y les habló diciendo: He aquí, mis hijos e hijas, vosotros que sois hijos e hijas de mi segundo hijo, he aquí, **os dejo la misma bendición que dejé a los hijos e hijas de Lamán;** por consiguiente, no seréis destruidos por completo, sino que **al fin vuestra descendencia será bendecida.** (Al final de todo, tendréis una oportunidad para recibir las bendiciones del evangelio en su plenitud. Otra declaración muy clara de que Dios es completamente justo con todos Sus hijos).

10 Y ocurrió que cuando mi padre hubo concluido de hablar con ellos, he aquí, se dirigió a los hijos de Ismael, sí, y a todos los de su casa (a todos los descendientes de Ismael).

11 Y luego que hubo acabado de hablarles, habló a Sam, diciendo: Bendito eres tú y tu posteridad, pues heredarás el país, así como tu hermano Nefi; y tu posteridad será contada con la de él; y tú serás aun como tu hermano, y tu posteridad será como la suya, y tú serás bendecido todos tus días.

Seguidamente le diremos "adiós" a Lehi, por lo menos hasta que nos reunamos nuevamente con él en la próxima vida. Posiblemente tengas sentimientos fuertes de agradecimiento por este gran profeta y padre.

12 Y aconteció que después que mi padre, **Lehi,** hubo hablado a todos los de su casa, según los sentimientos de su corazón y el Espíritu del Señor que había en él, mi padre envejeció. Y aconteció que **murió** y fue sepultado.

13 Y aconteció que no muchos días después de su muerte, Lamán, Lemuel y los hijos de Ismael se enojaron conmigo a causa de las amonestaciones (advertencias y consejos) del Señor.

14 Porque yo, Nefi, me sentía constreñido (impulsado por el Espíritu) a hablarles según la palabra de él; porque yo les había hablado muchas cosas, y también mi padre, antes de morir; y muchas de estas palabras están escritas sobre mis otras planchas (las Planchas Mayores de Nefi), porque una parte con más historia está escrita sobre mis otras planchas.

15 Y sobre éstas (las Planchas Menores de Nefi) escribo las cosas de mi alma, y muchas de las Escrituras que están grabadas sobre las planchas de bronce. Porque **mi alma se deleita en las Escrituras, y mi corazón las medita, y las escribo para la instrucción y el beneficio de mis hijos.**

Los versículos 15 al 35 son conocidos como "El Salmo de

Nefi". En estos versículos, Nefi se regocija en las escrituras y en las cosas del Señor, y al mismo tiempo expresa su preocupación y angustia por sus limitaciones, debilidades mortales y faltas. Ciertamente nos podemos identificar con él. Posiblemente, por razones de aprendizaje quieras tomar tu ejemplar del Libro de Mormón y subrayar o marcar algunas de las escrituras que aquí hemos resaltado en **negrita**.

16 He aquí, **mi alma se deleita en las cosas del Señor, y mi corazón medita continuamente en las cosas que he visto y oído.**

17 Sin embargo, a pesar de la gran bondad del Señor al mostrarme sus grandes y maravillosas obras, mi corazón exclama: **¡Oh, miserable hombre que soy!** Sí, mi corazón se entristece a causa de mi carne (mis debilidades mortales). Mi alma se aflige a causa de mis iniquidades (mis pecados, faltas, tropiezos).

18 Me veo circundado (perseguido, rodeado) a causa de las tentaciones y pecados que tan fácilmente me asedian (me acechan).

Ciertamente podemos hallar consuelo en el hecho de que hasta los grandes y justos, como por ejemplo Nefi, tienen sentimientos de agobio y pesar debido a sus debilidades. Isaías expresa unos sentimientos similares en Isaías 6:5.

Aquí podríamos detenernos

un instante y hacernos una pregunta: ¿Por qué un hombre tan recto como Nefi está tan preocupado y agobiado, cuando nosotros sabemos que él se está manteniendo firme en el "sendero estrecho y angosto" que lleva a la exaltación? Quizás la respuesta se encuentra en el hecho de que cuando más rectas y justas se vuelven las personas, más notables llegan a ser las "imperfecciones minúsculas" en la luz de la verdad. Y llega el día en que estas personas se agobian y sienten pesar por cosas que antes parecían insignificantes, cosas que antes ni siquiera notaban. En verdad, **estas personas pueden regocijarse** de que ahora puedan darse cuenta de dichos detalles en sus vidas. Esto es un testimonio de que están progresando en el camino de vuelta hacia Dios. Ahora verás como Nefi nos enseña este principio sobre el regocijo en los versículos 28 y 30. Este regocijo solo es posible gracias a la expiación de Cristo.

Ahora volvamos a las enseñanzas de Nefi.

Fíjate en los detalles de la "progresión" que tiene lugar desde que Nefi se siente muy agobiado con sentimientos de debilidad e ineptitud al regocijo que llega a sentir al confiar completamente en la "Roca de nuestra salvación" que es Cristo el Señor.

19 Y cuando deseo regocijarme, **mi corazón gime** (se queja) a causa de mis pecados; **no obstante, sé en quién he confiado.**

20 Mi Dios ha sido mi apoyo; él me ha guiado por entre mis aflicciones en el desierto; y me ha preservado sobre las aguas del gran mar.

21 Me ha llenado con su amor hasta consumir mi carne.

22 Ha confundido (detenido) a mis enemigos hasta hacerlos temblar delante de mí.

23 He aquí, él ha oído mi clamor (intensa y constante oración) durante el día, y me ha dado conocimiento en visiones durante la noche.

24 Y de día se ha fortalecido mi confianza en ferviente oración (poderosa; llena de sentimiento) ante él; sí, he elevado mi voz a las alturas; y descendieron ángeles y me ministraron.

25 Y mi cuerpo ha sido conducido en las alas de su Espíritu hasta montañas muy altas (se me ha concedido ver las cosas desde perspectivas inspiradas, para que pueda ver las cosas como Dios las ve); y mis ojos han visto grandes cosas, sí, demasiado grandes para el hombre; por lo tanto, se me mandó que no las escribiera.

26 Entonces, si he visto tan grandes cosas, si el Señor en su condescendencia para con los hijos de los hombres los ha visitado con tanta misericordia, ¿por qué ha de llorar mi corazón, y permanecer mi alma en el valle del dolor (¿por qué sigo aferrándome al pasado?), y mi carne deshacerse, y mi fuerza desfallecer por causa de mis aflicciones?

Es obvio que Nefi se sentía muy afligido por la reciente muerte de su padre. Y para añadir más angustia a su dolor, sus hermanos vuelven a rebelarse contra él en este momento tan delicado. En ocasiones, algunos hechos dolorosos hacen que seamos más vulnerables a los ataques del adversario (el enemigo, según Nefi), y que cedamos a tentaciones que en otras circunstancias no nos afectarían tanto. Es en estas ocasiones en las que tenemos que recordar nuestro testimonio y experiencias sagradas pasadas, tal y como hace Nefi para volver a recuperar su ánimo y una perspectiva elevada (véanse versículos 19 al 26).

27 Y ¿por qué he de ceder al pecado a causa de mi carne? Sí, ¿y por qué sucumbiré (cederé) a las tentaciones, de modo que el maligno tenga lugar en mi corazón para destruir mi paz y contristar mi alma? ¿Por qué me enojo a causa de mi enemigo? (¿Por qué soy tan humano?)

Ahora presta atención y verás a dónde conduce esto. Si fallamos en ver, sentir y aceptar la enseñanza siguiente de Nefi, es muy probable que caigamos en la sofisticada trampa de la autoestima baja, el desánimo y la depresión.

28 ¡Despierta, alma mía! No desfallezcas más en el pecado. ¡Regocíjate, oh corazón mío (el centro de los sentimientos; permítete sentirte bien en cuanto a ti misma-o), y no des más lugar al enemigo de mi alma!

29 No vuelvas a enojarte a causa de mis enemigos. No debilites mi fuerza por motivo de mis aflicciones.

30 ¡Regocíjate, oh mi corazón, y clama al Señor y dile: Oh Señor, te alabaré para siempre! Sí, mi alma se regocijará en ti, mi Dios, y la roca de mi salvación. (¡Regocíjate, pues sabes que puedes conseguirlo gracias al Salvador!)

31 ¿Redimirás mi alma, oh Señor? ¿Me librarás de las manos de mis enemigos? ¿Harás que yo tiemble al aparecer el pecado? (La respuesta es "¡Sí!")

32 ¡Estén cerradas continuamente delante de mí las puertas del infierno, pues quebrantado está mi corazón y contrito mi espíritu! ("Contrito" significa "Quiero aprender, quiero que me corrijan") ¡No cierres, oh Señor, las puertas de tu justicia delante de mí, para que yo ande por la senda del apacible valle, para que me ciña al (no me salga del) camino llano!

La frase final que aparece en el versículo 32, arriba, es una expresión beduina (de un pueblo árabe nómada) pura que todavía se utiliza en Oriente Próximo.

Vemos pues, que tenemos otra evidencia interna de que el Libro de Mormón tiene sus orígenes en la Tierra Santa.

33 ¡Oh Señor, envuélveme con el manto de tu justicia! ¡Prepara, oh Señor, un camino para que escape delante de mis enemigos! ¡Endereza mi sendero delante de mí! No pongas tropiezo en mi camino, antes bien despeja mis vías ante mí; y no obstruyas mi sendero (despeja el camino delante de mi), sino más bien las vías de mi enemigo.

34 ¡Oh Señor, en ti he puesto mi confianza, y en ti confiaré para siempre! (Un compromiso al ciento por ciento). No pondré mi confianza en el brazo de la carne (no pondré mi confianza en la sabiduría de los hombres ni mujeres); porque sé que maldito (detenido en su progreso) es aquel que confía en el brazo de la carne. Sí, maldito es aquel que pone su confianza en el hombre, o hace de la carne su brazo (aquellos que confían en las filosofías y consejos de los hombres en vez de buscar y tener a Dios como el modelo a seguir).

35 Sí, sé que Dios dará liberalmente a quien pida. Sí, mi Dios me dará, si no pido impropiamente (si no pido por aquello que no me conviene; compárese con DyC 46:30 y 50:30). Por lo tanto, elevaré hacia ti mi voz; sí, clamaré a ti, mi Dios, roca de mi rectitud. He aquí, mi

voz ascenderá para siempre hacia ti, mi roca y mi Dios eterno. Amén.

Has podido ver como Nefi ha cambiado un desánimo muy agobiante por una confianza firme y sólida en cuanto a su futuro con Dios. Este Salmo de Nefi es uno de los más bonitos y poderosos en todas las escrituras. Se puede aplicar a cada uno de nosotros y tiene el poder de elevarnos y sacarnos a todos del desánimo. Desafortunadamente se hace muy poco uso de este fragmento del Libro del Mormón; y lamentablemente sacamos muy poco provecho de esta escritura tan poderosa.

SEGUNDO NEFI 5

Este capítulo es trascendental. Nos encontramos con la separación que tiene lugar entre Nefi y sus seguidores justos y Lamán y Lemuel y sus malvados seguidores. Se nos enseñarán muchos principios sobre la supervivencia espiritual, incluyendo el hecho de que a veces tenemos que alejarnos de aquellos a los que hemos tratado de salvar por mucho tiempo y con mucho esfuerzo. Esto se hace para evitar que seamos destruidos, ya sea espiritual o temporalmente.

1 He aquí, sucedió que yo, Nefi, clamé mucho al Señor mi Dios, por motivo de la ira de mis hermanos.

¿Qué piensas de lo que Nefi pidió al orar a Dios en favor de sus hermanos inicuos? ¿Qué crees que Nefi esperaba? No cabe duda que Nefi pidió que se ablandaran sus corazones, tal y como ya lo había hecho en muchas ocasiones anteriores. Sin embargo (y aquí tenemos una gran lección), Dios respeta el albedrío y parece ser que a sus hermanos se les están terminando las "oportunidades".

2 Pero he aquí, su ira aumentó contra mí, a tal grado que trataron de quitarme la vida.

3 Sí, murmuraron contra mí, diciendo: Nuestro hermano menor piensa gobernarnos, y **nos ha sobrevenido mucha angustia por causa de él.** Matémoslo, pues, para que ya no seamos afligidos más por causa de sus palabras. Porque he aquí, no queremos que él sea nuestro gobernante; pues a nosotros, sus hermanos mayores, nos corresponde gobernar a este pueblo.

La frase con **negrita** en el versículo 3, arriba, resalta una de las herramientas más utilizadas por Satanás, concretamente, el culpar a otros por las propias conductas incorrectas. Muchas personas se pasan años tratando de encontrar a alguien a quien culpar por sus propias conductas pecaminosas actuales (incluso por los pecados de omisión derivados de la pereza, o la negligencia ante una responsabilidad, etc.). A tales personas, más les valdría hacer uso del perdón, arrepentirse y cambiar sus propias conductas.

4 Ahora bien, no escribo sobre estas

planchas (las Planchas Menores) todo lo que murmuraron contra mí. Pero me basta con decir que trataron de quitarme la vida.

5 Y aconteció que **el Señor me advirtió a mí, Nefi, que me apartara de ellos y huyese** al desierto, con todos los que quisieran acompañarme.

En una ocasión, una mujer joven vino a mí llorando porque sus amigos estaban tomando parte, más y más, en conductas pecaminosas y con malas compañías. Los esfuerzos de esta para ayudarles no estaban funcionando. Se sentía atemorizada de que ella misma pudiera estar al borde de corromperse a sí misma. De hecho, esta joven empezó a colgar su ropa, la cual olía a tabaco y otras drogas, afuera, en el patio de su casa para que el olor no se pasara a la ropa que usaba para ir a la iglesia los domingos.

Había salido con estos amigos durante varios años. En un principio ella sintió que era suficientemente fuerte en el evangelio para evitar cualquier influencia mala y que si era necesario ella podría estar disponible para conducir el auto en caso de que sus amigos se emborracharan.

Esta joven quería estar alrededor de ellos para convencerlos de que no mirasen videos indecentes, o por lo menos para hablarles sobre los valores y estándares del evangelio cuando sus amigos estuvieran receptivos para

escuchar. Sin embargo, ahora su propia mente y espíritu estaban empezando a verse afectados negativamente y esto la estaba asustando. Su mayor temor era que si ella ya no se podía juntar con ellos, estos no tendrían a nadie que los rescatara. Cuando consideraba abandonar el grupo se sentía como una desertora. Cuando hablamos sobre esto, le pregunté si había leído el Libro de Mormón. Ella me dijo, "Sí, varias veces". Entonces yo le dije, "¿Te acuerdas de lo que Nefi tuvo que hacer cuando las cosas se volvieron muy peligrosas para él?" Y con un alivio evidente me dijo, "Sí. Tuvo que huir de Lamán y Lemuel". Y seguidamente, con más alivio todavía me dijo, "Entonces, ¿le parecería bien a Dios si yo me salgo y dejo ese grupo? ¿No sería yo la responsable por sus almas? ¿No me consideraría una desertora o traidora?" El versículo 5 respondió a sus preocupaciones y solucionó su dilema.

Finalmente esta joven dejó el grupo, a pesar de que estos trataron de convencerla para que regresara. Más tarde, la joven sirvió una misión y en el momento presente (en el que se escribe este libro) está felizmente casada y es la presidenta de primaria en su barrio.

Nefi obedece al Señor y huye del entorno y de las personas que podrían destruirle a él y a su gente.

6 Sucedió, pues, que yo, Nefi, tomé a mi familia, y también a Zoram y su familia, y a Sam, mi hermano mayor, y su familia, y a Jacob y José, mis hermanos menores, y también a mis hermanas (parece ser que tenía hermanas que todavía no se habían casado; véase la nota que sigue) y a todos los que quisieron ir conmigo. Y **todos los que quisieron acompañarme eran aquellos que creían en las amonestaciones y revelaciones de Dios**; y por este motivo escucharon mis palabras.

En el versículo 6, arriba, se menciona a las hermanas de Nefi. Referente a este tema, veamos una cita de *El Libro de Mormón: Manual del Alumno de Religión; Rel. 121 y 122* (1996) usado en nuestros institutos de religión.

"**Esta** es la única referencia específica en el Libro de Mormón de que Nefi tenía hermanas mujeres además de hermanos varones. En lo que tenemos del Libro de Mormón, no se especifica cuántas hermanas eran, y si eran o no más jóvenes que Nefi, ni cómo se llamaban. Sin embargo, la siguiente declaración hecha por Erastus Snow puede aportar información respecto a algunas de las hermanas de Nefi:"

"'**El** profeta José Smith nos explicó que los anales de Lehi contenidos en las 116 páginas que se tradujeron primero y que posteriormente fueron robadas, y cuyo compendio se encuentra registrado en el primer libro de Nefi, el cual contiene los anales de Nefi, atestiguan que éste era del linaje de Manasés, pero que Ismael era del linaje de Efraín. Dice además que los hijos de Ismael se casaron dentro de la familia de Lehi y que los hijos de éste se casaron con las hijas de Ismael . . .' (*Journal of Discourses*, 23:184)".

"**Al** decir que los hijos de Ismael 'se casaron dentro de la familia de Lehi' parece indicar que los dos hijos de Ismael (véase 1 Nefi 7:6) se casaron con hijas de Lehi (y por lo tanto con dos de las hermanas de Nefi). Sin embargo, las hermanas mencionadas en 2 Nefi 5:6 evidentemente son otras, ya que éstas que se mencionan aquí siguieron a Nefi cuando se produjo la separación de Lamán, en tanto que las hermanas de Nefi que se casaron con los hijos de Ismael evidentemente se quedaron con sus esposos y se unieron a Lamán (véase Alma 3:7 y 47:35.)" (Ludlow, *A Companion to Your Study of the Book of Mormon*, págs. 131-32).

7 Y llevamos nuestras tiendas y todo cuanto nos fue posible, y viajamos por el desierto por el espacio de muchos días. Y después que hubimos viajado durante muchos días, plantamos nuestras tiendas.

8 Y mi pueblo quiso que diéramos el nombre de Nefi a ese sitio; por tanto, lo llamamos Nefi.

9 Y todos los que se hallaban conmigo optaron por llamarse el pueblo de Nefi.

A continuación, Nefi nos dice

que tanto él como su pueblo estaban viviendo según la Ley de Moisés. Sabían de Cristo y que Él nacería 600 años después que Lehi saliera de Jerusalén. La Ley de Moisés se creó y se dio para guiar a la gente a Cristo y así prepararla para recibir la plenitud del evangelio de Cristo. Al seguirla correctamente Nefi y su pueblo pudieron vivir "de una manera feliz" (véase el versículo 27). Esto es un recordatorio de que la Ley de Moisés era en verdad una ley más bien elevada al compararla con las maneras del mundo. (Quizás quieras tomar un momento para leer en Éxodo los capítulos 20, 22:1-9; 23:1-9, y otros, y así tener un recordatorio de las leyes que Moisés dio a su pueblo, bajo la dirección del Señor. Verás que estas leyes eran mucho más elevadas que la mayoría de leyes que hoy en día se viven en nuestra sociedad.

10 Y nos afanamos por cumplir con los juicios, y los estatutos y mandamientos del Señor en todas las cosas, según la ley de Moisés.

11 Y el Señor estaba con nosotros, y prosperamos en gran manera; porque plantamos semillas, y a cambio, cosechamos abundantemente. Y empezamos a criar rebaños, manadas y animales de toda clase.

12 Y yo, Nefi, también había traído los anales que estaban grabados sobre las planchas de bronce (sus escrituras); y también la esfera (Liahona) o brújula que la mano del Señor había preparado para mi padre, de acuerdo con lo que se ha escrito.

13 Y aconteció que **comenzamos a prosperar en extremo, y a multiplicarnos en el país** (el resultado que se obtiene cuando la sociedad vive el evangelio).

> **Algunas** personas se preguntan si es apropiado y correcto hacer preparativos militares para defenderse. Aquí también vemos que el Libro de Mormón se ha escrito para nuestros días. Seguidamente, en el versículo 14, se nos recuerda que hay sabiduría en hacer tales preparativos.

14 Y yo, Nefi, tomé la espada de Labán, y conforme a ella (usándola como modelo) hice muchas espadas, no fuera que, de algún modo, los del pueblo que ahora se llamaban lamanitas cayeran sobre nosotros y nos destruyeran; porque yo conocía su odio contra mí y mis hijos y aquellos que eran llamados mi pueblo. (Además de la posible revelación que Nefi recibiría para hacer tales preparativos).

15 Y enseñé a mi pueblo a construir edificios y a trabajar con toda clase de madera, y de hierro, y de cobre, y de bronce, y de acero, y de oro, y de plata y de minerales preciosos que había en gran abundancia. (El ser industriosos y la educación son parte de vivir el evangelio).

16 Y yo, Nefi, edifiqué un templo, y lo construí según el modelo del templo de Salomón (aproximadamente 30 metros de largo por 10 de ancho y 10 de alto; véase 1 Reyes 6:2), salvo que no se construyó de tantos materiales preciosos, pues no se hallaban en esa tierra; por tanto, no se pudo edificar como el templo de Salomón. Pero la manera de su construcción fue semejante a la del templo de Salomón; y su obra fue sumamente hermosa.

Algunas personas critican a la iglesia y a los miembros por gastar tanto dinero en la edificación de templos tan hermosos, en lugar de dar ese dinero a los pobres. Lo cierto es que hacemos ambas cosas. Hay un simbolismo sencillo en el hecho de poner nuestros materiales más preciosos en la construcción de nuestros templos, tal y como lo hicieron Nefi y su pueblo. El dar nuestros mejores esfuerzos en la construcción del templo simboliza el poner nuestros mejores esfuerzos y recursos para vivir dignos de la exaltación.

17 Y aconteció que yo, Nefi, hice que mi pueblo fuese industrioso y que trabajase con sus manos.

18 Y aconteció que ellos quisieron que yo fuera su rey. Pero yo, Nefi, deseaba que no tuvieran rey; no obstante, hice por ellos cuanto estaba en mi poder.

19 Y he aquí, se habían cumplido las palabras del Señor a mis hermanos, palabras que habló en cuanto a ellos (véase 1 Nefi 2:21–22), que yo sería su gobernante y su maestro. Por tanto, yo había sido su gobernante y maestro, según los mandatos del Señor, hasta la ocasión en que trataron de quitarme la vida.

20 Por tanto, se cumplió la palabra que el Señor me habló, diciendo: Por cuanto ellos no quieren escuchar tus palabras, serán separados de la presencia del Señor. Y he aquí, fueron separados de su presencia. (La profecía se había cumplido. Simbolismo: Llegará el día en que aquellos inicuos, que continuamente ignoran las invitaciones del Señor para arrepentirse y ser eternamente felices, serán finalmente separados de poder volver a la presencia de Dios).

Seguidamente nos encontramos con el tema de la gente que es maldecida. Es importante entender que la "maldición" de que se está hablando trata de "que el Espíritu del Señor se retira". Por lo tanto, nos podemos "maldecir" a nosotros mismos en cuanto a no recibir las bendiciones presentes y eternas. Todas las personas tienen albedrío, y aquellas que ignoran continuamente la Luz de Cristo y las invitaciones que envía el Señor para que vayan a Él, son "maldecidas" o detenidas en su progreso espiritual debido a sus propias decisiones.

21 Y él había hecho caer la maldición sobre ellos (Él Señor retiró Su Espíritu), sí, una penosa (muy severa) maldición, a causa de su iniquidad (maldad). Porque he aquí, habían endurecido sus corazones contra él, de modo que se habían vuelto como un pedernal (sin abandonar sus caminos de maldad); por tanto, ya que eran blancos y sumamente bellos y deleitables, el Señor Dios hizo que los cubriese una piel de color obscuro, para que no atrajeran a los de mi pueblo.

La "piel de color obscuro" de que se habla en el versículo 21, arriba, es un tema muy delicado y debe mantenerse absolutamente dentro del contexto en que se da. La "maldición" fue la retirada del Espíritu del Señor. José Fielding Smith lo explicó de la siguiente manera:

"La piel obscura con la que fueron cubiertos los lamanitas era para que pudieran distinguirse de los nefitas y evitar que se mezclaran ambos pueblos. La piel obscura era la señal de la maldición. La maldición era la retirada del Espíritu del Señor y la retirada del Espíritu fue la causa de que los lamanitas se convirtieran en 'una gente obscura, repugnante y sucia, llena de ocio y de todo género de abominaciones' (1 Nefi 12:23). El Señor mandó a los nefitas que no se mezclaran en matrimonio con los lamanitas, porque si lo hacían, participarían de la maldición (también llegarían a estar espiritualmente muertos). La piel obscura de aquellos que han llegado a la iglesia, ya no se considera una señal de la maldición (Joseph Fielding Smith, *Answers to Gospel Questions*, 5 vols. Salt Lake City: Deseret Book, 1957–1966, 3: 123–24).

22 Y así dice el Señor Dios: Haré que sean repugnantes (no atractivos) a tu pueblo, a no ser que se arrepientan de sus iniquidades.

23 Y malditos serán los descendientes de aquel que se mezcle con la posteridad de ellos; porque serán maldecidos con la misma maldición (a causa de sus decisiones, el Espíritu del Señor también se tendrá que retirar de ellos). Y el Señor lo habló; y así fue.

24 Y a causa de la maldición que vino sobre ellos (debido a que el Espíritu del Señor se había retirado), se convirtieron en un pueblo ocioso, lleno de maldad y astucia, y cazaban animales salvajes en el desierto.

25 Y el Señor Dios me dijo (a mí Nefi): Serán un azote (un castigo; un problema y aflicción) a tus descendientes para estimularlos a que se acuerden de mí; y si no se acuerdan de mí, ni escuchan mis palabras, los (lamanitas) castigarán (a los nefitas) hasta la destrucción.

26 Y acaeció que yo, Nefi, consagré

a Jacob y a José para que fuesen sacerdotes y maestros sobre la tierra de mi pueblo.

Los estudiantes de las escrituras a menudo preguntan si el sacerdocio de que se habla aquí era el Aarónico o el de Melquisedec. Era el de Melquisedec. Joseph Fielding Smith lo explicó así (**negrita** agregada para resaltar):

"**Los** nefitas eran descendientes de José. Lehi descubrió esto al leer las planchas de bronce. Él era descendiente de Manasés, y la familia de Ismael, la cual acompañó a Lehi, era de la tribu de Efraín (Alma 10:3; *Improvement Era*, Vol. 8, pág. 718; J. Of D., Vol. 23, p. 184).

"**Por** lo tanto no había Levitas acompañando a Lehi en el hemisferio occidental. En estas condiciones **los nefitas oficiaron en virtud del sacerdocio de Melquisedec desde los días de Lehi hasta el tiempo de la aparición de nuestro Salvador entre ellos**. Si bien es cierto que Nefi 'consagró a Jacob y José' para que fueran *sacerdotes* y *maestros* sobre la tierra de los nefitas, el hecho de que los términos sacerdotes y maestros estén en plural indica que no se trataba de un oficio definido del sacerdocio. Más bien, se trataba de una asignación general para enseñar, dirigir y amonestar al pueblo. De otro modo, los términos *sacerdote* y *maestro* se hubieran dado en singular. Hay más luz en referencia a la ordenación de estos dos hermanos de Nefi al sacerdocio de Melquisedec. Así se indica en el segundo versículo del capítulo seis del Segundo Libro de Nefi, en donde Jacob nos explica sobre el sacerdocio que él y José tenían: 'He aquí, amados hermanos míos, que yo, Jacob, habiendo sido llamado por Dios y *ordenado conforme a su santo orden*, y habiendo sido consagrado por mi hermano Nefi, a quien tenéis por rey o protector, y de quien dependéis para que os dé seguridad, he aquí, vosotros sabéis que os he hablado muchísimas cosas'.

"**Esto** parece ser una confirmación de que las ordenaciones que él y su hermano José recibieron eran del Sacerdocio de Melquisedec. Por todo el Libro de Mormón encontramos referencias a los nefitas oficiando en virtud del Sacerdocio Mayor conforme al santo orden" (Sacerdocio de Melquisedec) (José Fielding Smith, *Answers to Gospel Questions*, 5 vols. Salt Lake City: Deseret Book, 1957–1966, 1: 124.)

27 Y aconteció que **vivimos de una manera feliz.**

28 Y habían transcurrido treinta años desde que salimos de Jerusalén.

29 Y yo, Nefi, había llevado los anales de mi pueblo hasta entonces sobre mis planchas (las Planchas Mayores de Nefi), las que yo había hecho.

30 Y sucedió que el Señor Dios me dijo: Haz otras planchas (las Planchas Menores de Nefi, y la

traducción de estas es lo que estamos leyendo ahora); y grabarás sobre ellas (las Planchas Menores) muchas cosas que son gratas a mis ojos, para el beneficio de tu pueblo.

31 Por tanto, yo, Nefi, para ser obediente a los mandatos del Señor, fui e hice estas planchas (las Planchas Menores) sobre las cuales he grabado estas cosas.

32 Y grabé lo que es agradable a Dios. Y si mi pueblo se complace con las cosas de Dios, se complacerá con mis grabados que están sobre estas planchas.

33 Y si mi pueblo desea saber la parte más particular de la historia de mi pueblo, debe buscarla en mis otras planchas (las Planchas Mayores de Nefi).

34 Y bástame decir que habían transcurrido cuarenta años, y ya habíamos tenido guerras y contiendas con nuestros hermanos.

SEGUNDO NEFI 6

Ahora Nefi escribe algunas enseñanzas de su hermano Jacob, mientras que Jacob enseña al pueblo de Nefi. Probablemente, en ese periodo, Jacob tiene entre 35 y 45 años de edad. Este profeta repasará la historia de los judíos, y al hacerlo, nos recordará que nosotros—Israel—tenemos mucho que hacer, y que debemos venir a Cristo y

permanecer fieles para poder volver a Dios.

1 Las palabras de Jacob, hermano de Nefi, las cuales habló al pueblo de Nefi:

2 He aquí, amados hermanos míos, que yo, Jacob, habiendo sido llamado por Dios y ordenado conforme a su santo orden (se me ha conferido el Sacerdocio de Melquisedec), y habiendo sido consagrado (apartado) por mi hermano Nefi, a quien tenéis por rey o protector, y de quien dependéis para que os dé seguridad, he aquí, vosotros sabéis que os he hablado muchísimas cosas (ya os he enseñado muchas cosas).

3 Sin embargo, os hablo otra vez, porque anhelo (mi deseo y prioridad es) el bienestar de vuestras almas. Sí, grande es mi preocupación por vosotros, y a vosotros mismos os consta que siempre lo ha sido. Porque os he exhortado con toda diligencia y os he enseñado las palabras de mi padre (Lehi); y os he hablado tocante a todas las cosas que están escritas, desde la creación del mundo.

Así como Nefi hizo referencia a las palabras de Isaías para enseñar a su pueblo (véase 1 Nefi 20–21), también Jacob hará uso de Isaías. La última frase del versículo 4, a continuación, resume lo que el estudio de Isaías hará por nosotros. Nos ayudará a "glorificar" a Dios al llevar una vida digna de regresar con Él y llegar a ser dioses nosotros mismos (compárese con Moisés 1:39).

4 Y ahora bien, he aquí, quisiera hablaros acerca de cosas que son y que están por venir (el futuro); por tanto (para poder hacer esto), os leeré las palabras de Isaías. Y son las palabras que mi hermano ha deseado que os declare. Y os hablo para vuestro bien, **para que conozcáis y glorifiquéis el nombre de vuestro Dios**.

5 Ahora bien, las palabras que os leeré son las que habló Isaías acerca de toda la casa de Israel (esto nos incluye a nosotros); por tanto, se os pueden aplicar, porque pertenecéis a la casa de Israel. Y hay muchas cosas que Isaías ha hablado, las cuales se os pueden aplicar, pues sois de la casa de Israel.

> **Básicamente**, Jacob citará los mismos pasajes de Isaías que Nefi utilizó en 1 Nefi 20–21. Primero citará a Isaías en los versículos 6 y 7, y luego explicará cómo estos versículos se aplican a los judíos.

6 Y éstas son las palabras: Así dice el Señor Dios: He aquí, yo alzaré mi mano a los gentiles, y levantaré mi estandarte (el evangelio; la iglesia verdadera) a los pueblos; y traerán en brazos a tus hijos, y en hombros llevarán a tus hijas (los líderes de las naciones ayudarán en los últimos días con el recogimiento de Israel).

7 Y reyes (líderes de naciones) serán tus ayos (maestros o tutores; ayudarán en el recogimiento), y sus reinas, tus nodrizas (niñeras, crianderas); con el rostro hacia la tierra se postrarán ante ti (se humillarán en tu presencia) y lamerán el polvo de tus pies (y te servirán y se asombrarán por ti); y sabrás que yo soy el Señor (y entonces verás que mis promesas se han cumplido); porque los que me esperan (los que confían en mí) no serán avergonzados (decepcionados).

8 Y ahora yo, Jacob, quisiera hablar algo concerniente a estas palabras (explicaré ahora estas palabras). Porque he aquí, el Señor me ha manifestado que los que se hallaban en Jerusalén (los judíos), de donde vinimos, han sido destruidos y llevados cautivos (la cautividad de Babilonia; véase *Bible Dictionary*, pág. 639).

9 No obstante, el Señor me ha mostrado que (los judíos) volverán otra vez. (Y lo hicieron, aproximadamente en el año 538 a.C. cuando Ciro de Persia conquistó Babilonia con suma facilidad y permitió que los judíos cautivos regresaran a Jerusalén). Y también me ha mostrado que el Señor Dios, el Santo de Israel (Cristo), se ha de manifestar a ellos en la carne (Jesús se mostrará a Sí mismo a los judíos y vivirá entre ellos como un ser mortal); y que después que se haya manifestado (a los judíos), lo azotarán y lo crucificarán, según las palabras del ángel que me lo comunicó.

10 Y después que (los judíos) hayan empedernido (endurecido como piedras) sus corazones y endurecido sus cervices contra el Santo de Israel (contra el Salvador), he aquí, los juicios (los castigos) del Santo de Israel vendrán sobre ellos. Y se aproxima el día en que (los judíos) **serán heridos y afligidos**.

11 Por lo que, después que sean **echados de un lado a otro**, pues así dice el ángel (esto es lo que el ángel me explicó), muchos serán afligidos en la carne (experimentarán mucho sufrimiento físico), y no se les permitirá perecer (los judíos no serán destruidos por completo) a causa de las oraciones de los fieles; y serán **dispersados** y **heridos** y **odiados**; sin embargo, el Señor será misericordioso con ellos, para que **cuando lleguen al conocimiento de su Redentor, sean reunidos de nuevo en las tierras de su herencia**.

12 Y benditos son los gentiles (en este contexto, los no judíos), acerca de quienes el profeta ha escrito; porque he aquí, si es que se arrepienten y no luchan contra Sión, ni se unen a esa grande y abominable iglesia (la iglesia del diablo, que significa el reino de Satanás, maldad, iniquidad, etc.; véase 1 Nefi 22:23), serán salvos; porque el Señor Dios cumplirá sus convenios que ha hecho a sus hijos; y por esta causa el profeta ha escrito estas cosas.

13 Por tanto, los que luchen contra Sión y contra el pueblo del convenio del Señor lamerán el polvo de sus pies (al final, los justos triunfarán sobre los inicuos); y el pueblo del Señor no será avergonzado (desilusionado). Porque los del pueblo del Señor son aquellos que lo esperan (que confían y dependen de Él); pues todavía esperan la venida del Mesías (en ese tiempo, sobre el año 550 a.C.).

En el versículo 14, a continuación, Jacob explica que Isaías habló de dos ocasiones importantes en referencia al regreso de los judíos. La primera tuvo lugar cuando estos regresaron de su cautividad en Babilonia en dos oleadas, una en el año 538 a. C. y la otra en el año 520 a. C. (véase 2 Reyes 24). El segundo regreso importante de los judíos tendrá lugar en los últimos días. Estamos presenciando el cumplimiento de esta profecía en nuestro día. Sin embargo, nos damos cuenta de que a pesar de que una parte de este recogimiento a sus tierras de origen está en pleno proceso, el "recogimiento" más importante profetizado, es decir, el ser recogidos para Cristo, todavía no ha hecho mucho progreso.

Joseph Fielding Smith nos dice lo siguiente al respecto:

"**No** muchos de los judíos, según lo que leo en las Escrituras, creerán en Cristo antes que Él venga. El Libro de Mormón nos dice que empezarán a creer en Él [véase 2 Nefi 30:7]. Actualmente están empezando a creer en Él. Los judíos en la actualidad consideran a Cristo como un gran Rabino. Lo han aceptado como uno de sus más grandes maestros; han dicho que 'Él es judío de judíos; el Rabino más sobresaliente de todos ellos'. Así es como uno lo ha declarado. Cuando se restauró el evangelio en 1830, si un judío hubiese mencionado el nombre de Cristo en una de las sinagogas, se le habría reprendido. Si un rabino se hubiera referido a Él, la congregación se habría puesto en pie y abandonado el edificio. De modo que, vemos que el estado de ánimo ha cambiado. Yo declaro esto por lo que he sabido de fuentes judías que están empezando a creer en Cristo, y algunos de ellos están aceptando el evangelio".

"**Y** así la mayoría en su incredulidad se congregará en Jerusalén; el evangelio les será predicado y algunos de ellos creerán. No todos los gentiles han creído cuando se les ha proclamado el evangelio, de igual manera el cuerpo principal de los judíos que se haya congregado allí no recibirá a Cristo como su Redentor hasta que Él mismo venga y se manifieste a ellos (Joseph Fielding Smith,

Doctrines of Salvation, 3:9; El Libro de Mormón: Manual del Alumno de Religión; Rel. 121 y 122, pág. 27, 1996).

14 Y he aquí, según las palabras del profeta (Isaías), el Mesías se dispondrá por segunda vez a restaurarlos (el regreso de los judíos en los últimos días); por lo tanto, cuando llegue el día en que en él crean, él se manifestará a ellos con poder y gran gloria (quizás se refiere, entre otras cosas, a la aparición del Salvador en el Monte de los Olivos), hasta la destrucción de sus enemigos, y no será destruido ninguno que crea en él.

A continuación se hace referencia a algunas de las señales de los tiempos.

15 Y los que no crean en él serán destruidos tanto por fuego, como por tempestades, y por temblores de tierra, por la efusión de sangre y por pestilencia y por hambre. Y sabrán que el Señor es Dios, el Santo de Israel.

A continuación, Jacob cita a Isaías, y a la vez nos hace una pregunta muy importante. Teniendo en cuenta este contexto, y considerando que Jacob está profetizando sobre los judíos, incluiremos algunas notas que se refieren a los judíos.

16 ¿Pues será quitada la presa (los judíos, los cuales han sido víctimas durante siglos) al poderoso (librada de sus enemigos poderosos)? o ¿será librado (de sus enemigos) el cautivo legítimo (el pueblo del convenio)? (La respuesta es "¡Sí!" tal y como se enfatiza seguidamente, en el versículo 17).

17 Empero (sin embargo) así dice el Señor: Aun los cautivos le serán quitados al poderoso (los judíos, los cuales han sido perseguidos de una manera tan terrible por sus poderosos enemigos serán librados) y la presa (víctimas) del tirano será librada; (y esto se hará) porque el Dios Fuerte librará a su pueblo del convenio. Pues así dice el Señor: Yo contenderé con aquellos que contiendan contigo (Yo, el Señor, lucharé vuestras batallas);

18 y a los que te oprimen daré de comer su propia carne (volveré a tus enemigos el uno contra el otro); y con su propia sangre serán embriagados como con vino dulce (celebrarán el hecho de luchar unos contra otros); y conocerá toda carne que yo, el Señor, soy tu Salvador y tu Redentor, el Fuerte de Jacob (porque las profecías en cuanto al recogimiento de los judíos se cumplirán de manera muy evidente).

SEGUNDO NEFI 7

Al seguir adelante con nuestro estudio de Segundo Nefi, leeremos muchos de los pasajes del Profeta Isaías. Considerando que Isaías utiliza mucho simbolismo, y teniendo en cuenta que el Señor utiliza simbolismo en muchos contextos y lugares, incluyendo el templo, etc., —y todo esto para enseñarnos— vamos a incluir aquí una lista de elementos simbólicos que se utilizan comúnmente en las escrituras.

SIMBOLISMO TIPICO EN LAS ESCRITURAS

Colores

blanco pureza; rectitud; exaltación (Ejemplo: Apoc. 3:4–5)

negro maldad; hambre; oscuridad (Ejemplo: Apoc. 6:5–6)

rojo pecados; derramamiento de sangre (Ejemplo: Apoc. 6:4; DyC 133:51)

azul cielo; divinidad; recordar y guardar los mandamientos de Dios (Ejemplo: Números 15:37–40)

verde vida; naturaleza (Ejemplo: Apoc. 8:7)

ámbar sol; luz; gloria divina (Ejemplo: DyC 110:2, Apoc. 1:15, Ezeq. 1:4, 27; 8:2)

escarlata o púrpura lealtad (Ejemplo: Dan. 5:29; Mateo 27:28–29)

plata dignidad, pero menos que el oro (Ejemplo: *Ridges, Isaías Made Easier, Isa. 48:10, notas*)

oro lo mejor de todo; exaltación (Ejemplo: Apoc. 4:4)

Números

1 unidad; Dios

3 Dios; Trinidad; una palabra repetida tres veces es un superlativo, "lo máximo", "lo mejor" (véase Isa. 6:3)

4 hombre; tierra (véase *Smith's Bible Dictionary*, p. 456) (Ejemplo: Apoc. 7:1. Cuatro ángeles sobre las cuatro partes de la tierra)

7 completo; perfección. Cuando el hombre permite que Dios le ayude, es guiado a la perfección. (hombre + Dios = perfección)   4 + 3 = 7

10 número de perfección; bien organizado (Ejemplo: Diez Mandamientos, Diezmo) (Ejemplo: Satanás está bien organizado, Apoc. 13:1)

12 gobierno divino; organización de Dios (Ejemplo: TJS Apoc. 5:6)

40 días literal; a veces significa "mucho tiempo" como en 1 Sam. 17:16

sin fin, para siempre; a veces puede significar un periodo de tiempo específico o una época, no sin fin, (véase *BYU Religious Studies Center Newsletter* Vol. 8, No. 3, mayo 1994)

Partes del cuerpo

ojo percepción; luz y conocimiento

cabeza gobierno

oídos obediencia; escuchar

boca hablar

cabello modestia; cubrir

miembros o partes del cuerpo oficios y llamamientos

corazón hombre interior; coraje, valor

manos acción, actuar

mano derecha mano del convenio; hacer convenios

entrañas centro de emociones; ser completo

lomos posteridad; prepararse para la acción (ceñid vuestros lomos)

hígado centro de sentimientos

riñones centro de deseos, pensamientos

brazo poder

pie movilidad; fundamento

dedo del pie se relaciona con ritos de limpieza (Ejemplo: Lev. 14:17)

nariz ira (Ejemplo: 2 Sam. 22:16; Job 4:9)

lengua hablar

sangre vida del cuerpo

rodilla humildad; sumisión

hombre fuerza; esfuerzo

frente dedicación total, lealtad (Ejemplo: Apoc.14:1—lealtad

a Dios); Apoc. 13:16 (lealtad a
Satanás, al mal)

Otros

caballo victoria; poder para
conquistar (Ejemplo: Apoc.
19:11; Jer. 8:16)

burro paz (Ejemplo: Cristo
vino en paz en su Entrada
Triunfal)

palmas gozo; triunfo, victoria (Ejemplo: Juan 12:13;
Apoc.7:9)

alas poder para moverse,
actuar, etc. (Ejemplo: Apoc.
4:8; DyC 77:4)

corona poder; dominio;
exaltación (Ejemplo: Apoc.
2:10; 4:4)

ropas realeza; reyes, reinas;
exaltación (Ejemplo: Apoc.
6:11, 7:14; 2 Ne. 9:14 DyC
109:76; 3 Ne. 11:8)

Al proceder con 2 Nefi 7,
veremos que Jacob va a citar el
capítulo 50 de Isaías tal cual lo
conocemos en la Biblia. Aquí nos
encontramos con una pregunta
importante, ¿Quién ha dejado
a quién cuando las personas
se encuentran a sí mismas
espiritualmente distanciadas de
Dios? Otra pregunta que hace
Isaías básicamente es "¿Por
qué no vienes a Cristo? ¿Acaso
ha perdido Él su poder para
salvarte?"

En este capítulo en concreto,
aprendemos sobre una de las
torturas horribles que sufrió
el Salvador durante su juicio y
crucifixión. Se trata de arrancar

los pelos de la barba y bigote
a estirones. En este capítulo,
Isaías habla del futuro como si
ya hubiese acontecido.

1 (El Señor hace la pregunta, "¿Me
he divorciado yo de ti o tú te divor-
ciaste de mí?" "¿Te dejé yo o me
dejaste tú? ¿Rompí yo mis convenios
contigo o tú rompiste tus convenios
conmigo?") Sí, porque esto dice el
Señor: ¿Te he repudiado (me he
divorciado de ti) yo, o te he echado de mi lado para siempre? Pues
así dice el Señor: ¿Dónde está la
carta de divorcio de tu madre? ¿A
quién te he abandonado, o a cuál
de mis acreedores te he vendido?
Sí, ¿a quién te he vendido? (¿Fui
Yo el que te vendió?) He aquí, por
vuestras maldades os habéis vendido (¡vosotros lo atrajisteis sobre
vosotros mismos!), y por vuestras
iniquidades es repudiada (dispersada y afligida) vuestra madre (tu
nación apóstata; Oseas 2:2).

2 Por tanto, cuando (Yo Jesús) vine,
no hubo nadie (que me recibiera
como el Mesías); cuando llamé,
nadie respondió. Oh casa de Israel,
¿se ha acortado mi mano para no
redimir?, o ¿no hay en mí poder para
librar (he perdido Yo mi poder)? He
aquí, con mi represión (mandato)
hago secar el mar; vuelvo sus ríos en
desiertos, sus peces hieden porque
las aguas se han secado, y mueren de
sed. (No he perdido mi poder).

3 Visto de obscuridad los cielos, y de cilicio hago su cubierta. (Puedo hacer que el cielo se oscurezca durante el día como si estuviera de duelo por los muertos. De hecho esto acontecerá durante la crucifixión de Jesús; véase Mateo 27:45).

4 El Señor Dios (el Padre) me dio (a mí, Jesús; véase el versículo 6) lengua de sabios (el Padre me enseñó bien) para saber hablarte (palabras de consuelo y fortaleza) en sazón (a su tiempo), oh casa de Israel. Cuando estás cansada, él vela de aurora a aurora (de amanecer a amanecer); él abre mi oído para que oiga como los sabios (Biblia en Alemán, edición de Lutero: "Él, el Padre, constantemente se comunica conmigo y yo escucho como su discípulo").

5 El Señor Dios (el Padre) me abrió el oído, y no fui rebelde (¿te enteras, Israel?) ni me torné atrás (cumplí con mi llamamiento, la expiación; vosotros también debéis cumplir con el vuestro, tal cual os es dado en 1 Nefi 21:6).

Isaías profetiza ahora sobre algunos detalles específicos que tienen que ver con la crucifixión de Cristo.

6 Entregué mis espaldas al heridor (torturador; véase Mateo 27:26), y mis mejillas a los que arrancaban la barba (arrancaron los pelos de mi barba). No escondí mi rostro de la humillación ni del esputo (escupitajo; flema); (pues mi tiempo para la crucifixión había llegado).

7 Porque el Señor Dios (Padre) me ayudará, de modo que no seré confundido (no se me puede parar o detener en mi llamamiento y mi misión). Por eso he puesto mi rostro como pedernal (me he comprometido a pasar por esta prueba), y sé que no seré avergonzado (no voy a abandonar, no voy a fracasar).

8 Y el Señor (el Padre; véase el versículo 9; también podría referirse a Isaías) está cerca, y me justifica (aprueba todo lo que yo hago). ¿Quién contenderá conmigo? (¿quién está dispuesto a ir contra tales posibilidades?) Presentémonos juntos (vayamos a juicio, como si fuéramos ante un tribunal de justicia). ¿Quién es mi adversario? Acérquese a mí (que me mire), y yo lo heriré con la fuerza de mi boca (al final vencerá la verdad que sale de Mi boca).

La frase "y lo heriré con la fuerza de mi boca" que aparece en el versículo 8, arriba, no se encuentra en nuestra Biblia. Una vez más podemos ver que las planchas de bronce contenían un registro más exacto de las enseñanzas de Isaías.

9 Porque el Señor Dios (el Padre) me ayudará. Y todos los que me condenen, he aquí, todos envejecerán como ropa de vestir, y la polilla se los comerá (los inicuos tendrán

sus días, y después cosecharán su castigo).

10 ¿Quién hay entre vosotros que teme (respeta) al Señor, que obedece la voz de su siervo (los profetas), que anda en tinieblas y carece de luz? (Respuesta: nadie, pues el Señor bendice a sus seguidores con luz).

11 He aquí, todos vosotros (los inicuos) que encendéis fuego, que os rodeáis de centellas (chispas brillantes), andad a la luz de vuestro fuego y de las centellas que encendisteis (tratáis de vivir sin Dios, de acuerdo con vuestra propia "luz" y filosofías). Esto os vendrá de mi mano: en angustia yaceréis (a aquellos que tratan de vivir sin Dios les espera la miseria).

SEGUNDO NEFI 8

A continuación, Isaías hablará primero a los justos y enseñará un curso sobre perspectivas. Nos recuerda a todos que no debemos vendernos por poco. Por el contrario, debemos recordar quiénes somos y vivir para desarrollar nuestro potencial.

1 Oídme, los que seguís la rectitud (el Señor está hablando ahora a los justos). Mirad a la roca (lo bueno, roca sólida—Abraham y Sara) de donde fuisteis cortados, y al hueco de la cantera de donde os sacaron (considerad vuestros orígenes; ¡en realidad tenéis inmenso valor!).

2 Mirad a Abraham vuestro padre, y a Sara que os dio a luz (Abraham y Sara, ambos tienen la misma valía e importancia); porque lo llamé a él solo (cuando no tenía hijos), y lo bendije (véase Abraham 2:9–11).

3 Porque el Señor consolará a Sión; consolará todas sus soledades y tornará su desierto en Edén, y su soledad en huerto del Señor (el Jardín de Edén). Allí habrá alegría y gozo, alabanza y voz de melodía (un galardón maravilloso para los justos).

4 ¡Atiende a mi palabra (a Cristo), oh pueblo mío, y escúchame, nación mía!, porque de mí saldrá una ley (enseñanzas, doctrinas; véase la nota 'a' en Isaías 51:4, en la Biblia), y estableceré mi justicia para luz del pueblo (mis leyes traerán luz a las naciones).

El Señor le recuerda a los justos que Su expiación y Su evangelio siempre están cerca y disponibles para todos ellos.

5 Cercana (disponible para vosotros y muy cerca) está mi justicia (mi habilidad para salvaros; triunfo); salido ha mi salvación, y mi brazo juzgará a los pueblos. En mí esperarán (confiarán, dependerán) las islas (naciones del mundo), y en mi brazo (mi poder) confiarán.

A continuación, Isaías nos recuerda que podemos contar y confiar completamente y totalmente en la salvación que viene a través del Señor. No importa lo que pase, siempre funcionará.

6 Alzad a los cielos vuestros ojos, y mirad la tierra abajo; porque los cielos se desvanecerán como humo (DyC 29:23–24), y la tierra se envejecerá como ropa de vestir; y de igual manera perecerán sus moradores. Pero mi salvación (la salvación que os traigo) será para siempre, y mi justicia (triunfo, victoria) no será abrogada (eliminada). (Este es un mensaje alegre de esperanza; compárese con DyC 1:38).

7 Oídme, los que conocéis la rectitud (vosotros que sois justos), pueblo en cuyo corazón he escrito mi ley (vosotros que habéis llevado mi evangelio al corazón): No temáis la afrenta (los insultos) del hombre, ni tengáis miedo de sus ultrajes (críticas dañinas).

8 Porque como a vestidura los comerá la polilla (los inicuos que se revelen contra los justos se desvanecerán como la ropa que se come la polilla), como a la lana los consumirá el gusano. Pero (al final) mi justicia (salvación y liberación) permanecerá perpetuamente, y mi salvación de generación en generación (por toda la eternidad).

Isaías ahora representa a Israel como si estuviera respondiendo a las promesas que el Señor le ha hecho en los versículos anteriores. El Israel justo invitará ahora al Señor a que ejerza Su poder a favor de ellos, tal y como ya lo hizo en tiempos antiguos.

9 ¡Despierta, despierta; vístete de poder, oh brazo (símbolo de poder) del Señor! Despierta como en los días antiguos (ayúdanos como lo hiciste en días pasados). ¿No eres tú el que cortó a Rahab (redujo el tamaño de Egipto; Rahab es un monstruo marítimo de la mitología de la época y representa simbólicamente a Satanás y a las naciones que le sirven) e hirió al dragón (Satanás; véase Apoc. 12:7–9)?

10 ¿No eres tú el que secó el mar (el Mar Rojo), las aguas del gran abismo; quien tornó las profundidades del mar en camino, para que pasaran (la separación del Mar Rojo) los redimidos? (¿no redimiste o libraste a los Hijos de Israel de los egipcios y el poder de Egipto? Esto simboliza cómo la expiación nos redime o rescata de nuestros propios pecados).

11 Por tanto (debido a tu poder), los redimidos del Señor volverán (el recogimiento), e irán a Sión cantando; y perpetuo gozo y santidad habrá sobre sus cabezas; alegría y regocijo alcanzarán, y huirán el dolor y el llanto (las consecuencias o resultados finales de la rectitud).

El Señor responde ahora a la petición del Israel justo (véase el versículo 9, arriba).

12 Yo soy aquél; sí, yo soy el que os consuela. He aquí, ¿quién eres tú para temer al hombre (hombre mortal), que es mortal (confía en Dios, no en el hombre), y al hijo del hombre (hombres mortales), que será como el heno (su gloria será muy corta, como la vida de la hierba)?

13 ¿Y para olvidar al Señor tu Hacedor, que extendió los cielos y fundó la tierra (¿cómo podéis olvidarme, a Vuestro Creador, después de todo lo que he hecho por vosotros?); y temer continuamente todos los días a causa del furor del opresor (los que capturaron a Israel, los cuales la han oprimido), como si estuviera presto para destruir? (Biblia en alemán: cuya intención es destruir; ¿por qué vivís atemorizados de los hombres mortales?) ¿Y en dónde está el furor del opresor? (Si vivís rectamente, llegará el día en que los enemigos no podrán haceros más daño).

14 El cautivo desterrado se da prisa para ser suelto (llegará el día en que Israel será liberado; véase Isaías 52:1–2), para que no muera en la celda (no morirá en cautividad), ni le falte su pan (ni haya hambre, etc.).

15 Pero yo soy el Señor tu Dios, cuyas olas se embravecieron (para que las tropas de Faraón se ahogaran en el Mar Rojo; véase 1 Nefi 4:2); el Señor de los Ejércitos es mi nombre.

16 Y en tu boca he puesto mis palabras (os he dado mi evangelio), y con la sombra de mi mano te cubrí (protegí), para yo extender los cielos, y fundar los cimientos de la tierra (Yo creé los cielos y la tierra), y decir a Sión: He aquí, tú eres mi pueblo (no te he abandonado; no he desertado).

17 ¡Despierta, despierta, levántate, oh Jerusalén, tú que has bebido de la mano del Señor el cáliz (copa) de su furor; que has bebido del cáliz de temor (has pagado un precio espantoso por tu iniquidad) hasta las heces (los restos amargos en el fondo de la copa o cáliz)!

18 De todos los hijos que dio a luz (has pasado muchos años sin profetas), no hay quien la guíe (a Israel); ni quien la tome de la mano, de todos los hijos que crió (has pasado muchos años sin profetas).

19 A ti han venido estos dos hijos (dos profetas en los últimos días que ayudarán a que los judíos no sean completamente exterminados por sus enemigos; véase Apoc. 11) que te compadecerán (los cuales te cuidarán) —tu asolamiento y destrucción, y el hambre y la espada—y ¿con quién te consolaré yo?

20 Tus hijos (tu gente, los de tu

pueblo) desfallecieron (Biblia en alemán: están en su último aliento), con excepción de estos dos (los dos profetas en Apocalipsis 11); (los de tu pueblo) se hallan tendidos en las encrucijadas de todas las calles (Biblia en alemán: están siendo destruidos por la derecha y la izquierda); como toro salvaje en una red (significa que están atrapados en una red que ha sido tejida con sus propias iniquidades), llenos están del furor del Señor (están recibiendo la furia, la ira, el juicio completo del Señor), de la represión de tu Dios (los castigos de Dios).

21 Por tanto, oye esto ahora, tú (Israel), afligida y ebria (has perdido el control), mas no de vino (sino de iniquidad),

22 así dice tu Señor, el Señor y tu Dios que aboga la causa de su pueblo (que no te ha abandonado): He aquí, he quitado de tu mano el cáliz de temor, las heces del cáliz de mi furor; nunca más lo volverás a beber (Cristo salvará a los judíos en los últimos días; véase 2 Nefi 9:1–2).

23 Sino lo pondré (el cáliz) en manos de los que te afligen (tus enemigos recibirán aquello que te dieron), los que dijeron a tu alma: Póstrate para que pasemos por encima (¡túmbate y así te pisoteamos!); y tú pusiste tu cuerpo como el suelo, y como la calle, para los que pasaran por encima (has sido pisoteada por tus enemigos).

24 ¡Despierta, despierta, vístete de tu poder, oh Sión (vuelve a usar correctamente el sacerdocio; véase DyC 113:7–8)! ¡Vístete tus ropas de hermosura (vístete con tus mejores ropas y prepárate para estar con el Salvador; véase Apoc. 21:2–3), oh Jerusalén, ciudad santa! Porque nunca más vendrá a ti el incircunciso ni el inmundo (los inicuos, los malvados).

25 ¡Sacúdete del polvo (el polvo de haber sido pisoteada, versículo 23; véase también 2 Nefi 13:26), levántate (y que ya no caminen más sobre ti, versículo 23) y toma asiento (con dignidad, al fin redimida), oh Jerusalén! ¡Suelta las ataduras (libérate a ti misma) de tu cuello (de la cautividad, esclavitud, maldad), oh cautiva hija de Sión!

SEGUNDO NEFI 9

Jacob ha citado a Isaías, y se ha valido de este gran profeta para enfatizar que la expiación de Cristo verdaderamente puede librarnos del pecado. Básicamente, ha suplicado a su gente que acepten el don de la expiación que el Salvador nos ofrece a todos. Y ahora explicará estas enseñanzas de Isaías a su pueblo.

Quisiera recalcar nuevamente que el hecho de que los profetas del Libro de Mormón explican los escritos de Isaías nos da una ventaja sobre todas las demás personas; y también una responsabilidad de compartir nuestra comprensión del evangelio con todos los demás.

1 Ahora bien, amados hermanos míos, (yo Jacob) he leído estas cosas (los escritos de Isaías) para que sepáis de los convenios del Señor que ha concertado con toda la casa de Israel (en otras palabras, con todos nosotros),

2 que él ha declarado a los judíos por boca de sus santos profetas, aun desde el principio, de generación en generación, hasta que llegue la época en que sean restaurados a la verdadera iglesia y redil de Dios (según las cifras actuales, este hecho no se ha dado de una manera importante todavía), cuando sean reunidos en las tierras de su herencia, y sean establecidos en todas sus tierras de promisión.

3 He aquí, mis amados hermanos, os hablo estas cosas para que os regocijéis y levantéis vuestras cabezas para siempre, a causa de las bendiciones que el Señor Dios conferirá a vuestros hijos.

4 Porque sé que habéis escudriñado mucho, un gran número de vosotros, para saber acerca de cosas futuras; por tanto, yo sé que vosotros sabéis que nuestra carne tiene que perecer y

morir; no obstante, en nuestro cuerpo veremos a Dios (todos nosotros resucitaremos; véase el versículo 22).

5 Sí, yo sé que sabéis que él (Cristo) se manifestará en la carne (en un cuerpo físico mortal) a los de Jerusalén, de donde vinimos, porque es propio (es necesario) que sea entre ellos (que Cristo tenga que nacer y vivir entre los judíos); pues conviene (se requiere) que el gran Creador (Cristo) se deje someter al hombre en la carne y muera por todos los hombres, a fin de que todos los hombres queden sujetos a él. (En otras palabras, Cristo tuvo que "comprarnos" con Su vida para que estuviéramos completamente en deuda con Él. De este modo Él nos ofrece la ley de la misericordia y la oportunidad para aceptarla).

Jacob planteará ahora un caso a su pueblo, para que entiendan por qué necesitan la expiación.

6 Porque así como la **muerte** ha pasado sobre todos los hombres (antes o después todos vamos a morir), para cumplir el misericordioso designio del gran Creador (la muerte es una bendición; sin esta, no podríamos resucitar), también es menester que haya un poder de **resurrección**, y la resurrección debe venir al hombre por motivo de la **caída**; y la caída vino a causa de la **transgresión**; y por haber caído el hombre, fue **desterrado de la presencia del Señor**.

7 Por tanto, es preciso que sea una **expiación** infinita, pues a menos que fuera una expiación infinita, esta corrupción (el cuerpo mortal) no podría revestirse de incorrupción (no podríamos resucitar). De modo que el primer juicio (la caída) que vino sobre el hombre habría tenido que permanecer infinitamente (sin la expiación, los efectos de la caída habrían durado para siempre). Y siendo así, esta carne (nuestro cuerpo mortal) tendría que descender para pudrirse y desmenuzarse en su madre tierra, para no levantarse jamás (moriríamos y no resucitaríamos nunca).

> **Como** ya sabes, la expiación hizo posible que todos nosotros pudiéramos superar dos muertes, la muerte física y la muerte espiritual. En este momento, Jacob está resaltando lo que nos hubiera sucedido si Cristo no hubiera vencido la muerte física por nosotros. Estamos ante una doctrina suprema.

8 ¡Oh, la sabiduría de Dios, su misericordia y gracia! Porque he aquí, si la carne no se levantara más (si no resucitáramos), nuestros espíritus tendrían que estar sujetos a ese ángel (el diablo) que cayó de la presencia del Dios Eterno, y se convirtió en el diablo, para no levantarse más (Satanás nunca tendrá un cuerpo físico, por lo tanto, nunca llegará a obtener un cuerpo resucitado).

9 Y nuestros espíritus habrían llegado a ser como él, y nosotros seríamos diablos, ángeles de un diablo, para ser separados de la presencia de nuestro Dios y permanecer con el padre de las mentiras (Satanás), en la miseria como él; sí, iguales a ese ser que engañó a nuestros primeros padres (Adán y Eva), quien se transforma casi en ángel de luz (trata de aparecerse como un ángel de Dios para engañar a las personas; véase DyC 129 para saber las claves que nos ayudarán a prevenir ser engañados por Satanás y sus seguidores), e incita a los hijos de los hombres a combinaciones secretas de asesinato y a toda especie de obras secretas de tinieblas.

10 ¡Oh cuán grande es la bondad de nuestro Dios, que prepara un medio (la expiación) para que escapemos de las garras de este terrible monstruo; sí, ese monstruo, muerte e infierno, que llamo la muerte del cuerpo, y también la muerte del espíritu (la muerte espiritual; a un espíritu no se le puede matar o exterminar para que deje de existir)! (A través de la expiación, podemos superar o vencer ambas clases de muerte).

11 Y a causa del medio de redención de nuestro Dios, el Santo de Israel, esta muerte (la muerte física) de la cual he hablado, que es la temporal (física), entregará sus muertos; y esta muerte es la tumba.

12 Y esta muerte de que he hablado, que es la **muerte espiritual** (el ser separado de la presencia de Dios para siempre), entregará sus muertos (por medio del arrepentimiento y al ser perdonados gracias a la expiación de Cristo por los pecados); y esta **muerte espiritual es el infierno**. De modo que la muerte y el infierno han de entregar sus muertos, y el infierno (la muerte espiritual) ha de entregar sus espíritus cautivos, y la tumba sus cuerpos cautivos (muerte física), y los cuerpos y los espíritus de los hombres serán restaurados los unos a los otros (por medio de la resurrección); y es por el poder de la resurrección del Santo de Israel.

13 ¡Oh cuán grande es el plan de nuestro Dios! Porque por otra parte (ahora hablaremos de los justos), el paraíso de Dios ha de entregar los espíritus de los justos, y la tumba los cuerpos de los justos; y el espíritu y el cuerpo son restaurados de nuevo el uno al otro, y todos los hombres se tornan incorruptibles (reciben cuerpos resucitados imperecederos) e inmortales; y son almas vivientes, teniendo un conocimiento perfecto semejante a nosotros en la carne, salvo que nuestro conocimiento será perfecto (será perfecto en ese día, pero no es perfecto ahora).

Seguidamente, encontramos un gran punto doctrinal en el versículo 14. ¡Se nos enseña claramente que sí es posible tener un Día del Juicio gozoso! La primera parte del versículo nos muestra la miseria de los malvados (inicuos) en el día del juicio final, pero la segunda parte nos enseña en cuanto al gozo y deleite que tendrán los justos en ese día especial.

14 Por lo que (al comenzar este versículo observamos cómo Jacob, humildemente se incluye a sí mismo en esta categoría, a pesar de que sabemos que él pertenece a los justos) tendremos un conocimiento perfecto de toda nuestra culpa, y nuestra impureza, y nuestra desnudez; y los **justos**, hallándose vestidos de pureza, sí, **con el manto de rectitud**, tendrán un conocimiento perfecto de su **gozo** y de su rectitud.

Jacob está enfatizando la diferencia entre los inicuos y los justos, tal y como lo hace Isaías, para animarnos a ser justos y así ganar un gozo y felicidad eternos. A continuación, Jacob resaltará la importancia de la responsabilidad. Todo aquel que tenga sano juicio deberá rendir cuentas ante Dios, y nadie se puede eximir de dicha responsabilidad.

15 Y acontecerá que cuando todos los hombres hayan pasado de esta primera muerte (la muerte del cuerpo mortal) a vida (y resuciten), de modo que hayan llegado a ser inmortales, **deben comparecer ante el tribunal del Santo de Israel**; y entonces viene el juicio, y luego deben ser juzgados según el santo juicio de Dios.

Con respecto al versículo 15, arriba, Juan 5:22 nos dice que Cristo es el juez final, y que el Padre le ha transferido esta responsabilidad a Él.

16 Y tan cierto como vive el Señor, porque el Señor Dios lo ha dicho, y es su palabra eterna que no puede dejar de ser, **aquellos que son justos serán justos todavía, y los que son inmundos serán inmundos todavía**; por lo tanto, los inmundos son el diablo y sus ángeles (y así es como terminarán los inicuos si no se arrepienten); e irán al fuego eterno (remordimiento y castigo), preparado para ellos; y su tormento es como un lago de fuego y azufre, cuya llama asciende para siempre jamás, y no tiene fin.

17 ¡Oh, la grandeza y la justicia de nuestro Dios! Porque él ejecuta todas sus palabras, y han salido de su boca, y su ley se debe cumplir. (Tanto la ley de la justicia como la ley de la misericordia tendrán lo que les corresponde).

Ahora Jacob nuevamente resalta el gozo y el placentero estado que los justos tendrán eternamente. También repasará lo que se requiere para llegar a ser un "santo" o "estar sin mancha" (véase Bible Dictionary, págs. 767–68).

18 Mas he aquí, **los justos, los santos** del Santo de Israel, aquellos que han creído en el Santo de Israel, **quienes han soportado las cruces** (las pruebas y tribulaciones de los justos) **del mundo** y menospreciado la vergüenza (y no se avergüenzan de vivir y compartir abiertamente el evangelio, a pesar de las burlas, las pruebas y las persecuciones; véase Romanos 1:16) de ello, **éstos heredarán el reino de Dios** que fue preparado para ellos desde la fundación del mundo (el cual se planeó en los concilios premortales), **y su gozo será completo para siempre**.

19 ¡Oh, la grandeza de la misericordia de nuestro Dios, el Santo de Israel! Pues él libra a sus santos de ese terrible monstruo, el diablo y muerte e infierno, y de ese lago de fuego y azufre (simboliza el estar abrumado por la severa angustia que resulta de las obras de maldad, etc.) que es tormento sin fin. (Véase DyC 19:4–12 para aprender más sobre el "tormento sin fin").

20 ¡Oh, cuán grande es la santidad de nuestro Dios! Pues él sabe todas las cosas, y no existe nada sin que él lo sepa. (Él conoce todas sus creaciones y nuestros hechos desde el principio y no hay nada que le podamos ocultar).

A veces, algunos miembros de la iglesia se preguntan si Cristo pagó o no por los pecados de todas las personas, o si solamente por los de aquellos que finalmente se arrepienten de los pecados. Jacob responde a esta pregunta en el siguiente versículo.

21 Y (Cristo) viene al mundo para salvar a todos los hombres, **si** éstos escuchan su voz; porque he aquí, **él sufre los dolores de todos** los hombres, sí, los dolores de toda criatura viviente, **tanto hombres como mujeres y niños**, que pertenecen a la familia de Adán. (Así pues, vemos que Cristo pagó por todos los pecados, arrepentidos y no arrepentidos).

Si bien es cierto que Cristo pagó por todos los pecados, tanto los arrepentidos como los no arrepentidos, también es cierto que aquellas personas que se niegan a aceptar Su pago mediante el arrepentimiento de sus pecados, a estas se les dará de vuelta el "recibo" del pago de sus pecados y tendrán que padecer el castigo que les corresponde por dichos pecados (véase DyC 19:15–19).

22 Y sufre esto (Cristo experimentó Su sacrificio expiatorio) a fin de que la resurrección llegue a todos los hombres (Cristo superó la muerte física para todos), para que todos comparezcan ante él en el gran día del juicio (para que sea completamente justo para todos el hecho de que al final, todos los de sano juicio debemos rendir cuentas por nuestros hechos; seremos responsables).

A continuación, Jacob vuelve a revisar lo que debemos hacer para superar la muerte espiritual, es decir, el morir en cuanto a las cosas espirituales y el negarse el privilegio de volver a vivir con Dios eternamente.

23 Y él manda a todos los hombres **que se arrepientan y se bauticen** en su nombre, **teniendo perfecta fe en el Santo de Israel** (teniendo una fe perfecta en que Cristo los puede limpiar y hacer aceptables para estar en la presencia de Dios), o no pueden ser salvos en el reino de Dios.

24 Y si no se arrepienten, ni creen en su nombre, ni se bautizan en su nombre, ni perseveran hasta el fin, deben ser condenados (su progreso eterno se detendrá); pues el Señor Dios, el Santo de Israel, lo ha dicho.

El progreso eterno solo se aplica a los que alcanzan la exaltación en el reino celestial. Es decir, solo aquellos que viven como familias en la eternidad tendrán una progresión eterna. Aquellos que van a cualquier otra categoría en los tres grados de gloria, o a las tinieblas de afuera, estarán limitados eternamente.

25 Por tanto, él ha dado una ley; y donde no se ha dado ninguna ley, no hay castigo; y donde no hay castigo, no hay condenación; y donde no hay condenación, las misericordias del Santo de Israel tienen derecho a reclamarlos por motivo de la expiación;

porque son librados por el poder de él.

El versículo 25, arriba, debe estudiarse en el contexto que comprende todas las escrituras, o todo el Plan de Salvación. Este versículo nos enseña que Dios es completamente justo y que una persona a la que no se le ha enseñado correctamente, no es responsable todavía por esas leyes. Fuera de contexto podría entenderse como que solo algunas personas con "suerte" (que ya han alcanzado la edad de responsabilidad) podrán "conseguirlo" simplemente porque nunca se les enseñó el evangelio. Sin embargo, sabemos que no podemos salvarnos en la ignorancia del evangelio (véase DyC 131:6). Y también sabemos por que todos los que no tuvieron una oportunidad justa para aprender y aceptar el evangelio en esta vida, tendrán esa oportunidad en el mundo de los espíritus (véase DyC 138). Por lo tanto, la salvación no es "gratis". El versículo 26, a continuación, debe estudiarse en ese mismo contexto.

26 Porque la expiación satisface lo que su justicia demanda de todos aquellos a quienes no se ha dado la ley, por lo que son librados de ese terrible monstruo, muerte e infierno, y del diablo, y del lago de fuego y azufre (aquí el azufre es una expresión figurativa que nos recuerda que el sufrir por los pecados de uno mismo no es algo insignificante; véase DyC 19:15–19), que es

tormento sin fin; y son restaurados (por medio de oportunidades misericordiosas proporcionadas en el campo misional del mundo de los espíritus) a ese Dios que les dio aliento, el cual es el Santo de Israel.

27 ¡Pero ay de aquel a quien la ley es dada; sí, que tiene todos los mandamientos de Dios, como nosotros (es decir, aquellos que tienen un cúmulo completo de oportunidades aquí en la tierra), y que los quebranta, y malgasta los días de su probación, porque su estado es terrible!

Ahora Jacob dará su sermón famoso sobre el destino que les espera a aquellos que malgasten sus vidas mortales viviendo inicuamente. Comenzará con una advertencia para aquellos que logran una educación elevada sin tener fe en Cristo. (Compárese con DyC 88:118).

28 ¡Oh ese sutil plan del maligno! ¡Oh las vanidades, y las flaquezas, y las necedades de los hombres! **Cuando son instruidos se creen sabios, y no escuchan el consejo de Dios, porque lo menosprecian, suponiendo que saben por sí mismos**; por tanto, **su sabiduría es locura**, y de nada les sirve; y perecerán.

29 Pero **bueno es ser instruido, si hacen caso de los consejos de Dios.**

30 Mas ¡**ay de los ricos**, aquellos que son ricos según las cosas del

mundo! Pues porque son ricos **desprecian a los pobres**, y persiguen a los mansos, y **sus corazones están en sus tesoros**; por tanto, **su tesoro es su dios**. Y he aquí, su tesoro perecerá con ellos también.

31 ¡**Ay de los sordos** (espiritualmente sordos) **que no quieren oír!**, porque perecerán.

32 ¡**Ay de los ciegos** (espiritualmente ciegos) **que no quieren ver** (no quieren ver las verdades espirituales)!, porque perecerán también.

33 ¡**Ay de los incircuncisos de corazón** (aquellos que no son fieles a Dios en sus sentimientos más profundos)!, porque el conocimiento de sus iniquidades los herirá en el postrer día (véase el versículo 14).

34 ¡**Ay del embustero!**, porque será arrojado al infierno.

35 ¡**Ay del asesino** que mata intencionalmente (es decir, el asesinato premeditado o en primer grado)!, porque morirá.

36 ¡**Ay de los que cometen fornicaciones** (los que se deleitan en cualquier forma de inmoralidad sexual)!, porque serán arrojados al infierno.

37 Sí, ¡**ay de aquellos que adoran ídolos!**, porque el diablo de todos los diablos se deleita en ellos.

38 Y en fin (resumiendo), ¡**ay de todos aquellos que mueren en sus pecados!**, **porque volverán a Dios**, y verán su rostro y quedarán en sus pecados.

39 ¡Oh, mis amados hermanos, **recordad la horridez de transgredir contra ese Dios Santo**, y también lo horrendo que es sucumbir (ceder y escoger como parte del albedrío) a las seducciones de ese astuto ser (el diablo)! Tened presente que **ser de ánimo carnal es muerte** (trae la muerte espiritual), y **ser de ánimo espiritual es vida eterna** (trae exaltación y gloria celestial).

40 ¡Oh, amados hermanos míos, escuchad mis palabras! Recordad la grandeza del Santo de Israel. No digáis que he hablado cosas duras contra vosotros (no tengáis una actitud negativa en cuanto a lo que os he enseñado), porque si lo hacéis, ultrajáis (os reveláis contra) la verdad; pues he hablado las palabras de vuestro Hacedor. Sé que las palabras de verdad son duras contra toda impureza; mas **los justos no las temen, porque aman la verdad y son constantes**.

> **Tras** haber hablado de forma clara e inequívoca, ahora Jacob invitará con ternura a su pueblo a que sean leales a Cristo y a recordar que los caminos de la rectitud son simples. Por cierto, quizás hayas notado que la rectitud es simple y la iniquidad es complicada.

41 Así pues, amados hermanos míos, venid al Señor, el Santo. Recordad que sus sendas son justas. He aquí, la vía para el hombre es angosta, mas se halla en línea recta ante él (no hay nada que sea complicado en cuanto a la rectitud); y el guardián de la puerta es el Santo de Israel; y allí él no emplea ningún sirviente (podéis confiar completamente en el Salvador), y no hay otra entrada sino por la puerta (solo hay un camino que lleve a la salvación); porque él no puede ser engañado, pues su nombre es el Señor Dios.

42 Y al que llamare (una opción del albedrío para cada uno de nosotros), él abrirá; y los sabios (en sus propias mentes), y los instruidos (que no tienen fe en Cristo), y los que son ricos (cuyos corazones están puestos en sus riquezas), que se inflan (están llenos de orgullo) a causa de su conocimiento y su sabiduría y sus riquezas, sí, éstos son los que él desprecia (los que Él rechazará); y a menos que desechen estas cosas, y se consideren insensatos (reconozcan que necesitan sabiduría; humildes) ante Dios y desciendan a las profundidades de la humildad, él no les abrirá (la "puerta" del cielo).

43 Mas las cosas del sabio y del prudente (del que es realmente sabio y precavido) les serán encubiertas para siempre; sí, esa felicidad que está preparada para los santos.

44 ¡Oh, mis queridos hermanos, recordad mis palabras! He aquí, me quito mis vestidos y los sacudo ante vosotros (una señal propia de la cultura "judía" de Jacob, la cual significa que él ha dado el mensaje que Dios le pidió dar y que ahora la responsabilidad recae sobre ellos); ruego al Dios de mi salvación que me mire con su ojo que todo lo escudriña (Dios ve y sabe y recuerda todo lo que hacemos y pensamos; por lo tanto sus juicios son justos); por tanto, sabréis, en el postrer día, cuando todos los hombres sean juzgados según sus obras, que el Dios de Israel vio que sacudí vuestras iniquidades de mi alma, y que me presento con tersura (limpieza y brillantez) ante él, y estoy limpio de vuestra sangre (de ningún modo soy responsable por vuestros pecados).

45 ¡Oh, mis queridos hermanos, **apartaos de vuestros pecados! Sacudid de vosotros las cadenas de aquel** (el diablo) **que quiere ataros fuertemente; venid a aquel Dios que es la roca de vuestra salvación.**

A continuación, Jacob recuerda a los que le escuchan que ellos desempeñarán un papel en su juicio final. Los malvados tendrán un recuerdo perfecto de todos sus pecados. Por lo que respecta a los justos, estos pueden consolarse en la declaración que nos da el Señor en DyC 58:42 en cuanto a los pecados ya arrepentidos. Él dijo, "He aquí, quien se ha arrepentido de sus pecados es perdonado; y yo, el Señor, no los recuerdo más". Por lo tanto, aquellos pecados de los que uno ya se haya arrepentido correctamente no serán siquiera mencionados en el Día del Juicio.

46 Preparad vuestras almas para ese **día glorioso** (Día del Juicio) en que **se administrará justicia al justo**; sí, el día del juicio, a fin de que no os encojáis de miedo espantoso; para que no recordéis vuestra horrorosa culpa con claridad, y os sintáis constreñidos a exclamar: ¡Santos, santos son tus juicios, oh Señor Dios Todopoderoso; mas reconozco mi culpa; violé tu ley, y mías son mis transgresiones; y el diablo me ha atrapado, por lo que soy presa de su terrible miseria!

47 Mas he aquí, mis hermanos, ¿conviene (es necesario) que yo os despierte a la terrible realidad de estas cosas? ¿Atormentaría yo vuestras almas si vuestras mentes fueran puras? ¿Sería yo franco (sincero) con vosotros, según la claridad de la verdad, si os hallaseis libres del pecado?

48 He aquí, si fueseis santos, os hablaría de cosas santas; pero como no sois santos (en este momento no estáis caminando por el camino sencillo de la rectitud), y me consideráis como maestro, es menester que os enseñe las consecuencias del pecado

(para que escojáis volver al "sendero estrecho y angosto").

49 He aquí, mi alma aborrece el pecado, y mi corazón se deleita en la rectitud; y alabaré el santo nombre de mi Dios.

50 Venid, hermanos míos, todos los que tengáis sed, venid a las aguas (el "agua viva" de Cristo; véase Juan 4:10); y venga aquel que no tiene dinero (no necesitas ser rico para llegar al cielo), y compre y coma; sí, venid y comprad vino y leche (lo mejor de lo mejor, es decir, la exaltación), sin dinero y sin precio. (En otras palabras, el evangelio de Cristo está disponible para todos, sin importar el estatus o clase social, la riqueza personal, los títulos, diplomas, etc.).

51 Por lo tanto, no gastéis dinero en lo que no tiene valor, ni vuestro trabajo en lo que no puede satisfacer (eternamente). Escuchadme diligentemente, y recordad las palabras que he hablado; y venid al Santo de Israel (Cristo) y saciaos de lo que no perece ni se puede corromper, y deléitese vuestra alma en la plenitud. ("Plenitud" significa lo mejor, lo máximo; por lo tanto, en el versículo 51, arriba, sería un símbolo de exaltación).

52 He aquí, amados hermanos míos, **recordad las palabras de vuestro Dios; orad a él continuamente**

durante el día, y **dad gracias a su santo nombre en la noche. Alégrese vuestro corazón.**

La frase "alégrese vuestro corazón" en el versículo 52, arriba, puede ser muy importante para la satisfacción y el gozo personal. Por un lado, puede significar simplemente "regocíjate" o "alégrate". Por otro lado, puede significar "no temas ser feliz, con la ayuda del Salvador lo conseguirás".

Parece ser que el rey Benjamín estaba preocupado en cuanto a su condición ante el Señor al considerar las responsabilidades que tenía por su pueblo. Cuando el ángel se le apareció y le ayudó a prepararse para el discurso que daría a su gente, una de las primeras cosas que le dijo el ángel a Benjamín fue que el Señor había escuchado sus oraciones y que aquello que le declaraba era "a fin de que te regocijes" (véase Mosíah 3:4).

53 Y considerad cuán grandes son los convenios del Señor, y cuán grandes sus condescendencias para con los hijos de los hombres (Su voluntad y buena disposición para trabajar con y por nosotros, que estamos muy por debajo de Él); y a causa de su grandeza, y su gracia (habilidad para ayudarnos) y misericordia, nos ha prometido que los de nuestra posteridad no serán completamente destruidos, según la carne (aquí en el estado mortal), sino que los preservará; y en generaciones futuras llegarán a ser una rama justa de la casa de Israel (José Smith y la conversión de los lamanitas en los últimos días; véase DyC 49:24).

54 Y ahora bien, mis hermanos, quisiera hablaros más; pero mañana os declararé el resto de mis palabras. Amén.

SEGUNDO NEFI 10

Ya es "mañana" y Jacob continúa con su discurso. Primero enseñará más en cuanto a los lamanitas, luego sobre la dispersión de los judíos, el recogimiento y el establecimiento de Sión en los últimos días.

1 Y ahora bien, yo, Jacob, os hablo otra vez, amados hermanos míos, concerniente a esta rama justa (los lamanitas a que se ha referido en 2 Nefi 9:53) de la cual he hablado.

2 Pues he aquí, las promesas (de que el evangelio algún día será presentado de nuevo a los lamanitas) que hemos logrado son promesas para nosotros según la carne (es decir, estas promesas se cumplirán literalmente); por tanto, así como se me ha manifestado que muchos de nuestros hijos (descendientes) perecerán en la carne a causa de la incredulidad, Dios, sin embargo, tendrá misericordia de muchos; y nuestros hijos (descendientes) serán restaurados (compárese con DyC

49:24), para que obtengan aquello que les dará el verdadero conocimiento de su Redentor.

3 Por tanto, como os dije, debe ser menester que **Cristo**—pues anoche me dijo el ángel que ése sería su nombre—**venga entre los judíos**, entre aquellos que son de los más inicuos del mundo; **y ellos lo crucificarán.** Porque así conviene a nuestro Dios (Cristo ha de hacer esto), y no hay ninguna otra nación sobre la tierra que crucificaría a su Dios.

> **Frecuentemente**, cuando los miembros leen la última frase del versículo 3, arriba, se hacen una pregunta: "¿Es cierto que este es el mundo más inicuo entre todos los mundos creados por Dios?" La respuesta es "Sí" (véase Moisés 7:36).
>
> **Y** la siguiente pregunta suele ser: "¿Qué hicimos mal en la vida premortal para merecer ser enviados a esta tierra?" La respuesta es, "deberías considerar un gran honor el venir a este mundo, en donde tuvo lugar la expiación eterna por este y todos los otros mundos que pertenecen al Padre Celestial. El hecho de que estés aquí es un recordatorio de la confianza que el Padre ha depositado en ti".

4 Porque si se efectuasen entre otras naciones los grandes milagros (si esos milagros tan grandiosos que Cristo hizo se hubieran hecho entre otros pueblos), se arrepentirían y sabrían que él es su Dios.

5 Mas a causa de supercherías sacerdotales (los líderes religiosos judíos ejerciendo su poder y autoridad religiosa para obtener prestigio y ganancias; véase Alma 1:16) e iniquidades, los de Jerusalén endurecerán su cerviz contra él (Jesús), para que sea crucificado.

6 Así que, por motivo de sus iniquidades, vendrán sobre ellos (los judíos) destrucciones, hambres, pestes y efusión de sangre; y los que no sean destruidos serán dispersados entre todas las naciones.

> **El** recogimiento de los judíos de que se habla a continuación es una de las señales más visibles de los tiempos en los últimos días previos a la Segunda Venida del Salvador. Tenemos el privilegio de vivir en los días en que esta gloriosa profecía se está cumpliendo.

7 Pero he aquí, así dice el Señor Dios: Cuando llegue el día en que (los judíos) crean en mí, que yo soy Cristo, he hecho convenio con sus padres (antepasados) que entonces serán restaurados en la carne (es decir, la restauración de que se habla sobre los judíos no es simplemente un símbolo; más bien, se trata de un recogimiento literal), sobre la tierra, a las tierras de su herencia.

8 Y acontecerá que serán congregados de su larga dispersión (permanecerán dispersados por mucho tiempo), desde las islas del mar (de todas las naciones de la tierra) y desde las cuatro partes de la tierra; y serán grandes a mis ojos las naciones de los gentiles, dice Dios, en llevarlos a las tierras de su herencia. (En otras palabras, las naciones no judías ayudarán a traer de vuelta a los judíos a sus tierras de origen).

Tal y como se mencionó anteriormente, Gran Bretaña y otras naciones votaron en las Naciones Unidas para que los judíos fueran restaurados a la tierra de Palestina y que se creara la nación de Israel en 1948. Entendemos que estas son las "naciones de los gentiles" de que se habla en el versículo 8, arriba.

9 Sí, los reyes (líderes políticos) de los gentiles les serán por ayos (asistirán a los judíos), y sus reinas por nodrizas; por tanto, grandes son las promesas del Señor a los gentiles (es un gran privilegio poder ayudar al Señor a cumplir sus profecías), porque él lo ha dicho, y ¿quién puede disputarlo?

10 Mas he aquí, esta tierra (América), dice Dios, será la tierra de tu herencia (a la posteridad de Lehi; los lamanitas), y los gentiles (inmigrantes de Europa, etc.) serán bendecidos sobre la tierra.

En verdad es una promesa increíble y un cumplimiento milagroso que esta tierra (América), nunca tendrá un rey en nuestros días (véase el versículo 11, a continuación). Simplemente en este hecho, ya se ve la mano del Señor, especialmente cuando vemos que hay una tendencia casi universal a lo largo de los siglos a tener reyes como líderes políticos.

11 Y esta tierra (América; véase el resumen del encabezamiento del capítulo 10 en el Libro de Mormón) será una tierra de libertad para los gentiles; y **no habrá reyes sobre la tierra que se levanten sobre los gentiles**.

12 Y fortificaré esta tierra contra todas las otras naciones.

13 Y el que combata contra Sión perecerá, dice Dios.

14 Porque quien levante rey contra mí, perecerá; pues yo, el Señor, el rey de los cielos, seré su rey, y eternamente seré una luz para aquellos que oigan mis palabras.

15 Por lo tanto, por esta causa, a fin de que se cumplan mis convenios que he concertado con los hijos de los hombres, que realizaré para ellos mientras estén en la carne (durante sus vidas mortales), he de destruir las obras secretas de tinieblas, y de asesinatos, y de abominaciones.

El próximo versículo es una advertencia imparcial a todo el mundo, de que al final, nadie podrá tener éxito al combatir contra Sión (la obra del Señor; la restauración del evangelio y su difusión en los últimos días).

16 De modo que **quien pugne contra Sión, tanto judío como gentil, esclavo como libre, varón como mujer, perecerá**; pues **son ellos los que constituyen la ramera de toda la tierra**; porque aquellos que no son conmigo, contra mí son, dice nuestro Dios.

La frase "son ellos los que constituyen la ramera de toda la tierra" en el versículo 16, arriba, no da lugar a ninguna duda o error. Quizás puedas recordar que "la ramera de toda la tierra" es "la iglesia del diablo" (véase 1 Nefi 14:10). El mensaje está muy claro. Si no estamos ayudando al Señor a edificar Su reino aquí en la tierra, entonces estamos ayudando al diablo. No existe un terreno neutral.

17 Porque **cumpliré mis promesas** que he hecho a los hijos de los hombres, que realizaré para ellos mientras estén en la carne.

18 Por consiguiente, mis amados hermanos, así dice nuestro Dios: Afligiré a tu posteridad (los lamanitas) por mano de los gentiles (los lamanitas serán muy maltratados por aquellos que vengan o colonicen América); no obstante, ablandaré el corazón de los gentiles para que les sean como un padre; por tanto, los gentiles serán bendecidos y contados entre los de la casa de Israel.

19 Por tanto, consagraré esta tierra (América; todo el continente americano; incluyendo el norte, el centro y Sudamérica) a tu posteridad, y a aquellos que sean contados entre los de tu posteridad, como la tierra de su herencia, para siempre; porque **es una tierra escogida**, me dice el Señor, **sobre todas las otras tierras**; por tanto, es mi voluntad que me adoren todos los hombres que en ella moren, dice Dios.

La última frase en el versículo 19, arriba, es alarmante. Nos recuerda que, para que las promesas del Señor, en cuanto a América, se cumplan, los habitantes de América deben vivir el evangelio.

20 Ahora bien, amados hermanos míos, en vista de que nuestro clemente Dios nos ha dado tan gran conocimiento acerca de estas cosas, acordémonos de él, y dejemos a un lado nuestros pecados, y no inclinemos la cabeza, porque no somos desechados; sin embargo, hemos sido expulsados de la tierra de nuestra herencia; pero se nos ha guiado a una tierra mejor, pues el Señor ha hecho del mar nuestro camino, y nos hallamos en una isla del mar.

Tal y como se ha mencionado en las notas anteriores, la frase "nos hallamos en una isla del mar" en el versículo 20, arriba, significa las Américas. En el lenguaje y cultura judía de los tiempos de Lehi, la frase "islas del mar" significaba todas las tierras y continentes que no fueran Asia o África.

21 Pero grandes son las promesas del Señor para los que se hallan en las islas del mar; por tanto, ya que dice islas (en plural), debe haber más que ésta (deben haber otros continentes además de este en el que ahora vivimos), y también las habitan nuestros hermanos. (Es decir, todas las personas son nuestros hermanos y hermanas).

A continuación, Jacob nos enseña que hay muchos pueblos o personas que han sido guiados por el Señor a tierras lejanas. En otras palabras, ha habido muchas "dispersiones" a través de la historia. Qué experiencia tan fascinante tendremos cuando algún día los conozcamos y escuchemos sus experiencias.

22 Porque he aquí, el Señor Dios ha llevado a algunos de la casa de Israel, de cuando en cuando, según su voluntad y placer. Y ahora bien, he aquí, el Señor se acuerda de todos los que han sido dispersados (todas las personas serán "recogidas" como parte del recogimiento de Israel); por tanto, se acuerda de nosotros también (el Señor guardará su convenio y nos restaurará a todos).

A continuación, en el versículo 23, nos encontramos con una de las enseñanzas más famosas de Jacob. La resaltaremos en negrita.

23 Anímense, pues, vuestros corazones, y recordad que **sois libres para obrar por vosotros mismos, para escoger la vía de la muerte interminable, o la vía de la vida eterna.**

Tomemos un instante para reflexionar en lo que se dice arriba, en el versículo 23. No existe tal cosa como la destrucción total del espíritu de una persona. Por lo tanto, el término "muerte interminable" significa "muerte espiritual" o también, en ocasiones, se le llama "la segunda muerte". En otras palabras, se trata de la separación de la presencia de Dios para siempre. Otra manera de verlo es que "nunca se tendría la espiritualidad personal necesaria para sentirse cómodo en la presencia de Dios y de otros seres celestiales para siempre".

"**Vida** eterna" también aparece en el versículo 23. La gloria celestial comprende tres grados o niveles (véase DyC 131:1-3) y "vida eterna" siempre significa "exaltación" en el grado más alto del reino celestial. En DyC 14:7 se nos enseña que la "vida eterna . . . es el mayor de todos los dones de Dios". La exaltación significa vivir en la unidad familiar para siempre, llegando a ser dioses, teniendo hijos espirituales, creando mundos para que estos hijos los habiten, y usando con dichos hijos el mismo Plan de Salvación que nuestro Padre Celestial ha utilizado con nosotros. La Primera Presidencia dejó esto muy claro en 1916 en la siguiente declaración (**negrita** agregada para resaltar):

". . . Solo los seres resucitados

y glorificados pueden llegar a ser padres de hijos espirituales o tener descendencia espiritual. Solo estas **almas exaltadas** han alcanzado la madurez en el trayecto señalado de la vida eterna; y **los espíritus que nazcan de estos en los mundos eternos pasarán por dicha secuencia, a través de las diversas etapas o estados por los cuales los padres glorificados han llegado a alcanzar la exaltación**". (1916 Declaración de la Primera Presidencia, *Improvement Era*, Agosto, 1916, p. 942).

24 Por tanto, mis amados hermanos, reconciliaos con la voluntad de Dios, y no con la voluntad del diablo y la carne; y recordad, después de haberos reconciliado con Dios, que tan solo en la gracia de Dios, y por ella, sois salvos.

La palabra "reconciliaos" tal cual se usa en el versículo 24, arriba, procede del latín, y significa "sentarse otra vez con." Si dividimos esta palabra tenemos lo siguiente:

"re" significa "otra vez"

"con" significa "con alguien o algo"

"cilio" significa "sentarse"

Por lo tanto, en este contexto, "reconciliaos" básicamente significa tomar decisiones según nuestro albedrío que nos permitirán regresar junto a Dios y sentarnos con Él nuevamente en Su reino.

En Apocalipsis 3:20–21 se nos enseña en cuanto a sentarse con Cristo y el Padre (**negrita** agregada para resaltar):

20 He aquí, yo estoy a la puerta y llamo; si alguno oye mi voz y abre la puerta, entraré y cenaré con él, y él conmigo.

21 Al que venciere, yo le daré **que se siente conmigo en mi trono, así como yo he vencido y me he sentado con mi Padre en su trono.**

25 Así pues, Dios os levante de la muerte (muerte física) por el poder de la resurrección, y también de la muerte eterna (la muerte espiritual; morir respecto a las cosas que son espirituales) por el poder de la expiación, a fin de que seáis recibidos en el reino eterno de Dios (gloria celestial), para que lo alabéis por medio de la divina gracia. Amén.

SEGUNDO NEFI 11

Los capítulos 12 al 24 y 27 de 2 Nefi son los escritos de Isaías. En este capítulo, Nefi explicará por qué se "deleita" (2 Nefi 11:2) en las palabras de Isaías; además nos explicará la razón por la cual va a citar escritos tan extensos de Isaías.

Muchos miembros de la iglesia encuentran que estos versículos de Isaías son muy difíciles de entender. Algunos deciden saltárselos cuando leen el Libro de Mormón, mientras que otros leen cada palabra sin sacar mucho provecho. Y otros descubren algunos conceptos preciosos y adquieren algo de entendimiento pero aún así, se pierden mucho.

Fíjate bien y verás por qué Nefi nos dice que los escritos y las enseñanzas de Isaías tienen mucho valor. Esto nos ayudará al estudiar los capítulos de Isaías que vienen a continuación. Cuando lleguemos a ellos, incluiremos muchas ayudas entre los versículos.

Ahora usaremos **negrita** para resaltar las razones por las cuales Nefi se deleita en las palabras de Isaías.

1 Ahora bien, Jacob habló muchas otras cosas a mi pueblo en esa ocasión; sin embargo, solamente he hecho escribir estas cosas, porque lo que he escrito me basta (son suficientes en lo que concierne a mis propósitos).

2 Y ahora yo, Nefi, escribo más de las palabras de Isaías, porque mi alma se deleita en sus palabras. Porque **aplicaré sus palabras a mi pueblo** (las palabras de Isaías se pueden aplicar a mi gente), y las enviaré a todos mis hijos, pues él verdaderamente vio a mi Redentor (véase 2 Nefi 16:1–5), tal como yo lo he visto (Nefi ha visto al Salvador).

3 Y mi hermano Jacob también lo ha visto como lo he visto yo; por tanto, transmitiré las palabras de ellos a mis hijos, para probarles que mis palabras son verdaderas. Por tanto, ha dicho Dios, por las palabras de tres (la ley de los testigos) estableceré mi palabra. No obstante, Dios envía más testigos y confirma todas sus palabras.

Ahora se dan algunas razones por las cuales Nefi quiere que su pueblo estudie a Isaías.

4 He aquí, **mi alma se deleita en comprobar a mi pueblo la verdad de la venida de Cristo**; porque con este fin se ha dado la ley de Moisés; y **todas las cosas que han sido dadas por Dios al hombre** (principalmente por medio de los profetas y ángeles), **desde el principio del mundo, son símbolo de él** (de Cristo).

5 Y **mi alma también se deleita en los convenios que el Señor ha hecho a nuestros antepasados**; sí, **mi alma se deleita en su gracia, y en su justicia, y poder, y misericordia en el gran y eterno plan de redención de la muerte.**

6 Y **mi alma se deleita en comprobar a mi pueblo que salvo que Cristo venga, todos los hombres deben perecer** (si no fuera por Cristo, todos seríamos destruidos física y espiritualmente aún sin dejar de existir).

A veces evitamos tener conversaciones y enseñanzas sobre el

evangelio basadas en la "lógica". Y esto es debido a que muchos han usado de manera insistente una lógica superficial, fundada en falsedades o verdades a medias, para tratar de probar que Dios no existe, etc. Sin embargo, cuando la lógica se cimienta sobre la verdad, tiene un poder enorme. Fíjate en la "lógica verdadera" tan poderosa que Nefi comparte a continuación, en el versículo 7.

7 Porque si no hay Cristo, no hay Dios; y si Dios no existe, nosotros no existimos, porque no habría habido creación. Mas hay un Dios, y es Cristo; y él viene en la plenitud de su propio tiempo (Él vendrá a vivir a la tierra en su debido tiempo).

8 Y ahora **escribo algunas de las palabras de Isaías, para que aquellos de mi pueblo que vean estas palabras eleven sus corazones y se regocijen por todos los hombres.** Ahora bien, éstas son las palabras, y **podéis aplicároslas a vosotros y a todos los hombres** (estas palabras se aplican a ti y a todos).

Hay personas, que al observar tanta maldad entre la gente de este mundo, sienten poca esperanza por aquellos que viven en esta tierra, por aquellos que vivieron o por todos los que aún vivirán. La declaración de Nefi en el versículo 8, arriba, proporciona una antítesis inspirada para tales filosofías y pensamientos. Básicamente, él nos invita a tener una visión más

elevada "un panorama general" sobre cuán lejos la expiación puede alcanzar y para que nuestros corazones "se regocijen por todos los hombres". Se trata de un recordatorio serio y maravilloso de que Dios es completamente justo con todas las personas. Sin importar las circunstancias en que vivamos, podemos ser optimistas en cuanto a las personas sobre la tierra en lugar de ser pesimistas.

Hemos visto como Lehi bendijo a los hijos de Lamán y Lemuel, los cuales no tendrían una oportunidad justa debido a la desobediencia de sus padres. Pero él los bendice para que tengan una oportunidad justa antes del Día del Juicio. En su bendición les dijo: "si sois instruidos en la senda que debéis seguir, no la abandonaréis" (véase 2 Nefi 4:5 y 9). Recordemos que ¡Dios es completamente justo!

Al leer la sección 138 de Doctrina y Convenios, vemos que todos los que no tuvieron un cúmulo completo y justo de oportunidades durante su tiempo en la vida mortal, sin importar el porqué, tendrán dichas oportunidades antes del Día del Juicio. Y vemos que DyC 137:7-8 refuerza esta verdad. No es de extrañar que Nefi nos invite a elevar nuestros corazones "por todos los hombres". Y no es un misterio que él quiere que leamos y entendamos el maravilloso mensaje de Isaías, ya que este nos enseña cuán efectiva es, y cuán lejos puede alcanzar la expiación de Cristo.

Antes de seguir con los capítulos

que Nefi nos presenta sobre Isaías, veamos una cosa más. Para que podamos apreciar y sentir las enseñanzas de Isaías con respecto al poder que la expiación tiene para limpiar y sanar, tomaremos un momento para leer el primer capítulo de Isaías, tal cual aparece en la Biblia. Se incluyen notas entre los versículos para que lo podamos entender mejor. (**Negrita** agregada para resaltar).

Isaías, capítulo 1

1 VISIÓN de Isaías hijo de Amoz, la cual vio acerca de Judá y de Jerusalén en los días de Uzías, de Jotam, de Acaz y de Ezequías, reyes de Judá (una introducción al libro entero—similar a la que aparece al principio del Primer Libro de Nefi, "Relato de Lehi. . . ." Los reyes que se mencionan arriba reinaron aproximadamente entre los años 740 a.C. y 701 a.C.).

2 Oíd, cielos, y escucha tú, tierra, porque habla Jehová: Crié hijos y los engrandecí, pero ellos se rebelaron contra mí (el problema principal).

3 El buey conoce a su dueño, y el asno el pesebre de su señor, pero Israel no conoce (a su Dios); mi pueblo no entiende (no piensan seriamente. ¡Israel, tu conducta es peor que la de los animales!).

4 ¡Oh **nación pecadora, pueblo cargado de maldad, generación de malhechores, hijos depravados** (corruptos)! **Dejaron a Jehová** (al Señor Jesucristo), despreciaron al Santo de Israel, **se volvieron atrás** (retrocedieron; están "en el mundo " y son "del mundo").

5 ¿Por qué habéis de ser golpeados aún? (¿por qué seguís pidiendo más castigos?) ¿Todavía os rebelaréis? **Toda cabeza** (el liderismo) **está enferma**, y **todo corazón** (el pueblo) **está desfallecido** (débil).

6 **Desde la planta del pie hasta la cabeza no hay en él cosa sana** (estás completamente enfermo) sino heridas (tienes heridas espirituales), y moretones (moretones espirituales) y llagas recientes (estas cubierto con llagas espirituales que supuran); no están curadas, ni vendadas ni suavizadas con aceite (estás enfermo y ni siquiera te preocupas; ni siquiera tratarás de aplicar lo más básico de los primeros auxilios).

7 Vuestra tierra está desolada (profecía de la destrucción que acontecerá), vuestras ciudades quemadas con fuego, vuestra tierra delante de vosotros devorada por extranjeros y desolada como derrocada por extraños (gente de fuera, específicamente los asirios).

8 Y queda la hija de Sión (Israel) como enramada (una estructura temporal hecha de paja y hojas para proporcionar sombra) en viña, como choza en melonar (lo mismo que enramada), como ciudad sitiada (se te ve tan firme y

segura como a una cabaña frágil de paja que da sombra en un jardín).

9 Si Jehová de los ejércitos no nos hubiera dejado un resto pequeño (si Dios no hubiera intervenido y salvado a unos cuantos de Israel), seríamos como Sodoma, semejantes a Gomorra (totalmente destruidos).

10 Príncipes de Sodoma, oíd la palabra de Jehová ("¡Prestad atención, vosotros líderes malvados!"). Escuchad la ley de nuestro Dios, pueblo de Gomorra (Sodoma y Gomorra simbolizan una maldad total).

11 ¿Para qué me sirve, dice Jehová, la multitud de vuestros sacrificios? (¿En qué os beneficia vuestra falta de sinceridad al ofrecer rituales vacíos y vanos?) Hastiado estoy (¡Esto ya no lo soporto más!) de holocaustos de carneros y de grasa de animales engordados; no quiero sangre de bueyes, ni de ovejas ni de machos cabríos.

12 ¿Quién demanda esto de vuestras manos cuando venís a presentaros delante de mí para hollar mis atrios? (¿Quién os ha autorizado a ser tan hipócritas?)

13 No me traigáis más vana (sin valor) ofrenda; el incienso me es abominación; luna nueva (ritual especial del día de reposo al principio de mes— véase el término *"New Moon"* en *Bible Dictionary*) y día de reposo, el convocar asambleas, no lo puedo soportar; son iniquidad vuestras fiestas solemnes (asamblea solemne).

14 Vuestras lunas nuevas y vuestras fiestas solemnes las aborrece mi alma; me son una carga; cansado estoy de soportarlas.

15 Cuando extendáis vuestras manos (cuando oréis), yo esconderé de vosotros mis ojos; asimismo, cuando multipliquéis la oración, yo no oiré; llenas están de sangre vuestras manos (derramamiento de sangre; asesinato; véase el versículo 21).

Posiblemente no te puedas imaginar a alguien tan enfermo espiritualmente como la gente que Isaías ha descrito en los versículos anteriores. Fíjate ahora y verás cómo Isaías invita a estas personas, las cuales han llegado tan lejos en sus maldades, a que se arrepientan y lleguen a estar completamente limpios por medio de la expiación del Salvador.

16 Lavaos (bautizaos), **limpiaos; quitad la iniquidad de vuestras obras de delante de mis ojos** (arrepentíos); **dejad de hacer lo malo.**

17 Aprended a hacer el bien (no solo debéis dejar de hacer lo malo sino que debéis reemplazar lo malo con lo bueno); **buscad el juicio** (lo que es justo), **socorred al oprimido; haced justicia al huérfano** (sed amables y buenos con ellos), **abogad por la viuda.**

18 Venid ahora, dice Jehová, y razonemos juntos: aunque vuestros pecados sean como la grana (ropa tintada con rojo granate; un tinte muy fuerte que no se va), **como la nieve serán emblanquecidos** (a pesar de que pienses que tus pecados ya no se pueden eliminar, o son tan fuertes como el tinte de grana para la ropa, la verdad es que la expiación puede limpiar tus pecados); **aunque sean rojos como el carmesí, vendrán a ser como blanca lana** (se requiere un proceso muy largo para conseguir lana blanca, pero puede lograrse).

19 Si queréis y escucháis (y obedecéis; incluso gente como vosotros, que habéis sido tan inicuos), **comeréis lo bueno de la tierra** (prosperaréis con las bendiciones que el Señor os dará);

20 pero si rehusáis y os rebeláis, seréis devorados por la espada, porque la boca de Jehová lo ha dicho.

21 ¡Cómo te has convertido en ramera (infiel al Señor; pecadora por voluntad propia), oh ciudad fiel (Jerusalén)! Llena estaba de justicia; en ella habitaba la equidad, pero ahora, homicidas.

22 Tu plata se ha convertido en escoria (suciedad en la superficie del metal derretido); tu vino está mezclado con agua (¡No hay pureza en ti, estás adulterada y corrompida!).

23 Tus gobernantes son rebeldes y compañeros de ladrones; todos aman el soborno y van tras las recompensas; no hacen justicia al huérfano, ni llega a ellos la causa de la viuda (nunca llega a penetrar sus corazones).

24 Por tanto, dice el Señor Jehová de los ejércitos, el Poderoso de Israel: ¡Ah!, tomaré satisfacción (me desharé) de mis adversarios y me vengaré de mis enemigos;

25 y volveré (castigaré otra vez) mi mano contra ti, y limpiaré hasta con lejía tu escoria y quitaré toda tu impureza (te refinaré, te purificaré);

26 y restauraré tus jueces como al principio, y tus consejeros como eran antes; entonces te llamarán Ciudad de justicia, Ciudad fiel (el recogimiento).

27 Sión será redimida (¡un hecho!) con justicia; y los convertidos de ella, con rectitud (un mensaje de esperanza).

28 Pero los rebeldes y los pecadores a una (al mismo tiempo; Segunda Venida), serán quebrantados, y los que dejan a Jehová serán consumidos.

29 Entonces ellos se avergonzarán de las encinas (árboles y jardines usados en la adoración de ídolos) que amasteis, y os abochornaréis (os sentiréis confundidos a causa) de los jardines (usados en adoración de ídolos) que escogisteis.

30 Porque seréis como la

encina a la que se le cae la hoja y como el jardín al que le faltan las aguas (sequía; destrucción).

31 Y el fuerte será como estopa (como un fajo de fibras inflamables), y su trabajo será como una chispa; y ambos serán encendidos juntamente, y no habrá quien los apague (la destrucción de los inicuos acontecerá seguro).

Ahora continuaremos adelante y estudiaremos los capítulos de Isaías en Segundo Nefi. Seguiremos usando **negrita** de manera ocasional para resaltar.

SEGUNDO NEFI 12

Los capítulos 12, 13 y 14 van juntos. Además, notarás que de los 433 versículos de Isaías que se citan en el Libro de Mormón, muchos de estos contienen diferencias con respecto a los mismos versículos en la Biblia Reina Valera, mientras que otros versículos son iguales; véase la anotación a pie de página "1b" en 2 Nefi 12. Por lo tanto, el Libro de Mormón supone un recurso importante para ayudarnos a clarificar y entender a Isaías. Este capítulo (2 Nefi 12) es similar al capítulo 2 de Isaías en la Biblia. Trata del recogimiento de Israel a la iglesia verdadera en los últimos días, el Milenio, y la destrucción de los orgullosos y los inicuos durante la Segunda Venida.

1 Lo que vio Isaías, hijo de Amoz, concerniente a Judá (a los judíos como un reino político y también a los judíos como israelitas) y Jerusalén:

> **Como** ya sabes, debido a que Isaías utiliza mucho simbolismo, sus escritos pueden tener muchos significados y aplicaciones diferentes. Por ejemplo, a continuación, en el versículo 2, la frase "el monte de la casa del Señor" puede interpretarse como la sede central de la iglesia en los últimos días, la cual se halla en Salt Lake City, en las Montañas Rocosas. Además, teniendo en cuenta que las "montañas" a menudo son un símbolo de los templos ("lugares elevados" en donde podemos acercarnos más a Dios), "el monte de la casa del Señor" podría tener un segundo significado al referirse a los templos.

2 Y acontecerá en los postreros días, que el monte de la casa del Señor ("lugares elevados", la sede central de la iglesia en los últimos días; también el establecimiento de templos) será establecido como cabeza de los montes, y será exaltado sobre los collados (se puede llegar "más alto" al acercase más a Dios en los templos cuando hacemos convenios con Él, que al alcanzar la cima de la montaña más alta), y todas las naciones (el recogimiento incluye a personas de cada nación) correrán hacia él (hacia la iglesia verdadera en los últimos días).

El Apóstol LeGrand Richards

explicó cómo la palabra "montaña" puede referirse a los templos:

"**La** palabra montaña se utiliza en las escrituras con diferentes sentidos alegóricos o figurativos. En 2 Nefi 12:1–4 la palabra montaña se refiere a un lugar elevado de Dios, un lugar de revelación, incluso el templo del Señor".

"**La** manzana del templo (el Templo de Lago Salado) es esa casa del Dios de Jacob que nuestros padres pioneros comenzaron a construir cuando los bloques estaban a mil millas de distancia, y por esto les llevó cuarenta años edificarlo" (LeGrand Richards, in *Conference Report*, Oct. 1975, p. 77; o Ensign, Nov. 1975, p. 51).

3 Y vendrán muchos pueblos y dirán: Venid, y subamos al monte (a la iglesia verdadera; al templo) del Señor, a la casa (templos) del Dios de Jacob (Israel); y nos enseñará acerca de sus caminos, y caminaremos por sus sendas (seremos obedientes); porque de Sión saldrá la ley, y de Jerusalén la palabra del Señor (la "ley" y la "palabra" son sinónimos).

Habrá dos "sedes centrales" de la iglesia durante el Milenio; una en "Sión" (en el Condado de Jackson, Misuri) y la otra en el Antiguo Jerusalén.

4 Y (Cristo) juzgará entre las naciones, y reprenderá a muchos pueblos; y forjarán sus espadas en rejas de arado (finalmente, la paz prometida del Milenio tendrá lugar), y sus lanzas en hoces (habrá paz). No alzará espada nación contra nación, ni se adiestrarán más para la guerra (en el Milenio).

Ahora Isaías hará un cambio, y pasará del futuro a su propio tiempo y a su pueblo, el cual se ha vuelto muy inicuo. Los invitará a que se arrepientan y vuelvan al Señor.

5 Venid, oh casa de Jacob (Israel), y caminemos a la luz del Señor; sí, venid, porque **todos os habéis descarriado**, cada cual por sus sendas de maldad.

Seguidamente, Isaías explicará por qué el Señor no daba sus bendiciones a los israelitas de su época. Ten en cuenta que la frase "casa de Jacob" significa "familia de Jacob" o en otras palabras, "descendientes de Abraham, Isaac y Jacob", los cuales son el pueblo del convenio del Señor. Recuerda, además, que todas las personas (en todo el mundo) están invitados, por medio del Evangelio de Jesucristo, a unirse al "pueblo del convenio del Señor" al aceptar el bautismo, sin importar que sean o no descendientes consanguíneos en el linaje de Jacob. Así pues, todos pueden llegar a ser miembros del pueblo del convenio y lograr entrar, finalmente, en la exaltación celestial.

6 Por lo que tú, oh Señor, has desamparado a tu pueblo, la casa de Jacob (los israelitas), porque llenos están de los modos de oriente (están adoptando religiones falsas procedentes del este), y escuchan a los agoreros como los filisteos (participan en supercherías sacerdotales, brujería, etc.; véase 3 Nefi 21:16), y con los hijos de extranjeros se enlazan (se están mezclando y casando con extranjeros, personas que no son del convenio de Israel; por decirlo de otro modo, se están "casando" con gente fuera de la iglesia).

La palabra "extranjeros" tal cual se usa en los escritos de Isaías (véase el versículo 6, arriba), casi siempre significa "ajenos al convenio", o en otras palabras, los no israelitas.

7 Su tierra también está llena de plata y oro, sus tesoros no tienen fin (se han vuelto materialistas; la desgracia de los materialistas es que siempre quieren más, nunca están satisfechos); también su tierra está llena de caballos, y sus carros son sin número.

Los caballos y los carros, en los escritos de Isaías, son un símbolo de la dotación militar y las preparaciones para la guerra. También pueden representar el poder militar y la capacidad para conquistar.

8 Su tierra también está llena de ídolos (están en una condición de apostasía profunda; se han apartado de Dios); adoran la obra de sus propias manos, aquello que han hecho sus mismos dedos (lo cual es absurdo; resaltando una vez más, que la iniquidad no promueve el pensamiento racional; este es un tema que Isaías trata en todos sus escritos).

9 Y el hombre vil (pobre, de baja condición social) no se inclina, ni el grande (poderoso, rico, de alto estatus social) se humilla; por tanto, no lo perdones (¡nadie es humilde, por lo tanto, no hay perdón!).

El versículo 9, arriba, es un buen ejemplo del valor que tienen los escritos de Isaías en el Libro de Mormón. En la Biblia, el equivalente al versículo 9 se lee así:

Isaías 2:9

9 Y se ha inclinado el hombre, y el varón se ha humillado; por tanto, no los perdones.

Al comparar 2 Nefi 12:9 con Isaías 2:9, notarás que la palabra "no" se ha omitido dos veces en la versión de la Biblia, lo cual supone una diferencia total. Si estuvieras leyendo Isaías en la Biblia y estás tratando de entender la misericordia de Dios y Su trato con las personas basándote en Isaías 2:9, tendrías un problema. Esto es un ejemplo del significado del 8º Artículo de Fe, el cual dice: "Creemos que la Biblia es la palabra de Dios hasta donde esté traducida correctamente; también creemos que el Libro de Mormón es la palabra de Dios". (Perla del Gran Precio, Artículos de Fe 1:8).

10 ¡Oh malvados, meteos en la peña (cuevas; véase el versículo 19), y escondeos en el polvo! Porque el

temor del Señor y **la gloria de su majestad os herirán** (no podréis aguantar el brillo de su gloria durante la Segunda Venida, y por lo tanto seréis consumidos; véase DyC 5:19).

Muchas personas se preguntan cómo serán consumidos o quemados los inicuos a la hora de la Segunda Venida. Se nos ha dado la respuesta en el versículo 10, arriba. Tal y como está escrito, serán consumidos por Su gloria. Esto también se vuelve a mencionar en los versículos 19 y 21.

Hace unos años, un estudiante me preguntó cómo se preservarían los templos de ser quemados al tener lugar la Segunda Venida. Los versículos 10, 19, 21 y también DyC 5:19, nos dan la respuesta. Los templos pueden soportar la gloria del Señor. Por lo tanto, no serán quemados.

11 Y sucederá que la mirada altiva (orgullo) del hombre será abatida, y la soberbia (orgullo) de los hombres será humillada, y solo el Señor será exaltado en aquel día (el Señor demostrará que tiene poder sobre todas las cosas durante la Segunda Venida).

El versículo 11, arriba, es un buen ejemplo de cómo Isaías repite conceptos importantes a medida que escribe y enseña. Tanto la frase "mirada altiva" como "soberbia de los hombres" significan orgullo. Si el lector no entiende que Isaías usa la repetición como un método de enseñanza, para enfatizar

puntos importantes, entonces se podría malgastar mucho tiempo tratando de encontrar las diferencias entre esos dos mensajes. De hecho, en el versículo 12, a continuación, Isaías dice "orgullo" de tres maneras diferentes. Las verás resaltadas en negrita. Este énfasis contra el orgullo continuará en los versículos que siguen. También resaltaremos en negrita algunos de estos.

12 Porque el día del Señor de los Ejércitos (la Segunda Venida) pronto vendrá sobre (en hebreo: "contra") todas las naciones, sí, sobre cada una (sobre cada nación y cada persona que sea inicua); sí, sobre el **orgulloso** y **soberbio**, y sobre todo el que se **ensalza** (orgulloso); y serán abatidos (humillados).

13 Sí, y el día del Señor vendrá sobre todos los **cedros** (símbolo de personas poderosas y altivas; también puede significar arboledas o bosques de árboles, los cuales usaban los adoradores de ídolos para esconderse cuando eran partícipes de inmoralidad sexual con las prostitutas del templo como parte de su adoración de ídolos) **del Líbano**, porque son **altos y erguidos** (llenos de orgullo); y sobre todas las **encinas** (la gente) **de Basán**;

Tal y como se indica en el versículo 13, arriba, la inmoralidad sexual a menudo era parte de la adoración de ídolos entre los Israelitas apóstatas al unirse estos a las religiones falsas de sus vecinos paganos. En el Bible Dictionary o el diccionario de la Biblia (que aparece en la versión de la Biblia en inglés) confirma esta abominable práctica. Véase el término "ídolo". Verás que se describen varios aspectos de la práctica de la adoración de ídolos en tiempos antiguos, y entre otras cosas, dice ". . . esa idolatría era de alguna forma una adoración a la naturaleza, lo cual animaba a tomarse como regla las prácticas inmorales".

Quizás te hayas preguntado por qué los ejércitos conquistadores Israelitas, a menudo, recibían órdenes de talar arboledas como parte de la conquista a sus enemigos. La mayoría de nosotros somos conscientes de la importancia y necesidad de cuidar y preservar el medio ambiente y hubiéramos preferido que no se talaran árboles. Sin embargo, cuando aprendemos que esas arboledas representaban la inmoralidad sexual asociada a la apostasía, entonces podemos entender sus razones.

14 y sobre todos los montes altos (donde las personas adoran ídolos), y sobre todos los collados (donde adoran ídolos); y sobre todas las naciones que se **ensalcen** (en el orgullo, etc.), y sobre todo pueblo;

15 y sobre toda torre alta, y sobre todo muro reforzado (símbolo del orgullo y de "confiar en el brazo de la carne" lo cual puede ir acompañado de las construcciones altas para defenderse edificadas por el hombre);

16 y sobre todos los barcos del mar, y sobre toda nave de Tarsis (barcos que eran notorios por su capacidad para viajar largas distancias y llevar grandes cargas, y también por su fortaleza al usarse para la guerra; aparentemente un símbolo de orgullo y materialismo), y sobre todos los panoramas agradables (viajes de placer de las personas ricas).

17 Y la **altivez** (orgullo) del hombre será abatida (se rebajará, para que sea humilde), humillada será la **soberbia** de los hombres; y solo el Señor será ensalzado en aquel día

18 Y (Cristo) quitará por completo los ídolos (en la Segunda Venida).

A continuación, en el versículo 19, Isaías ilustra con palabras la imagen del terror que experimentarán los inicuos cuando el Salvador se presente al tiempo de Su Segunda Venida.

19 Y los hombres (inicuos) se meterán en las cavernas de las rocas (cuevas) y en las cuevas de la tierra, porque el temor del Señor caerá sobre ellos y **la gloria de su majestad los herirá** (DyC 5:19) cuando se levante (se ponga en acción) para estremecer la tierra terriblemente.

20 En aquel día (la Segunda Venida) arrojará el hombre a los topos y murciélagos (animales que viven en la obscuridad; simboliza las personas inicuas que viven en la oscuridad espiritual) sus ídolos de plata y sus ídolos de oro que se ha hecho para adorarlos (un hecho absurdo);

21 para meterse en las hendiduras de las rocas y en las cavernas de los peñascos (para tratar de esconderse de Dios), porque el temor del Señor vendrá sobre ellos, y **los herirá la majestad de su gloria** (DyC 5:19), cuando se levante para estremecer la tierra terriblemente.

22 Dejaos del hombre, cuyo aliento está en su nariz; pues, ¿en qué debe ser estimado? (¿por qué confiar en el hombre? ¿por qué confiar en el brazo de la carne cuando Dios es verdaderamente el más poderoso y puede salvarnos?).

SEGUNDO NEFI 13

Este capítulo se compara al capítulo 3 de Isaías en la Biblia. Tanto en este capítulo como en otros, Isaías usa una técnica literaria llamada "quiasmo", una manera de escribir en la que el autor dice unas cosas y luego las repite en orden inverso para dar énfasis. Por lo general, el elemento u elementos que quedan en medio del quiasmo son los puntos principales a enfatizar. Seguidamente tenemos un ejemplo de un quiasmo sencillo, el cual se encuentra en Isaías 6:10. Lo señalaremos en negrita.

Estructura del quiasmo en Isaías 6:10

"**Engruesa** el **corazón** (elemento A del quiasmo) de este pueblo, y agrava sus **oídos** (B) y ciega sus **ojos** (C), no sea que vea con sus **ojos** (C') y oiga con sus **oídos** (B'), y entienda con su **corazón** (A'), y se convierta y sea sanado".

Una manera de mostrar cómo fluye el quiasmo de Isaías, arriba, sería la siguiente:

A, B, C, C', B', A'

El uso de quiasmos en la antigüedad como una técnica literaria no se descubrió hasta después de la aparición del Libro de Mormón.

Por lo tanto, el hecho de que dichos quiasmos se encuentren en otras partes del Libro de Mormón supone una evidencia interna muy grande de la autenticidad de este libro como un documento antiguo. Además de los casos que encontramos en los pasajes de Isaías, hay dos ejemplos de quiasmo en el Libro de Mormón.

El primer ejemplo se halla en **Mosíah 3:18–19**. Usaremos **negrita** para resaltar esta forma de escritura antigua, el quiasmo.

18 Pues he aquí, él juzga, y su juicio es justo; y el niño que muere en su infancia no perece; mas los hombres beben condenación para sus propias almas, a menos que se **humillen** (**A**) y se vuelvan como **niños pequeños** (**B**) y crean que la salvación fue, y es, y ha de venir en la **sangre expiatoria de Cristo (C)**, el Señor Omnipotente, y por medio de ella.

19 Porque **el hombre natural (D)** es enemigo de Dios, y lo ha sido desde la caída de Adán, y lo será para siempre jamás, a menos que se someta al influjo del Santo Espíritu, y se despoje **del hombre natural (D')**, y se haga santo por la **expiación de Cristo (C')** el Señor, y se vuelva como un **niño (B')**: sumiso, manso, **humilde (A')**, paciente, lleno de amor y dispuesto a someterse a cuanto el Señor juzgue conveniente imponer sobre él, tal como un niño se somete a su padre.

En el caso del quiasmo previo, la fluidez de los elementos se ilustra de la siguiente manera:

A, B, C, D, D', C', B', A'

Segundo Ejemplo: Alma 36

1 Hijo mío, da oído a mis **palabras (A)**, porque te juro que al grado que **guardes los mandamientos (B)** de Dios, prosperarás en la tierra.

2 Quisiera que hicieses lo que yo he hecho, recordando el cautiverio de nuestros padres; porque estaban **en el cautiverio (C)**, y nadie podía rescatarlos salvo que fuese el Dios de Abraham, y el Dios de Isaac, y el Dios de Jacob; y él de cierto, los libró en sus aflicciones.

3 Y ahora bien, ¡oh mi hijo Helamán!, he aquí, estás en tu juventud, y te suplico, por tanto, que escuches mis palabras y aprendas de mí; porque sé que quienes pongan su confianza en Dios serán **sostenidos en sus tribulaciones (D)**, y sus dificultades y aflicciones, y serán enaltecidos en el postrer día.

4 Y no quisiera que pensaras que yo sé de mí mismo; no de lo temporal, sino de lo espiritual; no de la mente carnal, sino de Dios.

5 Ahora bien, he aquí, te digo que si no hubiese **nacido de Dios (E)**, no habría sabido estas cosas; pero por boca de su santo ángel, Dios me ha hecho saber estas cosas, no por dignidad alguna en mí.

6 Porque yo andaba con los hijos de Mosíah, tratando de destruir la iglesia de Dios; mas he aquí, Dios envió a su santo ángel para detenernos en el camino.

7 Y he aquí, nos habló como con voz de trueno, y toda la tierra tembló bajo nuestros pies; y todos caímos al suelo porque el temor del Señor nos sobrevino.

8 Mas he aquí, la voz me dijo: ¡Levántate! Y me levanté y me puse de pie y vi al ángel.

9 Y me dijo: A menos que tú, por ti mismo, quieras ser destruido, no trates más de destruir la iglesia de Dios.

10 Y aconteció que caí al suelo; y por el espacio de tres días y tres noches no pude abrir mi boca, ni hacer uso de mis miembros.

11 Y el ángel me dijo más cosas que mis hermanos oyeron, mas yo no las oí. Porque al oír las palabras—a menos que tú, por ti mismo, quieras ser destruido, no trates más de destruir la iglesia de Dios— me sentí herido de tan grande temor y asombro de que tal vez fuese destruido, que caí al suelo y no oí más.

12 Pero me martirizaba un tormento eterno, porque mi alma estaba atribulada en sumo grado, y atormentada por todos mis pecados.

13 Sí, me acordaba de todos mis pecados e iniquidades, por causa de los cuales yo era atormentado con las penas del infierno; sí, veía que me había rebelado contra mi Dios y que no había guardado sus santos mandamientos.

14 Sí, y había asesinado a muchos de sus hijos, o más bien, los había conducido a la destrucción; sí, y por último, mis iniquidades habían sido tan grandes que el solo pensar en volver a la presencia de mi Dios atormentaba mi alma con indecible horror.

15 ¡Oh si fuera desterrado— pensaba yo—y aniquilado en cuerpo y alma, a fin de no ser llevado para comparecer ante la presencia de mi Dios para ser juzgado por mis obras!

16 Y por tres días y tres noches me vi atormentado, sí, con las penas de un alma condenada.

17 Y aconteció que mientras así me agobiaba este tormento, mientras me atribulaba **el recuerdo de mis muchos pecados** (F), he aquí, también me acordé de haber oído a mi padre profetizar al pueblo concerniente a la venida de un Jesucristo, un Hijo de Dios, para expiar los pecados del mundo.

18 Y al concentrarse mi mente en este pensamiento, clamé dentro de mi corazón: ¡Oh Jesús, Hijo de Dios, ten misericordia de mí que estoy en la hiel de amargura, y ceñido con las eternas cadenas de la muerte!

19 Y he aquí que cuando pensé esto, ya no me pude acordar más de mis dolores; sí, dejó de atormentarme **el recuerdo de mis pecados** (F').

20 Y ¡oh qué gozo, y qué luz tan maravillosa fue la que vi! Sí, mi alma se llenó de un gozo tan profundo como lo había sido mi dolor.

21 Sí, hijo mío, te digo que no podía haber cosa tan intensa ni tan amarga como mis dolores. Sí, hijo mío, y también te digo que por otra parte no puede haber cosa tan intensa y dulce como lo fue mi gozo.

22 Sí, me pareció ver—así como nuestro padre Lehi vio—a Dios sentado en su trono, rodeado de innumerables concursos de ángeles en actitud de estar

cantando y alabando a su Dios; sí, y mi alma anheló estar allí.

23 Mas he aquí, mis miembros recobraron su fuerza, y me puse de pie, y manifesté al pueblo que había nacido de Dios.

24 Sí, y desde ese día, aun hasta ahora, he trabajado sin cesar para traer almas al arrepentimiento; para traerlas a probar el sumo gozo que yo probé; para que también nazcan de Dios y sean llenas del Espíritu Santo.

25 Sí, y he aquí, ¡oh hijo mío!, el Señor me concede un gozo extremadamente grande en el fruto de mis obras;

26 porque a causa de la palabra que él me ha comunicado, he aquí, muchos han **nacido de Dios (E')**, y han probado como yo he probado, y han visto ojo a ojo, como yo he visto; por tanto, ellos saben acerca de estas cosas de que he hablado, como yo sé; y el conocimiento que tengo viene de Dios.

27 Y he sido **sostenido en tribulaciones (D')** y dificultades de todas clases, sí, y en todo género de aflicciones; sí, Dios me ha librado de la cárcel, y de ligaduras, y de la muerte; sí, y pongo mi confianza en él, y todavía me librará.

28 Y sé que me levantará en el postrer día para morar con él en gloria; sí, y lo alabaré para siempre; porque ha sacado a nuestros padres de Egipto y ha hundido a los egipcios en el Mar Rojo; y por su poder guió a nuestros padres a la tierra prometida; sí, y los ha librado de la servidumbre y del cautiverio de cuando en cuando.

29 Sí, y también ha sacado a nuestros padres de la tierra de Jerusalén; y por su sempiterno poder también los ha librado de la servidumbre y **del cautiverio (C')** de cuando en cuando, hasta este día. Y yo siempre he retenido el recuerdo de su cautiverio; sí, y tú también debes recordar su cautiverio como lo he hecho yo.

30 Mas he aquí, hijo mío, esto no es todo; porque tú debes saber, como yo sé, que al grado que **guardes los mandamientos (B')** de Dios, prosperarás en la tierra; y debes saber también que si no guardas los mandamientos de Dios, serás separado de su presencia. Y esto es según su **palabra (A')**.

Por cierto, ¿te has fijado en el centro del "quiasmo"? Tiene que ver con la "memoria de los pecados" y nos enseña de una manera muy firme que la memoria de los pecados no tiene por qué atormentar a los miembros por el resto de sus vidas, si es que estos se arrepienten y son limpios por medio de la expiación. Además, si prestas atención, hay mucho más sobre quiasmos en Alma 36. De hecho, existe un quiasmo con

34 elementos, 17 ascendentes y 17 descendentes.

Ahora procederemos con 2 Nefi 13, donde también hallamos una estructura de quiasmo. Isaías usa el quiasmo para mostrarnos la destrucción de la estabilidad dentro de una sociedad que sonríe ante los pecados desagradables y la maldad.

1 Porque he aquí que el Señor, **el Señor de los Ejércitos, quita de Jerusalén (A)** y de Judá el apoyo y el sostén; **todo sustento de pan (B)**, y todo socorro de agua (el Señor va a retirar su apoyo y todo el reino de los judíos se desmoronará);

2 **el valiente (C) y el hombre de guerra**, el juez y el profeta, el prudente y el anciano (todos los líderes estables y capaces desaparecerán);

3 **el capitán de cincuenta, y el hombre respetable, y el consejero (D), y el artífice diestro** (artesano experto), **y el hábil orador** (todos los líderes capaces y los artesanos desaparecerán).

4 Y **niños les pondré por príncipes** (líderes), **y niños pequeños (E) serán sus gobernantes** (líderes irresponsables e inmaduros tomarán el mando).

5 Y **el pueblo se hará violencia (F) unos a otros** (anarquía, pandillas, ciudadanos contra ciudadanos, etc.), y cada cual contra su prójimo. **El niño se portará altivamente** con el anciano **(E')**, y el villano (el que tiene rudeza y crueldad) contra el noble (no habrá respeto por la autoridad).

A continuación, Isaías describe lo mal que se ponen las cosas cuando una sociedad estable se desmorona.

6 Cuando el hombre tomare a su hermano, de la familia de su padre, y le dijere: Tú tienes manto (vestiduras), **sé tú nuestro gobernante (D')**, **y no sea esta ruina bajo tu mano** (no dejes que nos suceda esto, tú que tienes un manto o ropa medio decente, sé nuestro líder),

7 éste jurará (se quejará) en aquel día, diciendo: **(C') No seré el sanador** (¡No os puedo guiar ni defender o proteger!), pues en mi casa no hay ni **pan (B')** ni qué vestir (yo ya tengo mis propios problemas); no me hagáis gobernante del pueblo.

Seguidamente, Isaías describe el resultado final de una sociedad que permite la maldad y la iniquidad abiertamente.

8 **Pues arruinada está Jerusalén (A'), y Judá caída**; porque sus lenguas y sus obras han sido contra el Señor para provocar los ojos de su gloria (de palabra y hechos, el pueblo está completamente en contra del Señor).

9 La apariencia de sus rostros testifica en contra de ellos (al mirarlos

puede apreciarse la iniquidad), y publica que su pecado es como el de Sodoma (completamente inicuo, incluyendo la homosexualidad; véase la nota 5a en Génesis 19), y no lo pueden ocultar (pecados evidentes, que no pueden justificarse al racionalizarse ni tampoco esconderse ante Dios). ¡Ay de sus almas!, porque han allegado el mal para sí mismos (están recibiendo lo que merecen, los frutos de lo que han sembrado).

> **Hasta** aquí, las descripciones respecto al pueblo que aparecen en este capítulo son bastante deprimentes y tristes. Sin embargo, para asegurarse de que los justos no se angustien ni se desesperen al tratar de sobrevivir espiritualmente en una sociedad tan malvada, el Señor les asegura que al final recibirán el galardón por su rectitud.

10 Decid a los justos que a ellos les irá bien, porque comerán del fruto de sus obras.

11 ¡Ay de los impíos!, porque perecerán; pues el pago de sus manos vendrá sobre ellos (aquello que siembren, eso mismo cosecharán).

> **Isaías** continuará describiendo los resultados finales de una iniquidad sin control entre los judíos. Esto mismo también se aplica a cualquier nación, en cualquier época de la historia y en cualquier lugar.

12 Los opresores de mi pueblo son niños (líderes inmaduros), y mujeres lo gobiernan (la caída de la familia tradicional; los hombres son líderes débiles). ¡Oh pueblo mío, los que te guían te hacen errar, y pervierten el curso de tus sendas (el liderismo que no tiene en cuenta los principios básicos del evangelio causa un daño terrible)!

> **A** continuación, Isaías reprenderá a los líderes inicuos judíos por apoderarse egoístamente de todo lo que pueden del pueblo, de las mismas personas que estos líderes debían proteger.

13 El Señor se levanta para litigar (en hebreo: oponerse; os habéis metido en un grave problema), se pone en pie para juzgar al pueblo.

14 Vendrá el Señor a juicio contra los ancianos (los líderes y personas mayores inicuos) de su pueblo y contra sus príncipes (líderes); porque habéis devorado la viña (habéis arruinado o destrozado el país) y el despojo del pobre en vuestras casas (tenéis todo tipo de posesiones en vuestras casas, las cuales habéis quitado a los pobres; se supone que debíais protegerlos, sin embargo, los estáis arruinando).

15 ¿Qué pretendéis? (¿Qué tenéis que decir en vuestro favor?) Majáis (arruináis) a mi pueblo, y moléis las caras de los pobres (aún los forzáis a ser más pobres), dice el Señor Dios de los Ejércitos.

Isaías nos mostrará ahora lo que sucede cuando las mujeres se vuelven tan malvadas como los hombres, y enfatiza que cuando esto sucede, la sociedad está destinada a la ruina, tal y como se indica en los versículos 25 y 26.

16 Dice además el Señor: Por cuanto las hijas de Sión son altivas (llenas de orgullo y maldad), y andan con cuello erguido (vanidad, orgullo) y ojos desvergonzados (llenos de lujuria), y caminan como si bailaran (pasitos cortos y rápidos; véase la nota a pie de página 16b en Isaías 3), y producen tintineo con los pies (Biblia en alemán: llevan calzado caro para que la gente se dé cuenta);

17 herirá, pues (por estas razones), el Señor la mollera de las hijas de Sión con sarna (Biblia en alemán: hará que se queden calvas; quizás esta palabra tenga que ver con el afeitado de cabello, como los esclavos), y descubrirá su desnudez (dará a conocer sus obras de maldad).

En el versículo 17, arriba, Isaías profetizó que el pueblo del convenio del Señor sería llevado cautivo debido a su iniquidad. Seguidamente, se describe cómo se les arrebata todo aquello que es valioso para el corazón y la mente a las mujeres que se han vuelto inicuas en los días de Isaías. Esta misma escena es típica en cualquier sociedad en la que los valores morales se deterioran.

18 En aquel día quitará el Señor la ostentación (Biblia en alemán: decoraciones, belleza) de sus ajorcas (Biblia en alemán: calzado caro), y redecillas, y lunetas (decoraciones femeninas que representan un estatus alto en la sociedad materialista);

19 los collares, y los brazaletes, y los rebociños (velos);

20 las cofias (Biblia en alemán: cajitas con perfume), los adornos de las piernas, los tocados, los pomitos de olor y los zarcillos (pendientes);

21 los anillos, y los joyeles para la nariz;

22 las mudas de ropa de gala (Biblia en alemán: vestidos para las fiestas), y los mantos (Biblia en alemán: batas, vestiduras, togas), y las tocas (pieza de tela para cubrir las cabezas de las mujeres), y las bolsas (Biblia en alemán: monederos);

23 los espejos, y los linos finos, y los rebozos (turbantes), y los velos (o gasas; las ropas transparentes; véase la nota a pie de página 23a en Isaías 3).

Tal y como se indica arriba, Isaías ha descrito las modas, la arrogancia, la inmoralidad sexual y el materialismo de las mujeres de la alta sociedad, y lo ha hecho con términos que también se aplican a nuestro día. A continuación, Isaías describirá proféticamente los resultados de la iniquidad de dichas mujeres, lo cual tiene aplicación simbólica y literal a Jerusalén y al reino de Judá.

24 Y sucederá que en lugar de perfumes, habrá hediondez (olores desagradables emitidos por los cuerpos sin vida de la gente aniquilada por los ejércitos invasores; también puede referirse al olor de las condiciones miserables de los que viven en esclavitud); y soga (trapos) en lugar de cinturón (correa para la cintura); y en lugar de cabellos peinados, calvicie (a los esclavos se les afeitaba la cabeza); y en lugar de mantos (batas bonitas), cilicio (vestiduras ásperas para la penitencia); y quemadura (señales de quemaduras para marcar a los esclavos; véase la nota a pie de página 24c en Isaías 32) en lugar de hermosura.

En los versículos de arriba, Isaías ha hablado de calvicie (cabello afeitado). Simbólicamente, esto representa esclavitud y cautiverio. Literalmente, los ejércitos conquistadores a menudo retuvieron a los cautivos más fuertes y sanos para venderlos a buen precio en el mercado de esclavos de regreso a sus hogares. Había tres razones básicas por la que se les afeitaba el cabello de estos esclavos: para humillarlos, para identificarlos (es más fácil reconocer al esclavo que trata de huir), y por higiene.

25 Tus varones caerán a espada, y tus fuertes en la batalla (a causa de las guerras la población de varones se reducirá).

26 Y sus puertas (de Jerusalén; véase el versículo 8) se lamentarán y enlutarán, y ella, desolada (arrasada, desamparada; véase la nota a pie de página 26c en Isaías 3), se sentará en tierra (Jerusalén, símbolo de la iniquidad, será completamente derrotada y conquistada. Uno de los cumplimientos de esta profecía fue la cautividad de Babilonia, la cual culminó sobre el año 587 a.C.).

SEGUNDO NEFI 14

La traducción de la Biblia por José Smith, la Biblia hebrea y la Biblia alemana, ponen el siguiente versículo al final del capítulo 3 de Isaías en la Biblia. Así pues, 2 Nefi 14:1, encaja en el contexto de la destrucción de Jerusalén y la escasez de hombres a causa de la invasión y las guerras (véase la nota a pie de página 1a en Isaías 4). Los versículos 2 al 6 se refieren al Milenio.

1 Y en aquel día (refiriéndose al capítulo 13:25 y 26), siete mujeres echarán mano de un hombre, diciendo: Nuestro propio pan comeremos, y con nuestra propia ropa nos vestiremos (nosotras pagaremos por lo nuestro); tan solo déjanos llevar tu nombre (por favor, cásate con nosotras) para quitar nuestro oprobio (el estigma de no estar casadas y no tener hijos).

Seguidamente, en el versículo 2, se da comienzo a un nuevo tema. Se hablará de las condiciones durante el Milenio.

2 En aquel día el renuevo del Señor (la palabra "renuevo" o rama, puede tener un significado doble. En Jeremías 23:5, la nota a pie de página 5a, "renuevo", se refiere a Cristo. En Isaías 60:21; 61:3, se refiere a la viña del Señor o a los justos durante el Milenio) será bello y glorioso, y el fruto de la tierra excelente y hermoso (dará gusto verlo) para los de Israel que hayan escapado (los justos que hayan escapado a la destrucción de los inicuos).

3 Y acontecerá que los que fueren dejados (el remanente de los justos de Israel) en Sión, y los que quedaren en Jerusalén, serán llamados santos (serán justos), todos los que en Jerusalén estén inscritos entre los vivientes (aquellos que se salven gracias a la aprobación del Mesías),

4 cuando el Señor haya lavado la inmundicia de las hijas de Sión (cuando el Señor haya limpiado la tierra), y limpiado la sangre de Jerusalén de en medio de ella con espíritu de juicio (en hebreo: llevar a cabo una sentencia; castigo) y con espíritu de ardimiento (la tierra se limpiará con fuego).

El ángel Moroni le leyó a José Smith los dos versículos que siguen (5 y 6) en referencia a los últimos días (véase Messenger and Advocate, Abril, 1835, pág. 110). A continuación, Isaías ilustra la paz y la seguridad que prevalecerá entre los justos durante el Milenio al gozar de la presencia del Salvador sobre la tierra.

5 Y creará el Señor, sobre toda morada del monte de Sión (Jerusalén; la tierra durante el Milenio), y sobre sus asambleas, una nube y humo de día (representa la presencia del Señor, tal como en Éxodo 19:16–19 cuando el Señor habló desde el Monte Sinaí y los Hijos de Israel le escucharon), y resplandor de fuego y llamas de noche (presencia de Dios), porque sobre toda la gloria de Sión (todas las personas) habrá una defensa.

6 Y habrá un tabernáculo (refugio; puede simbolizar el manto o cubierta típica en la celebración del matrimonio hebreo, por lo cual, representaría un matrimonio adicional con Cristo y su pueblo—los que sean dignos de reunirse con Él cuando venga en la Segunda Venida; véase Jeremías 3:1) para sombra (protección) contra el calor del día, y para refugio y abrigo (protección) contra el turbión y contra el aguacero (paz y protección en el Milenio; el significado doble de los versículos 5 y 6 también puede referirse a las estacas

de Sión como protección, defensa y refugio en los últimos días—véase DyC 115:6).

SEGUNDO NEFI 15

Isaías es un maestro de la intriga. Sabe despertar el interés entre sus estudiantes, de manera que estos se sientan motivados a buscar "el final de la historia". Ahora va a componer una "canción" o una parábola poética sobre una viña, en la que ilustra la misericordia de Dios y la falta de respuesta de Israel ante Sus muchas invitaciones de venir a Él y hallar paz y seguridad. Esto hace que el lector pueda desesperarse o exasperarse con el pueblo de Judá. Sin embargo, haríamos bien en mirarnos a un espejo y asegurarnos de que la persona a la que vemos no cae en una iniquidad e insensatez similares.

1 Y entonces cantaré a mi muy amado el cantar de mi amado (Cristo) respecto de su viña (Israel). Mi amado (el Señor de los Ejércitos; véase el versículo 7) tenía una viña (Israel; véase el versículo 7) en un collado muy fértil (en Israel).

2 Y la cercó (protegió) y despedregó (eliminó las piedras de tropiezo; le dio todas las oportunidades posibles para tener éxito) y la plantó de vides escogidas (los hombres de Judá; véase el versículo 7), y edificó una torre (puso profetas) en medio de ella, y también hizo un lagar (indicando el potencial para una buena cosecha); y esperaba que diese uvas (el producto deseado; gente fiel), y dio uvas silvestres (apostasía, iniquidad).

3 Ahora pues, oh habitantes de Jerusalén y varones de Judá, juzgad, os ruego, entre mí (Cristo) y mi viña (el Israel apóstata; yo os daré los hechos y vosotros juzgad).

4 ¿Qué más podía hacerse por mi viña que yo no haya hecho? (la pregunta principal sería, ¿A caso no he hecho mi trabajo? ¿Es por eso que sois inicuos?) ¿Por qué, cuando esperaba que produjese uvas (gente justa), uvas silvestres produjo (apostasía)?

5 Pues ahora (Biblia en alemán: de acuerdo; así será hecho) os diré lo que voy a hacer con mi viña (Israel): Le quitaré su vallado (retiraré la protección divina), y (Israel) será consumida (destruida); derribaré su cerca (retiraré mi protección), y será hollada;

6 y la asolaré; no será podada ni cavada (el Espíritu se retirará; no habrán profetas para "podar" las falsas doctrinas y advertir contra el mal), sino que en ella crecerán cardos y espinos (doctrinas y conductas de apostasía); también mandaré a las nubes que no derramen lluvia sobre ella (sequía y hambre espiritual).

Isaías explicará ahora lo que representan los elementos de su parábola.

7 Porque la viña del Señor de los Ejércitos (Cristo) es la casa de Israel, y los hombres de Judá son su planta deleitosa. Y él esperaba justicia (rectitud, bondad de ellos), y he aquí vileza (sin embargo, Él encontró que se oprimían unos a otros); rectitud, y he aquí clamor (en lugar de rectitud, encontró un estilo de vida desenfrenado).

En ocasiones, algunas personas han interpretado la expresión "juntar casa con casa", en el versículo ocho, para condenar a constructores y empresarios que venden complejos residenciales y apartamentos contiguos. Aunque esta interpretación sea graciosa, nos damos cuenta de cuán incorrectas pueden llegar a ser algunas de las interpretaciones que algunos pueden llegar a hacer de Isaías.

8 ¡Ay de los (poderosos, los ricos) que juntan casa con casa (que se apoderan de una casa tras otra), hasta no haber más lugar, para quedar (los pobres) solos en medio de la tierra (aquellos que tienen poder y engañan y expulsan a los granjeros pobres de sus propias tierras, apoderándose de sus casas en el proceso)!

9 En mis oídos (Biblia en alemán: en los oídos de Isaías), ha dicho el Señor de los Ejércitos: En verdad, muchas casas han de quedar asoladas, y grandes y hermosas ciudades quedarán sin habitantes (debido a vuestra iniquidad vendrán tribulaciones muy grandes; muchos de vosotros seréis capturados y llevados lejos, y vuestras ciudades quedarán desiertas).

Tal y como hemos comentado en varias ocasiones, Isaías es un maestro usando palabras para crear imágenes mentales. Observa ahora y verás cómo describe la terrible pobreza que le espera al Israel rebelde cuando el Señor retire su protección y ayuda.

10 Sí, diez yugadas de viña (campos para cultivar uva) producirán un bato (aproximadamente 32 litros); y un homer de semilla (6 1/2 medidas de semilla) producirá una efa (1/2 medidas de cosecha; ¡se acercan tiempos de mucha hambre!).

A continuación, Isaías condena el estilo de vida vicioso y descontrolado de los inicuos, el cual incluye la embriaguez o borrachera.

11 ¡Ay de los que se levantan temprano por la mañana para seguir la embriaguez; que continúan hasta la noche, hasta que los enciende el vino! (Lamentablemente, hoy en día, esto es bastante común entre la juventud en muchas naciones).

Isaías describe ahora la hipocresía de los servicios de adoración religiosa entre los Israelitas apóstatas. Estas personas tienen en cuenta todos los elementos de la adoración, tal y como los habían descrito los profetas antiguos; sin embargo, sus vidas son una burla a dicha adoración. A medida que Isaías nos "pinta" una imagen con palabras, describirá los instrumentos musicales que se utilizaban correctamente como parte de los servicios religiosos del día. Esto equivaldría a una descripción de nuestros servicios actuales de adoración acompañados de hipocresía, por lo que Isaías diría algo así como "vosotros tenéis vuestra música, oraciones, reuniones, la santa cena, pagáis vuestros diezmos y ofrendas, tenéis recomendaciones para el templo, asistís al templo, etc., pero también engañáis, mentís, robáis en el trabajo, os aprovecháis injustamente de vuestros vecinos, veis pornografía, no guardáis el día de reposo, participáis de la inmoralidad sexual, habláis chismes unos de otros, etc.". En otras palabras, vuestra adoración y rituales religiosos están huecos y vacíos. Sois unos hipócritas.

12 Arpas, vihuelas (En hebreo: lira; un instrumento pequeño con cuerdas de la familia del arpa), tamboriles, flautas (instrumentos musicales usados en la adoración al Señor) y vino hay en sus banquetes; mas no observan (no prestan atención a) la obra del Señor, ni consideran las obras de sus manos (su adoración está vacía, es hipocresía; en realidad no reconocen a Dios, y a penas piensan en Él).

13 Por tanto, mi pueblo ha ido en cautiverio (profecía sobre la cautividad futura de Israel), porque carece de conocimiento (se han vuelto ignorantes en cuanto al evangelio verdadero; véase DyC 131:6); y perecen de hambre sus nobles (han perdido a sus líderes justos), y su multitud se seca de sed (doble significado: encaja con Amós 8:11–12 sobre el hambre de oír las palabras del Señor; también el resultado literal del hambre).

A continuación, Isaías usa un lenguaje y unas imágenes muy interesantes para describir en dónde terminará Israel debido a su iniquidad.

14 Por tanto, el infierno ensanchó su seno (¡han tenido que añadir más espacio en el infierno para que haya espacio para ti!), y abrió su boca desmedidamente (aparentemente sin límite, porque muchísimos de vosotros os dirigís hacia allí); y allá (al infierno) descenderá la gloria de ellos (de los inicuos), y su multitud, y su algazara, y el que en ello se huelga (al llevar una vida desenfrenada y de iniquidad).

A continuación, Isaías explica que la sociedad entera está llena de orgullo. En otras palabras, nadie es humilde. Vemos aquí como los escritos de Isaías hacen uso de la repetición para dar énfasis.

15 Y el hombre vil (pobre) será humillado, y el varón poderoso (y rico) será abatido, y los ojos del

altivo (orgulloso) serán bajados (todos necesitan ser humillados).

16 Mas el Señor de los Ejércitos será ensalzado (vencerá) en juicio, y el Dios Santo será santificado en justicia (el Señor triunfará). (Este versículo es un ejemplo más de cómo Isaías dice la misma cosa de dos maneras diferentes).

Seguidamente, Isaías describe el alcance total de la destrucción que sobrevendrá al Israel inicuo a menos que se arrepientan.

17 Entonces los corderos pacerán (en la viña del Señor, en la que en una ocasión se asentaba Israel; la destrucción será tan grande que los animales llegarán a habitar el lugar que una vez estaba habitado por los israelitas) según su costumbre (en alemán: donde estuvo la ciudad), y los lugares desolados de los ricos (los que antes eran ricos e inicuos) los comerán los extraños (los extranjeros).

18 ¡Ay de los que arrastran la iniquidad con cuerdas de vanidad (orgullo), y el pecado como si fuera con coyundas de carro (¡estáis atados a vuestros pecados! ¡estos os siguen a todas partes, como el carro que sigue al animal que lo arrastra!);

En el versículo 19, a continuación, vemos la arrogancia que la iniquidad puede traer sobre las personas y la sociedad. Podemos ver cómo los inicuos retan a Dios

a que dé más muestras de Su existencia si es que Él espera que las personas le presten, aunque sea, un poco de atención. Esto nos recuerda de algunos anticristos, tales como Sherem, Nehor y Korihor, en el Libro de Mormón, los cuales pidieron una señal de Dios para probar Su existencia. Sin embargo, si a muchos se les diera una señal, aún así no creerían y racionalizarían el poder de Dios con tal de no ejercer la fe, con tal de proteger sus propios intereses e iniquidades.

19 quienes dicen: Dése prisa (el Señor); haga presto su obra para que podamos verla (de Dios depende el probar ante nosotros que Él existe); acérquese y venga el consejo del Santo de Israel para que lo conozcamos (¡estamos pidiéndole que nos demuestre que Él existe, que cumpla con todas sus amenazas y así sabremos que en realidad existe!).

A continuación, nos encontramos con una de las escrituras más famosas entre todos los escritos y enseñanzas de Isaías. Hoy día, nosotros somos testigos de que este problema se está dando en todas las partes del mundo. Parece ser que una de las estrategias más efectivas de Satanás es hacer que la gente piense y actúe de manera opuesta a lo que Dios nos dice.

20 ¡Ay de los que a lo malo llaman bueno, y a lo bueno malo; que ponen tinieblas por luz, y luz por tinieblas; que ponen lo amargo por dulce, y lo dulce por amargo!

21 ¡Ay de los que son sabios a sus propios ojos (llenos de orgullo malvado), y prudentes delante de sí mismos (los inicuos que establecen sus propias reglas)!

22 ¡Ay de los que son valientes para beber vino, y varones fuertes para mezclar licores (los que llevan una vida desenfrenada y de embriaguez);

A continuación, Isaías nos recuerda que los sistemas y procedimientos judiciales corruptos acompañan a la caída de la sociedad.

23 que justifican al inicuo por cohecho (aceptan sobornos; un sistema judicial y policial corruptos), y quitan al justo su rectitud (y privan al inocente de sus derechos)!

A continuación, Isaías describe la caída y la destrucción de los inicuos. Presta atención a cómo Isaías, con gran maestría, nos dice la misma cosa de muchas maneras diferentes.

24 Por tanto (debido a tal iniquidad), así como el fuego devora el rastrojo (los montones de grano seco almacenado), y la llama consume la paja (que resulta de la cosecha del grano y la cual es muy inflamable), su raíz será podredumbre (los inicuos pierden sus raíces, su ancla, su estabilidad; los lazos familiares), y sus flores (el potencial de dar fruto; familias) se desvanecerán como polvo (en resumen, los inicuos no darán fruto; no tendrán posteridad en la próxima vida y tendrá lugar la destrucción de muchos durante esta vida); porque han desechado la ley del Señor de los Ejércitos, y han despreciado la palabra del Santo de Israel.

Quizás, a estas alturas, habrás notado que Isaías siempre explica el "porqué" de lo que va a acontecer. Esto nos recuerda que el Señor quiere que tengamos conocimiento y comprensión, para que así tengamos esa sabiduría que nos servirá al tomar decisiones correctas al hacer uso del albedrío.

25 Por esta causa se encendió el furor del Señor contra su pueblo, y extendió contra él su mano, y lo hirió; y se estremecieron los collados, y sus cadáveres fueron destrozados en medio de las calles (la destrucción terrible que resulta de la iniquidad de Israel). Con todo esto, no se ha aplacado su ira, sino que aún está extendida su mano (invitándole a arrepentirse; es decir, a pesar de todo esto, todavía te puedes arrepentir; compárese con 2 Nefi 28:32 y con Jacob 6:4 y 5).

El final del versículo 25, arriba, es un firme recordatorio y a la vez, muy reconfortante, de que el Señor tiene muchos deseos de que hagamos uso de Su expiación, y nos libremos de la carga del pecado, incluso si tenemos un historial muy largo de no vivir el evangelio. El Elder Neal A. Maxwell del Quórum de los Doce Apóstoles enseñó lo siguiente:

"**Nuestro** Señor misericordioso y paciente en sufrimientos siempre está listo para ayudar. Su 'brazo está extendido todo el día'" (Conferencia General de la iglesia, octubre de 1996).

Parece ser que Isaías vio nuestros días en una visión y que vio los medios de transporte modernos que existirían durante los días del recogimiento. Es interesante el considerar el dilema en que se encontró Isaías al tener que describir trenes, aviones, etc. en su día, en el cual no existían tales cosas. Observa cómo utiliza la terminología y objetos de su época para describir los objetos de nuestros días.

26 Y alzará estandarte (bandera, punto de reunión; el evangelio verdadero) a las naciones de lejos, y les silbará (una señal para juntarse) desde el cabo de la tierra; y he aquí que (los justos) vendrán presto y aceleradamente (¿quizás por los medios de transporte modernos?); y entre ellos no habrá cansado, ni quien tropiece. (Viajarán tan rápido y llegarán tan pronto que apenas se cansarán).

27 Nadie dormitará ni se dormirá; a ninguno le será desatado el cinto de los lomos, ni se le romperá la correa de sus zapatos (quizás quería decir que viajarán tan rápido en los medios de transporte modernos que no necesitarán cambiarse de ropa;

ponerse el pijama, o quitarse el calzado, etc.);

28 sus flechas estarán aguzadas (¿quizás se refería a los fuselajes de los aviones, los cuales le parecerían como flechas colocadas en el arco?) y todos sus arcos entesados (¿cómo las alas de los aviones?); y los cascos de sus caballos serán como de pedernal (¿sacando chispas como hacen las ruedas del tren?), las ruedas de sus carros como torbellino (¿rodando a gran velocidad?) y su rugido como de león (¿el rugir o ruido tan fuerte de los motores de los trenes y los aviones, etc.?).

29 Rugirán (¿aviones, etc.?) como leoncillos; sí, bramarán y se echarán sobre la presa (¿pasajeros? ¿los conversos embarcarán en estos medios de transporte?), y la llevarán seguros (serán transportados de manera segura), y no habrá quien se la quite (no habrá enemigos que puedan detener o prevenir el recogimiento).

El Elder LeGrand Richards del Quórum de los Doce Apóstoles comentó lo siguiente en cuanto a los versículos 26–29 que aparecen arriba:

"**Al** ubicar la fecha del gran recogimiento, Isaías pareció indicar que tendría lugar en los días del ferrocarril y la aviación (Isaías 5:26–29)"

"**Puesto** que no habían trenes ni aviones en ese día, Isaías no hubiera podido haberlos mencionado por nombre. Sin embargo, él parece haberlos descrito en palabras inequívocas. ¿Cómo podría haber descrito mejor el tren moderno que en "las patas de sus caballos parecerán como de pedernal, y las ruedas de sus carros como torbellino"? ¿Cómo podría haber descrito mejor el rugido de un avión que como "su bramido como de león"? Los trenes y los aviones no se detienen por la noche. Por lo tanto, ¿no estaba justificado Isaías en decir: 'No habrá entre ellos cansado, ni que vacile; ninguno se dormirá ni le tomará sueño; a ninguno se le desatará el cinto de los lomos, ni se le romperá la correa de sus zapatos'? Con este modo de transporte '. . . vendrán pronto y velozmente'. Isaías debía haber visto el avión, pues nos dijo lo siguiente: ¿Quiénes son estos que vuelan como nubes y como palomas a sus ventanas?' (Isaías 60:8)" (LeGrand Richards, *Israel! Do You Know?*, p. 182).

30 Y en aquel día (los últimos días) rugirán contra ellos como el bramido del mar; y si miraren hacia la tierra, he aquí, tinieblas y tribulación, y la luz se obscurecerá en sus cielos (quizás se refería a las condiciones de los últimos días, a las guerras, humo, contaminaciones, etc., mientras que los justos se juntan en Sión y allá en donde esté el evangelio, en varias localidades por todo el mundo).

SEGUNDO NEFI 16

A pesar de que este capítulo es bastante corto, tiene un simbolismo precioso sobre la expiación; y es quizás uno de los mejores capítulos de Isaías que podemos estudiar para hacernos una idea del poder y la majestuosidad que hay en los escritos inspirados de Isaías. En especial, este capítulo trata del llamamiento de Isaías, bien sea su primer llamamiento o un llamado posterior a una responsabilidad mayor.

1 En el año (aproximadamente 750–740 a.C.) en que murió el rey Uzías (rey de Judá), vi también al Señor (Jesús; véase el versículo 5) sentado sobre un trono alto y enaltecido (exaltado), y las faldas de su ropa (en hebreo: levantado, luz; también puede significar Su poder y autoridad) llenaban el templo.

2 Encima del trono (del Salvador) estaban los serafines (seres angelicales); cada uno de ellos tenía seis alas (las alas son un símbolo del poder para moverse, actuar, etc. en la obra de Dios; véase DyC 77:4); con dos se cubrían el rostro, con dos los pies, y con dos volaban.

El cubrirse el rostro (versículo 2, arriba) es una manera de mostrar respeto y humildad ante Dios en muchas culturas.

3 Y el uno exclamaba al otro, diciendo: ¡Santo, santo, santo (en

hebreo, el repetir algo tres veces, significa lo mejor de lo mejor, o superlativo) es el Señor de los Ejércitos; toda la tierra está llena de su gloria!

4 Y a la voz del que clamaba, se estremecieron (se sacudieron) los quiciales (marcos) de las puertas, y la casa se llenó de humo (simboliza la presencia de Dios, al igual que el temblor de la montaña en el Sinaí—Éxodo 19:18—cuando el Señor estaba allí presente).

A continuación, Isaías expresa sus sentimientos profundos de ineptitud e indignidad al estar en la presencia del Señor. Presta atención y verás cómo la expiación elimina sus faltas o transgresiones y también sus sentimientos de indignidad; y cómo recibe la confianza necesaria para llevar a cabo la obra a la cual el Señor lo está llamando. Este mismo principio se aplica a cada uno de nosotros al darnos cuenta de nuestra dependencia en el Señor a medida que nos esforzamos por hacer Su obra.

5 Entonces dije yo (Isaías): ¡Ay de mí!, pues soy perdido (me siento completamente abrumado); porque soy hombre de labios inmundos (¡soy muy imperfecto e inepto!), y habito entre un pueblo de labios inmundos (nadie entre nosotros, los mortales, es digno de estar en la presencia de Dios); por cuanto mis ojos han visto al Rey, el Señor de los Ejércitos (me estoy sintiendo completamente agobiado porque acabo de ver al Salvador).

Observa ahora el simbolismo tan precioso que nos encontramos en los versículos 6 y 7. Se representa la expiación y se nos enseña sobre su poder para limpiar y sanar.

6 Entonces voló hacia mí uno de los serafines (simbolizando que se posee autoridad) con un carbón encendido (símbolo del poder del Espíritu Santo para limpiar "por fuego") en la mano, el cual había tomado del altar con las tenazas (símbolo de la expiación; Cristo fue sacrificado por nosotros en el "altar" de la cruz);

7 y tocó con él sobre mi boca (aplicó la expiación sobre mi), y dijo: He aquí, esto (la expiación) ha tocado tus labios (símbolo de las imperfecciones, faltas y sentimientos de ineptitud), y tu iniquidad es quitada, y borrado es tu pecado (limpiado; los resultados de la expiación; compárese con Isaías 1:18).

A continuación, podrás apreciar cómo la expiación le proporciona confianza a Isaías y este se vuelca en el servicio al Señor. Usaremos negrita para resaltar.

8 Y luego oí la voz del Señor decir: ¿A quién enviaré, y quién irá por nosotros (deidad plural)? Entonces (yo Isaías) dije: **Heme aquí, envíame a mí** (el poder limpiador

de la expiación le dio a Isaías la confianza necesaria para aceptar el llamamiento).

> **Ahora** el Señor le dará a Isaías una breve descripción de la gente a la cual tendrá que predicar como profeta. Verás que es muy difícil llegar a estas personas. Quizás, esta experiencia que tiene Isaías se podría comparar con una estancia breve en el CCM (Centro de Capacitación Misional), para prepararse y ser instruido en cuanto a las dificultades que tendrá que encontrar.

9 Y él (Señor) dijo: Ve y di a este pueblo: Oíd bien, mas no entendieron; ved por cierto, mas no percibieron (la labor de Isaías no está siendo fácil con estas personas).

> **Tal** y como se explicó en las notas al principio de 2 Nefi 13, Isaías, a menudo, usa un recurso literario llamado "quiasmo" para resaltar los elementos clave de aquello que nos quiere enseñar. Se trata de enlistar de manera intencional y ordenada unas palabras o expresiones clave, y luego, para dar énfasis, se vuelven a nombrar dichas palabras en orden inverso.

10 Deja (trata de ver) que se endurezca el **corazón** (**A**) de este pueblo (que se aísle en contra de la verdad), y que se entorpezcan sus **oídos** (**B**) (imagínalos estando espiritualmente sordos), y que sean cerrados sus **ojos** (**C**) (espiritualmente ciegos); no sea que vea con sus **ojos** (**C'**), y oiga con sus **oídos** (**B'**), y

entienda con su **corazón** (**A'**), y sea convertido y sanado.

> **El** versículo 11, a continuación, podría verse como un recordatorio de que el Señor en verdad tiene un buen sentido del humor.

11 Yo (Isaías) entonces dije: Señor, ¿hasta cuándo (será esta gente así)? Y él respondió: Hasta que las ciudades queden asoladas y sin habitantes, y las casas sin hombre, y la tierra enteramente desierta (vacía; en otras palabras, cuando una mañana vayas a predicarles y no quede nadie en la ciudad, entonces dejarás de tener que enfrentarte a tales personas; mientras existan las personas, tendrás que enfrentarte con este tipo de gente);

12 y el Señor haya echado lejos a los hombres, porque habrá gran desolación (muchas ciudades abandonadas) en medio de la tierra.

> **Seguidamente**, en el versículo 13, nos encontramos un gran ejemplo de cómo Isaías utiliza un simbolismo propio de su época y cultura, el cual su gente podía entender. Por otro lado, este tipo de versículos, también es un buen ejemplo de lo difícil que es entender a Isaías en nuestros días y nuestra cultura sin ayuda.

13 Mas todavía quedará una décima parte (remanente de Israel), y volverá (Israel), y será consumida (podada, como por animales comiéndose los

brotes, las hojas y las ramas; el Señor poda su viña, corta las viejas doctrinas falsas y a los apóstatas, etc., destruye las generaciones viejas injustas para que las nuevas puedan tener una oportunidad); como el terebinto (¿quizás como el podar un limonero?) y como la encina que guardan en sí su substancia (savia) cuando echan sus hojas (se desprenden de lo viejo, las hojas que no sirven y parecen como muertas durante el invierno); así la santa semilla será su substancia (Israel parecerá muerta, pero todavía hay vida en ella).

En resumen, el versículo 13, arriba, explica que a pesar de que algunos israelitas serán llevados cautivos y serán espar- cidos y parecerá que perecerán como pueblo, el Señor todavía los "podará", les dará forma y los guiará para que se conviertan nuevamente en el pueblo justo del convenio. Como pueblo, parecerá que estén muertos, así como la fruta del árbol parece no tener vida durante el invierno, pero Israel será nuevamente recogido y llegará a ser poderoso en los últimos días. Estamos presenciando el cumplimiento de esta profecía al ver el gran recogimiento que ahora está teniendo lugar.

SEGUNDO NEFI 17

Este capítulo es comparable al capítulo 7 de Isaías en la Biblia. Trata de eventos históricos reales, incluyendo el nacimiento del Salvador de una virgen.

El rey Acaz era malvado, era un rey de Judá que adoraba ídolos (la nación de los judíos y parte de la tribu de Benjamín, los cuales se hallaban en la parte sur de la Tierra Santa en esa época). Su nación estaba siendo amenazada desde el norte por ambos, Israel (las Diez Tribus, las cuales tienen su propia nación llamada "Israel") y por Siria. Israel y Siria están conspi- rando para apoderarse de Judá y Jerusalén y establecer o imponer un régimen de "marionetas" en Jerusalén que estará controlado por ellos. Observa la reacción de Acaz, cuando el Señor le dice a Isaías que le lleve las noticias de que si él confía en el Señor, entonces no tiene por qué temer a estas dos naciones enemigas. Esto es, entre otras cosas, un recordatorio de que los inicuos viven con miedo, a pesar de la disposición que el Señor tiene para ayudarnos y protegernos.

1 Y en los días de Acaz (un rey de Judá que era inicuo y adoraba ídolos, sobre el año 734 a.C.), hijo de Jotam, hijo de Uzías, rey de Judá (de los judíos), aconteció que Rezín, rey de Siria, y Peca, hijo de Remalías, rey de Israel (las 10 Tribus o el norte de Israel), vinieron sobre Jerusalén para combatirla, mas no pudieron prevalecer contra ella (no vencieron, pero mataron a 120,000 hombres de Judá y se llevaron a 200,000 cautivos en un día; véase 2 Crónicas 28:6–15).

2 Y fue dado el aviso a la casa de David (Jerusalén), diciendo: Siria se ha confederado (unido) con Efraín (las 10 Tribus; el norte de Israel). Y se le estremeció (sacudió) el corazón (a Acaz), y el corazón de su pueblo, como los árboles del bosque se sacuden con el viento (los del pueblo de Judá temblaron atemorizados).

3 Entonces dijo el Señor a Isaías: Sal ahora a encontrar a Acaz (el rey de Judá que vivía en Jerusalén), tú y tu hijo Sear – jasub (en hebreo significa "el remanente volverá"), al extremo del conducto del estanque superior, por el camino del campo del lavador (Acaz se esconde en donde las mujeres lavan la ropa o se esconde detrás de las faldas de las mujeres; es un cobarde);

4 y dile (al rey Acaz): Ten cuidado, y permanece tranquilo (¡relájate!); no temas, ni desfallezca tu corazón por (debido a) estos dos cabos de tizón encendidos que humean (no te preocupes por las amenazas de Siria e Israel), por causa de la furiosa ira de Rezín y de Siria, y del hijo de Remalías (no te preocupes por las continuas amenazas de Siria e Israel; ellos se creen fuertes pero no son sino pedazos de madera inflamable; ya no son lo que una vez fueron o creían ser).

5 Porque Siria, Efraín (Siria y el norte de Israel) y el hijo de Remalías

(el rey del norte de Israel) han tomado mal acuerdo (se han aliado para conspirar) contra ti, diciendo:

6 Subamos contra Judá y hostiguémosla (vamos a crearle problemas a Judá), y abramos brecha en ella para nosotros, y pongámosle rey en su centro (establezcamos a nuestro propio rey en Jerusalén); sí, al hijo de Tabeel.

7 Así dice el Señor Dios: No subsistirá ni acontecerá (el complot fracasará, así que no te preocupes de eso, Acaz).

8 Porque la cabeza (la ciudad capital) de Siria es Damasco, y la cabeza (líder) de Damasco, Rezín; y dentro de sesenta y cinco años, Efraín (las Diez Tribus) será quebrantado hasta dejar de ser pueblo (antes de que pasen 65 años las Diez Tribus se perderán).

9 Y la cabeza (ciudad capital) de Efraín es Samaria (a unos 58 kilómetros al norte de Jerusalén), y la cabeza (líder) de Samaria, el hijo de Remalías. Si (Acaz y su pueblo, la tribu de Judá y algunos de la de Benjamín) no creéis, de cierto no permaneceréis (no seréis salvados por el poder del Señor; véase la nota a pie de página 9a en Isaías 7, en la Biblia).

10 Además, habló el Señor otra vez a Acaz, diciendo:

11 Pide para ti una señal (para que tengas la certeza de que el Señor te está hablando a ti) del Señor tu Dios; pídela ya sea abajo en lo profundo, o en lo alto arriba (pide lo que tu quieras).

12 Mas dijo Acaz: No pediré, ni tentaré (pondré a prueba) al Señor (se niega a seguir el consejo del profeta; intencionalmente evade esa oportunidad porque él ya está dependiendo en secreto de Asiria para recibir ayuda).

13 Y él (Isaías) respondió: Oíd ahora vosotros, ¡oh casa de David! (Acaz y su pueblo, Judá) ¿Es cosa pequeña para vosotros molestar a los hombres, que molestéis también a mi Dios (pongáis a prueba la paciencia de Dios)?

14 Por tanto (debido a vuestra desobediencia), el Señor mismo os dará una señal: He aquí que una virgen concebirá y dará a luz un hijo, y llamará su nombre Emanuel (el día llegará cuando nacerá el Salvador).

15 Mantequilla y miel (leche cuajada y miel, los únicos alimentos que a veces estaban disponibles para los pobres; véase la nota a pie de página 15a en Isaías 7) comerá (Jesús comerá lo que come la gente pobre; es decir, que no se le considerará de una clase social alta) hasta que sepa desechar lo malo y escoger lo bueno.

16 Porque antes que el niño sepa desechar lo malo y escoger lo bueno (en el tiempo que le lleve al niño ser lo suficientemente mayor para discernir entre el bien y el mal; en unos pocos años), la tierra (el norte de Israel) que tú (Judá) aborreces (le tienes temor) será abandonada de sus dos reyes (tanto Siria como las Diez Tribus del norte serán llevadas a Asiria; véase Isaías 8:4, 2 Nefi 17:17).

17 El Señor traerá sobre ti (Acaz), sobre tu pueblo (Judá) y sobre la casa de tu padre, días cuales nunca han venido desde el día en que Efraín se apartó (las Diez del norte se separaron) de Judá, esto es, al rey de Asiria (el rey de Asiria traerá problemas como los que no habéis visto desde que las Doce Tribus se dividieron, sobre el año 975 a.C., en el reino norte, bajo Jeroboam I, y la tribu de Judá bajo Rehoboam).

18 Y acontecerá que en aquel día el Señor silbará (señal, llamará) a la mosca (tiene que ver con plagas, problemas; esto te recordará a las plagas en Egipto) que está en la parte lejana de Egipto, y a la abeja (aguijón) que se halla en la tierra de Asiria (los asirios vendrán como moscas y abejas).

19 Y vendrán y se establecerán todas en los valles desolados, y en las hendiduras de las rocas, y en todo zarzal y en toda mata (vuestros enemigos estarán por todas partes, se asentarán en toda vuestra tierra).

20 En aquel día (cuando este día terrible llegue sobre vosotros debido a que os negasteis a volveros al Señor) afeitará el Señor con navaja (destino de los cautivos, esclavos— para humillarlos, por higiene, para identificarlos) alquilada (Asiria será "alquilada" o "contratada" para hacer esto a Judá), por los de la otra parte del río, por el rey de Asiria, la cabeza y pelos de los pies; y también raerá la barba (os afeitarán completamente; os conquistarán por completo).

21 Y acontecerá en aquel día (después de la destrucción de que se ha hablado arriba) que un hombre criará una vaca y dos ovejas;

22 y acontecerá que por la abundancia de leche que ellas (los pocos animales domésticos que queden) darán, comerá mantequilla; porque mantequilla y miel comerán todos los que permanecieren en la tierra (no quedarán muchas personas, por lo tanto unos pocos animales bastarán para abastecerles con alimentos).

23 Y sucederá que en aquel día, todo lugar en donde había (solía haber) mil vides que valían mil siclos de plata (el valor de mil piezas de plata), se quedará para cardos y espinas (la tierra cultivada, que antes era

valiosa, se convertirá en un terreno repleto de malas hierbas; esto puede ser un símbolo de apostasía).

Isaías continúa enfatizando que Judá será conquistada y sus habitantes serán dispersados a tal grado que muy pocos de ellos permanecerán. La cautividad de Babilonia sobre el año 587 a.C. fue un cumplimiento de esta profecía. Además, los judíos también han sufrido otras destrucciones y dispersiones.

24 Con flechas y arcos los hombres entrarán allá, porque toda la tierra será cardos y espinas (la tierra que antes cultivabas se tornará salvaje y descuidada al grado que los cazadores cazarán bestias salvajes en el lugar donde tú solías vivir).

25 Y a todos los collados que fueren cavados con azada (que una vez fueron cultivados), no llegarán (vuestras gentes) por temor a los cardos y espinas, mas serán para pasto de bueyes y para ser pisados de ganado menor (ovejas o cabras; tus tierras, que una vez fueron cultivadas, se tornarán en hierbajos o terreno salvaje; símbolo de apostasía).

SEGUNDO NEFI 18

El Señor manda a Isaías que siga dando a conocer las noticias de poca aceptación, noticias de que se les viene encima un ataque por parte de los Asirios (una nación inicua, poderosa y grande que hoy en día se encuentra localizada más o menos en la región ocupada por Irak). Estos se les echarán encima a menos que su gente y sus líderes políticos se arrepientan y se vuelvan a su Dios. El Señor le pedirá a Isaías que use una tabla grande en el que pueda escribir una advertencia con letra grande para que todos la puedan ver. También se le pidió que le diera a su hijo un nombre, el significado del cual es que los asirios destruirán rápidamente el país.

En contraste con la cruel destrucción que les espera a manos de los asirios, Isaías invita al pueblo a disfrutar de las apacibles "aguas de Siloé" (versículo 6) las cuales son un símbolo de la misericordia y bondad del Salvador. Si se vuelven a Cristo, Él los protegerá. La decisión es de ellos. En esto, también encontramos un simbolismo claro que se aplica a nosotros.

1 Además, la palabra del Señor me dijo (a mi, Isaías): Toma una tabla grande (quizás un pergamino grande), y escribe en ella con caracteres de hombre tocante a Maher-shalal-hash-baz (en hebreo significa "la destrucción es inminente"; es decir, Asiria llegará pronto y la destrucción os sobrevendrá pronto).

2 Y (yo Isaías) tomé por testigos fieles para atestiguar, al sacerdote Urías y a Zacarías, hijo de Jeberequías (testigos requeridos y autoridades legales para que pueda oficiarse correctamente una boda hebrea).

3 Y me allegué a la profetisa (la esposa de Isaías), y concibió y dio a luz un hijo. Entonces me dijo el Señor: Llámalo Maher- shalal-hash-baz (que significa "la destrucción es inminente").

A continuación, Isaías dará a conocer que los asirios caerán pronto sobre Siria y sobre las Diez Tribus del norte, y esto acontecerá rápidamente, antes de que su bebé aprenda a decir "papá" o "mamá".

4 Pues he aquí, antes que el niño sepa decir: Padre mío y madre mía, serán quitadas las riquezas de Damasco (Siria) y el despojo (riqueza) de Samaria (norte de Israel) delante del (por el) rey de Asiria (antes de que mi hijo sea suficientemente mayor para decir "papá" y "mamá", Asiria atacará el norte de Israel y Siria).

5 Y me habló el Señor otra vez (a mi, Isaías), diciendo:

6 Por cuanto este pueblo (Judá, Jerusalén) desecha las aguas de Siloé (la ayuda apacible de Cristo; véase Juan 4:14), que corren plácidamente (misericordiosamente), y se huelga con (ponen más confianza en) Rezín y el hijo de Remalías (Siria y el norte de Israel en lugar del Señor);

7 el Señor, pues, hará subir sobre ellos (Judá) las aguas del río (serás inundado con asirios), fuertes y muchas, es decir, al rey de Asiria y toda su gloria (su presunción, ejércitos, etc.); y subirá sobre todos sus

arroyos y pasará sobre todas sus riberas (tendrás un torrente de asirios).

8 Y (Asiria) fluirá por Judá; se desbordará e inundará; y llegará hasta la garganta (estarás hasta el cuello de asirios; también puede significar "llegarás hasta Jerusalén, la cabeza o la ciudad capital", lo cual logró Asiria antes de ser detenida por una plaga que causó la muerte de 185,000 soldados; véase 2 Reyes 19:32–36); y la extensión de sus alas (las de Asiria) llenará la anchura de tu tierra (Judá), ¡oh Emanuel! (la tierra en que se dará el futuro nacimiento y ministerio de Cristo).

9 ¡Reuníos (si establecéis alianzas o convenios políticos con otras naciones para buscar protección en lugar de volveros a Dios), oh pueblos (de Judá), y seréis quebrantados! ¡Escuchad, todos vosotros los de países lejanos (naciones extranjeras que pueden levantarse contra Judá); ceñíos (preparaos para la guerra), y seréis (los países extranjeros que ataquen a Judá) quebrantados; apercibíos (preparaos para la guerra), y seréis quebrantados! (Habrás observado que la palabra "quebrantados" se repite tres veces. Esto se hace para enfatizar; el repetir algo tres veces es como un superlativo en hebreo).

10 Reuníos en consejo (adelante naciones extranjeras, aliaos contra Judá), y será anulado (no tendréis éxito); hablad palabra, y no permanecerá (y aún así no ocurrirá); porque Dios está con nosotros (Judá no será completamente destruida).

El Señor le ha pedido a Isaías, Su profeta, que compartiera unos mensajes poco populares con los ciudadanos y los líderes políticos de la Judá inicua. Esto ha debido ser muy difícil para el hermano y la hermana Isaías y su pequeña familia. A continuación, el Señor le dará a Isaías unas instrucciones muy firmes. Le dice que no ceda a la presión de los líderes del pueblo, a la presión social o de los hombres. Pues estos buscan que Isaías les diga aquello que quieren oír, es decir, que tenga a bien que estos establezcan tratados con otras naciones y así poder tener protección de sus enemigos, en lugar de volverse a la rectitud y tener la protección de Dios. Tras esto, el Señor le aconseja a Isaías que permanezca a Su lado en todo momento.

11 Porque el Señor de este modo me habló (a mi, Isaías) con mano fuerte (con firmeza), y me instruyó que no anduviese por el camino de este pueblo (Judá), diciendo:

12 No llaméis conspiración (un tratado) a todo lo que este pueblo llama conspiración; ni temáis lo que ellos temen, ni tengáis miedo ("Isaías, no apoyes el plan de Judá para que se confabule con Asiria. No les digas lo que quieren oír").

13 Al Señor de los Ejércitos santificad; y sea él vuestro temor, y sea él vuestro miedo ("Isaías, confía solo en el Señor, no busques la aprobación social, de los hombres").

14 Y él (Señor) será por santuario (para ti, Isaías); pero por tropezadero y piedra de tropiezo (una piedra o roca que les hará caer en lugar de la Roca de su salvación) a las dos casas de Israel (el Israel inicuo, Judá y Efraín—las Diez Tribus); por trampa y lazo a los habitantes de Jerusalén.

> **Observa** y verás cuán simples, y a la vez poderosas, son las palabras de Isaías en el siguiente versículo.

15 Y muchos de ellos **tropezarán y caerán**; y serán **quebrantados**, **entrampados** y **apresados**.

16 Ata el testimonio (registra tu testimonio, Isaías); sella la ley entre mis discípulos (los seguidores fieles).

> **Al** examinar bien el versículo 16, arriba, nos damos cuenta de que habían otros santos fieles entre el pueblo de Judá, además de Isaías y su familia.
>
> **A** continuación, Isaías responde a la advertencia del Señor de permanecer fiel a toda costa.

17 Y yo (Isaías) esperaré (confiaré) al Señor, el cual oculta su cara (está reteniendo Su bendición) de la casa de Jacob (Israel), y en él confiaré.

18 He aquí, yo y los hijos que el Señor me ha dado somos a Israel por señales y presagios de parte del Señor de los Ejércitos, que habita en el monte de Sión. (Mi familia y yo somos un recordatorio para Israel de que el Señor vive).

> **¡Parece** ser, que muy a menudo, los inicuos no se dan cuenta de lo que es obvio! Están tan cegados que no pueden ver que la única manera de conservar su libertad es seguir los mandamientos y preceptos del evangelio de Cristo. En este caso, en lugar de arrepentirse y volverse al Dios de Israel, lo cual restauraría la paz civil y la seguridad, se vuelven a las supercherías sacerdotales y a la brujería, las cuales están controladas por fuerzas que no vienen de Dios. ¡Cierto es que la iniquidad no lleva al pensamiento racional o al sentido común!

19 Y cuando (los inicuos) os dijeren: Preguntad a los evocadores (médiums, espiritistas, los que contactan con los espíritus de familiares ya fallecidos y más), y a los adivinos (aquellos que dicen adivinar el futuro) atisban y hablan entre dientes (en sus "bolas de cristal"): ¿No debe un pueblo consultar a su Dios para que los vivos oigan de los muertos? (Es decir, ¿no sería sabio el volverse a Dios para recibir Su ayuda?)

> **Seguidamente**, Isaías aconseja con sabiduría a su pueblo para que cualquier tipo de consejo, información, advertencia, etc.,

que puedan recibir de cualquier fuente, lo comparen con las escrituras. A menudo nos referimos a nuestras escrituras como las "obras canónicas", lo cual significa "el estándar, el modelo o el canon a utilizar en el cual debemos medir o comparar todas las cosas".

20 ¡A la ley y al testimonio (a las escrituras)! Y si no hablaren (los espiritistas y sus medios) conforme a esta palabra (las escrituras), es porque no hay luz en ellos (los que adivinan el futuro, los médiums, y otros).

21 Y pasarán (los inicuos de Judá) por la tierra (los problemas descritos en los versículos 7 y 8), duramente acosados (muy estresados o agobiados) y hambrientos; y acontecerá que cuando tengan hambre, se enojarán y maldecirán a su rey y a su Dios, y alzarán la vista hacia arriba (con orgullo, desafiantes).

22 Y mirarán hacia la tierra (mirarán a su alrededor), y contemplarán (solo verán) tribulación y tinieblas, obscuridad de angustia (desespero; en hebreo: aflicción obscura); y serán expulsados a las tinieblas (arrojados a la desesperación total; las consecuencias de la iniquidad).

SEGUNDO NEFI 19

Aquí nos encontramos con la continuación al tema del capítulo 18. El rey Acaz de Judá ignoró el consejo del Señor y estableció un acuerdo con Asiria. Aquí tenemos algunos simbolismos. Por ejemplo, Asiria podría representar el diablo y sus maneras malvadas y llenas de orgullo. El rey Acaz podría simbolizar gente insensata y malvada que busca hacer pactos con el diablo o sus maneras de maldad, y que inocentemente piensan que serán protegidos de la destrucción espiritual y a veces física.

En este próximo capítulo, el cual puede compararse al capítulo 9 de Isaías en la Biblia, Isaías nos comparte una de sus profecías mesiánicas más famosas y preciosas. Isaías profetiza que Cristo vendrá. El Mesías del compositor Frederic Handel contiene un acompañamiento musical magistral para algunos versos y expresiones de este capítulo.

1 (Este versículo es el último versículo del capítulo 8 en la Biblia hebrea y en la Biblia alemana. Sirve como una transición natural del capítulo 18 al versículo 2). Sin embargo, la obscuridad (aflicción a que se hace referencia en Isaías 18:22) no será como lo fue en su oprobio, cuando él primero (los primeros ataques de los asirios en los días de Isaías) afligió ligeramente la tierra de Zabulón (la región de Nazaret, parte norte de Israel; véanse los mapas en las nuevas ediciones de la Biblia SUD) y la de Neftalí (en el norte de Israel), y después la angustió más penosamente (hebreo: bendecida gloriosamente; en alemán: trajo el honor a) por la costa del Mar Rojo, del otro lado del Jordán, en Galilea de las naciones (Jesús creció en Galilea y la Israel justa ha sido gloriosamente bendecida por Él, mientras que la Israel inicua ha sido gravemente afligida por haber rechazado a Cristo).

2 El pueblo que andaba en tinieblas (obscuridad espiritual; apostasía y cautividad) ha visto una gran luz (el Salvador y sus enseñanzas); sobre los que moraban en la tierra de la sombra de muerte, la luz ha resplandecido (el evangelio de Cristo está a su disposición).

3 Tú (Salvador) has multiplicado la nación y aumentado el gozo; se alegran delante de ti, como se regocijan en la siega; como se alegran los hombres cuando se reparten el despojo (Cristo y sus seguidores fieles finalmente triunfarán y dividirán el botín; cosecharán el galardón de una vida de rectitud al disfrutar de la exaltación celestial).

A continuación, Isaías continúa profetizando sobre el futuro y la redención, la cual será posible y estará disponible para todos gracias al Salvador.

4 Porque (Tú, Cristo) has quebrado el yugo de su carga (la cautividad y opresión de Israel), y la vara (poder) de su hombro, y el cetro de su opresor (el de Israel).

5 Porque toda batalla del guerrero es con ruido estruendoso y con vestidos revolcados en sangre; pero esto será con quemadura (la quemadura a la Segunda Venida, según José Smith; véase la nota a pie de página 5b en Isaías 9) y pábulo (pasto o combustible inflamable) de fuego.

6 **Porque un niño (Cristo) nos es nacido, un hijo nos es dado; y sobre sus hombros estará el principado; y se llamará su nombre Admirable, Consejero, Dios Fuerte, Padre Eterno, Príncipe de Paz.**

7 Del aumento de su dominio y paz no habrá fin (para los justos), sobre el trono de David y sobre su reino, a fin de disponerlo y confirmarlo con juicio (justo) y con justicia, desde ahora y para siempre. El celo del Señor de los Ejércitos hará esto (Dios hará esto).

El Señor continúa con su mensaje de advertencia a las Diez Tribus del norte, (las cuales ya se conocen históricamente como Israel). El Señor hace referencia a la arrogancia y declaraciones de orgullo, de que pueden salir adelante sin el Señor o Su ayuda.

8 El Señor envió su palabra a Jacob (Israel), y (el mensaje del Señor) cayó en Israel.

9 Y la sabrá todo el pueblo, hasta

Efraín (las Diez Tribus del norte, Israel) y los habitantes de Samaria (las Diez Tribus del norte, Israel), que con soberbia y altivez de corazón dicen (se vanaglorian, alardean):

10 Los ladrillos han caído, mas construiremos con piedra labrada (el Israel soberbio declara que ellos no pueden ser destruidos con éxito, y que simplemente reconstruirán cualquier derribamiento con materiales aún mejores a los anteriores); derribados han sido los sicómoros (árboles), mas los repondremos con cedros (árboles de más valor).

11 Por lo tanto (esta es la razón; debido al orgullo), el Señor dispondrá a los adversarios de Rezín (Siria) contra él (Israel), y juntará a sus enemigos;

> **Hay** un tema muy importante en los escritos de Isaías que se repite una y otra vez. Se trata de "que su mano aún está extendida". Lo veremos en el versículo 12 y nuevamente en los versículos 17 y 21. Tiene que ver con siguiente mensaje: no importan los errores que hayas hecho en el pasado, la misericordia de la expiación todavía está a tu disposición gracias a la mano extendida del Salvador. Resaltaremos esta frase con negrita en estos tres versículos para dar énfasis al enseñar.
>
> **También** recordarás que cuando algo se repite tres veces en la cultura hebrea, significa lo mejor de todo, lo más importante de todo. ¡El mensaje **"sino que su mano aún está extendida"** se repite tres veces en este capítulo!

12 los sirios por delante (en el este) y los filisteos por detrás (por el oeste), y a boca llena devorarán a Israel. Con todo esto, no se ha mitigado su ira, **sino que su mano aún está extendida** (el Señor todavía te permitirá arrepentirte si te vuelves a Él; véase Jacob 6:4 y 5; véase también la nota a pie de página 12a en Isaías 9. Lamán y Lemuel necesitaban escuchar este mensaje de misericordia, así como también lo necesitamos nosotros en nuestros días).

13 Pero el pueblo (inicuo) no se vuelve hacia aquel (el Señor) que lo castiga, ni busca al Señor de los Ejércitos (el pueblo no se arrepiente; están experimentando el dolor sin aprender la lección).

14 Por tanto (debido a esto), el Señor cortará de Israel cabeza (a los líderes) y cola (a los falsos profetas), rama (en hebreo: palma, rama de la palmera; el triunfo y victoria; véase Juan 12:13) y caña (gente de bajo estatus social), en un mismo día.

> **Isaías** nos explicará ahora algunas de las partes que ha ilustrado arriba.

15 El anciano (élderes, líderes) es la cabeza; y el profeta que enseña mentiras es la cola.

16 Porque los caudillos de este

pueblo lo hacen errar; y los que ellos guían son destruidos.

17 Por tanto, el Señor no se complacerá en sus jóvenes, ni de sus huérfanos y viudas tendrá misericordia (todas las clases o niveles sociales han alcanzado la iniquidad; ninguno califica para recibir misericordia); porque todos son hipócritas y malhechores, y toda boca habla necedades (insensateces). Con todo esto, no se ha mitigado su ira, **sino que su mano aún está extendida** (todavía os podéis arrepentir; por favor, hacedlo).

18 Porque la maldad quema como fuego (la iniquidad destruye así como el fuego descontrolado); devorará los cardos y espinas (símbolo de gente inicua y de filosofías y doctrinas apóstatas); y levantará llama en lo espeso de los bosques, y ascenderán como humo en remolinos (cuando llegue la destrucción, será rápida, como un fuego descontrolado en el monte).

19 Por la ira del Señor de los Ejércitos se obscurecerá la tierra (prevalecerán condiciones de maldad), y el pueblo (inicuo) será como pábulo de fuego; nadie tendrá piedad de su hermano (cuando las personas se vuelven tan malvadas, dejan de ser fieles y leales, incluso a los miembros de sus propias familias).

20 Y el hombre arrebatará a su diestra, y sentirá hambre; y comerá a su siniestra, y no quedará satisfecho; cada cual comerá la carne de su propio brazo (los malvados se volverán unos contra otros):

21 Manasés a Efraín, y Efraín a Manasés; y ambos estarán contra Judá. Con todo esto, no se ha mitigado su ira, **sino que su mano aún está extendida** (todavía puedes arrepentirte; ¡hazlo, por favor!).

SEGUNDO NEFI 20

En el encabezamiento del capítulo 20 de tu Libro de Mormón, encontrarás la siguiente frase, "La destrucción de Asiria es un símbolo de la destrucción de los inicuos a la Segunda Venida". Muchos eventos, objetos, circunstancias y personajes en las escrituras se usan como símbolos para representar enseñanzas o verdades del evangelio (véase Simbolismo en la Guía de Estudio para las Escrituras, al final del Libro de Mormón). También se usan algunos de estos eventos o personajes "a semejanza de" Cristo; es decir, para representar a Cristo. Por ejemplo, José, el que fue vendido a Egipto, e Isaac, el hijo de Abraham, fueron símbolos o a semejanza de Cristo. Es decir, muchas de las cosas que les ocurrieron fueron a semejanza del Salvador. La siguiente tabla muestra algunas maneras en las que estos grandes profetas eran símbolos o a semejanza de Cristo:

"SÍMBOLOS *A SEMEJANZA*" de CRISTO

JOSÉ EN EGIPTO		CRISTO	
	Fue vendido a precio de esclavo común		Fue vendido a precio de esclavo común
	Tenía 30 años cuando empezó su misión como primer ministro para salvar a su pueblo		Tenía 30 años cuando empezó Su misión formal para salvar a Su pueblo
	Almacenó alimentos durante 7 años para salvar a su pueblo		Le llevó 7 "días" crear la tierra en la que se nos ofrecería la salvación
	Perdonó a los que le hicieron daño		Perdonó a los que le hicieron daño

ISAAC		CRISTO	
	Fue el único hijo de Abraham y Sara		Es el Unigénito del Padre Celestial
	Debía ser sacrificado por su padre		Su Padre permitió que fuera sacrificado
	Cargó con la leña (madera) para su sacrificio		Cargó con la cruz (madera) para su sacrificio
	Se ofreció voluntario para dar su vida (Abraham era muy mayor para poder obligarle)		Se ofreció voluntario para dar Su vida

Incluso en Levítico 14, el sacerdote es un "símbolo" o *"a semejanza"* de Cristo al ofrecer al leproso el privilegio de ser limpio (siendo el leproso una representación de todos los pecadores; es decir, el leproso puede ser un símbolo de la necesidad que todos tenemos de ser perdonados o limpios de pecado). Incluiremos los versículos 1 al 9 del capítulo 14 de Levítico aquí como una breve lección sobre el poder que tiene el entender el uso de los símbolos en las escrituras.

Levítico 14:1–9

1 Y habló Jehová a Moisés, diciendo:

2 Ésta será la ley para el leproso (un símbolo de todos los pecadores; representa el pecado grave y la gran necesidad de recibir ayuda para ser limpio) cuando se limpie: Será llevado al sacerdote (siervo autorizado de Dios; obispo, presidente de estaca, etc.; también puede ser *a semejanza* o un símbolo de Cristo),

3 y el sacerdote saldrá fuera del campamento (la persona con lepra no tenía contacto con el pueblo del Señor y se le requería vivir fuera del campamento principal de los Hijos de Israel; el obispo, simbólicamente, hace el esfuerzo de ir a buscar y ayudar a los pecadores que se quieren arrepentir); y le mirará, y si ve que está sana la llaga de la lepra del leproso (el obispo ejerce como juez para comprobar si el pecador arrepentido está listo para regresar y recibir todos los privilegios de los miembros),

4 el sacerdote mandará que se tomen para el que se purifica (para la persona que se ha arrepentido) dos avecillas (una representa al Salvador, y la otra representa a la persona que se ha arrepentido) vivas y limpias, y madera de cedro (símbolo de la cruz), y grana (relacionada con las burlas a Cristo antes de Su crucifixión; véase Marcos 15:17), e hisopo (relacionado con Cristo en la cruz; véase Juan 19:29);

5 y mandará el sacerdote matar una avecilla (*a semejanza* del Salvador; símbolo del Salvador) en un vaso de barro (Cristo fue enviado a la tierra, y tomó un tabernáculo de barro, a fin de morir por nosotros) sobre aguas vivas (Cristo ofrece "aguas vivas", Juan 7:37–38, las cuales nos limpian);

6 después (el sacerdote; símbolo del obispo, presidente de estaca, etc.) tomará la avecilla viva (*a semejanza* de la persona que se ha arrepentido), y el cedro, y la grana y el hisopo (todos relacionados con la expiación), y los mojará junto con la avecilla viva en la sangre de la avecilla muerta sobre las aguas vivas (representando la sangre del Salvador, la cual fue derramada por nosotros).

7 Y rociará siete veces (el número siete representa la perfección según el simbolismo numérico) al que ha de ser purificado de la lepra (o

simbólicamente, limpiado del pecado) y le declarará limpio; y soltará la avecilla viva (a la persona que se ha arrepentido) a campo abierto (lo cual representa las oportunidades enormes que nuevamente están disponibles, en el reino de Dios, para la persona que verdaderamente se arrepiente).

8 Y el que ha de ser purificado lavará sus vestidos y se afeitará todo el pelo (simbolizando el convertirse como un bebé recién nacido; un nuevo comienzo) y se lavará con agua (símbolo del bautismo), y quedará limpio; y después entrará en el campamento (se volverá a unir al pueblo del Señor) y morará fuera de su tienda siete días.

9 Y acontecerá que al séptimo día, se afeitará todo el pelo de su cabeza, y la barba y las cejas de sus ojos; o sea, se afeitará todo el pelo (lo cual simboliza el "nacer de nuevo") y lavará sus vestidos y lavará su cuerpo en agua (*a semejanza* o símbolo del bautismo), y **quedará limpio** (esto es un hecho verdadero y a la vez simple; es decir, que nosotros podemos ser verdaderamente limpios y sanados por la expiación del Salvador).

Tras haber considerado el uso de símbolos, "semejanzas" o "representaciones" en las escrituras, continuaremos ahora con las enseñanzas de Isaías y veremos como también se utiliza a Asiria como un símbolo de la destrucción de los inicuos al tiempo de la Segunda Venida.

1 ¡Ay de aquellos (líderes políticos; reyes) que establecen decretos injustos (leyes injustas) y ponen por escrito la opresión que prescriben (leyes calculadas para oprimir a su pueblo),

2 para apartar del juicio a los necesitados (diseñadas para que los necesitados no tengan un trato justo y equitativo) y para quitar el derecho a los pobres de mi pueblo; para que las viudas sean su presa (víctimas) y para robar a los huérfanos (son codiciosos, crueles, despiadados)!

3 ¿Y qué haréis (los inicuos) en el día de la visitación (del castigo), y en la desolación que vendrá de lejos (desde Asiria; es decir, ¿qué haréis vosotros, líderes codiciosos e inicuos cuando os ataquen los asirios)? ¿A quién iréis para que os ayuden? ¿En dónde dejaréis vuestra gloria (riquezas, etc.)?

4 Sin mí (sin la ayuda del Señor) se doblegarán ante los cautivos (terminarán entre los prisioneros), y entre los muertos caerán (y morirán). Con todo esto, no se ha mitigado su ira, **sino que su mano aún está extendida** (todavía puedes arrepentirte).

Ahora, Isaías le dará un mensaje a Sargón, el rey de los asirios, de parte del Señor. Sargón se tiene a sí mismo como alguien muy grande y poderoso. Pero no lo es.

5 ¡Oh asirio, la vara (herramienta de destrucción que utiliza el Señor para castigar a Israel) de mi ira, y el báculo (bastón) en su mano es su indignación!

6 Lo enviaré (a Asiria) contra una nación hipócrita (Israel), y contra el pueblo de mi ira (Israel) le encargaré (a Asiria) que se lleve los despojos (la riqueza de Israel), y arrebate la presa (Israel), y los pise (a Israel) como el lodo de las calles (véase 2 Nefi 8:23).

7 Aunque no es tal su designio ni en su corazón lo piensa así (el rey de Asiria no se da cuenta de que es una herramienta en las manos de Dios, y cree que está logrando las cosas por sí mismo); en su corazón solo está el destruir y exterminar naciones no pocas (es un hombre malvado, se complace en destruir a otros).

8 Pues (el rey de Asiria) dice (se enaltece): ¿No son reyes (similares a reyes en otros países) todos mis príncipes (los jefes de mis fuerzas militares o ejércitos)?

Isaías nos muestra al rey de Asiria, el cual es "a semejanza" de Satanás, lleno de orgullo al enumerar las ciudades que ha conquistado fácilmente de camino a Jerusalén.

9 ¿No es Calno como Carquemis, Hamat como Arfad, y Samaria como Damasco? (Estas son las ciudades conquistadas por Asiria; véase el mapa en una de las ediciones anteriores de la Biblia; véase también 2 Reyes 19:8–13 para ver la carta con blasfemias en la que Senaquerib se jacta ante Ezequías, rey de Judá).

10 Así como mi mano (la de los asirios) ha establecido (en hebreo: adquirido) los reinos de los ídolos, y cuyas imágenes grabadas han sobrepujado a las de Jerusalén y a las de Samaria (he tomado muchas ciudades cuyos ídolos eran más poderosos que aquellos en Jerusalén y Samaria),

11 ¿no haré con Jerusalén y sus ídolos como hice a Samaria y sus ídolos? (El rey de Asiria se enaltece o se jacta de que los ídolos y dioses de otras naciones no lo pudieron detener, y cree que tampoco podrán detenerlo los de Jerusalén).

12 Por tanto, sucederá que cuando el Señor haya ejecutado su obra completa sobre el monte de Sión y Jerusalén (cuando el Señor haya terminado de utilizar a Asiria para castigar a Israel), yo (el Señor) castigaré el fruto del soberbio corazón del rey de Asiria y la gloria (Biblia en alemán: arrogancia) de su altiva mirada (cuando haya terminado de usar a Asiria contra Israel, entonces la Asiria orgullosa y altiva recibirá su merecido castigo).

13 Porque (el rey de Asiria) dice: Mediante el poder de mi mano he hecho estas cosas, y con mi sabiduría, pues soy prudente; y he quitado los confines (fronteras) de los pueblos, y les he saqueado sus tesoros y he derribado, como hombre valiente (enalteciéndose de ser poderoso), a los habitantes;

14 y mi mano halló, cual nido, las riquezas del pueblo; y como se recogen los huevos abandonados, así recogí de toda la tierra (¡soy extremadamente poderoso!); y no hubo quien moviese el ala, ni abriese la boca, ni piase (¡todos estaban atemorizados de mí!).

A continuación, Isaías describe de modo fascinante, a modo de imágenes, cuán insensato es el rey de Asiria al otorgarse a sí mismo el reconocimiento por sus "asombrosos" logros. También hay un mensaje importante para todos nosotros, que de vez en cuando, aceptamos o nos atribuimos el reconocimiento y las alabanzas por los logros en la obra del Señor.

Puede que hasta encuentres el versículo 15 un poco gracioso.

15 ¿Se jactará el hacha (rey de Asiria) contra aquel (el Señor) que con ella corta? (¿se jactará el hacha de que está haciendo todo el trabajo por sí misma?) ¿Se exaltará la sierra contra (Biblia en alemán: desafiará) el que la mueve (el que la usa)? ¡Como si se enalteciese la vara contra aquel que la levanta (como si un bastón de madera de pronto se girara hacia el hombre que lo está usando y le dijera, "¡Déjame solo. Yo puedo moverme sin tu ayuda!), o se engrandeciese el bastón como si no fuera palo (como si el bastón ya no fuera una simple pieza de madera)!

16 Por tanto (debido a las obras de maldad y la actitud altiva del rey de Asiria), el Señor, el Señor de los Ejércitos, enviará flaqueza (en hebreo: enfermedad; a Asiria le van a llegar problemas); entre sus robustos (poderosos); y bajo su gloria (de Asiria) encenderá una llama, como llama de fuego (el Señor reducirá la talla o tamaño de Asiria).

17 Y la luz de Israel (Cristo) será por fuego, y su (el de Israel) Santo (Cristo) por llama, y quemarán y abrasarán **en un día** sus (los de los asirios) cardos y espinas;

La profecía sobre la destrucción de Asiria, la cual se da en el versículo 17, arriba, tuvo lugar repentinamente. Unos 185,000 asirios murieron de una enfermedad devastadora en una sola noche mientras se preparaban para atacar a Jerusalén; véase 2 Reyes 19:35-37. La profecía continúa con una repetición adicional en los versículos 18 y 19. Usaremos negrita para resaltar esto.

18 y **consumirán** la gloria de **su bosque** (los ejércitos de los Asirios) y de **su campo fructífero** (su ejército tan productivo), **alma y cuerpo**; y serán **como el desfallecimiento de un abanderado** (como cuando el último portador de la bandera cae, y la bandera cae con él; p.ej., vuestros ejércitos serán destruidos).

19 Y **los árboles que queden de su bosque** (lo que quede de los ejércitos asirios) **serán (pocos) en número** que un niño podrá contarlos (muy pocos asirios se salvarán, de manera que un niño pequeño, con su destreza tan limitada para contar, los podrá contar).

20 Y sucederá en aquel día (los últimos días) que el resto de Israel, y los que hayan escapado (sobrevivido) de la casa de Jacob (Israel), nunca más se apoyarán (dependerán) en aquel (los enemigos de Israel) que los hirió (a Israel), sino que se apoyarán (dependerán) con verdad en el Señor, el Santo de Israel. (Es decir, llegará el día en que Israel volverá a ser un pueblo justo que dependerá y confiará en el Señor).

A continuación, Isaías destaca nuevamente el retorno futuro de Israel a su Dios.

21 El resto retornará, sí, el resto de Jacob, al Dios fuerte (Doble significado: 1) Un resto permanece en la tierra tras la destrucción a manos de los asirios; 2) en el futuro, un resto justo de Israel será congregado; véase 2 Nefi 21:11–12).

22 Porque aunque tu pueblo Israel fuere como la arena del mar, sin embargo, un resto de él volverá (Biblia en alemán: solo un resto se convertirá; el recogimiento); la consumación decretada (la destrucción al final del mundo) rebosará (excederá a los malvados) en rectitud (debido al poder de Dios o la guía de Dios; véase el siguiente versículo).

23 Porque el Señor Dios de los Ejércitos hará la consumación ya determinada (se llevará a cabo la destrucción ya profetizada o decretada; véase la nota a pie de página 23a en Isaías 10) en toda la tierra.

A continuación, Isaías enfatiza y repite nuevamente la profecía referida a que el Señor detendrá a los asirios en sus objetivos. Además añade que estos serán detenidos en el último instante, justo cuando estén tomando posiciones para entrar a Jerusalén.

24 Por lo tanto, así dice el Señor Dios de los Ejércitos: Pueblo mío que moras en Sión, no temas al asirio. Con vara (el ejército asirio) te herirá, y levantará su palo contra ti a la manera de Egipto (tal y como hizo Egipto en épocas anteriores).

25 Mas de aquí a poco tiempo

cesarán la indignación (la ira del Señor contra Israel) y mi cólera para su destrucción (mi ira será dirigida hacia la destrucción de los asirios).

26 Y el Señor de los Ejércitos levantará un azote contra él (los asirios), semejante a la matanza de Madián en la peña de Horeb (Jueces 7:23–25, donde Gedeón y sus 300 compañías derrotaron milagrosamente a los numerosos ejércitos de los madianitas); y así como su vara fue sobre el mar (Su poder vino sobre el Mar Rojo para ahogar a los ejércitos egipcios), así la levantará él a la manera de Egipto (Dios detendrá a Asiria como lo hizo con los egipcios cuando perseguían a los Hijos de Israel).

27 Y acontecerá en aquel día que será quitada su (los enemigos de Israel; Asiria, etc.) carga de sobre tus hombros (los de Israel), y su yugo (cautividad o esclavitud) de tu cerviz; y el yugo será destruido a causa de la unción (a causa de Cristo, el "Ungido").

Tal y como se ha indicado previamente, Isaías es un maestro del drama. A continuación, creará una situación muy tensa al profetizar en cuanto al avance de los ejércitos asirios sobre Jerusalén. Da la impresión de que Asiria no pueda ser detenida; los asirios tomarán fácilmente varias ciudades a las afueras de Jerusalén y da el efecto de que el destino de Israel será el contrario a lo profetizado en el versículo 26. Resaltaremos en negrita los nombres de las ciudades que el rey asirio conquistó de camino hacia Jerusalén.

28 (El rey asirio y su ejército poderoso) Ha llegado hasta **Ayat**, ha pasado a **Migrón**; en **Micmas** ha guarecido sus carros (los caballos y carruajes son símbolo del poder del ejército).

29 (Los asirios) Han pasado el paso; se han alojado en **Geba**; **Ramá** tiembla; **Gabaa** de Saúl ha huido.

30 Alza la voz (¡llora!), ¡oh hija de **Galim**! Haz que se oiga hasta **Lais**, ¡oh pobre **Anatot**!

31 **Madmena** ha sido abandonada; los habitantes de **Gebim** se juntan para huir.

32 Aún permanecerá él (Asiria) ese día en **Nob** (justo a las afueras de Jerusalén); levantará su mano contra el monte de la hija de Sión (Jerusalén), el collado de Jerusalén.

33 He aquí, el Señor, Jehová de los Ejércitos, desgajará la rama con terror (cuando los ejércitos asirios ya alcancen Jerusalén, el Señor "los reducirá en tamaño", "recortará sus alas", los detendrá para que no logren su objetivo); y serán talados los de gran estatura (los líderes de los ejércitos asirios), y los altivos serán **humillados**.

34 Y cortará con hierro (un hacha) las espesuras de los bosques (los ejércitos asirios), y el Líbano caerá por mano de uno poderoso (el Señor detuvo a Asiria al enviar de inmediato una plaga que mató a 185,000 asirios en una noche mientras acampaban a las afueras de Jerusalén; véase 2 Reyes19:32–35).

Los ejércitos asirios llegaron hasta Jerusalén, tal como se profetizó anteriormente, y fueron detenidos repentinamente por el Señor, tal como se prometió. Este fue un cumplimiento de esta profecía.

Sin embargo, esta profecía podría tener una aplicación doble. Es decir, que haya más de un cumplimiento. También se podría referir a los ataques sobre Jerusalén e Israel en los últimos días, cuando las naciones poderosas se unirán con la intención de destruirlas. En este caso, los judíos y Jerusalén también serán salvados por el Salvador. Él aparecerá en el Monte de los Olivos, el cual se partirá en dos. Los judíos huirán al valle originado a raíz de la división del monte y allí verán a su Salvador. Le harán preguntas y Él las responderá. Veamos algunas profecías registradas en Zacarías para repasar estos eventos futuros. Usaremos **negrita** por razones de enseñanza.

Zacarías 12:8–9.
8 En aquel día Jehová defenderá al morador de Jerusalén; y el que entre ellos fuere débil en aquel día será como David; y la casa de David será como Dios, como el ángel de Jehová delante de ellos.

9 Y acontecerá que **en aquel día yo procuraré destruir a todas las naciones que vengan contra Jerusalén.**

Zacarías 14:4–5
4 Y se afirmarán sus pies (los de Cristo) **en aquel día sobre el monte de los Olivos,** que está frente a Jerusalén al oriente (al este); **y el monte de los Olivos se partirá** por en medio **hacia el oriente y hacia el occidente,** formando **un valle muy grande**; y una mitad del monte se apartará hacia el norte y la otra mitad hacia el sur.

5 Y (los judíos) **huiréis al valle** de los montes, porque el valle de los montes llegará hasta Azal; y huiréis de la manera que huisteis por causa del terremoto en los días de Uzías, rey de Judá; y vendrá Jehová mi Dios, y con él todos los santos.

Zacarías 13:6
6 Y le preguntarán: ¿Qué heridas son éstas en tus manos? Y él responderá: Son aquéllas con las que fui herido en casa de mis amigos.

2 NEFI 21

Este capítulo es comparable a Isaías 11 en la Biblia. José Smith dijo que Moroni citó este capítulo y dijo que estaba a punto de cumplirse. Encontramos dicha declaración en José Smith–Historia, y dice así (negrita agregada para resaltar):

40 Aparte de éstos, **cito el undécimo capítulo de Isaías, diciendo que estaba por cumplirse**; y también los versículos veintidós y veintitrés del tercer capítulo de los Hechos, tal como se hallan en nuestro Nuevo Testamento. Declaró que ese profeta era Cristo, pero que aún no había llegado el día en que "toda alma que no oiga a aquel profeta, será desarraigada del pueblo", sino que pronto llegaría. (José Smith–Historia 1:40).

En este capítulo, se nos enseña que en los últimos días vendrán líderes poderosos para guiar el recogimiento de Israel. Se nos instruye en cuanto a cualidades de liderismo como las de Cristo. Se nos muestra la paz que abundará durante el Milenio, y por último, Isaías también nos enseñará en cuanto al recogimiento de Israel durante los últimos días.

1 Y saldrá una vara (en hebreo: "palo"; en DyC 113:3–4, el Señor nos dice que esta "vara" es "un siervo en las manos de Cristo, que en parte desciende de Isaí, así como de Efraín . . . , a quien se ha dado mucho poder") del tronco de Isaí (Cristo; véase DyC 113:1–2), y un vástago retoñará de sus raíces.

Quizás, las imágenes descritas en el versículo 1 se derivan de los dos últimos versículos del capítulo 20, en que los líderes inicuos han acabado como el "rastrojo" y han sido destruidos. En los últimos días, habrá líderes nuevos, justos y poderosos, los cuales estarán preparados y saldrán para reemplazar al "rastrojo" de líderes inicuos del pasado, y estos nuevos líderes tendrán sus orígenes en las "raíces" de Cristo. La palabra "raíces" puede simbolizar el estar firme y sólidamente enraizados en Dios.

2 (Seguidamente se describen algunos atributos o cualidades como los de Cristo) Y sobre él reposará el Espíritu del Señor; el espíritu de sabiduría y de entendimiento, el espíritu de consejo y de poder, el espíritu de conocimiento y de temor del Señor;

3 y le dará penetrante entendimiento en el temor del Señor; y no juzgará según la vista de sus ojos, ni reprenderá por lo que oigan sus oídos;

4 sino que con justicia juzgará a los pobres, y reprenderá con equidad por los mansos de la tierra; y con la vara de su boca herirá la tierra, y con el aliento de sus labios matará al impío.

5 Y la justicia será el ceñidor de sus lomos, y la fidelidad el cinturón de sus riñones (los deseos, pensamientos).

Ahora Isaías hará una transición y nos hablará directamente sobre el Milenio.

6 Y morará también el lobo con el cordero, y el leopardo con el cabrito se acostará; el becerro, el leoncillo y el cebón andarán juntos, y un niño los pastoreará (las condiciones del Milenio).

7 Y la vaca y la osa pacerán (comerán pasto juntas), sus crías se echarán juntas; y el león comerá paja como el buey.

8 Y el niño de pecho jugará sobre la cueva del áspid (serpiente), y el recién destetado (el niño pequeño) extenderá su mano sobre la caverna de la víbora (serpiente venenosa).

9 No dañarán, ni destruirán en todo mi santo monte; porque la tierra estará llena del conocimiento (en hebreo: devoción) del Señor, como las aguas cubren el mar. (Habrá una paz maravillosa sobre la tierra durante el Milenio).

10 Y en aquel día habrá una raíz de Isaí (probablemente José Smith, pero no lo sabemos con certeza), la cual estará puesta por pendón al pueblo (señalará que el recogimiento de Israel en los últimos días está a punto de empezar); los gentiles la buscarán (a la bandera o el "pendón" señalizando el comienzo de un evento), y su descanso será glorioso.

11 Y acontecerá en aquel día, que el Señor volverá a extender su mano, por segunda vez (doble significado: un resto volvió tras la cautividad en Babilonia; y el recogimiento de Israel en los últimos días), para recobrar los restos de su pueblo que quedaren, de Asiria, y de Egipto, y de Patros, y de Cus, y de Elam, y de Sinar, y de Hamat, y de las islas del mar. (En otras palabras, en los últimos días, Israel será recogido desde cada nación en el mundo).

12 Y levantará pendón (la iglesia en los últimos días) a las naciones, y congregará a los desterrados de Israel, y reunirá a los dispersos de Judá (los judíos) de los cuatro cabos de la tierra.

Considerando lo que hemos estudiado sobre Isaías hasta el momento, y la historia de la Tierra Santa, podrás recordar que las Doce Tribus se separan en dos naciones al tener una disputa amarga sobre los impuestos, etc., tras la muerte de Salomón. Con el paso de los años, Efraín (nación de Diez Tribus ubicada en la parte norte de la Tierra Santa) y Judá (el reino del sur que tiene a Jerusalén como capital) llegaron a ser grandes enemigos. Así pues, ¡la profecía que se da a continuación es maravillosa! Se profetiza que llegará el día en que los judíos y los descendientes de Efraín se llevarán bien. Ya estamos viendo esto en el presente (usaremos negrita para resaltar).

13 La envidia de Efraín también se disipará, y los enemigos de Judá serán talados; **Efraín no envidiará a Judá, ni Judá hostigará a Efraín** (los Estados Unidos y otros países lograrán buenas relaciones con los judíos);

> A continuación, Isaías hablará sobre las condiciones que prevalecerán en Oriente Medio durante los últimos días, antes de la Segunda Venida del Salvador.

14 sino que volarán (los judíos, con la ayuda de Efraín) sobre los hombros de los filisteos hacia el occidente (atacarán a las colinas del occidente que en una ocasión fueron territorio filisteo); saquearán juntos a los de oriente; sobre Edom y Moab pondrán su mano, y los hijos de Ammón los obedecerán (los judíos serán poderosos en contra de las naciones enemigas, las cuales los rodearán en los últimos días; pero esta vez, los judíos no serán una presa fácil para sus enemigos, tal como lo han sido a lo largo de la historia).

15 Y el Señor destruirá del todo la lengua del mar de Egipto (¿se acabará la productividad del río Nilo?; véase Isaías 19:5–10); y con su viento impetuoso extenderá su mano sobre el río, y lo herirá en sus siete brazos y hará que los hombres pasen por él a pie enjuto.

16 Y habrá camino real, desde Asiria, para el resto de su pueblo que hubiere quedado, como lo hubo para Israel el día en que subió de la tierra de Egipto (el Señor establecerá Su evangelio, el cual servirá de "camino real" para que Israel regrese a Él).

SEGUNDO NEFI 22

Este capítulo es comparable a Isaías 12, en la Biblia. Es un capítulo corto pero precioso en el que se hace referencia al Milenio. Describe a los fieles que sobrevivirán a la destrucción que tendrá lugar en la Segunda Venida de Cristo. Estos expresan alabanzas al Señor y se regocijan en la salvación que ha llegado a sus vidas.

1 Y (tú, Israel) dirás en aquel día (en el Milenio): ¡Te alabaré, oh Señor! Aunque estabas enojado conmigo, tu ira se ha apartado, y me has consolado.

2 He aquí, Dios es mi salvación; confiaré y no temeré, porque el Señor Jehová (Jesús) es mi fortaleza y mi canción; y también ha llegado a ser salvación para mí.

3 Por tanto, con gozo sacaréis agua ("agua viva", Juan 4:10; 7:38–39) de las fuentes de la salvación.

4 Y en aquel día diréis: ¡Alabad al Señor, aclamad su nombre, sus obras pregonad entre el pueblo, declarad que su nombre es ensalzado!

5 ¡Cantad al Señor!, porque él ha hecho cosas admirables; esto es sabido por toda la tierra (el conocimiento del Señor cubrirá la tierra).

6 ¡Da voces y canta, oh moradora de Sión!, porque grande es el Santo de Israel (Cristo) en medio de ti.

SEGUNDO NEFI 23

En el capítulo 20, la destrucción de Asiria era a semejanza o un símbolo de la destrucción de los inicuos durante la Segunda Venida de Cristo. En las notas que se encuentran al principio de ese capítulo ya hemos examinado lo que quería decir "a semejanza" de algo. En este capítulo, la destrucción de Babilonia también es "a semejanza" de la destrucción del reino de Satanás al tiempo de la Segunda Venida.

Nos ayudará el poder entender que la antigua ciudad de Babilonia era una ciudad enorme y plagada de iniquidad y maldad. Con el pasar del tiempo, Babilonia se ha convertido en un símbolo de la iniquidad en el mundo. En el diccionario de la Biblia (en inglés) se da una descripción breve de Babilonia. Dice así:

Babilonia. La capital de Babilonia. Según nos dice Génesis 10:8–10 fue fundada por Nimrod, y fue una de las ciudades más antiguas en la tierra de Sinar; en 11:1–9 tenemos el registro de la Torre de Babel y la "confusión del lenguaje" (véase

Éter 1:3–5, 34–35). Durante la supremacía asiria, (véase *Asiria*) llegó a ser parte de ese imperio, y fue destruida por Senaquerib. Después de la caída de Asiria, Babilonia llegó a ser la capital de Nabucodonosor. Se construyó una ciudad enorme de la cual todavía quedan ruinas. La ciudad era cuadrada, y el Éufrates corría por en medio de esta. Según Heródoto los muros tenían un perímetro de 90 kilómetros, una altura de casi 100 metros, y una anchura de 20 metros. Una gran parte de la ciudad estaba cubierta de jardines y parques preciosos. El edificio principal era el famoso templo de Bel. Unas inscripciones que se han descifrado recientemente, indican que los babilonios tenían historias sobre la creación y el diluvio de manera muy similar a la que se narra en el libro de Génesis. Otras inscripciones contienen historias de eventos sobre los reinos de Israel y Judea, los cuales son similares a los que figuran en la Biblia. Además, también se proporciona información muy valiosa en cuanto a la cronología de estos periodos.

Si buscas *Asiria* en el diccionario de la Biblia (versión en inglés) encontrarás más información en cuanto a la historia del imperio babilónico.

1 Carga (mensaje del triste destino) de Babilonia que vio Isaías, hijo de Amoz:

En los versículos 2 al 5, se describe cómo el Señor reunirá sus fuerzas, a las personas que son justas.

2 ¡Levantad bandera sobre lo alto del monte, alzadles la voz (a los justos); señalad con la mano (sacudid la mano, haced señales) para que entren por las puertas de los nobles (uníos con los justos)!

3 He dado mandamiento a mis santificados (mis santos); he llamado asimismo a mis valientes, porque mi ira no está sobre los que se huelgan con mi gloria.

4 El estruendo de la multitud en las montañas, como de un gran pueblo (el recogimiento), un tumultuoso ruido de los reinos de las naciones congregadas; el Señor de los Ejércitos dispone las tropas para la batalla.

5 Vienen de un país lejano, de lo postrero de los cielos, sí, el Señor y las armas de su indignación, para destruir toda la tierra (a los inicuos).

Seguidamente, Isaías cambiará de un tema a otro: del recogimiento de los justos a la lucha en unión contra la iniquidad, y luego pasará a dar una advertencia seria a los inicuos que pronto tendrán que enfrentar las consecuencias de sus caminos de maldad.

6 ¡Aullad (vosotros los inicuos), porque el día del Señor (la Segunda Venida) está cerca! Vendrá como destrucción del Todopoderoso.

7 Por tanto, todas las manos se debilitarán (no tendrán fuerza); el corazón (la valentía y coraje) de todo hombre (que sea inicuo) desfallecerá;

8 y se llenarán de miedo; angustias y dolores se apoderarán de ellos; se mirarán asombrados (con miradas de temor) los unos a los otros; sus rostros serán como llamas (pues parecerá que arderán de vergüenza).

9 He aquí que el día del Señor (la Segunda Venida) viene, cruel (les parecerá cruel a los inicuos), con indignación e ira ardiente para asolar la tierra; y (así podrá el Señor) raer de ella a los pecadores (uno de los propósitos de la Segunda Venida).

10 Porque las estrellas de los cielos y sus constelaciones no darán su luz; el sol se obscurecerá al salir, y la luna no hará resplandecer su luz (señales de los tiempos que preceden a la Segunda Venida de Cristo).

11 Y castigaré al mundo por su maldad, y a los impíos por su iniquidad; y haré cesar la arrogancia de los soberbios, y abatiré la altivez (orgullo) de los terribles (tiranos; repetición típica de Isaías para ayudarnos a comprender algo en concreto).

12 Y haré al varón más precioso (escaso) que el oro fino, y más que el oro de Ofir al hombre (una tierra rica en oro, posiblemente en el sur de Arabia; relativamente, habrá pocos supervivientes en la Segunda Venida).

13 Por tanto (debido a la iniquidad que habrá sobre la tierra justo antes de la Segunda Venida), haré temblar los cielos, y la tierra se moverá de su lugar en la ira del Señor de los Ejércitos, y en el día de su furiosa indignación.

14 Y (doble significado: Babilonia es literalmente una ciudad, y también representa la iniquidad o maldad en general) será como la corza perseguida (un ciervo cazado), y como oveja sin pastor (nadie que la defienda); y cada cual se volverá a su propio pueblo, y huirá a su propia tierra (los extranjeros que habían gozado de seguridad en Babilonia, debido al gran poder de esta, regresarán a sus tierras de origen porque Babilonia ya no será poderosa ni un lugar seguro).

15 Todo el que fuere orgulloso será traspasado; sí, y todo el que se hubiere juntado con los malos, caerá por la espada.

16 Sus niños también serán estrellados ante sus ojos; sus casas serán saqueadas, y violadas sus mujeres (el destino de Babilonia; la gente inocente sufre a causa de los inicuos).

A continuación, Isaías nos da una profecía muy específica sobre cómo la antigua ciudad de Babilonia iba a ser conquistada.

17 He aquí, incitaré contra ellos a los medos (los medos de Persia conquistaron fácilmente Babilonia en el 538 a.C.), quienes no estimarán la plata ni el oro, ni los codiciarán (los habitantes de Babilonia no podrán sobornar a los medos para evitar ser destruidos).

18 Sus arcos también destrozarán a los mancebos (varones jóvenes); y no tendrán compasión del fruto del vientre (de los bebés); ni sus ojos perdonarán a los niños.

19 Y Babilonia, la gloria de los reinos, ornamento de la excelencia de los caldeos, vendrá a ser como cuando Dios destruyó a Sodoma y a Gomorra.

Isaías profetizó que Babilonia sería destruida completamente y que nunca más volvería a ser habitada. Y eso es exactamente lo que sucedió. Aún hoy permanece en ruinas. El simbolismo es muy claro. El reino de Satanás será destruido por el Salvador al tiempo de Su Segunda Venida, y nuevamente será destruido tras la "corta temporada" al final del Milenio, para nunca más volverse a levantar (véase DyC 88:111–14).

20 Nunca más será habitada, ni morarán en ella de generación en generación; el árabe no plantará tienda allí, ni pastores tendrán allí manadas;

21 sino que las fieras del desierto se

273

echarán allí, y sus casas (las ruinas) estarán llenas de animales aullantes (como los búhos); y allí morarán búhos y allí danzarán los sátiros (cabras macho).

22 Y los animales silvestres de las islas aullarán en sus desoladas casas, y los dragones (hienas, perros salvajes, chacales) en sus palacios deleitosos; y su tiempo está cerca, y su día no será prolongado (se le ha acabado el tiempo a Babilonia, sus días ya casi se han terminado). Pues la destruiré prestamente; sí, porque tendré compasión de mi pueblo (los justos), mas los impíos perecerán.

SEGUNDO NEFI 24

Ahora Isaías utiliza un estilo lleno de color e imágenes al profetizar sobre la futura caída del rey de Babilonia, y simbólicamente, la caída del reino de Satanás.

1 Porque el Señor tendrá piedad de Jacob (Israel), y todavía escogerá a Israel, y lo establecerá en su propia tierra (un cumplimiento histórico de este hecho aconteció cuando Ciro el Grande de Persia permitió que los judíos cautivos en Babilonia regresaran en el 538 a.C.; otro grupo regresó en el 520 a.C. Esta profecía también se está cumpliendo en nuestros días); y extranjeros se juntarán con ellos (los extranjeros vivirán con ellos) y se unirán a la casa de Jacob.

2 Y los pueblos (las muchas naciones que ayudarán a Israel a regresar) los tomarán (a Israel) y los llevarán a su lugar; sí, desde lejos hasta los extremos de la tierra; y (los del pueblo de Israel) retornarán a sus tierras de promisión. Y la casa de Israel los poseerá, y la tierra del Señor será para siervos y siervas; y (Israel) cautivarán a aquellos (las naciones que solían dominar a Israel) de quienes fueron cautivos (Israel); y (Israel) regirán a sus opresores (se cambiarán los roles en los últimos días).

Fíjate que la palabra "tierras" en el versículo 2, arriba, está en plural. Entre otras cosas, esto nos recuerda que en los últimos días habrá varios lugares para el recogimiento de Israel. En nuestros días, los miembros se están "congregando" en las estacas de Sión por todo el mundo.

3 Y sucederá en aquel día (Milenio), que el Señor te hará (a Israel; al pueblo del convenio del Señor; a los miembros de la iglesia) descansar de tu angustia y de tu temor, y del duro cautiverio en el que te viste obligado a servir (Israel por fin será libre de la sumisión y opresión a manos de extranjeros).

A continuación, Isaías plantea una escena del futuro usando palabras que ilustrarán dos cosas: una es la caída literal de

Babilonia y de su rey inicuo, y la otra, simbólicamente, es la caída (en el futuro) de Satanás y su reino inicuo. Estas profecías de Isaías se conocen como profecías de "doble significado".

Para captar la atención de aquel que lea sus palabras, Isaías crea interés e intriga al decir que el Israel oprimido, algún día, llegará a ver al rey de Babilonia (símbolo de los líderes inicuos en la tierra) y a Satanás talados en tamaño y sin más poder para afligir y angustiar a la gente. Después, Isaías crea una imagen fascinante para clarificar su mensaje principal: los justos fieles finalmente triunfarán sobre todo el mal al haber permanecido cerca de Dios.

4 Y acontecerá en aquel día, que (Israel) tomarás este proverbio (dicho provocativo) contra el rey de Babilonia (doble sentido: literalmente se refiere al rey de Babilonia; también se refiere a Satanás y a cualquier líder inicuo), y dirás: ¡Cómo ha cesado el opresor (¡qué te ha pasado!), cómo ha fenecido la ciudad de oro (tu ciudad, tu reino inconquistable se ha desvanecido, ha desaparecido)!

Abajo, en el versículo 5, Isaías nos confirma que al final de todo, el poder del Señor es el que destruye el poder de los inicuos que afligen a los justos.

5 El Señor ha quebrantado la vara de los impíos, el cetro (poder) de los gobernantes (inicuos).

6 El (doble: el rey de Babilonia; Satanás) que hería al pueblo en ira con golpe continuo (sin cesar), aquel que gobernaba a las naciones con saña, es perseguido (ahora está siendo castigado), y nadie lo impide (nadie lo puede parar).

7 Toda la tierra descansa y está en paz (Milenio); los hombres prorrumpen en cantos (durante el Milenio).

8 Sí, los abetos (gente) se regocijan por causa de ti (de lo que le ha pasado a Satanás), y también los cedros (gente) del Líbano, diciendo: Desde que tú caíste (desde que has sido talado), no ha subido cortador (talador de árboles) contra nosotros.

9 El infierno (la prisión espiritual) abajo se conmueve (se está preparando) para recibirte a tu llegada; te ha despertado a los muertos, sí, a todos los príncipes (líderes inicuos difuntos) de la tierra; a todos los reyes (inicuos) de las naciones ha levantado de sus tronos.

10 Todos éstos darán voces y te dirán (doble: Satanás; rey de Babilonia): ¿También tú te debilitaste como nosotros? (¿qué ha sucedido con tu poder?) ¿Como nosotros has llegado a ser? (¿también a ti te han quitado el poder como a nosotros?)

11 Tu pompa descendió al sepulcro (fue destruida contigo); ya no

se oye sonido de tus liras; gusanos son tu lecho, y gusanos te cubren. ("Los gusanos están destruyendo tu cuerpo sin vida de la misma manera que destruyeron el nuestro, ¡no estás mejor de lo que estamos nosotros aquí en el infierno, así que nos reímos de ti . . . ja, ja, ja . . . !" Este versículo se refiere al rey de Babilonia, pues Satanás no tiene un cuerpo mortal).

Seguidamente, nos encontramos con una de las citas más famosas de Isaías en referencia a Lucifer. Tiene que ver con su caída del cielo, tras su rebelión en la vida premortal.

12 ¡Cómo caíste del cielo (¿qué te ha ocurrido?), oh Lucifer, hijo de la mañana! ¡Has sido cortado hasta el suelo, tú que debilitabas a las naciones! (¡Tú solías abatir a las naciones; ahora tu poder ha sido destruido!)

13 Porque dijiste en tu corazón (estos fueron tus motivos): Ascenderé hasta el cielo; por encima de las estrellas de Dios levantaré mi trono (seré el más alto), y me sentaré también sobre el monte de la congregación, hacia los lados del norte (montaña mítica en el norte en la que los dioses se reúnen);

14 ascenderé por encima de las alturas de las nubes; seré semejante al Altísimo. (En Moisés 4:1 se nos da a conocer que Satanás quería ser ¡el más alto!).

15 Mas tú (Lucifer) precipitado serás hasta el infierno, a los lados del abismo (al lugar más bajo en el mundo de los muertos; las tinieblas de afuera).

16 (A ti, Lucifer; rey de Babilonia) Te mirarán de cerca (se burlarán de ti) los (que residen en el infierno) que te vieren, y te contemplarán y dirán: ¿Es éste el hombre que hizo temblar la tierra, que sacudió los reinos;

17 que hizo del mundo un desierto, y destruyó sus ciudades, y nunca abrió la cárcel a sus presos (se negó a liberar a los prisioneros)?

18 Todos los reyes de las naciones, sí, todos yacen en gloria, cada uno en su propia casa (todos los demás reyes tienen tumbas espectaculares, etc.);

19 mas tú (doble sentido: literalmente, el rey de Babilonia; figurativamente, Satanás, pues él ni siquiera tiene un cuerpo físico) echado eres de tu sepulcro como rama abominable (podado o talado, y por lo tanto si ningún valor), como residuo de aquellos que fueron muertos (simplemente eres igual a cualquier otra persona inicua muerta), atravesados por la espada, que descienden a las piedras del abismo (al mismísimo fondo); como cadáver hollado bajo los pies.

20 (Rey de Babilonia; Satanás) No serás sepultado junto con ellos, porque has desolado tu tierra y has hecho perecer a tu pueblo; la posteridad de los malhechores para siempre no será reconocida (no sobrevivirá ninguno de los de tu familia inicua, rey de Babilonia).

21 Preparad matanza para sus hijos (del rey de Babilonia) por las iniquidades de sus padres; para que no se levanten, ni posean la tierra, ni llenen de ciudades la faz del mundo (ninguno de tus hijos reinará en la tierra como tú lo has hecho).

A continuación, Isaías reitera que es el Señor el que últimamente detendrá a Lucifer y a todos los líderes y gobernantes inicuos y poderosos. Fíjate y verás con cuánto detalle define Isaías la destrucción. Usaremos negrita para resaltar esto.

22 Porque yo me levantaré contra ellos (el Señor detendrá a Lucifer; rey de Babilonia), dice el Señor de los Ejércitos; y **raeré** (eliminaré) de Babilonia el **nombre** y **residuo** (resto, remanente), **hijo** y **sobrino**, (destruiré Babilonia en su totalidad) dice el Señor.

Uno de los métodos favoritos que Isaías utiliza para comunicar el mensaje de que las naciones o reinos inicuos serán completamente destruidos, es crear la imagen de que dicho lugar llega a convertirse en un lugar desolado y desierto, en donde solo los animales y pájaros solitarios habitan. Isaías, intencionalmente, evita incluir humanos en dichas imágenes. Vemos esta técnica en el siguiente versículo.

23 Y la convertiré (a Babilonia) en morada de avetoros (búhos) y en lagunas de agua; y la barreré con escoba de destrucción (la limpiaré), dice el Señor de los Ejércitos.

Isaías ha terminado con Babilonia y comienza con un nuevo tema, el destino de Asiria.

24 El Señor de los Ejércitos ha jurado (ha hecho convenio), diciendo: Ciertamente como lo he pensado (planeado), así sucederá (aquí tenéis algo más que haré); y como lo he propuesto (planeado), así será confirmado (así acontecerá);

25 que al asirio traeré a mi tierra (Judea), y en mis collados (los montes de Judea) lo hollaré (Asiria); entonces será apartado de ellos (de mi pueblo, mi gente) el yugo de él (la cautividad de los asirios), y la carga de él será quitada de sus hombros (doble: la caída de los asirios en Judá, en el 701 a.C.; y también, las fuerzas de los inicuos serán destruidas durante la Segunda Venida, y una vez más al final de la tierra).

26 Éste es el propósito (el plan) que se ha determinado sobre toda la tierra; y ésta, la mano (el poder del Señor) que se extiende sobre todas las naciones (el destino final de todos los inicuos).

27 Porque el Señor de los Ejércitos ha propuesto (planeado), y ¿quién lo abrogará (evitará)? Su mano (la del Señor) está extendida, y ¿quién la hará tornar atrás? (¿quién puede detener al Señor?)

> Isaías ha finalizado con los asirios y ahora se dirigirá a los filisteos.

28 El año (sobre el 720 a.C.) en que murió el rey Acaz fue esta carga (el mensaje en cuanto al destino de los filisteos).

29 No te regocijes (no te alegres mucho y empieces a celebrarlo) tú, Filistea toda, por haberse quebrado la vara (poder) del que te hería (Salmanasar, rey de Asiria desde el 727 al 722 a.C.); porque de la raíz de la culebra ("las serpientes ponen huevos", de la misma fuente, Asiria) saldrá el áspid (una "serpiente" ya ha muerto—Salmanasar—y una peor todavía vendrá—Senaquerib, rey de Asiria, 705–687 a.C.; los filisteos se regocijaron cuando Sargón, rey de Asiria durante 722 al 705 a.C. se coronó rey al morir Salmanasar. Sargón no era tan duro con ellos como lo fue su antecesor), y su fruto (su hijo, Senaquerib) será una ardiente serpiente voladora.

30 Y los primogénitos de los pobres comerán, y los menesterosos reposarán seguros (si vosotros, los filisteos, os unís al Señor y os arrepentís, también vosotros podréis disfrutar de paz y seguridad, de lo contrario . . .); y haré morir de hambre a tu raíz (filisteos), y él matará a tu residuo (a tu remanente; seréis completamente destruidos).

31 ¡Aúlla, oh puerta! ¡Clama, oh ciudad! Tú, Filistea entera, disuelta estás (reducida a la nada); porque del norte vendrá un humo (nube de polvo levantada por el ejército enemigo), y ninguno quedará solo en su tiempo determinado (el ejército del enemigo no tendrá cobardes en sus filas).

32 ¿Qué responderán entonces los mensajeros de las naciones? (¿Qué dirá una persona cuando la gente le pregunte "qué ha ocurrido con los filisteos"?) (Respuesta:) Que el Señor fundó a Sión, y que los pobres de su pueblo se acogerán a ella (que el Señor es el autor de la destrucción de los inicuos y el autor del establecimiento de Sión).

SEGUNDO NEFI 25

Una de las grandes ventajas de que disfrutamos en lo referente a entender a Isaías, es que Nefi nos explica aquello que acabamos de leer en los capítulos previos de Isaías. A partir del versículo 9, Nefi nos dará explicaciones específicas. De los versículos 1 al 8, nos explicará que su propio pueblo también tenía dificultades para entender a Isaías. Usaremos negrita para resaltar.

1 AHORA bien, yo, Nefi, hablo algo con relación a las palabras que he escrito, palabras que fueron pronunciadas por boca de Isaías. Pues he aquí, **Isaías habló muchas cosas que a muchos de los de mi pueblo les fue difícil comprender, porque no saben concerniente a la manera de profetizar entre los judíos.**

2 Porque yo, Nefi, no les he enseñado muchas cosas respecto de las costumbres de los judíos; porque sus obras fueron obras de tinieblas, y sus hechos fueron hechos de abominaciones.

3 Por tanto, escribo a mi pueblo, a todos aquellos que en lo futuro reciban estas cosas que yo escribo, para que conozcan los juicios de Dios y sepan que vienen sobre todas las naciones, según la palabra que él ha declarado.

4 Por tanto, escuchad, oh pueblo mío, que sois de la casa de Israel, y dad oídos a mis palabras; pues aunque las palabras de Isaías no os son claras a vosotros, sin embargo, son claras para todos aquellos que son llenos del espíritu de profecía (el Espíritu Santo). Pero os declaro una profecía, de acuerdo con el espíritu que hay en mí; por tanto, profetizaré según la claridad que en mí ha habido desde la ocasión en que salí de Jerusalén con mi padre; porque, he aquí, **mi alma se deleita en la claridad para con mi pueblo, a fin de que aprenda.**

A menudo, las personas se preguntan si los judíos mismos podían entender las palabras de Isaías. A continuación, en el versículo 5, Nefi responde a esa pregunta. La respuesta es "Sí".

5 Sí, y mi alma se deleita en las palabras de Isaías, porque salí de Jerusalén, y mis ojos han visto las cosas de los judíos, y **sé que ellos entienden las cosas de los profetas,** y **no hay ningún otro pueblo que entienda, como ellos, las cosas que fueron pronunciadas a los judíos,** salvo que sean instruidos conforme a la manera de las cosas de los judíos.

Tal como se indica en el versículo 2, arriba, Nefi ha evitado enseñar a su pueblo muchas cosas sobre la vida de los judíos que habitaban en la región de Jerusalén. Y esto lo hace debido al estilo de vida tan inicuo que tenían. Por lo tanto, su pueblo se parece mucho a nosotros en cuanto a que ellos tampoco entienden los antecedentes, el contexto y el simbolismo que utilizaba Isaías. En los siguientes versículos, Nefi nos dice que él pondrá remedio a este problema. Y lo hará al enseñarnos con palabras sencillas y claras aquello que Isaías nos ha estado enseñando.

6 Mas he aquí, **yo, Nefi, no he enseñado a mis hijos conforme a la manera de los judíos**; pero yo mismo he morado en Jerusalén, por lo que **sé acerca de las regiones circunvecinas**; y he mencionado a mis hijos acerca de los juicios de Dios que han acontecido entre los judíos, de acuerdo con todo lo que Isaías ha hablado, **y no lo escribo.**

7 Mas, he aquí, procedo con mi propia profecía (os enseñaré sobre Isaías con mis propias palabras), de acuerdo con mi claridad, en la que sé que nadie puede errar; sin embargo, en los días en que se cumplan las profecías de Isaías, en la época que se realicen, los hombres sabrán de seguro.

En el versículo 8, abajo, Nefi profetiza que en los últimos días, la gente podrá entender los escritos de Isaías. Tu eres parte del cumplimiento de esa profecía a medida que desarrollas tu habilidad para entender dichos escritos y gracias a las explicaciones del Libro de Mormón y de Nefi.

8 Por tanto, (las palabras de Isaías) son de valor a los hijos de los hombres; y a los que suponen que no lo son, yo hablaré más particularmente, y limitaré mis palabras a mi propio pueblo; porque sé que serán de gran valor para ellos **en los postreros días**, porque entonces **las entenderán**; por consiguiente, es para su bien que las he escrito.

Ahora, Nefi comenzará a explicarnos los capítulos de Isaías, los cuales incluyó en las Planchas Menores; los mismos que hemos estado leyendo ahora en esta parte del Libro de Mormón. Continuaremos haciendo uso de la negrita por razones de enseñanza.

9 Y **así como una generación ha sido destruida entre los judíos a causa de la iniquidad, de igual manera han sido destruidos de generación en generación** (la dispersión de Israel) **según sus iniquidades** (véase 2 Nefi 13:11); y ninguno de ellos ha sido destruido jamás sin que se lo hayan predicho los profetas del Señor.

En el versículo 9, arriba, casi al final, nos encontramos con una doctrina muy importante. Se trata de que el Señor, de manera justa, siempre nos advierte antes de que seamos destruidos (también un sinónimo de dispersión) por motivo de nuestra iniquidad. De esta manera, las personas tienen oportunidades para hacer uso de su albedrío moral de manera sabia y son responsables por lo que les termina ocurriendo.

10 Por tanto, les ha sido dicho (a los judíos) concerniente a la destrucción (la cautividad a manos de Babilonia) que vendría sobre ellos inmediatamente después que saliera mi padre de Jerusalén; sin embargo, endurecieron sus corazones (no quisieron arrepentirse), y conforme a mi profecía, han sido destruidos (Jerusalén ha sido destruida), salvo (excepto) aquellos que fueron llevados cautivos a Babilonia.

A continuación, Nefi explicará que uno de los temas de enseñanza más típicos de Isaías es el "recogimiento" de Israel. A modo de nota personal, a cada uno de nosotros, el Señor nos invita una y otra vez a ser "recogidos" o "reunirnos" junto a Él.

11 Y hablo esto a causa del espíritu que está en mí. Y a pesar de que (los judíos) han sido llevados, volverán otra vez (el recogimiento) y poseerán la tierra de Jerusalén (esto se convirtió en un hecho cuando según el plan de las Naciones Unidas, en 1948, se declaró a Israel como estado); por tanto, serán nuevamente restaurados a la tierra de su herencia (la Tierra Santa).

A continuación, Nefi explica que Isaías profetizó que el Hijo de Dios vendría en verdad a la tierra y que viviría entre los judíos.

12 Pero he aquí, habrá entre ellos (los judíos) guerras y rumores de guerras; y cuando llegue el día en que el Unigénito del Padre (Jesús), sí, el Padre del cielo y de la tierra (Jesús), se manifieste él mismo a ellos en la carne, he aquí, (los judíos) lo rechazarán por causa de sus iniquidades (por sus maldades), y la dureza de sus corazones, y lo duro de su cerviz (su orgullo y falta de humildad).

13 He aquí, lo crucificarán; y después de ser puesto en un sepulcro (tumba) por el espacio de tres días, se levantará de entre los muertos (resucitará), con salvación en sus alas (con el poder total para sanarnos a todos nosotros de nuestros pecados); y todos los que crean en su nombre serán salvos en el reino de Dios. Por tanto, mi alma se deleita en profetizar concerniente a él (esta es la razón por la que me encanta enseñar sobre Cristo), porque he visto su día, y mi corazón magnifica su santo nombre (en mi corazón albergo sentimientos indescriptibles de gratitud por Cristo).

La frase "salvación en sus alas" que aparece en el versículo 13, arriba, tiene un simbolismo precioso. En inglés la palabra "salvación" aparece traducida como "healing", que significa "sanación". Y la sanación, se refiere, sin ninguna duda, al poder y habilidad del Salvador para sanarnos, y salvarnos a todos de los efectos de los pecados y debilidades. La palabra "alas" simboliza el poder para manifestarse o estar de manera inmediata en cualquier lugar en el que se le necesite, para así poder ministrarnos. Te sugiero que leas DyC 77:4, en donde el Profeta José Smith nos da una breve explicación sobre el término "alas".

14 Y he aquí, acontecerá que después que el Mesías haya resucitado de entre los muertos, y se

haya manifestado a su pueblo, a cuantos quieran creer en su nombre, he aquí, Jerusalén será destruida otra vez (por los romanos, sobre el año 70–73 d.C.); porque ¡ay de aquellos que combatan contra Dios y el pueblo de su iglesia!

> **Nefi** continúa escribiendo sobre lo que Isaías enseñó. Es decir, que los judíos serían dispersados y aniquilados durante siglos tras haber crucificado a Cristo. Y entonces, algo maravilloso empieza a acontecer a medida que los judíos empiezan a creer en Cristo y en Su expiación. El gran recogimiento empieza a tener lugar entre ellos.

15 Por tanto, **los judíos serán dispersados entre todas las naciones;** sí, y también Babilonia será destruida (y lo fue, en el año 538 a.C., por los persas); por consiguiente, otras naciones dispersarán a los judíos (esto incluiría a Roma, además de Hitler y otros tiranos).

16 Y después que hayan sido dispersados, y el Señor Dios los haya castigado por otros pueblos, por el espacio de muchas generaciones, sí, de generación en generación, hasta que sean persuadidos a creer en Cristo, el Hijo de Dios, y la expiación, que es infinita para todo el género humano; y **cuando llegue ese día en que crean en Cristo, y adoren al Padre en su nombre, con corazones puros y manos limpias, y no esperen más a otro Mesías**

(esos días están comenzando a tener lugar entre los judíos), entonces, en esa época, llegará el día (todavía en el futuro) en que sea menester que crean estas cosas.

> **Nefi** ha usado varios versículos para hablarnos de manera muy específica sobre los judíos. Habrás notado que la profecía del recogimiento de los judíos ahora está comenzando a expandirse para incluir también el recogimiento de todos los de la casa de Israel en los últimos días. Esto es algo típico de Isaías y de otros profetas de la Biblia. Nos están hablando sobre una cosa y de pronto, incluso en medio de un versículo, hacen una transición para hablar de otros temas relacionados.

17 Y el Señor volverá a extender su mano por segunda vez (en los últimos días; véase Jacob 6:2 y el encabezamiento en Jacob 6) para restaurar a su pueblo de su estado perdido y caído. Por tanto, él procederá a efectuar **una obra maravillosa y un prodigio** (la restauración del evangelio por medio de José Smith) entre los hijos de los hombres (en toda la tierra).

18 Por consiguiente (en todo este proceso de restaurar el evangelio), él les manifestará sus palabras (a los judíos), las cuales los juzgarán en el postrer día, porque les serán dadas con el fin de convencerlos del verdadero Mesías que ellos rechazaron; y para convencerlos de que no deben esperar más a un Mesías que ha de venir, pues no ha de venir otro, salvo que sea un Mesías falso que engañe al pueblo; porque **no hay sino un Mesías (solamente)** de quien los profetas han hablado, **y ese Mesías es el que los judíos rechazarán.**

19 Pues, según las palabras de los profetas, el Mesías viene seiscientos años a partir de la ocasión en que mi padre salió de Jerusalén (año 600 a.C.); y según las palabras de los profetas, y también la palabra del ángel de Dios, **su nombre será Jesucristo, el Hijo de Dios.**

¡En verdad Nefi nos habla y enseña con claridad! A continuación, enfatizará la simpleza del evangelio al transportar a los lectores al incidente de la serpiente de bronce, la cual levantó Moisés para que su pueblo pudiera ser sanado si tan solo miraban a la serpiente, algo muy simple. ¡Sin embargo, era algo muy sencillo para muchos de ellos! Nefi nos está recordando que el mensaje de Isaías también es maravillosamente simple: ¡Volveos hacia Cristo y viviréis!

20 Y ahora bien, hermanos míos, **he hablado claramente** para que no podáis errar (es imposible que no entendáis lo que os he enseñado); y como vive el Señor Dios, que sacó a Israel de la tierra de Egipto, y dio poder a Moisés para sanar a las naciones (las Doce Tribus de Israel) después de haber sido mordidas por las serpientes ponzoñosas,

si ponían sus ojos en la serpiente que él levantó ante ellas, y también le dio poder para que hiriera la peña y brotara el agua (símbolo del "agua viva" que viene de Cristo; véase Juan 10:4); sí, he aquí os digo que así **como estas cosas son verdaderas**, y como el Señor Dios vive, **no hay otro nombre dado debajo del cielo sino el de este Jesucristo, de quien he hablado, mediante el cual el hombre pueda ser salvo.** (Es decir, es así de simple. Sólo puedes salvarte a través de Cristo. Nadie más puede salvarte).

21 De modo que por esta causa el Señor Dios me ha prometido que estas cosas (el Libro de Mormón) que escribo serán guardadas, y preservadas y entregadas a los de mi posteridad (descendientes; los lamanitas), de generación en generación, para que se cumpla la promesa hecha a José, que su linaje no perecería jamás, mientras durase la tierra.

22 Por tanto, estas cosas (los escritos de Nefi sobre las Planchas Menores, las cuales han llegado a ser parte de nuestro Libro de Mormón) irán de generación en generación mientras dure la tierra; e irán de acuerdo con la voluntad y deseo de Dios (según sus propios planes, en Su propio tiempo); y por ellas serán juzgadas (serán responsables por el conocimiento que hay en

estas escrituras) las naciones que las posean, según las palabras que están escritas.

23 Porque nosotros trabajamos diligentemente para escribir (es muy difícil hacer planchas de metal y grabar en ellas), a fin de persuadir a nuestros hijos, así como a nuestros hermanos, a creer en Cristo y a reconciliarse con Dios (que estén en paz con Dios); pues sabemos que **es por la gracia por la que nos salvamos, después de hacer cuanto podamos;**

> **La** última frase del versículo 23, arriba, es una declaración doctrinal muy importante. Hoy en día, se les enseña a muchos cristianos que solo se pueden salvar por la gracia, y que las obras no cuentan como un requisito para la salvación. Están confundiendo lo que dice Pablo e ignorando a Santiago (véase Santiago 2:17–24). Nefi lo deja bien claro. Se necesitan ambas, la fe y las obras, para que la gracia de Cristo nos salve. "Gracia", en términos simples significa "ayuda de Cristo".

24 y a pesar de que creemos en Cristo, observamos la ley de Moisés, y esperamos anhelosamente y con firmeza en Cristo, hasta que la ley sea cumplida.

> **La** Ley de Moisés fue diseñada para que las personas dirigiesen sus mentes hacia Cristo y el gran sacrificio por sus pecados, el cual Él ofrecería a través de la expiación.

25 Pues para este fin (con este propósito) se dio la ley (la Ley de Moisés); por tanto (y esto explica el porqué), para nosotros la ley ha muerto (ya no es lo máximo en nuestras mentes, sin embargo, la guardamos), y somos vivificados en Cristo (somos salvos a través de la expiación de Cristo) a causa de nuestra fe; guardamos, empero, la ley, a causa de los mandamientos (porque así nos lo ha dicho Dios, y lo haremos por un tiempo, hasta que Cristo venga para empezar su ministerio mortal).

> **El** próximo versículo es una escritura excelente para citársela a cualquiera que declare que nosotros no creemos en Cristo.

26 Y **hablamos de Cristo, nos regocijamos en Cristo, predicamos de Cristo, profetizamos de Cristo** y escribimos según nuestras profecías, para que nuestros hijos sepan a qué fuente han de acudir para la remisión de sus pecados.

> **El** versículo 27, a continuación, quizás sea uno de los resúmenes más simples y mejores que podamos encontrar en cualquier parte de las escrituras en cuanto al propósito de la Ley de Moisés en relación con el evangelio de Cristo. Si los judíos, en el tiempo de Cristo, se hubieran permitido a sí mismos entender esto, lo cual ya enseñaban claramente los profetas del Antiguo Testamento, según nos dice Nefi, entonces habrían recibido

a Jesús con los brazos abiertos en lugar de crucificarlo.

27 Por lo tanto, hablamos concerniente a la ley (la Ley de Moisés) para que nuestros hijos sepan que la ley ya no rige (que no tiene el poder para salvarnos); y, entendiendo que la ley ya no rige, miren ellos adelante hacia aquella vida (vida eterna; exaltación) que está en Cristo, y sepan con qué fin (propósito) fue dada la ley (para que nuestros hijos puedan entender por qué la Ley de Moisés fue dada). Y para que, después de cumplirse la ley (de Moisés) en Cristo, no endurezcan contra él sus corazones (como lo harán los judíos cuando Él venga entre ellos), cuando la ley tenga que ser abrogada (ya estaba previsto que la Ley de Moisés fuera reemplazada con y por Cristo).

Parece ser que los del pueblo de Nefi se están comprometiendo menos a Dios y se están endureciendo; y está empezando a haber algo de apostasía entre ellos. Sacamos esta conclusión al leer lo que Nefi dice a continuación.

28 Y ahora bien, he aquí, pueblo mío, sois gente dura de cerviz; por tanto, **os he hablado claramente, para que no os podáis equivocar.** Y las palabras que he hablado quedarán como un testimonio contra vosotros; pues bastan para enseñar a cualquier hombre la senda verdadera; porque **la senda verdadera consiste en creer en Cristo y no negarlo**; porque al negarlo, también negáis a los profetas y la ley (las enseñanzas sobre Cristo en el Antiguo Testamento).

La expresión "los profetas" se refiere a los profetas del Antiguo Testamento, tales como Abraham, Enoc, Isaías, Jeremías, etc. La expresión "la ley" consiste en los escritos de Moisés, es decir, Génesis, Éxodo, Levítico, Números y Deuteronomio.

29 Y ahora bien, he aquí, os digo que **la senda verdadera es creer en Cristo** y no negarlo; y **Cristo es el Santo de Israel**; por tanto, **debéis inclinaros ante él y adorarlo con todo vuestro poder, mente y fuerza, y con toda vuestra alma;** y si hacéis esto, de ninguna manera seréis desechados.

Seguidamente, Nefi hablará a su propia gente y les dirá que les es requerido guardar la Ley de Moisés hasta que Cristo venga a la tierra para cumplirla.

30 Y hasta donde fuere necesario, debéis observar las prácticas y las ordenanzas de Dios (los sacrificios y las reglas detalladas de la Ley de Moisés) hasta que sea cumplida la ley que fue dada a Moisés.

SEGUNDO NEFI 26

Tras haber explicado los mensajes simples y básicos de Isaías a su pueblo, Nefi continuará enseñándoles. En el capítulo 25 profetizará sobre el ministerio del Salvador a los habitantes en América después de que haya sido crucificado por los judíos.

1 Y DESPUÉS que Cristo haya resucitado de entre los muertos, se os manifestará a vosotros, mis hijos, y mis amados hermanos (mis descendientes justos, los nefitas que estarán en estos lugares cuando Cristo venga a América), y las palabras que él os hable serán la ley que observaréis. (En otras palabras, ya no se os requerirá que viváis la Ley de Moisés. En lugar de esto, viviréis según el evangelio que os enseñará Cristo).

2 Pues he aquí, os digo que he visto (he tenido una visión) que pasarán muchas generaciones, y habrá grandes guerras y contiendas entre mi pueblo (incluyendo las que se registran en Alma y Helamán).

A continuación, tras profetizar en cuanto a las señales que se darán entre los nefitas y lamanitas en América en relación a la misión mortal del Salvador, Nefi explicará por qué algunas personas morirán durante las destrucciones que precederán la venida de Cristo en las Américas.

Muchos estudiantes del evangelio se preguntan "cuán bueno ha de ser uno para no ser destruido al tiempo de la Segunda Venida". Al leer el versículo 3, abajo, deducimos que aquellos

que estén llevando un estilo de vida telestial, o inferior, serán los que serán destruidos por fuego en la Segunda Venida. Por lo tanto, cualquiera que esté viviendo un estilo de vida terrestre (DyC 76:71–79) o un estilo de vida celestial (DyC 76:50–53) se salvarán de dicha destrucción.

3 Y después que el Mesías haya venido (haya nacido en Belén), se darán a mi pueblo señales de su nacimiento (véase Helamán 14:3–6), y también de su muerte y resurrección (véase Helamán 14:20–28); y **grande y terrible será aquel día** (cuando Cristo venga a visitar a los nefitas) **para los malvados**, porque perecerán; y **perecen porque rechazan a los profetas y a los santos, y los apedrean y los matan**; por lo que el clamor de la sangre de los santos ascenderá desde la tierra hasta Dios en contra de ellos.

La profecía de Nefi en cuanto a "ser abrasados" que se da a continuación, en el versículo 4, también se aplica a los descendientes de aquellos que serán quemados por fuego (3 Nefi 9:9), y también se aplica a los inicuos que serán quemados en la Segunda Venida.

4 Por tanto, el día que viene abrasará a todos los soberbios y a los que obran inicuamente, dice el Señor de los Ejércitos, porque serán como rastrojo (como balas secas de paja y grano).

5 Y a los que matan a los profetas y a los santos, las profundidades de la tierra los tragarán, dice el Señor de los Ejércitos; y montañas los cubrirán, y torbellinos los arrebatarán, y edificios caerán sobre ellos y los desmenuzarán y reducirán a polvo

6 Y serán visitados con truenos, y relámpagos, y terremotos, y con toda clase de destrucciones; porque el fuego de la ira del Señor se encenderá contra ellos, y serán como rastrojo (serán como la paja seca en medio de un incendio descontrolado), y el día que viene (la Segunda Venida del Señor) los consumirá, dice el Señor de los Ejércitos.

Al leer los versículos previos sobre la destrucción de los inicuos durante la venida de Cristo entre los nefitas, vemos que hay muchos paralelismos entre esto y la Segunda Venida.

Tal y como veremos en el versículo 7, a continuación, esta visión que tuvo Nefi, fue muy dolorosa y difícil para él, debido a su bondad y ternura. A pesar de que él desea que estas destrucciones no tengan lugar, se da cuenta de que no se le puede robar a la ley de la justicia (véase Alma 42:25).

7 ¡Oh, el dolor y la angustia de mi alma por la pérdida de los de mi pueblo que serán muertos! Porque yo, Nefi, lo he visto, y casi me consume ante la presencia del Señor;

pero tengo que clamar a mi Dios: ¡Tus vías son justas!

A continuación, Nefi nos recuerda en cuanto a la actitud y comportamiento de los justos que no serán destruidos.

8 Pero he aquí, **los justos** que **escuchan las palabras de los profetas** y no los destruyen (literalmente, no destruyen a los profetas; simbólicamente, no destruyen las palabras de los profetas al ignorarlas), sino que **esperan anhelosamente y con firmeza en Cristo**, aguardando las señales que son declaradas, a pesar de todas las persecuciones, he aquí, **son ellos los que no perecerán**.

9 Mas el Hijo de Justicia (Cristo) se les aparecerá; y él los sanará, y tendrán paz con él hasta que hayan transcurrido tres generaciones, y muchos de la cuarta generación hayan fallecido en rectitud. (200 años de paz entre los nefitas, después de la visita del Salvador; véase 4 Nefi 1:1–22).

10 Y cuando estas cosas hayan transcurrido (tras los 200 años de paz), sobrevendrá a mi pueblo una presta destrucción; porque a pesar del dolor de mi alma, yo la he visto; por tanto, sé que acontecerá; y ellos **se venden por nada** (por cosas que no tienen valor); porque como recompensa de su **orgullo** y su **necedad**, segarán destrucción; porque **se entregan al diablo, y escogen las**

obras de tinieblas más bien que la luz; por tanto, tendrán que bajar al infierno.

En el versículo 11, se da una advertencia muy seria, la cual se aplica a todos nosotros. Existen unas leyes eternas y el Señor está sujeto a dichas leyes. Por ejemplo, Él nunca violará nuestro albedrío. Por lo tanto, nosotros podemos escoger tal conducta que Su Espíritu debe retirarse de nosotros.

11 Porque el Espíritu del Señor no siempre luchará con el hombre. Y cuando el Espíritu cesa de luchar con el hombre, entonces viene una presta destrucción, y esto contrista mi alma.

Tal como se ha indicado previamente, la palabra "gentiles" tiene muchos significados diferentes y debe distinguirse en cada contexto. Seguidamente, en el versículo 12, encontramos un ejemplo de esto. En este caso significa cualquier persona que no pertenezca a los judíos.

12 Y así como hablé acerca de convencer a los judíos de que Jesús es el verdadero Cristo, es menester (necesario) que los gentiles también sean convencidos de que Jesús es el Cristo, el Dios Eterno;

La expresión "Dios Eterno" también es sensible al contexto. En el caso del versículo anterior significa Cristo. En otros contextos se puede referir al Padre.

A continuación, Nefi nos enseña

en cuanto a la función vital del Espíritu Santo al dar testimonio de Cristo y al enseñarnos sobre el Salvador.

13 y que (Cristo) se manifiesta por el poder del Espíritu Santo a cuantos en él creen; sí, a toda nación, tribu, lengua y pueblo, obrando grandes milagros, señales y maravillas entre los hijos de los hombres, según su fe.

A continuación, Nefi nos enseñará cosas que deberían ser de especial interés para nosotros, ya que vivimos en los últimos días y estamos presenciando en directo el cumplimiento de muchas de sus profecías. Usaremos negrita por motivos de enseñanza.

14 Mas he aquí, **os profetizo concerniente a los postreros días**, los días en que el Señor Dios manifestará estas cosas (el Libro de Mormón) a los hijos de los hombres.

Ahora Nefi hará uso de unas representaciones al estilo militar para describir los esfuerzos del Señor al tratar de ablandar el corazón (humillar) de Su pueblo con el fin de que se vuelvan a Él.

15 Después que mi posteridad (los nefitas) y la posteridad de mis hermanos (los lamanitas) hayan degenerado en la incredulidad, y hayan sido heridos por los gentiles (los primeros inmigrantes y colonizadores que llegaron a las Américas); sí, después que el Señor Dios haya acampado **en contra de ellos** por

todos lados (los ha rodeado con castigos debido a su iniquidad), y los haya sitiado con baluarte (fortaleza militar) y levantado fuertes contra ellos; y después que hayan sido abatidos hasta el polvo (después de haber sido compelidos a humillarse), aun hasta dejar de existir (al punto en que son virtualmente destruidos como pueblo), con todo esto, las palabras de los justos (los profetas del Libro de Mormón) serán escritas, y las oraciones de los fieles serán oídas, y todos los que hayan degenerado en la incredulidad no serán olvidados (el evangelio les será restaurado);

16 porque aquellos que serán destruidos (las gentes del Libro de Mormón) les hablarán (a todas las personas en los últimos días) desde la tierra (al salir del cerro Cumorah), y sus palabras susurrarán desde el polvo, y su voz será como uno que evoca a los espíritus; porque el Señor Dios le dará poder para que susurre concerniente a ellos, como si fuera desde la tierra; y su habla susurrará desde el polvo.

Las personas hablando "desde el polvo" y la expresión "uno que evoca a los espíritus" tal cual se usan en el versículo 16, arriba, serían frases conocidas para la gente que vivía en el tiempo de Isaías y Nefi. Compartiremos una cita escrita por Daniel H. Ludlow, que aparece en El Libro de Mormón: Manual del Alumno de Religión; Rel. 121 y 122, (1996), para explicar estas palabras. Dice así (usamos negrita para resaltar):

"**Evidentemente** Nefi se está refiriendo a una declaración que se encuentra en **Isaías 29:4** donde se menciona a un pueblo destruido cuyos anales **saldrán 'desde el polvo, y su voz será como uno que evoca a los espíritus . . .'** (2 Nefi 26:16)".

"**. . . Una** cuidadosa lectura de ese pasaje, especialmente al leerlo juntamente con la explicación de Nefi, indica que el concepto '**evoca a los espíritus**' significa que este registro (el Libro de Mormón) **hablaría en una forma conocida a los que ya tuvieran la Biblia**. En otras palabras, Nefi aquí nos dice claramente que **las enseñanzas doctrinales del Libro de Mormón iban a resultarles conocidas a los que ya hubieran leído y aceptado la Biblia**" (Daniel H. Ludlow, *A Companion to Your Study of the Book of Mormon*, pág. 146; *El Libro de Mormón: Manual del Alumno de Religión; Rel. 121 y 122*, p.36–37, 1989).

17 Porque así dice el Señor Dios: (los profetas del Libro de Mormón) Escribirán las cosas que se harán entre ellos, y serán escritas y selladas en un libro (las planchas de oro); y aquellos que hayan degenerado en la incredulidad no las tendrán, porque procuran destruir las cosas de Dios. (Es decir, las planchas de oro serán protegidas de aquellos inicuos que las destruirían, quizás al fundirlas para obtener ganancias).

18 Por tanto, así como los que han sido destruidos fueron talados prestamente, y la multitud de sus fuertes (tiranos, líderes inicuos poderosos) será como el rastrojo que desaparece (que se lo lleva el viento), sí, así dice el Señor Dios: (la destrucción profetizada) Será en un instante, repentinamente.

19 Y sucederá que los (lamanitas) que hayan degenerado en la incredulidad serán heridos por mano de los gentiles (tales como Cortés, etc.).

Nefi está revisando muchas de las profecías que él mismo vio en una visión en 1 Nefi 13. Y a continuación, Nefi nos quiere recordar que durante la Edad Media (Edad del Oscurantismo) y las que siguieron se construyeron y crearon muchas iglesias, lo cual llevó al tiempo de José Smith y la restauración. Nefi señalará los motivos o razones que tuvieron muchas de estas iglesias. Como solemos hacer, usaremos negrita para resaltar.

20 Y los gentiles se ensalzan con la **soberbia (orgullo)** de sus ojos, y han tropezado a causa de lo grande de su tropezadero, y han establecido **muchas iglesias**; sin embargo, **menosprecian el poder y los milagros de Dios,** y se **predican su propia sabiduría y su propia instrucción, para enriquecerse** y moler la faz de los pobres (en verdad no les importan los pobres).

21 Y se edifican muchas iglesias que causan **envidias,** y **contiendas,** y **malicia** (odio; tienen sentimientos malos hacia el prójimo).

A medida que Nefi continúa, podemos ver nuestra época y nuestros días en su descripción profética del futuro.

22 Y también existen **combinaciones secretas** (grupos secretos organizados para derribar aquello que es justo y adquirir poder, robar y asesinar; compárese con Helamán 6:17–39), como en los tiempos antiguos, según las combinaciones del diablo, porque él es el fundador de todas estas cosas; sí, el fundador del **asesinato** y de las **obras de tinieblas**; sí, y los lleva del cuello con cordel de lino (un hilo fino y ligero; símbolo de las tentaciones y los pecados que parecen relativamente fáciles de superar; compárese con 2 Nefi 28:8), hasta que los ata para siempre jamás con sus fuertes cuerdas (las cadenas del infierno).

Nefi es un maestro muy poderoso, y tiene grandes deseos de alertarnos y advertirnos en cuanto a los métodos que Satanás usa para hacer caer a la gente. Haríamos bien en escuchar atentamente a lo que nos va a enseñar a continuación.

23 Porque he aquí, amados hermanos míos, os digo que el Señor Dios no obra en la obscuridad.

24 Él no hace nada a menos que

sea para el beneficio del mundo; porque **él ama al mundo, al grado de dar su propia vida para traer a todos los hombres a él** (al dar Su propia vida Cristo logró el poder para darnos a todos nosotros la vida eterna). Por tanto, a nadie manda él que no participe de su salvación (la salvación está disponible para todas las personas).

25 He aquí, ¿acaso exclama él a alguien, diciendo: Apártate de mí? He aquí, os digo que no; antes bien, dice: **Venid a mí, vosotros, todos los extremos de la tierra**, comprad leche y miel sin dinero y sin precio. (Es decir, no importa cuán rico o cuán pobre seas. El evangelio de Jesucristo está disponible para todo el mundo).

26 He aquí, ¿ha mandado él a alguno que salga de las sinagogas, o de las casas de adoración? He aquí, os digo que no.

> **Debemos** tener cuidado al interpretar la palabra "gratuitamente", la cual aparece en el próximo versículo. Si no se interpreta correctamente puede conducirnos a creencias falsas relacionadas con la predestinación, o relacionadas con la salvación únicamente por la gracia, etc. Al situarnos en el contexto de las enseñanzas de Nefi, esta palabra significa que el evangelio de Cristo, Su expiación y la exaltación están disponibles para todas las personas, sin importar el estatus social u otras circunstancias. Cuando llegue la hora del juicio final, cada uno, bien sea aquí en la tierra o en el mundo de los espíritus (véase DyC 183), habrá tenido un conjunto completo y justo de oportunidades para ejercer el albedrío y así aceptar o rechazar el don del Salvador, la exaltación.

27 ¿Ha mandado él a alguien que no participe de su salvación? He aquí, os digo que no, sino que la ha dado **gratuitamente** para todos los hombres; y ha mandado a su pueblo que persuada a todos los hombres a que se arrepientan.

28 He aquí, ¿ha mandado el Señor a alguien que no participe de su bondad? He aquí, os digo: No; sino que **todo hombre tiene tanto privilegio como cualquier otro, y nadie es excluido** (Dios es completamente justo).

> A continuación, Nefi define "supercherías sacerdotales". Hoy en día también hay muchas supercherías sacerdotales en el mundo.

29 Él manda que no haya supercherías; porque he aquí, son **supercherías sacerdotales el que los hombres prediquen y se constituyan a sí mismos como una luz al mundo, con el fin de obtener lucro y alabanza del mundo; pero no buscan el bien de Sión.**

> A continuación, Nefi repasa aquellas cosas que nos llevan a la exaltación.

291

30 He aquí, el Señor ha vedado esto; por tanto, el Señor Dios ha dado el mandamiento de **que todos los hombres tengan caridad**, y esta caridad es amor. Y a menos que tengan caridad, no son nada. Por tanto, **si tuviesen caridad, no permitirían que pereciera el obrero en Sión.**

31 Mas el obrero en Sión trabajará para Sión; porque **si trabaja por dinero** (si las posesiones materiales llegan a ser su prioridad), **perecerá.**

32 Y además, el Señor Dios ha mandado a los hombres **no cometer homicidio; no mentir; no robar; no tomar el nombre del Señor su Dios en vano; no envidiar; no tener malicia** (odio); **no contender unos con otros; no cometer fornicaciones** (inmoralidad sexual); y no hacer ninguna de estas cosas; porque los que tal hagan, perecerán (morirán espiritualmente, y a veces físicamente).

> **Nefi** resume su poderoso sermón enfatizando una vez más, que el evangelio de Cristo está al alcance de todos.

33 Porque ninguna de estas iniquidades viene del Señor, porque él hace lo que es bueno entre los hijos de los hombres; y nada hace que no sea claro para los hijos de los hombres; y **él invita a todos ellos a que vengan a él y participen de su bondad; y a nadie de los que a él vienen desecha, sean negros o blancos, esclavos o libres, varones o mujeres; y se acuerda de los paganos; y todos son iguales ante Dios, tanto los judíos como los gentiles.**

SEGUNDO NEFI 27

> **Este** capítulo es comparable al de Isaías 29 en la Biblia. Fue escrito por Isaías sobre el año 700 a.C., casi al final de su ministerio. Trata de los últimos días, incluyendo la restauración del evangelio por medio del Profeta José Smith. Además incluye muchos detalles específicos sobre la aparición del Libro de Mormón. Se trata de uno de esos capítulos en las escrituras que testifican con fuerza y de manera extraordinaria en cuanto a la veracidad de las profecías dadas por los profetas del Señor.
>
> **Isaías** comienza profetizando sobre la iniquidad descontrolada que prevalecerá entre todos los pueblos de la tierra en los últimos días. Usaremos **negrita** por razones de enseñanza.

1 MAS he aquí que en los últimos días, o sea, en los días de los gentiles (cuando los tiempos de los gentiles se estén cumpliendo; véase Lucas 21:24), sí, he aquí que todas las naciones de los gentiles, y también los judíos, tanto los que vengan a esta tierra (la tierra del Libro de Mormón) como los que se hallen sobre otras tierras, sí, **sobre todas las tierras del mundo**, he

aquí, **estarán ebrios** (desbocados) **de iniquidad y de toda clase de abominaciones** (estarán sumergidos en la iniquidad; la maldad estará muy propagada).

2 Y cuando venga ese día, los visitará el Señor de los Ejércitos con truenos y con terremotos, y con un gran estruendo, y con borrasca, y con tempestad, y con la llama de fuego devorador (el resplandor de la Segunda Venida; véase DyC 5:19).

> A continuación, Isaías profetiza que una vez que el evangelio haya sido restaurado en los últimos días, nadie tendrá éxito al tratar de detener su progreso.

3 Y todas las naciones que pugnen contra Sión (la obra del Señor y Su pueblo) y que la acongojen, serán como sueño de visión nocturna (desaparecerán rápidamente); sí, les será (a las naciones inicuas) como al hambriento que sueña; y he aquí, come (en su sueño), mas despierta y su alma está vacía (todavía tiene hambre); o como un sediento que sueña; y he aquí, bebe, pero cuando despierta, está desfallecido (todavía tiene hambre y sed), y su alma siente hambre; sí, aun así será con la multitud de todas las naciones que pugnen contra el monte de Sión (la obra del Señor; los inicuos nunca estarán satisfechos y al final terminarán sin nada. Los que persiguen a los santos nunca están satisfechos,

parece que nunca pueden dejarlos tranquilos).

4 Porque he aquí, todos vosotros que obráis iniquidad, deteneos y asombraos (parad y pensad), porque gritaréis y clamaréis; sí, estaréis ebrios (sin control), mas no de vino; titubearéis, mas no de licor (la iniquidad abundará en vuestras vidas porque habéis rechazado a los profetas; véase el versículo 5).

5 Porque he aquí, el Señor ha derramado sobre vosotros el espíritu de un profundo sueño (ha tenido que retirar Su Espíritu; obscuridad espiritual; compárese con Alma 12:11); pues he aquí que **habéis cerrado vuestros ojos** y **rechazado a los profetas**; y a vuestros gobernantes (líderes justos) y a los videntes (profetas) él (el Señor) ha cubierto (se los ha llevado) a causa de vuestra iniquidad.

> A continuación, se empezará a dar una profecía con detalles asombrosos sobre la aparición del Libro de Mormón.

6 Y acontecerá (en los últimos días; véase el versículo 1) que el Señor Dios os manifestará las palabras de un libro (el Libro de Mormón); y serán las palabras de los que han dormido (personas que ya han fallecido, tales como Nefi, Mormón, Moroni, etc.).

7 Y he aquí, el libro estará sellado

(refiriéndose a la parte sellada de las planchas; véanse los versículos 10 y 21; también Éter 5:1); y en él habrá una revelación de Dios, desde el principio del mundo, hasta su fin.

8 Por lo tanto, a causa de las cosas que están selladas, **no se entregarán** (traducidas, etc.) **estas cosas selladas** (la parte sellada de las planchas) **en el día de las maldades y abominaciones del pueblo.** Por tanto, les será retenido el libro (la parte sellada);

> El hecho de que la parte sellada de las planchas no será traducida y dada a la gente mientras existan "maldades y abominaciones" entre nosotros, nos lleva a pensar que posiblemente tengamos que esperar hasta el Milenio para recibir el resto del Libro de Mormón.

9 mas el libro (planchas de oro) será entregado a un hombre (José Smith), y él entregará (traducirá, etc.) las palabras del libro, que son las palabras de aquellos que han dormido en el polvo (los profetas del Libro de Mormón), y (José Smith) entregará estas palabras a otro (se refiere proféticamente al incidente en el que Martin Harris llevó una copia de los caracteres tomados de las planchas al profesor Charles Anthon; véase JS-H 1:63–65);

10 mas no entregará las palabras que están selladas (la porción sellada de las planchas), ni tampoco entregará

(traducirá, etc.) el libro. Porque el libro será sellado por el poder de Dios, y la revelación que fue sellada (la parte sellada) se guardará en el libro (se guardará con las planchas) hasta que llegue el propio y debido tiempo del Señor (hasta que el Señor diga que ha llegado la hora de traducirla; véase el versículo 22) en que (los contenidos de la parte sellada) aparezcan; porque he aquí, revelan todas las cosas desde la fundación del mundo hasta su fin.

> La gente a menudo se pregunta qué habrá en la porción sellada de las planchas del Libro de Mormón. En el versículo 10, arriba, encontramos un pequeño indicio. Nos dice que esas planchas contienen "todas las cosas desde la fundación del mundo hasta su fin". ¡Qué tesoro debe ser!

11 Y vendrá el día en que las palabras del libro, que fueron selladas (la porción sellada, véanse los versículos 8 y 10), se leerán desde los techos de las casas (estarán a la disposición de todo el mundo); y serán leídas por el poder de Cristo, y se revelarán a los hijos de los hombres todas las cosas (compárese con DyC 101:32–34) jamás habidas entre ellos, y cuantas habrá aun hasta el fin de la tierra.

> Tras haber hablado algo en cuanto a la porción sellada de las planchas que José Smith recibió en el cerro Cumorah,

seguidamente, Isaías dará detalles específicos en cuanto a la aparición del Libro de Mormón tal y como lo tenemos. Empezará a hablarnos de los Tres Testigos del Libro de Mormón.

12 Por tanto, el día en que se entregue (por el ángel Moroni) el libro (planchas de oro) al hombre (José Smith) de quien he hablado, quedará oculto dicho libro de los ojos del mundo (a nadie se le permitirá ver las planchas de oro) para que no lo vea ojo alguno, salvo (excepto) tres testigos (Oliver Cowdery, David Whitmer y Martin Harris; véase el encabezamiento y el versículo 1 de DyC 17) que lo verán por el poder de Dios, además de aquel (José Smith) a quien el libro será entregado; **y testificarán de la verdad del libro y de las cosas que contiene.**

Ahora vamos a tomar un momento para leer el testimonio de los tres testigos. Al hacerlo, nos daremos cuenta de que estos hombres cumplieron perfectamente con los detalles descritos en la profecía de Isaías, arriba. De hecho, el Señor dio instrucciones adicionales a Martin Harris, Oliver Cowdery y a David Whitmer en cuanto a lo que debían de decir en sus testimonios. Aconteció así (negrita agregada):

Doctrina y Convenios 17:3–6

3 Y después de haber logrado fe, y de haberlas visto con vuestros ojos, **testificaréis de ellas por el poder de Dios;**

4 y haréis esto para que mi siervo José Smith, hijo, no sea destruido, para que en esta obra realice yo mis propósitos justos para con los hijos de los hombres.

5 Y **testificaréis de haberlas visto**, así como mi siervo José Smith, hijo, las vio; porque es por mi poder que él las ha visto, y porque tenía fe.

6 Y **ha traducido el libro**, sí, la parte que le he mandado; **y vive vuestro Señor y vuestro Dios, que es verdadero.**

Ahora, pasemos a leer el Testimonio de Tres Testigos (usamos **negrita** para resaltar):

EL TESTIMONIO DE TRES TESTIGOS

CONSTE a todas las naciones, tribus, lenguas y pueblos, a quienes llegare esta obra, que nosotros, por la gracia de Dios el Padre, y de nuestro Señor Jesucristo, **hemos visto las planchas** que contienen esta relación, la cual es una historia del pueblo de Nefi, y también de los lamanitas, sus hermanos, y también del pueblo de Jared, que vino de la torre de que se ha hablado. Y también **sabemos que han sido traducidas por el don y el poder de Dios**, porque así su voz nos lo declaró; por tanto, **sabemos con certeza que la obra es verdadera.** También testificamos haber visto los grabados sobre las planchas; y **se nos han mostrado por el poder de Dios** y no por el de ningún hombre. Y declaramos con palabras solemnes que un ángel de Dios bajó del cielo, y que trajo las planchas y las puso ante nuestros ojos, de manera que **las vimos y las contemplamos, así como los grabados que contenían; y sabemos que es por la gracia de Dios el Padre, y de nuestro Señor Jesucristo, que vimos y testificamos que estas cosas son verdaderas.** Y es maravilloso a nuestra vista, Sin embargo, la voz del Señor nos mandó que testificásemos de ello; por tanto, para ser obedientes a los mandatos de Dios, **testificamos estas cosas.** Y sabemos que si somos fieles en Cristo, nuestros vestidos quedarán limpios de la sangre de todos los hombres, y nos hallaremos sin mancha ante el tribunal de Cristo, y moraremos eternamente con Él en los cielos. Y sea la honra al Padre, y al Hijo, y al Espíritu Santo, que son un Dios. Amén.

OLIVER COWDERY
DAVID WHITMER
MARTIN HARRIS

13 Y **nadie más lo verá** (las planchas de oro), **sino unos pocos** (los Ocho Testigos; véase dicho testimonio al principio del Libro de Mormón) **conforme a la voluntad de Dios,** para dar testimonio de su palabra a los hijos de los hombres; porque el Señor Dios ha dicho que las palabras de los fieles (los profetas del Libro de Mormón) hablarían cual si fuera de entre los muertos.

Existe otro testimonio escrito en cuanto a las planchas de oro. En este otro caso, el Señor no requirió que esta persona, la cual vio las planchas de oro, diera testimonio al mundo, lo cual sí se requirió a los otros testigos (véase el versículo 13). El nombre de esta testigo era Mary Whitmer. Se trataba de la madre de David Whitmer. Su marido, Peter Whitmer, padre, invitó a José Smith y a Oliver Cowdery a que vinieran a la granja de su familia en Fayette, Nueva York, para continuar allí con su labor de traducir las planchas de oro. Esto fue debido a que la persecución se había vuelto muy peligrosa y ya no estaban seguros en Harmony, Pennsylvania.

David Whitmer vino con su caballo y su carreta hasta Harmony y transportó a José y a Oliver a Fayette. Emma Smith (la esposa del Profeta) se quedó para terminar algunos detalles y pronto se uniría a José en el hogar de los Whitmer en Fayette. El hecho de tener más personas a las que cuidar y alimentar llegó a ser una carga para la señora Whitmer, la cual se abrumaba de cuando en cuando, pero nunca se quejaba. Una noche, cuando la señora Whitmer se dirigía al establo para ordeñar las vacas, se le apareció el ángel Moroni. Este expresó gratitud a la señora Whitmer por su bondad al hospedar al Profeta y a Oliver, y le brindó la oportunidad de ver las planchas de oro, para que así tuviera la certeza de que estaba ayudando con la obra del Señor. Y así aconteció que esta buena mujer también fue un testigo de la veracidad de las planchas de oro. El hijo de Mary Whitmer, David, registró este acontecimiento de la siguiente manera:

"**En** el patio se encontró con el mismo anciano [el ángel Moroni, el cual había visto antes David] (a juzgar por la descripción que había dado de él) el cual dijo: 'Has sido muy fiel y diligente en tus labores, pero estás cansada debido al aumento de tus esfuerzos; por lo tanto, es apropiado que recibas un testimonio para que tu fe sea fortalecida'. Entonces le mostró las planchas" (Report of Elders Orson Pratt and Joseph F. Smith, págs. 772-773). Esta cita se encuentra en el La Hisotria de la Iglesia en el Cumplimiento de los Tiempos: Manual del Alumno, Rel. 341-43, 2003, capítulo 5).

14 Por tanto, el Señor Dios procederá a sacar a luz las palabras del libro; y en la boca de cuantos testigos (misioneros, tú, yo, etc.) a él le plazca, establecerá su palabra; y ¡ay de aquel que rechace la palabra de Dios!

15 Mas he aquí, acontecerá que el Señor Dios dirá a aquel (José Smith) a quien entregará el libro: Toma estas palabras que no están selladas y entrégalas a otro (Martin Harris), para que las muestre al instruido (al

profesor Charles Anthon y al Dr. Mitchell; véase JS-Historia 1:64–65), diciendo: Te ruego que leas esto. Y el instruido dirá: Trae aquí el libro, y yo las leeré.

Podemos ver que Isaías da detalles en cuanto a los motivos de Mitchell y Anthon.

16 Y ahora bien, **por causa de la gloria del mundo, y para obtener lucro** (Anthon y Mitchell) dirán esto, y no para la gloria de Dios.

17 Y el hombre (Martin Harris) dirá: No puedo traer el libro, porque está sellado.

18 Entonces dirá el instruido: No puedo leerlo.

19 Por tanto, acontecerá que el Señor Dios de nuevo entregará el libro y las palabras que contiene al que no es instruido (José Smith), el cual dirá: No soy instruido.

20 Entonces el Señor Dios le dirá (a José Smith): Los instruidos no las leerán (traducirán) porque las han rechazado, y yo puedo efectuar mi propia obra; por tanto, tú leerás (traducirás) las palabras que yo te daré (con la ayuda del Urim y Tumim, etc.).

21 No toques las cosas que están selladas (p.ej., ni si quieras trates de dar una mirada a la porción sellada), pues las manifestaré en mi propio y debido tiempo; porque mostraré a los hijos de los hombres que puedo ejecutar mi propia obra.

22 Por tanto, cuando (tú, José Smith) hayas leído las palabras que te he mandado (terminado la traducción de las planchas del Libro de Mormón), y obtenido los testigos que te he prometido, entonces sellarás otra vez el libro, y **lo esconderás para mis propósitos**, a fin de que yo preserve las palabras que no has leído (la parte sellada), hasta que en mi propia sabiduría me parezca oportuno revelar todas las cosas a los hijos de los hombres.

En referencia a las instrucciones dadas por el Señor en el versículo 22, arriba, de que se escondieran las planchas "para mis propósitos", es interesante notar que cuando José Smith terminó la traducción de las planchas, él y Oliver hicieron justo eso, las escondieron. Brigham Young contó que José y Oliver llevaron las planchas de vuelta al cerro Cumorah, y que la colina se abrió ante ellos, y entraron en una sala o cavidad muy espaciosa, la cual estaba llena de otras planchas y registros. Este evento lo relató Brigham Young (véase Journal of Discourses, Volumen 19, página 38) de la siguiente manera:

"**Creo** que me voy a tomar la libertad de contaros otra experiencia, la cual es tan maravillosa como pueda ser posible. Se trata de un suceso de la vida de Oliver Cowdery, pero él no lo ha contado ante una congregación tal y como yo lo haré ahora. Os digo estas cosas porque tengo una razón para ello. Quiero llevar este conocimiento a los oídos de mis hermanos y hermanas, y también a los niños, para que puedan crecer en el entendimiento de algunas cosas que parecen estar totalmente escondidas a la familia humana. Oliver Cowdery fue con el Profeta José cuando este depositó estas planchas. José no tradujo todas las planchas; había una parte de estas que estaba sellada, lo cual podéis leer en el libro de Doctrina y Convenios. Cuando José recibió las planchas, el ángel le dio instrucciones de que las llevara de vuelta al cerro Cumorah, y así lo hizo. Oliver dijo que cuando José y Oliver fueron allí, la colina se abrió, y se adentraron en una cueva, en la cual había una sala muy grande y espaciosa. Él dice que en ese momento no pensó si les iluminaba la luz del sol o una luz artificial; pero que era cual si fuera la luz del día. Dejaron las planchas sobre una mesa; se trataba de una mesa grande que había en la sala. Debajo de esa mesa había una pila de planchas, la cual tenía poco más de medio metro de altura, y en aquella sala había más planchas de las que se podrían cargar en muchos carruajes; estaban apiladas en las esquinas y a lo largo de los muros. La primera vez que fueron allí, la espada de Labán estaba colgando de la pared; pero cuando volvieron a ir estaba depositada sobre la mesa, a través de las planchas de oro; estaba desenvainada, y en la espada estaban escritas las siguientes palabras: 'Esta espada nunca más volverá a ser enfundada hasta que los reinos de esta tierra lleguen a ser el reino de nuestro Dios y su Cristo'. Os digo esto no como si viniera sólo de Oliver Cowdery, sino de otros que también saben de estas cosas y las entendieron, sí y las entendieron tan bien como nosotros hemos venido a esta reunión, disfrutamos el día, y poco a poco nos separaremos para irnos y nos olvidaremos de casi todo lo que se ha dicho, pero recordaremos algunas cosas. Y así es con otras circunstancias de la vida. Os cuento esto, y quiero que lo entendáis. Me he tomado la libertad de referirme a estas cosas para que no se queden en el olvido y se pierdan" (*Journal of Discourses*, 26 vols. London: Latter-day Saints' Book Depot, 1854–1886, 19: 38–39).

23 Porque he aquí, yo soy Dios; y soy un Dios de milagros; y manifestaré al mundo que soy el mismo ayer, hoy y para siempre (p.ej., utilizo el mismo evangelio para salvar a las personas; podéis contar conmigo, soy de total confianza); y **no obro entre los hijos de los hombres sino de conformidad con su fe.**

Isaías nos enseña una lección muy importante al final del versículo 23, arriba. Básicamente nos dice que nosotros somos los que determinamos lo mucho o poco que el Señor se va a involucrar en nuestras vidas. Y esto es según nuestro albedrío, al escoger ejercer fe en Él o al escoger no ejercer fe en Él. Esta gran lección nos ayuda a comprender que es nuestra

responsabilidad el invitar, por fe, al Señor en nuestras vidas. Es nuestra responsabilidad, según usemos nuestro albedrío, el ver las manifestaciones de Su poder a nuestro favor y a favor de nuestro prójimo.

24 Y otra vez acontecerá que el Señor dirá a aquel (José Smith; véase JS-H. 1:19) que lea (traduzca) las palabras que le han de ser entregadas:

A continuación, veremos que Jesús citó a Isaías al responder a la pregunta "¿a qué iglesia debo unirme?" que José Smith hizo durante la primera visión.

25 Por cuanto este pueblo se me acerca con su boca, y con sus labios me honra, mas su corazón ha alejado de mí, y su temor para conmigo (su concepto de Dios) les es inculcado por los preceptos de los hombres,

26 procederé yo, por tanto, a ejecutar una obra maravillosa (en hebreo: "admirable") entre este pueblo; sí, una obra maravillosa y un prodigio (la restauración del evangelio a través de José Smith); porque la sabiduría (falsa sabiduría) de sus sabios e instruidos perecerá, y el entendimiento de sus prudentes será escondido (será desechado al ser reemplazado por la verdad revelada).

27 Y ¡ay de aquellos (inicuos) que procuran con afán esconder sus designios (planes malvados) del

Señor! Y sus obras se hacen en las tinieblas, y dicen: ¿Quién nos ve?, y ¿quién nos conoce? Y dicen también: Ciertamente tu obra de trastornar las cosas de arriba abajo (perversión de la verdad) será estimada como el barro del alfarero (proclamando que pueden ir adelante sin Dios, como en la situación descrita en Isaías 45:9, en la que el barro trata de decirle al artesano lo que debe hacer). Mas he aquí, dice el Señor de los Ejércitos, les mostraré (a los inicuos) que conozco todas sus obras. ¿Pues acaso dirá la obra (el jarrón) del artífice (del artesano): Él no me hizo?, o ¿dirá lo construido (el edificio, el mueble, o lo que sea . . .) del constructor (al carpintero, constructor, etc.): No tenía inteligencia (él no me conoce; p.ej., "Dios no nos conoce. Podemos obrar maldad y escondernos con éxito de Dios" o "vosotros, inicuos sois tan insensatos como la obra de barro del artesano que proclama que se ha hecho a sí misma hasta convertirse en un jarrón y no tiene que dar cuentas a su hacedor")?

A continuación, Isaías profetizará que Israel, tras la restauración, florecerá literalmente con bosques y también con verdad y crecimiento espiritual, etc. Esto se está cumpliendo de un modo extraordinario. Hoy en día, se están plantando millones y millones de árboles en las regiones del sur de la Tierra Santa. Parece ser que el crecimiento

espiritual significativo todavía es parte del futuro.

28 Pero he aquí, dice el Señor de los Ejércitos: Enseñaré a los hijos de los hombres (a todas las personas) que de aquí a muy poco tiempo (después de que el Libro de Mormón aparezca) el Líbano (la Tierra Santa) se convertirá en campo fértil; y el campo fértil será apreciado como un bosque.

Seguidamente, se nos muestran los resultados de la aparición del Libro de Mormón y la restauración de la iglesia verdadera. (Negrita agregada para resaltar).

29 Y en aquel día **los sordos oirán** las palabras del libro, y **los ojos de los ciegos verán** de en medio de la obscuridad y de las tinieblas (aquellos que son espiritualmente sordos y ciegos serán sanados como consecuencia de la restauración del evangelio, el Libro de Mormón, etc.).

30 Y **los mansos también aumentarán** (ganarán fuerza y poder con Dios), y **su gozo será en el Señor;** y **los pobres entre los hombres se regocijarán en el Santo de Israel** (p.ej., los justos conocerán nuevamente al Salvador).

31 Porque así como vive el Señor, verán que el violento (tirano) es reducido a la nada, y es consumido el escarnecedor (el que ridiculiza la obra del Señor); y todos los que velan por la iniquidad (p. ej., los

que buscan faltas en los líderes y los miembros de la iglesia; véase DyC 45:50) son talados;

32 y los que hacen ofensor al hombre por una palabra (a través de abogados corruptos y un sistema judicial corrupto), y tienden trampa al que reprende a la puerta (p.ej., tratan de destruir a la persona honesta que trata de corregir y mejorar los gobiernos corruptos, etc. La "puerta" se refiere a un espacio junto a la muralla de Jerusalén en el cual los ciudadanos y el personal de la administración se reunía para tratar los asuntos del pueblo), y apartan al justo por una pequeñez (destruyen a la gente buena por asuntos sin importancia).

De un modo fascinante e ingenioso, Isaías retratará, a continuación, a Jacob, el padre de las Doce Tribus de Israel. Nos lo enseña (a Jacob) como si hubiese estado avergonzado durante muchos siglos al tener que admitir que los israelitas están emparentados con él. Sin embargo, en los últimos días, cuando los israelitas (incluyéndonos a nosotros) sean santos fieles y fuertes, Jacob ya no se sentirá avergonzado de reconocernos como su posteridad. Por el contrario, se sentirá orgulloso de ser nuestro antepasado.

33 Por tanto, el Señor que redimió a Abraham así dice, respecto a la casa de Jacob (Israel): Ahora **Jacob no se avergonzará**, ni su rostro se pondrá pálido (el padre Jacob ya no tendrá que avergonzarse más por el comportamiento de su posteridad).

34 Mas **cuando él vea a sus hijos** (a su posteridad siendo fieles a Dios en los últimos días), **obra de mis manos** (las del Señor), en su centro, **santificarán** ellos (los justos de Israel) **mi nombre** (el de Dios) y santificarán al Santo de Jacob, y **temerán** (respetarán) **al Dios de Israel** (Cristo).

Ahora, Isaías sintetizará los resultados de la restauración y la aparición del Libro de Mormón con una frase final.

35 Y también los que erraron en espíritu vendrán al conocimiento; y los que murmuraron aprenderán doctrina (a través de las verdades de la restauración).

SEGUNDO NEFI 28

Nefi acaba de citar a Isaías en referencia a los últimos días y la aparición del Libro de Mormón. Ahora nos explicará lo que dijo Isaías, y de ahí nos enseñará muchas lecciones.

1 Y AHORA bien, hermanos míos, he aquí que os he hablado según el Espíritu me ha constreñido (instruido); por tanto, sé que ciertamente (las profecías de Isaías) se han de verificar.

2 Y las cosas que se escribirán,

procedentes del libro (el Libro de Mormón), serán de gran valor para los hijos de los hombres, y particularmente para nuestra posteridad (los lamanitas), que es un resto (una parte, un remanente) de la casa de Israel (los descendientes de Abraham, Isaac y Jacob).

Nefi explicará ahora que habrá mucha contención entre las iglesias en los últimos días y nos advierte de que tales iglesias proclamarán ser la iglesia del Señor.

3 Porque sucederá en aquel día (especialmente en los últimos días) que las iglesias que se hayan establecido, mas no para el Señor (no son la iglesia verdadera, con la autoridad dada por el Señor), dirán la una a la otra: ¡He aquí que yo, yo soy la del Señor!; y dirán las demás: ¡Yo, yo soy la del Señor! Y así hablarán todos los que hayan establecido iglesias, mas no para el Señor;

4 y contenderán una con otra; y sus sacerdotes disputarán entre sí, y enseñarán con su conocimiento, y negarán al Espíritu Santo, el cual inspira a hablar.

En el versículo 4, arriba, la frase "negarán al Espíritu Santo", no significa lo mismo que negar al Espíritu Santo para convertirse en hijos de perdición. En este contexto significa rechazar la oportunidad de ser inspirado por el Espíritu Santo o vivir indigno de recibir inspiración.

5 Y niegan el poder de Dios, el Santo de Israel, y dicen al pueblo: Escuchadnos y oíd nuestro precepto; pues he aquí, hoy no hay Dios, porque el Señor y Redentor ha acabado su obra y ha dado su poder a los hombres; (es decir, que entre otras cosas, enseñarán que no hay tales cosas como más escrituras, revelación continua, profetas, apóstoles, etc. Dirán algo así como "solo nos vale la Biblia y no hay nada más que no sea la Biblia").

Nefi continúa describiendo lo que los maestros y sacerdotes falsos enseñarán a sus seguidores en los últimos días.

6 he aquí, escuchad mi precepto: Si dijeren que hay un milagro hecho por la mano del Señor, no lo creáis, pues hoy ya no es un Dios de milagros; ya ha terminado su obra. (En otras palabras, hoy en día no hay tales cosas como milagros. Estos eran propios de los tiempos de la Biblia pero ya han cesado).

A continuación, Nefi profetiza que habrá muchos en los últimos días que creerán en la filosofía que dice que pecar o el pecado no es un gran problema. Por lo tanto, no hay que preocuparse de eso.

7 Sí, y habrá muchos que dirán: Comed, bebed y divertíos, porque mañana moriremos; y nos irá bien.

Ahora, Nefi nos advierte de que nos cuidemos de aquellos que creen en Dios y creen en la responsabilidad personal, pero no creen que los estándares del evangelio deban ser tan estrictos, ni tampoco creen que los castigos de Dios vayan a ser tan malos. Hoy en día, podemos ver esta falsedad por todas partes, incluso entre los miembros de la iglesia. Satanás está teniendo bastante éxito con esta filosofía falsa.

8 Y también habrá muchos que dirán: Comed, bebed y divertíos; no obstante, temed a Dios, pues él justificará la comisión de unos cuantos pecados; sí, mentid un poco, aprovechaos de alguno por causa de sus palabras, tended trampa a vuestro prójimo; en esto no hay mal; y haced todas estas cosas, porque mañana moriremos; y si es que somos culpables, Dios nos dará algunos azotes (nos castigará con unos golpecillos sin importancia), y al fin nos salvaremos en el reino de Dios.

9 Sí, y habrá muchos que de esta manera enseñarán falsas, vanas e insensatas doctrinas; y se engreirán en sus corazones (llenos de orgullo, pensado que pueden cambiar o "rebajar con agua" los mandamientos de Dios), y tratarán afanosamente de ocultar sus designios del Señor, y sus obras se harán en las tinieblas (como lo dijo Isaías en 2 Nefi 27:27).

10 Y la sangre de los santos (los que dieron sus vidas para preservar los estándares del evangelio verdadero) clamará desde el suelo (testificará) contra ellos.

11 Sí, todos se han salido de la senda (todos se han extraviado, se han perdido); se han corrompido.

Nefi nos advierte en cuanto algunas de las cosas que pueden llevar a la gente a tener tales pensamientos insensatos y conductas rebeldes. Señalaremos estas con negrita.

12 A causa del **orgullo**, y a causa de **falsos maestros** y **falsa doctrina**, sus iglesias se han corrompido y se ensalzan; se han infatuado a causa de su orgullo.

13 Roban a los pobres por motivo de sus bellos santuarios; roban a los pobres por razón de sus ricas vestiduras; y persiguen a los mansos y a los pobres de corazón, porque se han engreído con su orgullo.

14 Llevan erguida la cerviz, y enhiesta la cabeza (están llenos de orgullo); sí, y por motivo del **orgullo**, de la **iniquidad**, de **abominaciones** (actos muy inicuos o malvados) y **fornicaciones** (inmoralidad sexual) todos se han extraviado, salvo unos pocos que son los humildes discípulos de Cristo; sin embargo, son guiados de tal manera que a menudo yerran porque son enseñados por los preceptos de los hombres. (Más razón todavía para que sigamos estrictamente las palabras de

nuestros profetas modernos).

15 ¡Oh los sabios (en sus propios juicios, en sus mentes), los instruidos (los que han adquirido mayor educación formal y no tienen fe en Dios) y los ricos que **se inflan con el orgullo de sus corazones**, y todos aquellos que **predican falsas doctrinas**, y todos aquellos que **cometen fornicaciones** y **pervierten** (manipulan o confunden) **el recto camino del Señor!** ¡Ay, ay, ay de ellos, dice el Señor Dios Todopoderoso, porque serán arrojados al infierno!

> **Nefi** nos está dando uno de los sermones más poderosos que nunca se hayan dado sobre las filosofías, actitudes, y conductas que llevarán al desplome a las sociedades estables y seguras en los últimos días.

16 ¡Ay de aquellos que repudian (dejan de lado) al justo (esto puede incluir a los sistemas judiciales corruptos) por una pequeñez y vilipendian lo que es bueno (destruyen lo que es bueno), y dicen que no vale nada! Porque llegará el día en que el Señor Dios visitará (castigará) súbitamente a los habitantes de la tierra; y el día en que hayan llegado al colmo sus iniquidades, perecerán (cuando lleguen al punto en que son completamente inicuos, entonces serán destruidos).

> **Tras** describir una iniquidad tan terrible y el desprecio hacia Dios y Sus mandamientos, Nefi

nos recuerda que aún no es demasiado tarde para que esa sociedad se arrepienta. Se trata de un recordatorio maravilloso sobre la bondad y misericordia del Señor. Él pagó por todos los pecados y tiene muchos deseos de que la gente acepte Su don de la expiación.

17 Mas he aquí, si los habitantes de la tierra se arrepienten de sus iniquidades y abominaciones, no serán destruidos, dice el Señor de los Ejércitos.

18 Mas he aquí, esa grande y abominable iglesia (el reino del diablo; véase 1 Nefi 14:10, 22:22–23), la ramera de toda la tierra, tendrá que desplomarse, y grande será su caída. (Es decir, cuando llegue el tiempo correcto, tanto el reino de Satanás como todos sus seguidores malvados caerán).

> **Ahora** Nefi nos enseñará cómo el Señor se vale de medios fuertes para tratar de despertar (espiritualmente) a los inicuos, para que estos tengan otra oportunidad para arrepentirse y volver a Él.

19 Porque el reino del diablo ha de estremecerse, y los (inicuos) que a él pertenezcan deben ser provocados a (han de) arrepentirse, o el diablo los prenderá con sus sempiternas cadenas, y serán movidos a cólera (ira, enojo, contención), y perecerán;

> **En** el versículo 20, abajo, Nefi nos recuerda que una de las

herramientas más poderosas del diablo es la furia o el enojo contra la rectitud.

20 porque he aquí, en aquel día él enfurecerá los corazones de los hijos de los hombres, y **los agitará a la ira contra lo que es bueno.**

Quizás hayas notado que Satanás es muy astuto. Cuando no puede conseguir que las personas participen de una maldad muy obvia—lo cual suele llevar a que estas personas se enfurezcan contra los justos—entonces tratará de convencerlas de un modo sutil y apacible sugiriéndoles que las cosas no van tan mal como dicen los profetas. Al hacer esto estas personas se relajan y viven unos estilos de vida mundanos, lo que les lleva a vivir el evangelio de una manera descuidada y superficial mientras aún se ven a sí mismos como "activos en la iglesia". Hay que tener presente que el peligro más temible es a nivel espiritual, una batalla real que puede pasar desapercibida para muchos. Nefi describe esto en el siguiente versículo.

21 Y a otros los pacificará y **los adormecerá con seguridad carnal,** de modo que dirán: Todo va bien en Sión; sí, Sión prospera, todo va bien. Y así el diablo engaña sus almas, y los conduce **astutamente** al infierno.

El apóstol George Albert Smith, que más tarde llegó a ser Presidente de la iglesia, describió de la siguiente manera

cómo Satanás guía a las personas "astutamente al infierno":

"**Ahora**, quisiera que prestaran atención: 'Y así el diablo engaña sus almas y los conduce astutamente al infierno'; y esa es la manera en que lo hace. El no viene y nos agarra físicamente y nos lleva a su territorio, sino que nos susurra, 'haz esta pequeña maldad' y cuando tiene éxito con eso, entonces otra pequeña maldad y otra, y para usar la expresión citada 'engaña sus almas'. Eso es lo que hace. Te hace creer que estas ganando algo cuando en verdad estás perdiendo. Así pues, cada vez que no observamos la ley de Dios o no guardamos un mandamiento, nos está engañando, pues no hay nada que ganar en este mundo o en el venidero si no obedecemos las leyes de nuestro Padre Celestial. Por lo tanto, una vez más, esa sugerencia tan peculiar, 'y los conduce astutamente al infierno' es importante, pues ese es su método. Hoy en día, los hombres y mujeres en el mundo están siendo sujetos a ese tipo de influencia, y están siendo arrastrados de aquí para allá, y esos susurros continúan, pero estas personas no entienden lo que el Señor desea que hagan, y así ellos siguen en el territorio del maligno, sujetos a su poder, en un lugar en el que el Espíritu del Señor no irá" (en *Conference Report*, Abril 1918, pág. 40).

A continuación, Nefi describirá otra herramienta más del diablo.

22 Y he aquí, a otros los **lisonjea** (seduce, convence) y les cuenta que no hay infierno; y les dice: Yo no soy el diablo, porque no lo hay; y así les **susurra** al oído, **hasta que los prende con sus terribles cadenas**, de las cuales no hay rescate (escapatoria).

23 Sí, son atrapados por la muerte (muerte espiritual; la caída de su espiritualidad), y el infierno; y la muerte, el infierno y el diablo, y todos los que hayan caído en su poder deben presentarse ante el trono de Dios y ser juzgados según sus obras, de donde tendrán que ir al lugar preparado para ellos, sí, un lago de fuego y azufre, que es tormento sin fin.

Nefi nos resumirá ahora aquello que nos ha enseñado tan elocuentemente en los versículos anteriores.

24 Por tanto, ¡ay del reposado en Sión!

25 ¡Ay de aquel que exclama: Todo está bien!

26 Sí, ¡ay de aquel que escucha los preceptos de los hombres (enseñanzas y filosofías), y niega el poder de Dios y el don del Espíritu Santo!

27 Sí, ¡ay de aquel que dice: Hemos recibido, y no necesitamos más!

28 Y por fin (en resumen), ¡ay de todos aquellos que tiemblan, y están enojados a causa de la verdad de Dios! Pues he aquí, aquel que está edificado sobre la roca (Cristo y Su evangelio), la recibe con gozo; y el que está fundado sobre un cimiento arenoso (las maneras del diablo), tiembla por miedo de caer.

Ahora, Nefi profetizará que habrá muchos que se opondrán a la doctrina de la revelación continua a través de los profetas modernos.

29 ¡Ay del que diga: Hemos recibido la palabra de Dios, y no necesitamos más de la palabra de Dios, porque ya tenemos suficiente!

Seguidamente, el versículo 30, contiene una gran lección. Nos explica cómo podemos calificar o ser dignos para recibir revelación continua en nuestras propias vidas, tanto a través de nuestros profetas como por medio del Espíritu Santo, para nuestras mayordomías personales y para nuestro acercamiento individual hacia Dios.

30 Pues he aquí, así dice el Señor Dios: Daré a los hijos de los hombres **línea por línea, precepto por precepto** (mandamiento tras mandamiento; regla tras regla; instrucción tras instrucción, etc.), un poco aquí y un poco allí; y **benditos son aquellos que escuchan mis preceptos y prestan atención a mis consejos,** porque aprenderán sabiduría; pues **a quien reciba, le daré más;** y **a los que digan: Tenemos bastante, les será quitado aun lo que tuvieren.**

Quizás conozcas a alguien que en el pasado tenía un testimonio fuerte pero ahora ya no lo tiene. La última frase del versículo 30, arriba, explica lo que le ha pasado a dicha persona.

31 ¡Maldito es aquel que pone su confianza en el hombre, o hace de la carne su brazo, o escucha los preceptos (las filosofías y enseñanzas) de los hombres, salvo cuando (a menos que) sus preceptos sean dados por el poder del Espíritu Santo!

32 ¡Ay de los gentiles, dice el Señor Dios de los Ejércitos! Porque no obstante que les extenderé mi brazo de día en día (a pesar de que hago todo lo que puedo para llegar a ellos y así poder invitarlos a arrepentirse y que vuelvan a Mí), me negarán (me rechazan, se niegan a venir a Mí). Sin embargo, si se arrepienten y vienen a mí, seré misericordioso con ellos, porque **mi brazo está extendido todo el día** (seguiré intentando salvarlos) dice el Señor Dios de los Ejércitos.

SEGUNDO NEFI 29

En este capítulo, Nefi continua compartiendo con nosotros las palabras del Señor. Entre otras cosas, profetiza que habrá mucha oposición contra el Libro de Mormón porque Satanás habrá grabado profundamente en las mentes de las personas que la revelación llegó a su fin al completarse la Biblia. De hecho,

puede que tú te hayas encontrado a alguien que te haya dicho esto cuando le hablaste sobre el Libro de Mormón.

Tales personas a menudo citan el último capítulo del Apocalipsis en la Biblia, y sugieren que el versículo 18 nos enseña que ya no puede haber más escrituras. Tomemos un momento ahora para citar Apocalipsis 22:18, y luego mostraremos la falta de acierto en tal interpretación. Usaremos **negrita** para resaltar aquello que se cita para oponerse al Libro de Mormón y a otras escrituras de los Santos de los Últimos Días.

Apocalipsis 22:18
18 Porque yo testifico a todo el que oye las palabras de la profecía de este libro: **Si alguno añadiere a estas cosas, Dios traerá sobre él las plagas que están escritas en este libro.**

Desde el punto de vista académico, uno de los problemas con esa interpretación es que el libro del Apocalipsis no es el último libro del Nuevo Testamento. Los estudiosos de la Biblia coinciden en que el Evangelio de Juan fue escrito después del libro del Apocalipsis. Y no solo eso, pues Ezequiel profetiza de manera específica que se añadirá un libro de escrituras a la Biblia (véase Ezequiel 37:16–20).

La misma lógica de aquellos que interpretan desenvueltamente las escrituras también podría llevar a algunas personas a descartar todo el Nuevo Testamento y todos los escritos de los profetas posteriores a Moisés como escrituras sagradas. Simplemente, considera si interpretáramos igualmente las advertencias que Moisés escribió en Deuteronomio 4:2 y 12:32. Cuando nos encontremos ante circunstancias similares, la mejor solución será pedir sabiduría al Señor y seguir a los profetas vivientes. Todos podemos recibir un testimonio en cuanto a la veracidad de todas las cosas, y dicho testimonio no viene necesariamente por medio del razonamiento o las interpretaciones personales, sino por el Espíritu Santo, el cual testifica de toda verdad.

Ahora proseguiremos con la profecía de Nefi.

1 MAS he aquí que habrá muchos— el día (en los últimos días) en que yo (el Señor) proceda a ejecutar una obra maravillosa entre ellos (cuando restaure el evangelio entre ellos, incluyendo la salida a la luz del Libro de Mormón), a fin de que yo recuerde (guarde) mis convenios que he hecho con los hijos de los hombres, para que extienda mi mano por segunda vez, para restaurar a los de mi pueblo que son de la casa de Israel;

2 y también para que yo recuerde (guarde, mantenga) las promesas que te he hecho a ti, Nefi, y también a tu padre, que me acordaría de tu posteridad; y que las palabras de tu

posteridad procederían de mi boca a tu posteridad (a través del Libro de Mormón); y mis palabras resonarán hasta los extremos de la tierra, por estandarte a los de mi pueblo que son de la casa de Israel;

A continuación tenemos la profecía específica de que las personas se opondrán al Libro de Mormón porque ya tienen la Biblia.

3 y porque mis palabras resonarán—muchos de los gentiles dirán: ¡Una Biblia! ¡Una Biblia! ¡Tenemos una Biblia, y no puede haber más Biblia!

¡El Señor responderá de una manera muy clara a este razonamiento en el que algunos se oponen a recibir más escrituras! Además, el Señor elogiará de manera especial a los judíos por habernos dado la Biblia.

4 Mas así dice el Señor Dios: Oh necios, tendrán una Biblia; y procederá de los judíos, mi antiguo pueblo del convenio. ¿Y qué agradecimiento manifiestan a los judíos por la Biblia que de ellos recibieron? Sí, ¿qué pretenden decir con eso los gentiles? **¿Recuerdan ellos los afanes y los trabajos y las aflicciones de los judíos, y su diligencia para conmigo en llevar la salvación a los gentiles?**

5 Oh gentiles, ¿os habéis acordado de los judíos, mi antiguo pueblo del convenio? No; sino que los habéis maldecido y aborrecido, y no habéis procurado restaurarlos. Mas he aquí, yo haré volver todas estas cosas sobre vuestra propia cabeza; porque yo, el Señor, no he olvidado a mi pueblo (los judíos).

> A continuación, nos encontramos con una de las citas favoritas de muchos misioneros que ya han regresado de sus misiones.

6 ¡Oh necio, que dirás: Una Biblia; tenemos una Biblia y no necesitamos más Biblia! ¿Tendríais una Biblia, de no haber sido por los judíos?

> Seguidamente se nos enseña que no somos los únicos que hemos recibido escrituras del Señor. Esto nos recuerda que hay muchos registros que todavía han de aparecer según el tiempo del Señor.

7 ¿No sabéis que hay más de una nación? ¿No sabéis que yo, el Señor vuestro Dios, he creado a todos los hombres, y que me acuerdo de los que viven en las islas del mar (sobre todos los continentes y en todas las naciones); y que gobierno arriba en los cielos y abajo en la tierra; y manifiesto mi palabra a los hijos de los hombres, sí, sobre todas las naciones de la tierra?

8 ¿Por qué murmuráis (os quejáis) por tener que recibir más de mi palabra? ¿No sabéis que el testimonio de dos naciones os es un testigo de que yo soy Dios, que me acuerdo

tanto de una nación como de otra? Por tanto, hablo las mismas palabras, así a una como a otra nación. Y cuando las dos naciones se junten, el testimonio de las dos se juntará también.

9 Y hago esto para mostrar a muchos que soy el mismo ayer, hoy y para siempre (soy completamente justo con todas las personas); y que declaro mis palabras según mi voluntad. Y **no supongáis que porque hablé una palabra, no puedo hablar otra; porque aún no está terminada mi obra; ni se acabará hasta el fin del hombre; ni desde entonces para siempre jamás.** (Es decir, no habrá fin a la revelación continua).

10 Así que **no por tener una Biblia debéis suponer que contiene todas mis palabras;** ni tampoco debéis suponer que no he hecho escribir otras más.

11 Porque mando a todos los hombres, tanto en el este, como en el oeste, y en el norte, así como en el sur y en las islas del mar, que escriban las palabras que yo les hable; porque de los libros que se escriban juzgaré yo al mundo, cada cual según sus obras, conforme a lo que esté escrito.

12 Porque he aquí, hablaré a los judíos, y lo escribirán (la Biblia); y hablaré también a los nefitas, y éstos lo escribirán (el Libro de

Mormón); y también hablaré a las otras tribus de la casa de Israel que he conducido lejos, y lo escribirán (también han escrito escrituras); y también hablaré a todas las naciones de la tierra, y ellas lo escribirán (más escrituras todavía).

13 Y acontecerá que los judíos tendrán las palabras de los nefitas (el Libro de Mormón), y los nefitas tendrán las palabras de los judíos (la Biblia); y los nefitas y los judíos tendrán las palabras de las tribus perdidas de Israel; y éstas poseerán las palabras de los nefitas y los judíos. (¡Qué combinación de escrituras más asombrosa será!).

Es importante notar que en el versículo que sigue, el 14, se habla de muchas tierras en las cuales la casa de Israel será congregada, "recogida" o reunida. En nuestros días, los miembros están siendo "recogidos" o reunidos de una manera importante en las estacas de Sión, en donde sea que estos vivan.

14 Y sucederá que mi pueblo, que es de la casa de Israel, será reunido sobre las tierras de sus posesiones; y mi palabra se reunirá también en una (todas las escrituras que se hayan escrito se apoyarán y fortalecerán unas a otras, tal y como sucede con la Biblia y el Libro de Mormón). Y manifestaré a los que luchen contra mi palabra y contra mi pueblo, que es de la casa de

Israel, que yo soy Dios, y que hice convenio con Abraham de que me acordaría de (guardaría mis promesas a) su posteridad para siempre.

SEGUNDO NEFI 30

Al finalizar el mensaje para su pueblo (y para nosotros) en este capítulo, Nefi nos dará una lección en cuanto a perspectiva. Este buen hombre de Dios nos recuerda a todos que Dios es completamente justo y que nadie es más o menos favorecido que otros. Esto lo apreciaremos a medida que se desenlacen los eventos en esta vida y en las eternidades.

Este comentario, arriba, podría originar cierto desconcierto en algunas personas, las cuales podrían pensar, "¡Un momento! Pero el Señor tiene a Su 'gente escogida', Su 'pueblo del convenio de Israel', los descendientes de Abraham, Isaac y Jacob. Así que todas las personas no reciben el mismo trato por parte del Señor". Si bien es cierto que el Señor tiene un pueblo escogido o del convenio, debemos recordar que la responsabilidad de este pueblo, del cual nosotros somos parte, es asegurarse de que el evangelio y sus convenios del sacerdocio están disponibles a todo el mundo dentro de nuestra esfera de influencia. Esto está muy claro en nuestra bendición patriarcal. Cuando se declara nuestro linaje y se nos recuerdan las bendiciones y responsabilidades del linaje de Abraham, Isaac y Jacob.

Como veremos a continuación, estas bendiciones están resumidas en Abraham 2:9–11 (**negrita** agregada para resaltar):

Abraham 2:9–11

9 Y haré de ti (Abraham) una nación grande y te bendeciré sobremanera, y engrandeceré tu nombre entre todas las naciones, y **serás una bendición para tu descendencia** después de ti, **para que en sus manos lleven este ministerio y sacerdocio a todas las naciones.**

10 Y las bendeciré mediante tu nombre; pues **cuantos reciban este evangelio serán llamados por tu nombre** (recibirán las mismas bendiciones que tú, es decir, la exaltación, el grado de gloria más alto en el reino celestial—Abraham ya se ha convertido en un dios; véase DyC 132:37); y serán considerados tu descendencia, y se levantarán y te bendecirán como padre de ellos (antepasado);

11 y bendeciré a los que te bendijeren, y maldeciré a los que te maldijeren; y en ti (es decir, en tu sacerdocio) y **en tu descendencia** (por medio de tu posteridad; tu sacerdocio), pues te prometo que en ti continuará este derecho, y en tu descendencia después de ti (es decir, la descendencia literal, o sea, la descendencia corporal) **serán bendecidas todas las familias de la tierra, sí, con las bendiciones del evangelio, que son las bendiciones de salvación, sí, de vida eterna.**

Una gran parte de la obra de ofrecer igualdad de oportunidades para todos se llevará a cabo en el mundo de los espíritus. Al llegar el juicio final, todos habrán tenido un conjunto completo de oportunidades justas para usar el albedrío y así poder aceptar o rechazar el evangelio de Cristo.

Continuaremos con las enseñanzas de Nefi, el cual va a definir lo que significa "pueblo del convenio". Además nos enseñará sobre el éxito del evangelio al traer a otros al rebaño del Señor. Seguiremos usando **negrita** por razones de enseñanza.

1 Y AHORA bien, he aquí, amados hermanos míos, quisiera hablaros; porque **yo, Nefi, no quisiera permitiros suponer que sois más justos de lo que serán los gentiles.** Pues he aquí, a no ser que guardéis los mandamientos de Dios, todos pereceréis igualmente; y a causa de las palabras que se han dicho, **no debéis suponer que los gentiles serán totalmente destruidos.**

A continuación, Nefi deja bien claro que el llegar a ser parte, o no, del pueblo del convenio es el resultado de nuestro albedrío individual.

2 Porque he aquí, os digo que cuantos de los gentiles se arrepienten son el pueblo del convenio del Señor (todas las personas que se bautizan y permanecen fieles son parte del pueblo del convenio del Señor); y cuantos judíos no se arrepientan serán talados; porque el Señor no hace convenio con nadie sino con aquellos que se arrepienten y creen en su Hijo, que es el Santo de Israel.

Hasta el momento, hemos visto muchas veces las palabras "judíos" y "Judá" en el Libro de Mormón. Tomaremos un momento para ver cómo El Libro de Mormón: Manual del Alumno de Religión; Rel. 121 y 122, utilizado en los institutos de la iglesia explica estos dos términos.

"**El** término judío y Judá son nombres nacionales así como nombres pertenecientes a una tribu. Casi desde el año 1800 a.C. hasta el año 750 de la misma era, los vocablos judío y Judá se aplicaban solamente a una de las trece tribus (contando a José como dos tribus, la de Efraín y la de Manasés, según el capítulo 2 de Números). Después de esa época, cada vez más, se comenzaron a utilizar esos términos para designar a cualquier ciudadano del reino de Judá, el cual estaba formado principalmente por dos tribus, Judá y Benjamín, aun cuando incluía también a muchas personas de las otras tribus, especialmente la de Leví".

"**El** vocablo judío aparece por primera vez en la Biblia castellana en el Antiguo Testamento, en Ester 2:5. En la versión inglesa de nuestra Biblia se menciona a los judíos por primera vez en 2 Reyes 16:6 (aunque en la traducción al castellano dice

"los hombres de Judá"), poco antes de que el reino del norte de Israel cayera ante Asiria. Luego de ello, los judíos, o sea, el reino del sur de Judá, pasó a ser el único sobreviviente conocido que quedó de Israel. Nefi se refiere a los judíos como a "aquellos de quienes vine" (2 Nefi 33:8).

"**Mulek**, y posiblemente todos los mulequitas, eran de la tribu de Judá. Cuando los encontró el pueblo del rey Mosíah, "habían llegado a ser numerosos en extremo" (Omni 17). Por lo tanto, además de ser descendientes de judíos, en el sentido nacional, existe una relación de sangre con la tribu de Judá entre los lamanitas actuales". (*El Libro de Mormón: Manual del Alumno de Religión; Rel. 121 y 122*, p. 41, 1989).

A continuación, Nefi nos va a instruir en cuanto a la salida a la luz del Libro de Mormón y nos enseñará que es un evento esencial que nos conduce hacia los últimos días. Es decir, cuando el Libro de Mormón aparece en escena, sabemos que los últimos días acaban de empezar.

3 Y ahora quisiera profetizaros algo más acerca de los judíos y los gentiles. Porque después que aparezca el libro (el Libro de Mormón) de que he hablado, y se haya escrito para los gentiles (traducido y divulgado para que llegue a los gentiles por medio de los misioneros de la iglesia) y sellado nuevamente para los fines del Señor (y las planchas de oro hayan sido devueltas al cerro Cumorah para guardarse en lugar seguro; véase *Journal of Discourses*, Volumen 19, p. 38), habrá muchos que creerán las palabras que estén escritas (muchos se convertirán a la iglesia); y ellos (los conversos) las llevarán (las palabras del Libro de Mormón) al resto de nuestra posteridad (a los lamanitas).

4 Y entonces el resto de nuestra posteridad sabrá acerca de nosotros (los pueblos y gentes del Libro de Mormón): cómo fue que salimos de Jerusalén, y que ellos son descendientes de los judíos (véase la nota que le sigue al versículo 2, arriba);

5 y el evangelio de Jesucristo será declarado entre ellos (los lamanitas); por lo que les será restaurado el conocimiento de sus padres (antepasados), como también el conocimiento de Jesucristo que hubo entre sus padres.

6 Y entonces se regocijarán; porque sabrán que es una bendición para ellos de la mano de Dios; y las escamas de tinieblas (obscuridad espiritual) empezarán a caer de sus ojos; y antes que pasen muchas generaciones entre ellos, se convertirán en una gente pura y deleitable.

Tu y yo somos testigos de la tremenda obra que está teniendo lugar ahora entre los lamanitas, especialmente en México, América Central y América del Sur. ¡El cumplimiento de la profecía de Nefi la cual revelaba que el Libro de Mormón sería llevado a sus descendientes está teniendo lugar en nuestro día a gran escala!

A continuación, el Señor llevará nuestra atención hacia el futuro recogimiento y conversión de los judíos.

7 Y acontecerá que los judíos que estén dispersos empezarán también a creer en Cristo; y comenzarán a congregarse sobre la faz de la tierra; y cuantos crean en Cristo también llegarán a ser una gente deleitable. (En otras palabras, ellos también serán liberados de la obscuridad espiritual y de su incredulidad en Cristo).

Una vez más, recordemos que la salida a la luz del Libro de Mormón es un evento crucial muy importante en la historia del mundo. Su aparición señala la restauración final del evangelio antes de la Segunda Venida del Señor. También proclama el último gran recogimiento de Israel al evangelio verdadero. Serán congregados de todas las partes de la tierra en preparación para los acontecimientos finales profetizados que tendrán lugar antes de que venga el Salvador. Para que este recogimiento pueda tener lugar, debemos llevar el evangelio a todas las naciones. Esta obra, en verdad, se está llevando a cabo en estos momentos. De hecho, el Presidente Gordon B. Hinckley y su sucesor, el Presidente

Thomas S. Monson han estado dedicando grandes esfuerzos al guiar a la iglesia para "hacerla salir de la obscuridad", tal como lo declara el Señor en DyC 1:30. En este versículo leemos lo siguiente:

"**Y** también, para que aquellos a quienes se dieron estos mandamientos tuviesen el poder para establecer los cimientos de esta iglesia **y de hacerla salir de la obscuridad** y de las tinieblas, la única iglesia verdadera y viviente sobre la faz de toda la tierra, con la cual yo, el Señor, estoy bien complacido, hablando a la iglesia colectiva y no individualmente"

8 Y sucederá que el Señor Dios empezará su obra entre todas las naciones, tribus, lenguas y pueblos, para llevar a cabo la restauración de su pueblo sobre la tierra (el recogimiento de Israel).

A medida que el "recogimiento" continúa, Nefi nos dice que veremos más y más cómo la mano del Señor está presente en los asuntos del mundo.

9 Y con justicia juzgará el Señor Dios a los pobres, y con equidad reprenderá por los mansos de la tierra. Y herirá a la tierra con la vara de su boca, y con el aliento de sus labios matará al impío.

A continuación, te darás cuenta de que se profetiza que en los últimos días, a medida que la Segunda Venida está más cerca, tendrá lugar una división más

y más obvia entre aquellos que permanecerán fieles al evangelio de Cristo y aquellos que no. Parece ser que habrá menos y menos zona intermedia o "tonalidad de grises". O bien estas al lado del Señor o estás lejos de Él. Estas divisiones entre los justos y los inicuos seguirán aumentando más y más hasta que llegue el día señalado de la Segunda Venida. En ese día, los inicuos serán quemados y así la "división" se culminará.

10 Porque rápidamente se acerca el tiempo en que el Señor Dios ocasionará una gran división entre el pueblo, y destruirá a los inicuos; y preservará a su pueblo, sí, aun cuando tenga que destruir a los malvados por fuego (lo cual terminará haciendo en la Segunda Venida).

11 Y la justicia será el ceñidor de sus lomos (Cristo será revestido con rectitud y justicia), y la fidelidad el cinturón de sus riñones (los riñones simbolizan los sentimientos y deseos más profundos del corazón; Nefi está citando la profecía de Isaías que se encuentra en 2 Nefi 21:5).

La gran y final "división" entre los justos y los inicuos de que se habla arriba, dará entrada al Milenio, tal como se ilustra en los versículos restantes de este capítulo.

12 Y entonces morará el lobo con el cordero; y el leopardo con el cabrito se acostará, y el becerro, el leoncillo y el cebón andarán juntos; y un niño los pastoreará. (Habrá paz durante el Milenio).

13 Y la vaca y la osa pacerán; sus crías se echarán juntas; y el león comerá paja como el buey.

14 Y el niño de pecho jugará en la cueva del áspid (serpiente), y el recién destetado (el niño pequeño) extenderá la mano sobre la caverna del basilisco (serpiente venenosa).

15 No dañarán, ni destruirán en todo mi santo monte (el mundo entero tendrá paz durante el Milenio); porque la tierra estará llena del conocimiento del Señor, como las aguas cubren el mar (el evangelio de Cristo finalmente cubrirá el mundo entero).

16 Por tanto, las cosas de todas las naciones serán divulgadas; sí, todas las cosas se darán a conocer a los hijos de los hombres. (Si esto aún no ha ocurrido, parece ser que se refiere a que los registros o las escrituras de otras naciones saldrán a la luz).

17 No hay nada secreto que no haya de ser revelado; no hay obra de tinieblas que no haya de salir a luz; nada hay sellado sobre la tierra que no haya de ser desatado.

18 Por tanto, todas las cosas que han sido reveladas a los hijos de los hombres serán reveladas en aquel día; y Satanás no tendrá más poder sobre el corazón de los hijos de los

hombres por mucho tiempo (durante mil años; véase DyC 29:11). Y ahora, amados hermanos míos, (yo Nefi) doy fin a mis palabras.

SEGUNDO NEFI 31

En los tres capítulos siguientes, Nefi, básicamente nos está diciendo "Adiós". Él sabe que le queda poco tiempo como nuestro maestro. Seguro que querremos prestar mucha atención a los consejos que nos da en estas últimas páginas. Usaremos negrita para señalar algunos de sus consejos.

1 Y AHORA, amados hermanos míos, yo, Nefi, ceso de profetizaros. Y no puedo escribir sino unas cuantas cosas que de cierto sé que han de acontecer; ni tampoco puedo escribir más que unas pocas de las palabras de mi hermano Jacob. Nefi nos enseña, primero que nada, sobre aquello que se conoce como "la doctrina de Cristo".

2 Por tanto, las cosas que he escrito me bastan (serán suficientes), con excepción de unas pocas palabras que debo hablar acerca de **la doctrina de Cristo**; por tanto, os hablaré claramente, según la claridad de mis profecías.

La palabra "profecías" tal como se utiliza en el versículo anterior, y en dicho contexto, puede significar dos cosas: 1) profecías literales sobre acontecimientos futuros; 2) también puede referirse a las "enseñanzas" de Nefi.

3 Porque mi alma se deleita en la claridad; porque así es como el Señor Dios obra entre los hijos de los hombres. (Es decir, el evangelio verdadero, si se enseña correctamente, es muy sencillo y claro). Porque el Señor Dios ilumina el entendimiento (de nuestras mentes); pues él habla a los hombres de acuerdo con el idioma de ellos, para que entiendan.

4 Por tanto, quisiera que recordaseis que os he hablado concerniente a ese profeta (Juan el Bautista) que el Señor me ha mostrado, el cual ha de bautizar al Cordero de Dios (Jesús), que quitará los pecados del mundo.

> **Algunos** miembros a menudo se preguntan por qué Cristo tenía que ser bautizado, o si en verdad Él tenía que ser bautizado o quizás solo lo hizo para ser un ejemplo para todos nosotros. Nefi nos dará la respuesta correcta en los siguientes versículos.

5 Ahora bien, **si el Cordero de Dios**, que es santo (perfectamente limpio de pecados), **tiene necesidad de** (tuvo que) **ser bautizado en el agua** para cumplir con toda justicia (para ser obediente a la voluntad del Padre), **¡cuánto mayor es, entonces, la necesidad que tenemos nosotros, siendo pecadores, de ser bautizados, sí, en el agua!**

6 Y ahora, quisiera preguntaros, amados hermanos míos, ¿cómo cumplió el Cordero de Dios con toda justicia bautizándose en el agua?

7 ¿No sabéis que era santo? Mas no obstante que era santo, él muestra (da el ejemplo) a los hijos de los hombres que, según la carne (como mortal), **él se humilla ante el Padre, y testifica al Padre que le sería obediente al observar sus mandamientos.**

8 Por tanto, después que fue bautizado con agua, el Espíritu Santo descendió sobre él en forma de paloma.

> De vez en cuando, durante los debates o diálogos que tenemos sobre el evangelio que se centran en el bautismo del Salvador, algunos estudiantes se preguntan si el Espíritu Santo en realidad se convierte en una paloma en algunas ocasiones, al dar testimonio de Cristo. El Profeta José Smith nos enseñó sobre la misión de Juan el Bautista y su grandeza como profeta. Y en medio de esa enseñanza, respondió a esa pregunta de la siguiente manera (añadimos negrita para resaltar):
>
> "¿Por qué fue considerado Juan como uno de los más grandes profetas? Sus milagros no pueden haber constituido su grandeza".
>
> "Primero: Le fue confiada una misión divina de preparar el camino delante de la faz del Señor. ¿Quién jamás ha recibido cargo semejante, antes o después? Nadie".

"**Segundo:** Se le confió, y le fue requerido efectuar la importante misión de bautizar al Hijo del Hombre. ¿Quién había tenido el honor de hacer esto? ¿Quién había tenido tan grande privilegio y gloria? ¿Quién jamás llevó al Hijo del Hombre a las aguas del bautismo, y tuvo el privilegio de ver al Espíritu Santo descender en forma de paloma, o mejor dicho, en la *señal* de la paloma, como testimonio de esa administración? **La señal de la paloma fue instituida desde antes de la creación del mundo como testimonio o testigo del Espíritu Santo,** y el diablo no puede manifestarse en la señal de la paloma. **El Espíritu Santo es un personaje, y tiene la forma de una persona. No se limita a la *forma* de la paloma, mas se manifiesta en la *señal* de la paloma. El Espíritu Santo no puede transformarse en paloma**; pero se dio a Juan la señal de la paloma para simbolizar la verdad del hecho, así como la paloma es el emblema o representación de la verdad y la inocencia. (José Smith, *Enseñanzas del Profeta José Smith*, compilación por José Fielding Smith. Salt Lake City, La Iglesia de Jesucristo de los Santos de los Últimos Días, 1975, p. 338).

9 Y además, esto muestra a los hijos de los hombres la angostura (estrechez) de la senda, y la estrechez de la puerta (bautismo) por la cual ellos deben entrar, **habiéndoles él puesto el ejemplo por delante.**

10 Y dijo a los hijos de los hombres: **Seguidme.** Por tanto, mis amados hermanos, ¿podemos seguir a Jesús, a menos que estemos dispuestos a guardar los mandamientos del Padre?

11 Y el Padre dijo: Arrepentíos, arrepentíos y sed bautizados en el nombre de mi Amado Hijo.

12 Y además, vino a mí la voz del Hijo, diciendo: **A quien se bautice en mi nombre, el Padre dará el Espíritu Santo,** como a mí (Cristo); por tanto, seguidme y haced las cosas que me habéis visto hacer.

Otra pregunta que a menudo surge en las clases del evangelio es la siguiente: "¿Tenía Jesús el Espíritu Santo?" o "¿Estaba el Espíritu Santo operativo sobre la tierra al tiempo del ministerio mortal del Salvador?" Esta pregunta se responde de manera muy clara en el versículo 12, arriba. La respuesta es "Sí". Otra escritura adicional que prueba este hecho la encontramos en Lucas 4:1, la cual dice así (negrita agregada para resaltar):

Lucas 4:1
1 Y **Jesús, lleno del Espíritu Santo,** volvió del Jordán y fue llevado por el Espíritu al desierto.

Se plantean otras cuestiones cuando los estudiantes de las escrituras se preguntan si el don del Espíritu Santo estaba presente y activo (operativo) durante el ministerio del Salvador. Al buscar "Espíritu

Santo" en el Diccionario de la Biblia (*Bible Dictionary* en la versión en inglés de la Biblia), encontramos información que nos ayuda a clarificar este asunto (**negrita** agregada para resaltar):

"**Espíritu Santo.** El tercer miembro de la Trinidad, y tal como lo indica el nombre, se trata de un personaje de espíritu, el cual no tiene un cuerpo de carne y huesos (DyC 130:21–22). **El Espíritu Santo se ha manifestado en cada dispensación del evangelio desde el principio,** habiéndosele dado a conocer primero a Adán (1 Nefi 10:17–22; Moisés 6:51–68). **El Espíritu Santo se manifiesta a los hombres en la tierra, y lo hace bien sea como el** *poder* **del Espíritu Santo o como el** *don* **del Espíritu Santo.** El **poder** puede venir sobre una persona antes del bautismo, y es el testimonio convincente de que el evangelio es verdadero. Da a las personas el testimonio de Jesucristo y su obra, y la obra de sus siervos sobre la tierra. El **don** solo puede venir después de recibir el bautismo correcto por la autoridad apropiada, y se confiere por la imposición de manos, tal como se explica en Hechos 8:12–25 y en Moroni 2:1–3. El don del Espíritu Santo supone el derecho a tener, siempre que uno sea digno, la compañía del Espíritu Santo. Este don es más poderoso que las ocasiones en que el Espíritu está disponible antes del bautismo. El **don** actúa como un agente limpiador que purifica y santifica a la persona de todos los pecados. Es por esto que a menudo se le denomina

'fuego' (Mateo 3:11; 2 Ne. 31:17; DyC 19:31). **La manifestación en el día de Pentecostés (Hechos 2) se refería al don del Espíritu Santo,** el cual descendió sobre los Doce, y sin este don, no estaban preparados para ejercer sus ministerios al mundo".

"**Por** alguna razón que no se explica completamente en las escrituras, **el Espíritu Santo no operó en su totalidad entre los judíos durante los años de la estancia mortal de Jesús** (Juan 7:39; 16:7). **Las declaraciones que hacen referencia a que el Espíritu Santo no vino hasta después de la resurrección de Jesús deben referirse solamente a esa dispensación en particular,** pues hay muchas evidencias de que el Espíritu Santo estaba operativo en las dispensaciones anteriores. Además, **sólo se hace referencia a que el** *don* **del Espíritu Santo no estaba presente, pues el** *poder* **del Espíritu Santo sí que obraba durante los ministerios de Juan el Bautista y Jesús**; de otro modo nadie hubiera recibido un testimonio sobre la verdad de lo que estos dos hombres enseñaron (Mateo 16:16–17; 1 Cor. 12:3). Cuando una persona habla por el poder del Espíritu Santo, ese mismo poder lleva una convicción de la verdad al corazón del que escucha (2 Nefi 33:1). El Espíritu Santo sabe todas las cosas (DyC 35:19) y puede guiar a uno a saber sobre eventos futuros (2 Pedro 1:21)".

"**Otros** nombres con los que a veces se hace referencia al Espíritu Santo son Santo Espíritu, Espíritu de Dios, Espíritu del

Señor, Consolador y Espíritu".

Ahora seguiremos con las enseñanzas de Nefi, el cual nos enseñará más sobre "la doctrina de Cristo".

13 Por tanto, amados hermanos míos, sé que **si seguís al Hijo** con íntegro propósito de corazón, **sin acción hipócrita** y sin engaño ante Dios, sino con verdadera intención, **arrepintiéndoos de vuestros pecados**, testificando al Padre que estáis dispuestos a tomar sobre vosotros el nombre de Cristo **por medio del bautismo**, sí, siguiendo a vuestro Señor y Salvador y descendiendo al agua, según su palabra, he aquí, entonces **recibiréis el Espíritu Santo**; sí, entonces viene el bautismo de fuego y del Espíritu Santo; y entonces podéis hablar con lengua de ángeles (podréis hablar con el mismo testimonio y entendimiento que los ángeles tienen en cuanto a Cristo) y prorrumpir en alabanzas al Santo de Israel (Cristo).

14 Mas he aquí, amados hermanos míos, así vino a mí la voz del Hijo, diciendo: **Después de haberos arrepentido** de vuestros pecados y testificado al Padre, **por medio del bautismo de agua**, que estáis dispuestos a guardar mis mandamientos, y habéis recibido **el bautismo de fuego y del Espíritu Santo** y podéis hablar con una nueva lengua (podéis hablar como aquel que tiene un testimonio verdadero de Cristo y Su evangelio), sí, con la lengua de ángeles, si después de esto me negáis, mejor os habría sido no haberme conocido. (Esta advertencia es muy seria. Se trata de la responsabilidad que recae sobre aquellos que han recibido un testimonio por medio del Espíritu Santo).

El imaginar lo que supone el ser "bautizado por fuego" por el Espíritu Santo es un recordatorio de que el Espíritu Santo obra en nosotros después de que hayamos recibido el Don del Espíritu Santo, para limpiarnos y despojarnos del pecado y de las conductas inadecuadas. El simbolismo del "fuego" eliminando las imperfecciones que tenemos, por medio de la ayuda del Espíritu Santo, se origina en lo que conocemos como el "fuego purificador" (véase Malaquías 3:2).

Por ejemplo, el refinador o purificador de oro, toma el oro en su forma bruta, y lo calienta hasta que se derriten tanto los minerales de la roca (las imperfecciones) como el oro (la persona que se está purificando o preparando para la exaltación). Como el oro es más pesado que los otros minerales en la roca se asienta en el fondo del recipiente y los minerales flotan sobre la superficie, donde ya pueden apartarse. A medida que sigue el proceso de la purificación por fuego se añade más mineral con oro y a medida que el nivel del oro incrementa, más imperfecciones son apartadas o eliminadas por el Refinador (Cristo y Su expiación). Finalmente, el recipiente está lleno de oro puro (una persona lista para la exaltación).

A continuación, Nefi nos testifica que ha escuchado la voz del Padre Celestial.

15 Y oí la voz del Padre que decía: Sí, las palabras de mi Amado son verdaderas y fieles. **Aquel que persevere hasta el fin**, éste será salvo.

> **"Perseverar** hasta el fin" es más que meramente "sobrevivir o mantenerse a flote". Se trata de vivir el evangelio y experimentar nuestra "jornada" de la manera más satisfactoria y gratificante que sea posible durante la vida mortal. La perspectiva de los justos es muy diferente a la de los inicuos. Los malvados viven con miedo y confusión. Dicho temor tiene lugar al buscar satisfacciones que se originan en los placeres de la lujuria y los deseos carnales. Por otro lado, los justos cuentan con la ayuda del Espíritu Santo, el cual los sostiene incluso en tiempos de pruebas severas, de tal modo que estos pueden "soportar sus cargas con facilidad, y someterse alegre y pacientemente a toda la voluntad del Señor" (véase Mosíah 24:15).

16 Y ahora bien, amados hermanos míos, por esto sé que a menos que el hombre **persevere hasta el fin**, siguiendo el ejemplo del Hijo del Dios viviente, no puede ser salvo.

> **Hay** otra manera de entender la frase "perseverar hasta el fin". La palabra "fin" a menudo se usa en las escrituras como "meta" o "propósito". Por lo tanto, "perseverar hasta el fin" también podría significar "perseverar hasta que hayas logrado tu meta de alcanzar la exaltación" o "perseverar hasta que hayas cumplido con el propósito por el cual fuiste enviado a esta tierra". Y ese propósito, obviamente, es que vivas el evangelio lo mejor que puedas hasta el último día de tu vida.

17 Por tanto, **haced las cosas** que os he dicho que he visto **que hará vuestro Señor y Redentor** (sed bautizados y guardad los mandamientos así como lo hará el Señor); porque por esta razón se me han mostrado, para que sepáis cuál es la puerta por la que debéis entrar. Porque **la puerta por la cual debéis entrar es el arrepentimiento y el bautismo en el agua**; y entonces viene una remisión de vuestros pecados por fuego y por el Espíritu Santo.

18 Y entonces os halláis en este estrecho y angosto camino ("un camino estrecho que aún se estrecha más"; es decir, cuanto más rectos o justos llegáis a ser, más estrecho se vuelve el camino en el que decidís caminar debido a la "luz" que recibís del Espíritu Santo, el cual conduce a la vida eterna, a la exaltación); sí, **habéis entrado por la puerta; habéis obrado de acuerdo con los mandamientos** del Padre y del Hijo; y **habéis recibido el Espíritu Santo**, que da testimonio del Padre y del Hijo, para que se cumpla la promesa hecha por él, que lo recibiríais si entrabais en la senda.

19 Y ahora bien, amados hermanos míos, **después de haber entrado en esta estrecha y angosta senda, quisiera preguntar si ya quedó hecho todo.** He aquí, os digo que **no**; porque no habéis llegado hasta aquí sino por la palabra de Cristo, con fe inquebrantable en él, confiando íntegramente en los méritos de aquel que es poderoso para salvar.

> **Seguidamente**, el versículo 20, es un claro y firme recordatorio de que el dar por contado que alcanzaremos la exaltación es algo correcto y deseable si lo hacemos con humildad. Muchos miembros podrían pensar que contar con alcanzar la exaltación es algo un tanto arrogante y denota orgullo. Según las palabras de Nefi en el versículo 20, esto no es así. La palabra "esperanza" tal como se utiliza en el Libro de Mormón, tiene un significado mucho más positivo y fuerte que la palabra "esperanza" tal cual la utilizamos en nuestro idioma actual. En Alma 58:11 encontramos una explicación de este significado (negrita agregada para resaltar):

> **Alma 58:11**
> **11** Sí, y sucedió que el Señor nuestro Dios nos consoló con la **seguridad** de que nos libraría; sí, de tal modo que habló **paz a nuestras almas**, y nos concedió una **gran fe**, e hizo que en él pusiéramos

la **esperanza** de nuestra liberación.

> **Ahora** estudiaremos las enseñanzas de Nefi en cuanto a la "esperanza". Usaremos **negrita** para resaltar este aspecto.

20 Por tanto, debéis **seguir adelante** con firmeza en Cristo, **teniendo un fulgor perfecto de esperanza** y amor por Dios y por todos los hombres. Por tanto, si **marcháis adelante, deleitándoos en la palabra de Cristo,** y **perseveráis hasta el fin,** he aquí, así dice el Padre: **Tendréis la vida eterna** (exaltación en el grado más alto del reino celestial; véase DyC 131:1–4).

> **Quizás**, otra manera de decir o entender la expresión "perseverar hasta el fin" tal como aparece arriba en el versículo 20, podría ser "continuar progresando y mejorando hasta el fin". El Elder Marvin J. Ashton dio un discurso maravilloso sobre "cómo mejorar" en la Conferencia General de la iglesia. Dijo lo siguiente: ". . . la velocidad con la que avanzamos sobre el sendero estrecho y angosto no es tan importante como la dirección en la que estamos viajando". Estas palabras proporcionan a los honestos de corazón la gran confianza de que lo van a "conseguir".

> **Ahora,** Nefi terminará su sermón sobre "la doctrina de Cristo".

21 Y ahora bien, amados hermanos

míos, **ésta es la senda; y no hay otro camino, ni nombre dado debajo del cielo por el cual el hombre pueda salvarse en el reino de Dios.** Y ahora bien, he aquí, **ésta es la doctrina de Cristo, y la única y verdadera doctrina del Padre, y del Hijo, y del Espíritu Santo,** que son un Dios (los tres miembros de la Trinidad obran juntos en perfecta unidad), sin fin. Amén.

SEGUNDO NEFI 32

A medida que Nefi sigue impartiéndonos sus enseñanzas finales, él llegará a saber por el poder del Espíritu Santo y de profecía que muchos de nosotros todavía no entendemos lo que él quiso decir en 2 Nefi 31:13 cuando nos dijo "entonces podéis hablar con la lengua de ángeles". Por lo tanto, Nefi procederá a explicar este concepto clave una vez más. Continuaremos usando negrita por razones de enseñanza.

1 Y AHORA bien, he aquí, amados hermanos míos, supongo que estaréis meditando en vuestros corazones en cuanto a lo que debéis hacer después que hayáis entrado en la senda. Mas he aquí, ¿por qué meditáis estas cosas en vuestros corazones?

2 ¿**No os acordáis que os dije que después que hubieseis recibido el Espíritu Santo, podríais hablar con lengua de ángeles? ¿Y cómo** podríais hablar con lengua de ángeles sino por el Espíritu Santo?

Tal como lo indica la nota entre paréntesis que aparece en 2 Nefi 31:13, un aspecto muy importante referente a "hablar con lengua de ángeles" es el de tener el mismo testimonio y entendimiento que tienen los ángeles en cuanto al Salvador y Su evangelio. La lógica en esto está en que los ángeles hablan por el poder del Espíritu Santo (versículo 3) y nosotros también podemos hablar o testificar por el mismo poder. Por lo tanto, podemos tener el mismo entendimiento que ellos tienen de Cristo. ¡Esta es una verdad muy poderosa y maravillosa!

3 Los ángeles hablan por el poder del Espíritu Santo; por lo que declaran las palabras de Cristo. Por tanto (esta es la razón por la que), os dije: Deleitaos en las palabras de Cristo; porque he aquí, las palabras de Cristo os dirán todas las cosas que debéis hacer.

4 Por tanto, **si** después de haber hablado yo estas palabras, **no podéis entenderlas, será porque no pedís ni llamáis; así que no sois llevados a la luz, sino que debéis perecer en las tinieblas.** (Es decir, depende de nosotros el usar nuestro albedrío moral para escoger pedirle al Padre por inspiración adicional por parte del Espíritu Santo, si así lo necesitamos, y así poder entender las palabras inspiradas de Nefi).

Nefi nos vuelve a repetir sus palabras para que aprendamos bien su enseñanza. Está muy deseoso de que podamos entender lo que él nos ha enseñado en el capítulo 31 en cuanto a "la doctrina de Cristo". Si prestamos atención al énfasis que Nefi da a esta enseñanza, parece ser que "la doctrina de Cristo" es el evangelio de Cristo en su forma más básica. Por lo tanto, es esencial que entendamos bien "la doctrina de Cristo" para poder entender bien cualquier otra doctrina del Plan de Salvación.

5 Porque he aquí, os digo otra vez, que **si entráis por la senda** (arrepentimiento y bautismo) **y recibís el Espíritu Santo, él os mostrará todas las cosas que debéis hacer.**

6 He aquí, **ésta es la doctrina de Cristo**, y no se dará otra doctrina sino hasta después que él se os manifieste en la carne (hasta después de que Él venga para llevar a cabo Su ministerio mortal). Y cuando se os manifieste en la carne, las cosas que él os diga os esforzaréis por cumplir.

Nefi es un profeta y un maestro de corazón tierno. Su deseo sería poder hacer aún más y así ayudar a salvar a todas las almas. Sin embargo, existe la limitación del albedrío individual. Y a pesar de que esto es así, ocasiona dolor en los corazones de los maestros justos, y de los padres y líderes y miembros fieles.

7 Y ahora bien, yo, Nefi, no puedo decir más; el Espíritu hace cesar mis palabras (me ha mandado que deje de escribir), y quedo a solas para lamentar a causa de la incredulidad, y la maldad, y la ignorancia y la obstinación (orgullo y falta de humildad) de los hombres; porque **no quieren buscar conocimiento** (pues esto requiere esfuerzo; y muchos en su albedrío deciden no hacer tal esfuerzo) ni entender el gran conocimiento, cuando les es dado con claridad, sí, con toda la claridad de la palabra.

A continuación, Nefi destacará el papel que juega la oración ferviente para adquirir conocimiento por medio del Espíritu Santo. También nos advertirá que debemos orar aunque no tengamos ganas. A medida que las personas ceden a las tentaciones de Satanás, por lo general cesan de dirigirse a Dios en oración; y así cortan la comunicación con el mismísimo Ser que les podría ayudar a no ser arrastrados por el diablo.

8 Y ahora bien, amados hermanos míos, percibo que aún estáis meditando en vuestros corazones; y me duele tener que hablaros concerniente a esto. **Porque si escuchaseis al Espíritu que enseña al hombre a orar, sabríais que os es menester orar;** porque **el espíritu malo (Satanás) no enseña al hombre a orar, sino le enseña que no debe orar.**

9 Mas he aquí, os digo que **debéis orar siempre, y no desmayar** (no tiréis nunca la toalla; no abandonéis); que nada debéis hacer ante el Señor, sin que primero oréis al Padre en el nombre de Cristo, para que él os consagre vuestra acción, a fin de que vuestra obra sea para el beneficio de vuestras almas.

SEGUNDO NEFI 33

Este es el último capítulo de Nefi. Podremos sentir de su gran amor por su pueblo y por nosotros al leer las palabras finales que él escoge para dirigirse a nosotros. En el versículo 1, abajo, Nefi declara con humildad que él no es "poderoso para escribir". Sin embargo, con todo respeto, estaríamos en desacuerdo con él. Nefi es un profeta y un maestro poderoso. Con grandes deseos esperamos el día en que lo podamos conocer en la próxima vida.

Seguidamente, resaltado en **negrita** tenemos otra cita famosa del Libro de Mormón, la cual trata de la función del Espíritu Santo al enseñar.

1 Y AHORA bien, yo, Nefi, no puedo escribir todas las cosas que se enseñaron entre mi pueblo; ni soy tan poderoso para escribir como para hablar; porque **cuando un hombre habla por el poder del Santo Espíritu, el poder del Espíritu Santo lo lleva al corazón de los hijos de los hombres.**

Al examinar la expresión el "Espíritu Santo lo lleva al corazón de los hombres" en el idioma inglés, se aprecia un detalle importante. Se trata de que el mensaje y los frutos del Espíritu se llevan al corazón; es decir, a las puertas del corazón y no dentro del corazón a menos que nosotros decidamos dar entrada a dicho mensaje y al Espíritu con nuestra actitud, nuestra fe, nuestro deseo de aprender del Padre y de obedecer y servir a Cristo y al Padre.

2 Pero he aquí, hay muchos que endurecen sus corazones contra el Espíritu Santo, de modo que no tiene cabida en ellos; por tanto, desechan muchas cosas que están escritas y las consideran como nada (consideran que no tienen ningún valor).

3 Mas yo, Nefi, he escrito lo que he escrito; y lo estimo (lo considero) de gran valor, especialmente para mi pueblo. Porque continuamente ruego por ellos de día, y mis ojos bañan mi almohada de noche a causa de ellos; y clamo a mi Dios con fe, y sé que él oirá mi clamor (oración).

4 Y sé que el Señor Dios consagrará mis oraciones para el beneficio de mi pueblo (sé que mis oraciones tendrán efecto). Y las palabras que he escrito en debilidad serán hechas fuertes para ellos; pues los persuaden a hacer el bien; les hacen saber acerca de sus padres; y hablan

de Jesús, y los persuaden a creer en él y a perseverar hasta el fin, que es la vida eterna.

5 Y hablan ásperamente contra el pecado, según la claridad de la verdad; por tanto, nadie se enojará con las palabras que he escrito, a menos que sea del espíritu del diablo.

6 Me glorío en la claridad; me glorío en la verdad; me glorío en mi Jesús, porque él ha redimido mi alma del infierno.

> **Aquí** arriba, Nefi expresa su pasión por la "claridad". Posiblemente te hayas dado cuenta de que Cristo es el autor de la claridad y que Satanás es el autor de la complejidad y confusión. De hecho, muchas de las doctrinas falsas que compiten con las verdades "simples y preciosas" del evangelio llegan a hacerse tan complejas que son imposibles de entender.

7 Tengo caridad para con mi pueblo, y **gran fe en Cristo de que ante su tribunal hallaré a muchas almas sin mancha**.

> **En** el versículo 7, Nefi enseña algo muy importante, lo cual nos llena de esperanza. Se trata de que él tiene la confianza en que muchos de nosotros lograremos la exaltación. Deberíamos prestar especial atención al hecho de que Nefi escoge la palabra "sin mancha". Muchos miembros de la iglesia tienen la idea equivocada de que tenemos que ser "perfectos" al

llegar al día del juicio final. Esto no es cierto. Cristo ha sido la único ser que ha vivido sobre la tierra y que ha sido completamente perfecto. Si confundimos la palabra "perfecto" con la palabra "sin mancha" entonces nos sentiremos muy desanimados.

Si entendemos y seguimos "la doctrina de Cristo" tal cual la enseña Nefi en el capítulo anterior, entonces nos damos cuenta de que sí calificamos para que la expiación del Salvador nos limpie completamente de nuestros pecados. Y así, estaremos "sin mancha" o completamente limpios y puros. Así sí que podremos recibir aprobación para estar en la presencia de Dios. Esta es la definición de la palabra "santificado".

El Profeta José Smith nos enseñó muy claramente que todavía tendremos mucho trabajo que hacer tras cruzar el velo a medida que avanzamos para lograr la exaltación. Él dijo lo siguiente (**negrita** agregada para resaltar):

*"Cuando subís por una escalera, tenéis que empezar desde abajo y ascender paso por paso hasta que llegáis a la cima; y así es con los principios del evangelio: tenéis que empezar por el primero, y seguir adelante hasta aprender todos los principios que atañen a la salvación. **Pero no los aprenderéis sino hasta mucho después que hayáis pasado por el velo. No todo se va a entender en este mundo; la obra de aprender nuestra salvación y exaltación aun más allá de la tumba será grande"*. (José

Smith, *Enseñanzas del Profeta José Smith*, compilado por Joseph Fielding Smith. Salt Lake City, 1975, pág. 430).

8 Tengo caridad para con el judío; digo judío, porque me refiero a aquellos de quienes vine (es decir, desde el punto de vista geográfico; había gente perteneciente a todas las Tribus de Israel que habitaban en la región de Jerusalén).

9 Tengo también caridad para con los gentiles. Mas he aquí, para ninguno de éstos puedo tener esperanza, a menos que se reconcilien con Cristo (pongan sus vidas en harmonía con Cristo) y entren por la puerta angosta (se arrepientan y se bauticen; véase 2 Nefi 31:17), y caminen por la senda estrecha que guía a la vida (vida eterna; exaltación), y continúen en la senda hasta el fin del día de probación (hasta que llegue la hora en que se termina su probación).

10 Y ahora bien, mis amados hermanos, y también vosotros los judíos y todos los extremos de la tierra, escuchad estas palabras y creed en Cristo; y si no creéis en estas palabras, creed en Cristo. Y si creéis en Cristo, creeréis en estas palabras, porque son las palabras de Cristo, y él me las ha dado; y **enseñan a todos los hombres que deben hacer lo bueno.**

11 Y si no son las palabras de Cristo,

juzgad; porque en el postrer día (en el Día del Juicio) Cristo os manifestará con poder y gran gloria que son sus palabras; y ante su tribunal; nos veremos cara a cara, vosotros y yo, y sabréis que él me ha mandado escribir estas cosas, a pesar de mi debilidad.

12 Y ruego al Padre en el nombre de Cristo que muchos de nosotros, si no todos, nos salvemos en su reino, en ese grande y postrer día.

Ahora Nefi nos dice adiós con una despedida emocional y poderosa. Podrás sentir su preocupación sincera y profunda por nuestro eterno bienestar.

13 Y ahora bien, amados hermanos míos, todos los que sois de la casa de Israel, y todos vosotros, ¡oh extremos de la tierra!, os hablo como la voz de uno que clama desde el polvo: Adiós, hasta que venga ese gran día.

14 Y vosotros, los que no queréis participar de la bondad de Dios, ni respetar las palabras de los judíos (la Biblia), ni mis palabras (la parte de Nefi en el Libro de Mormón), ni las palabras que saldrán de la boca del Cordero de Dios, he aquí, me despido de vosotros para siempre, porque estas palabras os condenarán (se detendrá vuestro progreso eterno) en el postrer día (en el Día del Juicio Final).

15 Pues lo que sello en la tierra será

presentado contra vosotros ante el tribunal del juicio; porque así me lo ha mandado el Señor, y yo debo obedecer. Amén.

EL LIBRO DE JACOB

Jacob es el hijo mayor de los dos hijos que Lehi tuvo durante su jornada de ocho años por el desierto (véase 1 Nefi 18:7). Es el hermano menor de Nefi y posiblemente tendría entre 45 y 50 años de edad en este momento. En el capítulo uno, Jacob nos hablará del mandamiento que Nefi le dio en cuanto a tomar las Planchas Menores de Nefi y grabar en ellas algunas de sus propias vivencias. En este primer capítulo, Jacob escribirá (grabará) entre otras cosas, en cuanto a la muerte de Nefi.

Jacob compartirá algunos mensajes muy poderosos. Entre ellos, y no de poca importancia, la preocupación de la creciente práctica del matrimonio plural entre su gente (capítulo 2).

Quizás el capítulo más famoso de Jacob es el capítulo 5, el cual trata de la alegoría del olivo y los olivos silvestres.

Jacob ha visto al Salvador (2 Nefi 11:3) y ha recibido una buena educación e instrucción en cuanto al evangelio por parte de Nefi. Vemos que es un hombre bondadoso y tierno y que le molesta tener que hablar a su pueblo de una manera clara y directa para poderlos despertar en cuanto a la realidad de la apostasía en la que están empezando a caer (véase el capítulo 2). Somos muy bendecidos al tener estas enseñanzas tan inspiradas de Jacob y nos damos cuenta de que Mormón las seleccionó especialmente para nosotros (Palabras de Mormón 1:3-8) al ser inspirado a incluir las Planchas Menores de Nefi en las planchas que Moroni más tarde colocaría en una caja de piedra en el cerro Cumorah.

JACOB 1

En este capítulo, Jacob se presentará a sí mismo y nos explicará algunas de las diferencias entre las Planchas Mayores y las Planchas Menores. También dará una nueva definición a los términos "lamanitas" y "nefitas" y luego nos aclarará los antecedentes del sermón que dio a su pueblo en el templo.

1 PORQUE he aquí, aconteció que ya habían pasado cincuenta y cinco años desde que Lehi había salido de Jerusalén (poco más de 540 años antes de Cristo); por tanto, Nefi me dio a mí, Jacob, un mandato respecto de las planchas menores (las Planchas Menores de Nefi) sobre las cuales estas cosas están grabadas.

Para obtener más información en cuanto a los diversos juegos de planchas a los que se hace referencia en el Libro de Mormón, véase "Una breve explicación acerca del Libro de Mormón" en las páginas de introducción del Libro de Mormón.

2 Y me dio a mí, Jacob, un mandato de que escribiera sobre estas planchas (las Planchas Menores) algunas de las cosas que considerara yo más preciosas; y que no tratara más que ligeramente la historia de este pueblo, llamado el pueblo de Nefi.

3 Porque dijo que la historia de su pueblo debería grabarse sobre sus otras planchas (las Planchas Mayores de Nefi), y que yo debía conservar estas planchas (Menores) y transmitirlas a mi posteridad, de generación en generación.

4 Y que si hubiese predicaciones que fuesen sagradas, o revelación que fuese grande, o profecías, yo debería grabar sus puntos principales (lo más importante) sobre estas planchas (Planchas Menores), y tratar estas cosas cuanto me fuera posible, por causa de Cristo y por el bien de nuestro pueblo.

5 Porque, por causa de la fe y el gran afán, verdaderamente se nos había hecho saber concerniente a nuestro pueblo y las cosas que le habían de sobrevenir.

6 Y también tuvimos muchas revelaciones y el espíritu de mucha profecía; por tanto, sabíamos de Cristo y su reino, que había de venir.

7 Por lo que trabajamos diligentemente entre los de nuestro pueblo, a fin de persuadirlos a venir a Cristo, y a participar de la bondad

de Dios, para que entraran en su reposo (exaltación en el reino celestial; véase DyC 84:24), no fuera que de algún modo él jurase en su ira que no entrarían, como en la provocación (la "provocación de Dios", es decir, los cuarenta años que los Hijos de Israel pasaron en el desierto porque provocaron la ira de Dios) en los días de tentación, cuando los hijos de Israel estaban en el desierto.

8 Por tanto, quisiera Dios que persuadiéramos a todos los hombres a no rebelarse contra Dios para provocarlo a ira, sino que todos los hombres creyeran en Cristo y contemplaran su muerte, y sufrieran su cruz (hicieran cualquier cosa que se requiera para seguir a Cristo), y soportaran la vergüenza del mundo; por tanto, yo, Jacob, tomo a mi cargo cumplir con el mandato de mi hermano Nefi.

A continuación, Jacob hablará brevemente sobre la transición del poder entre su pueblo en lo que concierne a sus reyes. Debido a que el pueblo amaba mucho a Nefi, cada uno de los reyes sucesores en la corona eran llamados "Nefi" (véase el versículo 11).

9 Y Nefi empezaba a envejecer, y vio que pronto había de morir; por tanto, ungió a un hombre para que fuera rey y director de su pueblo, según los reinados de los reyes.

10 Y como el pueblo amaba a Nefi en extremo, porque había sido para ellos un gran protector, pues había empuñado la espada de Labán en su defensa, y había trabajado toda su vida por su bienestar,

11 por tanto, el pueblo quería conservar la memoria de su nombre, y a quienquiera que gobernara en su lugar, lo llamarían Nefi segundo, Nefi tercero, etcétera, según los reinados de los reyes; y así los llamó el pueblo, cualesquiera que fuesen sus nombres.

12 Y aconteció que Nefi murió.

A continuación, tal como se indica arriba, Jacob dará una nueva definición a los términos "lamanitas" y "nefitas". Es importante que nos acordemos de estas definiciones nuevas a medida que procedemos con nuestro estudio del Libro de Mormón. Usaremos negrita para destacar este punto. A veces, al marcar las escrituras, va muy bien subrayar o resaltar solo unas pocas palabras o frases dentro de un versículo o dentro de un conjunto de versículos, de tal modo que aquella parte que se subraya llega a convertirse en una "nota" en sí misma. Un ejemplo de esto se da en el versículo 14. Observa y verás que las palabras y frases que aparecen en negrita son una nota en sí misma. También podríamos delinear un cuadrado rodeando las palabras "lamanita" y "nefita" para ayudarnos a identificar y clarificar estas palabras con una sola mirada.

13 Ahora bien, los del pueblo que no eran lamanitas eran nefitas; no obstante, se llamaban nefitas, jacobitas, josefitas, zoramitas, lamanitas, lemuelitas e ismaelitas.

14 Mas yo, Jacob, no los distinguiré **en adelante** por estos nombres, sino que **llamaré lamanitas a los que busquen la destrucción del pueblo de Nefi, y a los que simpaticen con Nefi, llamaré nefitas**, o pueblo de Nefi, según los reinados de los reyes.

Ahora, Jacob tratará un problema muy serio el cual está aumentando entre su pueblo. Se trata de que los hombres estén tomando varias mujeres como esposas, lo cual va en contra de los mandamientos del Señor. En lo que respecta a la poligamia, este pueblo estaba bajo las mismas reglas que estamos nosotros hoy en día (véase Jacob 2:34 y 3:5). Hablaremos más de este tema en este mismo capítulo. Seguiremos usando negrita de vez en cuando por razones de enseñanza y énfasis. A medida que procedemos adelante vamos a ver una vez más lo que conocemos como "los Tres Grandes Pecados" tal como ya comentamos en 1 Nefi 13:7–9. Satanás todavía sigue utilizando mucho estos "Tres Grandes" hoy en día. Son los siguientes:

1. Inmoralidad Sexual

2. Materialismo

3. Orgullo

15 Y aconteció que **el pueblo de Nefi**, bajo el reinado del segundo rey, **empezó** a ser duro de corazón y **a entregarse un tanto a prácticas inicuas**, deseando tener muchas esposas y concubinas, a semejanza de David en la antigüedad, y también Salomón, su hijo. (Inmoralidad sexual).

16 Sí, y también empezaron a buscar mucho oro y plata, y a ensalzarse un tanto en el orgullo. (Materialismo y orgullo).

A continuación, Jacob nos dice que la intención de este sermón para su pueblo era la de alertarlos sobre estas tres tácticas importantes del diablo.

17 Por tanto, yo, Jacob, les hablé estas palabras, mientras les enseñaba en el templo, habiendo primeramente obtenido mi mandato del Señor.

18 Porque yo, Jacob, y mi hermano José, habíamos sido consagrados sacerdotes y maestros de este pueblo, por mano de Nefi.

Los términos "sacerdotes" y "maestros", tal como se usan aquí, no se refieren al Sacerdocio Aarónico, sino a las responsabilidades dentro del Sacerdocio de Melquisedec. Lehi y sus descendientes oficiaban en virtud del Sacerdocio de Melquisedec. El Sacerdocio Aarónico no se estableció entre los nefitas hasta la ministración del Salvador entre ellos, tal como se registra en

Tercer Nefi. Joseph Fielding Smith lo explicó de la siguiente manera:

"**Los** nefitas eran descendientes de José. Lehi descubrió esto al leer las planchas de bronce. Él era descendiente de Manasés, y la familia de Ismael, la cual acompañó a Lehi, era de la tribu de Efraín (Alma 10:3; *Improvement Era*, Vol. 8, p. 781; *J. of D.*, Vol. 23, p. 184).

"**Por** lo tanto no había Levitas acompañando a Lehi en el hemisferio occidental. En estas condiciones **los nefitas oficiaron en virtud del sacerdocio de Melquisedec desde los días de Lehi hasta el tiempo de la aparición de nuestro Salvador entre ellos**. Si bien es cierto que Nefi 'consagró a Jacob y José' para que fueran *sacerdotes* y *maestros* sobre la tierra de los nefitas, el hecho de que los términos sacerdotes y maestros estén en plural indica que no se trataba de un oficio definido del sacerdocio. Mas bien, se trataba de una asignación general para enseñar, dirigir y amonestar al pueblo. De otro modo, los términos *sacerdote* y *maestro* se hubieran dado en singular. Hay más luz en referencia a la ordenación de estos dos hermanos de Nefi al sacerdocio de Melquisedec. Así se indica en el segundo versículo del capítulo seis del Segundo Libro de Nefi, en donde Jacob nos explica sobre el sacerdocio que él y José tenían: 'He aquí, amados hermanos míos, que yo, Jacob, habiendo sido llamado por Dios y *ordenado conforme a su santo orden*, y habiendo sido

consagrado por mi hermano Nefi, a quien tenéis por rey o protector, y de quien dependéis para que os dé seguridad, he aquí, vosotros sabéis que os he hablado muchísimas cosas'.

"**Esto** parece ser una confirmación de que las ordenaciones que él y su hermano José recibieron eran del Sacerdocio de Melquisedec. Por todo el Libro de Mormón encontramos referencias a los nefitas oficiando en virtud del Sacerdocio Mayor conforme al santo orden" (Sacerdocio de Melquisedec) (Joseph Fielding Smith, *Answers to Gospel Questions*, 5 vols. Salt Lake City: Deseret Book, 1957–1966, 1: 124.)

19 Y magnificamos nuestro oficio ante el Señor (cumplimos con las responsabilidades de nuestros oficios y llamamientos), tomando sobre nosotros la responsabilidad (considerando que éramos responsables por los pecados de nuestra gente), trayendo sobre nuestra propia cabeza los pecados del pueblo si no le enseñábamos la palabra de Dios con toda diligencia; para que, trabajando con todas nuestras fuerzas, su sangre no manchara nuestros vestidos (que no fuéramos considerados culpables o responsables por sus pecados); de otro modo, su sangre caería sobre nuestros vestidos, y no seríamos hallados sin mancha en el postrer día (en el Día del Juicio).

JACOB 2

En este capítulo, Jacob irá al templo y enseñará a su pueblo. Tratará tres temas importantes: materialismo, orgullo e inmoralidad sexual. Al hablarnos sobre la inmoralidad se centrará en el matrimonio plural.

1 PALABRAS que Jacob, hermano de Nefi, dirigió al pueblo de Nefi, después de la muerte de Nefi:

2 Pues bien, mis amados hermanos, yo, Jacob, según la responsabilidad bajo la cual me hallo ante Dios, de magnificar mi oficio (cumplir con mi llamamiento) con seriedad, y para limpiar mis vestidos de vuestros pecados (que no sea responsable de vuestros pecados), he subido hoy hasta el templo para declararos la palabra de Dios.

La preparación para dar este sermón debe haber sido muy difícil para Jacob. Vemos que es un hombre amable y bueno. No le gusta herir los sentimientos de su gente. Se parece mucho a nuestros profetas modernos.

3 Y vosotros mismos sabéis que hasta aquí he sido diligente en el oficio de mi llamamiento; pero hoy me agobia el peso de un deseo y afán mucho mayor por el bien de vuestras almas, que el que hasta ahora he sentido. (Está muy preocupado por ellos).

4 Pues he aquí, hasta ahora habéis sido obedientes a la palabra del Señor que os he dado.

Como profeta, Jacob puede discernir, por el poder del Espíritu Santo, los pensamientos e intenciones de su gente. Esto es parte de su mayordomía. Nuestros profetas hacen lo mismo, y podemos verlo, especialmente cuando se dirigen a nosotros durante la Conferencia General de la iglesia.

5 Mas he aquí, escuchadme y sabed que **con la ayuda del omnipotente Creador del cielo y de la tierra, puedo hablaros tocante a vuestros pensamientos**, cómo es que ya empezáis a **obrar en el pecado**, pecado que para mí es muy abominable, sí, y abominable para Dios.

La frase "obrar (trabajar) en el pecado" tal cual aparece en el versículo 5, arriba, puede ser muy interesante. El pecado, en verdad, produce mucho más estrés y requiere mucho más trabajo que la rectitud. Esto es cierto, tanto a nivel individual como a nivel nacional.

Por ejemplo, la rectitud promueve paz y seguridad. El esfuerzo y la productividad de un pueblo recto generan un estándar de convivencia bueno, sencillo, seguro y deseable. Por otro lado, si el pueblo o la gente obra en iniquidad, se requiere que se creen y se financien sistemas de protección tales como los ejércitos, la policía, prisiones, empresas de seguridad, guarda espaldas, vallados, cerrojos, alarmas, etc. En resumen, la rectitud edifica, produce y crea prosperidad; y la iniquidad consume la prosperidad.

6 Sí, contrista mi alma, y me hace encoger de vergüenza ante la presencia de mi Hacedor, el tener que testificaros concerniente a la maldad de vuestros corazones. (Jacob se avergüenza de la conducta de su pueblo).

7 Y también me apena tener que ser tan audaz en mis palabras relativas a vosotros, delante de vuestras esposas e hijos, muchos de los cuales son de sentimientos sumamente tiernos, castos y delicados ante Dios, cosa que agrada a Dios;

Le está pesando mucho en el corazón a Jacob el hecho de que muchos miembros justos hayan asistido a esta reunión con las expectativas de salir contentos, inspirados, animados y motivados al oír las palabras de su profeta. Pero esto no va a ocurrir.

8 y supongo que han subido hasta aquí para oír la agradable palabra de Dios; sí, la palabra que sana el alma herida.

9 Por tanto, agobia mi alma el que sea constreñido, por el estricto mandamiento que recibí de Dios, a amonestaros (enseñaros y advertiros) según vuestros crímenes y agravar las heridas de los que ya están heridos (por vuestros pecados), en lugar de consolarlos y sanar sus heridas; y a los que no han sido heridos, en lugar de que se deleiten con la placentera palabra de Dios, colocar puñales para traspasar sus almas y herir sus delicadas mentes.

10 Mas a pesar de la magnitud de la tarea, debo obrar según los estrictos mandamientos de Dios, y hablaros concerniente a vuestras iniquidades y abominaciones (pecados extremadamente serios), en presencia de los puros de corazón y los de corazón quebrantado, y bajo la mirada del ojo penetrante del Dios Omnipotente.

11 Por tanto, debo deciros la verdad, conforme a la claridad de la palabra de Dios. Porque he aquí, al dirigirme al Señor, la palabra vino a mí, diciendo: Jacob, sube hasta el templo mañana, y declara a este pueblo la palabra que te daré.

Primero, Jacob les enseñará y les advertirá en cuanto al materialismo; es decir, que el acumular dinero y cosas, riquezas personales y posesiones sea la prioridad número uno en sus vidas. Esto lleva al orgullo. Seguiremos usando negrita para resaltar.

12 Y ahora bien, he aquí, hermanos míos, ésta es la palabra que os declaro, que muchos de vosotros habéis empezado a buscar oro, plata y toda clase de minerales preciosos que tan copiosamente abundan en esta tierra, que para vosotros y vuestra posteridad es una tierra de

promisión. (Disponemos de mucha riqueza en esta tierra).

13 Y tan benignamente os ha favorecido la mano de la providencia (Dios), que habéis obtenido muchas riquezas; y porque algunos de vosotros habéis adquirido más abundantemente que vuestros hermanos, **os envanecéis con el orgullo de vuestros corazones**, y andáis con el cuello erguido (os resistís a inclinar vuestras cabezas en señal de humildad) y la cabeza en alto por causa de vuestras ropas costosas, y perseguís a vuestros hermanos porque suponéis que sois mejores que ellos.

14 Y ahora bien, hermanos míos, ¿suponéis que Dios os justifica (excusa) en esto? He aquí, os digo que no; antes bien, os condena; y si persistís en estas cosas, sus juicios (castigos) os sobrevendrán aceleradamente.

15 ¡Oh, si él os mostrara que puede traspasaros, y que con una mirada de su ojo puede humillaros hasta el polvo!

16 ¡Oh, si os librara de esta iniquidad (maldad) y abominación! ¡Oh, si escuchaseis la palabra de sus mandamientos, y **no permitieseis que este orgullo de vuestros corazones destruyera vuestras almas!**

Ahora, Jacob enseña a su gente un método muy sencillo y simple para superar el orgullo y el materialismo.

17 Considerad a vuestros hermanos como a vosotros mismos; y sed afables (generosos) con todos y liberales con vuestros bienes, para que ellos sean ricos como vosotros.

Algunas personas piensan que las riquezas en si mismas son malas. Esto no es así. Lo que realmente importa es cómo las personas administran las riquezas y lo que tiene lugar dentro de sus mentes y corazones. Lo que Jacob nos dice a continuación es muy importante y también muy popular entre los miembros de la iglesia hoy en día.

18 Pero **antes de buscar riquezas, buscad el reino de Dios.**

19 Y después de haber logrado una esperanza en Cristo obtendréis riquezas, si las buscáis; y **las buscaréis con el fin de hacer bien:** para vestir al desnudo, alimentar al hambriento, libertar al cautivo y suministrar auxilio al enfermo y al afligido. (Es decir, si te mantienes fiel y leal a Dios, y consigues adquirir riquezas, estas no te arruinarán ya que puedes mantener todas las cosas bajo una perspectiva sana y correcta).

20 Y ahora bien, hermanos míos, os he hablado acerca del **orgullo;** y aquellos de vosotros que habéis afligido a vuestro prójimo, y lo habéis perseguido a causa del orgullo de vuestros corazones por las cosas que Dios os dio, ¿qué tenéis que decir de esto?

21 ¿No creéis que tales cosas son abominables para aquel que creó toda carne? Y **ante su vista un ser es tan precioso como el otro.** Y toda carne viene del polvo; y con el mismo fin (propósito) él los ha creado: para que guarden sus mandamientos y lo glorifiquen para siempre.

> **Jacob** está deseando poder terminar este sermón y dejar que su gente regrese a casa. Sería un gran alivio para él. Pero una de las responsabilidades del líder es declarar la palabra del Señor al pueblo de manera clara y directa. En los siguientes versículos, Jacob expresará estos sentimientos y luego terminará de dar el resto de su mensaje.

22 Y ahora ceso de hablaros concerniente a este orgullo. Y **si no fuera que debo hablaros de un crimen más grave, mi corazón se regocijaría grandemente a causa de vosotros.**

23 Mas la palabra de Dios me agobia a causa de vuestros delitos más graves. Porque he aquí, dice el Señor: Este pueblo empieza a aumentar en la iniquidad; no entiende las Escrituras, porque trata de justificar sus fornicaciones (inmoralidad sexual), a causa de lo que se escribió acerca de David y su hijo Salomón.

> **Es** obvio que la gente de Jacob ha leído en cuanto a David y Salomón en las planchas de bronce, y lo usaban como una excusa para incumplir el mandamiento que el Señor dio a Lehi (véase Jacob 3:5), de que su pueblo no debía practicar el matrimonio plural, lo cual todavía era una práctica común en las regiones del Antiguo Testamento cuando Lehi salió de Jerusalén en el año 600 a.C.
>
> **Primero,** Jacob le dirá a su gente que no deben tomar a David y a Salomón como ejemplos o modelos a seguir, ya que estos dos perdieron sus almas debido a esta práctica, la cual se le fue de las manos. Por ejemplo, David hizo que matasen al marido de Betsabé en la batalla para así poderse casar con ella en matrimonio plural, incluso después de saber que ella estaba esperando un hijo. Así pues, David trató de cubrir su asesinato con adulterio. Como resultado, David perdió su exaltación (véase DyC 132:39). Por lo tanto, el pueblo de Jacob debía saber que David no era un buen ejemplo a seguir, por lo menos en este tema.
>
> **Por** lo que respecta a Salomón, en 1 Reyes 11:3 se nos dice que este tenía 700 esposas y 300 concubinas (esposas de segunda clase); y también en la Biblia dice que Salomón empezó a adorar a ídolos que eran agradables a muchas de sus esposas paganas (idólatras). Por lo tanto, Salomón también apostató de Dios debido al abuso que hizo del matrimonio plural. Salomón tampoco era un buen ejemplo a seguir para la gente de Jacob.

Así pues, no es sorpresa que Jacob dijera a su pueblo lo siguiente:

24 He aquí, David y Salomón en verdad tuvieron muchas esposas y concubinas, cosa que para mí fue abominable, dice el Señor.

25 Por tanto, el Señor dice así: He sacado a este pueblo de la tierra de Jerusalén por el poder de mi brazo, a fin de levantar para mí una rama justa del fruto de los lomos de José (a partir de los descendientes de José, el que fue vendido a Egipto).

26 Por tanto, yo, el Señor Dios, no permitiré que los de este pueblo hagan como hicieron los de la antigüedad.

Existen muchos rumores y nociones falsas, tanto entre los miembros como no miembros, en cuanto a la práctica del matrimonio plural durante los primeros días de la restauración iglesia. Muchos tratan de encontrar explicaciones en cuanto a la razón por la cual el Señor mandó que se practicara el matrimonio plural. Una explicación muy común es la creencia de que muchos hombres murieron a manos de la turbas, etc. y así se requirió el matrimonio plural para que las mujeres viudas tuvieran un marido. Las investigaciones recientes han demostrado que no tiene nada que ver con esto.

A medida que Jacob prosigue, nos dará la razón por la que muchos de los primeros miembros de la iglesia practicaron el matrimonio plural. Es muy sencillo. El Señor lo mandó.

Considera marcar los versículos 27 y 30 con un trazo para formar un cuadrado alrededor de cada uno y luego únelos con una línea. O resáltalos de una manera que sea significativa para ti, pues estos versículos constituyen la palabra del Señor en referencia al matrimonio plural.

Tomemos un momento para explicar brevemente la palabra "poligamia", la cual se usa comúnmente para referirse al matrimonio plural. Técnicamente, "poligamia" significa tener maridos plurales (varios) o mujeres plurales. Por lo tanto, decir "mujeres plurales" sería más correcto para nosotros.

Ahora proseguiremos con las reglas del matrimonio plural tal cual las da el Señor. Usaremos **negrita** para resaltar.

27 Por tanto, hermanos míos, oídme y escuchad la palabra del Señor: **Pues entre vosotros ningún hombre tendrá sino una esposa; y concubina no tendrá ninguna;**

28 porque yo, el Señor Dios, me deleito en la castidad de las mujeres. Y las fornicaciones son una abominación para mí; así dice el Señor de los Ejércitos.

29 Por lo tanto, este pueblo guardará mis mandamientos, dice el Señor de los Ejércitos, o maldita sea la tierra por su causa.

30 Porque **si yo quiero levantar posteridad para mí, dice el Señor de los Ejércitos, lo mandaré a mi pueblo** (les mandaré que practiquen el matrimonio plural); **de lo contrario, mi pueblo obedecerá estas cosas** (la regla o mandamiento dado en el versículo 27).

La expresión "estas cosas" que aparece arriba, en el versículo 30, se refiere al versículo 27. De hecho, podrías considerar trazar una flecha que vaya desde "estas cosas" hasta el versículo 27 en tus escrituras.

Una pregunta común que surge en las clases de religión es "¿se me va a requerir que yo practique el matrimonio plural si logro la exaltación? La respuesta es "No". Bruce R. McConkie nos da la respuesta de la siguiente manera (respuesta resaltada usando negrita):

"**De** las escrituras fragmentadas con que contamos en la actualidad, aprendemos que

el Señor mandó a algunos de sus antiguos santos que practicaran el matrimonio plural.

Abraham, Isaac y Jacob—entre otros (D. y C. 132) —vivieron este principio de exaltación; toda la historia del Israel antiguo fue época en la que la pluralidad de esposas

era una orden de matrimonio divinamente aceptada y aprobada. Los que entraban en este orden por mandamiento del Señor y guardaban las leyes y condiciones que le

pertenecían, han ganado la exaltación eterna en el más alto cielo del mundo celestial".

"En los primeros días de esta dispensación, como parte de la prometida restauración de todas las cosas, el Señor reveló al Profeta el principio del matrimonio plural. Más tarde se mandó al Profeta y a los hermanos líderes que la practicaran, lo que hicieron en toda virtud y pureza de corazón a pesar de la animosidad y prejuicio que ocasionó entre la gente del mundo. Después que Brigham Young guiara a los santos al valle de Lago Salado, el matrimonio plural se enseñó y practicó libremente hasta 1890. Entonces, las condiciones fueron tales que el Señor, por revelación, retiró el mandamiento de continuar con la práctica, y el Presidente Wilford Woodruff publicó un Manifiesto ordenando que cesara esta práctica. (Discursos de Wilford Woodruff, pág. 213–218). Obviamente la santa práctica comenzará otra vez después de la Segunda Venida del Hijo del Hombre y cuando comience el Milenio (véase Isaías 4)".

"**El matrimonio plural no es esencial para la salvación o exaltación. A Nefi y a su pueblo se les negó el poder de tener más de una esposa, y sin embargo podían alcanzar todas las bendiciones de la eternidad que ofrece el Señor a cualquier pueblo.** En nuestros días, el Señor resumió por revelación toda la doctrina de exaltación y la proclamó centrándola en el casamiento de un hombre con una mujer (D. y C. 132:1–28). Y después agregó los principios relativos a la pluralidad de esposas con la expresa estipulación de que cualquiera de estos casamientos será válido únicamente si está autorizado por el Presidente de la iglesia (D. y C. 132:7, 29–66)".

"**Todos** los que pretenden o asumen comprometerse en un matrimonio plural en la actualidad, cuando la persona que tiene las llaves para hacerlo ha quitado el poder por medio del cual se realiza, son culpables de gran iniquidad. (Bruce R. McConkie, *Mormon Doctrine*, 2ed. Salt Lake City: Bookcraft, 1966, 578).

31 Porque yo, el Señor, he visto el dolor y he oído el lamento de las hijas de mi pueblo en la tierra de Jerusalén; sí, y en todas las tierras de mi pueblo, a causa de las iniquidades y abominaciones de sus maridos.

32 Y no permitiré, dice el Señor de los Ejércitos, que el clamor de las bellas hijas de este pueblo, que he conducido fuera de la tierra de Jerusalén, ascienda a mí contra los varones de mi pueblo, dice el Señor de los Ejércitos.

33 Porque no llevarán cautivas a las hijas de mi pueblo, a causa de su ternura, sin que yo los visite con una terrible maldición, aun hasta la destrucción; porque no cometerán fornicaciones como los de la antigüedad, dice el Señor de los Ejércitos.

A continuación, Jacob les recuerda a los hombres de su pueblo que ellos ya conocen los mandamientos que el Señor les ha dado en referencia a este asunto. Por lo tanto, serán responsables si van en contra la ley de Dios.

34 Y ahora bien, he aquí, hermanos míos, **sabéis que estos mandamientos fueron dados a nuestro padre Lehi**; por tanto, los habéis conocido antes; **y habéis incurrido en una gran condenación**, porque habéis hecho estas cosas que no debíais haber hecho.

35 He aquí, habéis cometido mayores iniquidades que nuestros hermanos los lamanitas. Habéis quebrantado los corazones de vuestras tiernas esposas y perdido la confianza de vuestros hijos por causa de los malos ejemplos que les habéis dado; y los sollozos de sus corazones ascienden a Dios contra vosotros. Y a causa de lo estricto de la palabra de Dios que desciende contra vosotros, han perecido muchos corazones, traspasados de profundas heridas.

JACOB 3

Ahora Jacob les dará ánimos a aquellos de entre su pueblo que no han incumplido los mandamientos de Dios.

1 MAS he aquí que yo, Jacob, quisiera dirigirme a vosotros, los que sois puros de corazón. Confiad en Dios con mentes firmes, y orad a él con suma fe, y él os consolará en vuestras aflicciones, y abogará por vuestra causa, y hará que la justicia descienda sobre los que buscan vuestra destrucción.

2 ¡Oh todos vosotros que sois de corazón puro, levantad vuestra cabeza y recibid la placentera palabra de Dios, y deleitaos en su amor!; pues podéis hacerlo para siempre, si vuestras mentes son firmes.

> **Uno** de los mensajes más importantes del evangelio es la efectividad de la expiación de Cristo. Jacob ahora advertirá, invitará y recordará a los inicuos de entre su pueblo que deben arrepentirse. Todavía no es demasiado tarde.

3 ¡Pero ay, ay de vosotros que no sois puros de corazón, que hoy os halláis inmundos ante Dios!, porque **a menos que os arrepintáis**, la tierra será maldecida por causa vuestra (si no os arrepentís, seréis destruidos); y los lamanitas, que no son inmundos como vosotros, aunque maldecidos con severa maldición (ya que se han alejado del evangelio), os castigarán aun hasta la destrucción.

4 Y el tiempo velozmente viene en que, a menos que (vosotros los nefitas) os arrepintáis, ellos (los lamanitas) poseerán la tierra de vuestra herencia, y el Señor Dios apartará a los justos de entre vosotros. (El Señor, por medio de Mosíah I, dirigió a los justos a Zarahemla, fuera de la tierra de Nefi; véase Omni 1:12–15).

5 He aquí que los lamanitas, vuestros hermanos, a quienes aborrecéis por su inmundicia y la maldición que les ha venido sobre la piel, son más justos que vosotros; porque no han olvidado el mandamiento del Señor que fue dado a nuestro padre, de no tener sino una esposa y ninguna concubina, y que no se cometieran fornicaciones entre ellos.

6 Y se esfuerzan por guardar este mandamiento; por tanto, a causa de esta observancia en cumplir con este mandamiento, el Señor Dios no los destruirá, sino que será misericordioso para con ellos, y algún día llegarán a ser un pueblo bendito. (Estamos siendo testigos del cumplimiento de esta profecía en nuestros días).

7 He aquí, sus maridos aman a sus esposas, y sus esposas aman a sus maridos, y sus esposos y esposas aman a sus hijos; y su incredulidad y su odio contra vosotros se deben a la iniquidad de sus padres; por tanto, ¿cuánto mejores sois vosotros que ellos a la vista de vuestro gran Creador?

8 ¡Oh hermanos míos, temo que a

no ser que os arrepintáis de vuestros pecados, su piel será más blanca que vuestra piel, cuando seáis llevados con ellos ante el trono de Dios! (Ellos serán más puros y limpios en el Día del Juicio que vosotros).

> La práctica ilícita del matrimonio plural por el hecho de satisfacer los deseos de lujuria entre los nefitas al tiempo del discurso de Jacob era una forma de hipocresía muy seria, pues los nefitas se veían a si mismos superiores a los lamanitas. Sin embargo eran culpables de un pecado más grave que los lamanitas. A continuación, Jacob explicará esto.

9 Por tanto, os doy un mandamiento, el cual es la palabra de Dios, que no los injuriéis más a causa del color obscuro de su piel, ni tampoco debéis ultrajarlos por su inmundicia; antes bien, debéis recordar vuestra propia inmundicia y recordar que la de ellos vino por causa de sus padres (tradiciones inicuas).

10 Por tanto, debéis recordar a vuestros hijos, cómo habéis afligido sus corazones a causa del ejemplo que les habéis dado; y recordad también que por motivo de vuestra inmundicia podéis llevar a vuestros hijos a la destrucción, y **sus pecados serán acumulados sobre vuestra cabeza en el postrer día.**

> **Tomemos** un instante para comentar la frase "llevar a vuestros hijos a la destrucción",

la cual aparece arriba en el versículo 10. Recuerda que Dios es completamente justo con todas las personas, incluyendo a los niños que han recibido malos ejemplos. Si dichos niños no llegan a tener una oportunidad justa en esta vida, la tendrán en el mundo de los espíritus (véase DyC 137:7–8). Además, en DyC 50:7 el Señor nos dice que aquellos que son engañados por hipócritas "serán rescatados". Esta doctrina es muy reconfortante.

> **A** continuación, Jacob hará una de las llamadas al arrepentimiento más elocuentes que se puedan encontrar en las escrituras.

11 ¡Oh hermanos míos, escuchad mis palabras; estimulad las facultades de vuestras almas (¡despertaos y pensad!); sacudíos para que despertéis del sueño de la muerte (la muerte de vuestra espiritualidad); y libraos de los sufrimientos del infierno para que no lleguéis a ser ángeles del diablo, para ser echados en ese lago de fuego y azufre que es la segunda muerte (al quedarse fuera de la presencia de Dios para siempre)!

12 Ahora bien, yo, Jacob, hablé muchas cosas más al pueblo de Nefi, amonestándolo contra la fornicación y la lascivia (todas las formas de inmoralidad sexual), y toda clase de pecados, declarándole las terribles consecuencias de estas cosas.

13 Y ni la centésima parte de los actos de este pueblo, que empezaba ya a ser numeroso, se puede escribir sobre estas planchas (las Planchas Menores de Nefi); pero muchos de sus hechos están escritos sobre las planchas mayores, y sus guerras, y sus contenciones, y los reinados de sus reyes.

14 Estas planchas (esta porción de las Planchas Menores de Nefi) se llaman las planchas de Jacob, y fueron hechas por la mano de Nefi. Y doy fin a estas palabras.

JACOB 4

Grabar sobre planchas no era nada fácil. Jacob dedicará unas palabras para explicarnos esto.

1 AHORA bien, he aquí, aconteció que yo, Jacob, había ministrado mucho a mi pueblo de palabra (y no puedo escribir sino muy pocas de mis palabras **por lo difícil que es grabar nuestras palabras sobre planchas**), y sabemos que lo que escribamos sobre planchas debe permanecer (no se borrará);

2 mas lo que escribamos sobre cualquiera otra cosa (como pieles de animales, etc.) que no sea planchas (de metal), ha de perecer y desvanecerse; pero podemos escribir sobre planchas unas cuantas palabras que darán a nuestros hijos, y también a nuestros amados hermanos, una pequeña medida de conocimiento concerniente a nosotros, o sea, a sus padres;

3 y en esto nos regocijamos; y obramos diligentemente para grabar estas palabras sobre planchas, esperando que nuestros amados hermanos y nuestros hijos las reciban con corazones agradecidos, y las consideren para que sepan con gozo, no con pesar, ni con desprecio, lo que atañe a sus primeros padres (refiriéndose a nosotros en relación a nuestros antepasados).

Ahora, Jacob dará testimonio a sus descendientes a través de los tiempos.

4 Porque hemos escrito estas cosas para este fin, que sepan que nosotros sabíamos de Cristo y teníamos la esperanza (la certeza; véase Alma 58:11) de su gloria muchos siglos antes de su venida; y no solamente teníamos nosotros una esperanza de su gloria, sino también todos los santos profetas que vivieron antes que nosotros.

Seguidamente, Jacob explica el propósito de la Ley de Moisés.

5 He aquí, **ellos creyeron en Cristo** y adoraron al Padre en su nombre; y también nosotros adoramos al Padre en su nombre. Y con este fin guardamos **la ley de Moisés**, dado que **orienta nuestras almas hacia él** (el uso correcto de la Ley de Moisés) y por esta razón se nos santifica como obra justa, así como le fue contado a Abraham en el desierto el ser obediente a los mandamientos de Dios al ofrecer a su hijo Isaac, que es una semejanza de Dios y de su Hijo Unigénito. (Abraham fue un símbolo del Padre e Isaac fue un símbolo del sacrificio del Hijo).

Y ahora Jacob nos enseñará una gran lección en cuanto al valor tan grande que tiene el estudiar las escrituras. Presta atención a los resultados que se obtienen al hacer esto.

6 Por tanto (esta es la razón por la cual), **escudriñamos los profetas** (las escrituras) y **tenemos muchas revelaciones** y el espíritu de profecía; y teniendo todos estos testimonios, **logramos una esperanza**, y **nuestra fe se vuelve inquebrantable**, al grado de que verdaderamente podemos mandar en el nombre de Jesús, y los árboles mismos nos obedecen, o los montes, o las olas del mar.

7 No obstante, el Señor Dios nos manifiesta nuestra debilidad para que sepamos que es por su gracia y sus grandes condescendencias (disposición para obrar con personas que son mucho menos capaces que Él) para con los hijos de los hombres por las que tenemos poder para hacer estas cosas.

8 ¡He aquí, grandes y maravillosas son las obras del Señor! ¡Cuán inescrutables son las profundidades de sus misterios (es imposible que nosotros podamos comprender a Dios a estas alturas; pero podremos hacerlo algún día; compárese con DyC 88:49); y es imposible que el hombre descubra todos sus caminos! Y nadie hay que conozca sus sendas a menos que le sean reveladas; por tanto, no despreciéis, hermanos, las revelaciones de Dios.

9 Pues he aquí, por el poder de su palabra el hombre apareció sobre la faz de la tierra, la cual fue creada por el poder de su palabra. Por tanto, si Dios pudo hablar, y el mundo fue; y habló, y el hombre fue creado, ¿por qué, pues, no ha de poder mandar la tierra o la obra de sus manos (nosotros) sobre su superficie, según su voluntad y placer?

A continuación, tenemos otra cita popular entre los miembros de la iglesia. En esta se nos recuerda que debemos evitar decirle al Señor cómo hacer las cosas. Más nos vale escucharle cuidadosamente y así podremos aprender de Él.

10 Por tanto, hermanos, **no procuréis aconsejar al Señor, antes bien aceptad el consejo de su mano.** Porque he aquí, vosotros mismos sabéis que él aconseja con sabiduría, con justicia y con gran misericordia sobre todas sus obras.

11 Así pues, amados hermanos,

reconciliaos (vivid en paz) con él (el Padre) por medio de la expiación de Cristo, su Unigénito Hijo, y podréis obtener la resurrección (una resurrección celestial; véanse las próximas palabras), según el poder de la resurrección que está en Cristo, y ser presentados como las primicias de Cristo (los mejores resultados de la expiación de Cristo, es decir, celestial) a Dios, teniendo fe y habiendo obtenido una buena esperanza de gloria en él (Cristo), antes que se manifieste en la carne.

La última frase del versículo 11, arriba, contiene una doctrina muy significativa. Nos da a conocer que la expiación de Cristo ya era efectiva y funcionaba incluso antes de que se llevara a cabo en la carne. Por lo tanto, la gente del pueblo de Jacob podía ser perdonada de los pecados a pesar de que el Salvador no había venido aún a la tierra para cumplir Su misión expiatoria.

12 Y ahora bien, amados míos, no os maravilléis de que os diga estas cosas; pues ¿por qué no hablar de la expiación de Cristo, y lograr un perfecto conocimiento de él, así como el conocimiento de una resurrección y del mundo venidero?

Tal como hemos mencionado antes, la palabra "profetizar" tiene por lo menos dos significados en el contexto de las escrituras. Por un lado significa predecir el futuro; otra definición es "enseñar". Ambas definiciones parecen tener aplicación en el siguiente versículo.

13 He aquí, mis hermanos, el que profetizare, profetice al entendimiento de los hombres (de manera que las personas puedan entender lo que estéis diciendo); porque el Espíritu habla la verdad, y no miente (la verdad es simple). Por tanto, habla de las cosas como realmente son, y de las cosas como realmente serán; así que (esta es la razón por la cual) **estas cosas nos son manifestadas claramente** para la salvación de nuestras almas. Mas he aquí, nosotros no somos los únicos testigos de estas cosas; porque Dios las declaró también a los profetas de la antigüedad.

Probablemente habrás notado que muchas de las enseñanzas de Jacob son bastante populares entre los miembros de la iglesia. Seguidamente nos encontramos con otra enseñanza notoria. Se trata de "no traspasar lo señalado" (es decir, de no ir más allá de lo que se nos indica). Observa como Jacob nos enseña esto.

14 Pero he aquí, los judíos fueron un pueblo de dura cerviz; y despreciaron las palabras de claridad (les gustaba complicar las cosas), y mataron a los profetas, y procuraron cosas que no podían entender (esto es algo típico con muchos profesores de filosofía hoy en día). Por tanto, a causa de su ceguedad, la

cual vino por **traspasar lo señalado,** es menester que caigan; porque Dios les ha quitado su claridad y les ha entregado (les ha permitido llegar a obtener) muchas cosas que no pueden entender, porque así lo desearon; y porque así lo desearon, Dios lo ha hecho, a fin de que tropiecen.

El Elder Neal A. Maxwell habló así sobre "traspasar lo señalado" (o buscar más allá de lo que se nos ha señalado):

"**En** el Libro de Mormón, Jacob habla del pueblo judío y dice que habían rechazado las palabras de sus profetas porque la gente que vivía en aquel entonces 'despreciaron las palabras de claridad' y porque 'procuraron cosas que no podían entender' (Jacob 4:14). Parece que prefirieron vestirse, por así decirlo, con tela de punto de gancho cruzado con muchos agujeros—tejida con su intelecto—en lugar de vestirse con el manto completo y sencillo del evangelio. De hecho, se podría deducir que preferían lo complejo a la claridad del evangelio, pues en la complejidad conceptual podría haber de algún modo una escapatoria, o una excusa, para justificar su desobediencia y sus faltas. En cualquier caso, esta asombrosa ceguera que llevó a que se rechazaran las verdades dichas por los profetas y que impidió que se reconociese la realidad de Jesús, según Jacob, ocurrió por 'traspasar lo señalado'. Los que en aquel entonces fueron más allá de lo sencillo, de los profetas, de Cristo y de las enseñanzas simples, esperaron en vano, así como lo hacen ahora, ya que sólo el evangelio de Jesucristo nos enseña de las cosas como realmente son y como realmente han de ser. Hay más realidad en la revelación que en las altas pilas de investigaciones seculares, ya que el secularismo es congénitamente miope. Sin la revelación y su anclaje absoluto, La Iglesia de Jesucristo de los Santos de los Últimos Días también seguiría las modas del día, tal como han hecho algunas iglesias; pero así como nos advirtió Samuel Callan, la iglesia que se case con la cultura de su día se convertirá 'en una viuda en cada época sucesiva'. Este es sólo uno de los rasgos distintivos de la iglesia 'verdadera y viviente': está a salvo de los frutos de las modas (Neal A. Maxwell, *On Being a Light*. Discurso dado en el Salt Lake Institute of Religion, 2 Enero 1974, pág. 1).

Te invito a que prestes mucha atención a lo que Jacob nos va a decir en los próximos cuatro versículos. Va a preparar los cimientos para lo que nos enseñará en el capítulo 5, en el cual habla sobre la alegoría del olivo y los olivos silvestres. El punto crítico que nos lleva al capítulo cinco se centra en esta pregunta: "¿cómo es posible que los judíos (o cualquier persona) que han rechazado por completo al Salvador puedan regresar o ser rescatados?" Jacob planteará esta cuestión específicamente en el versículo 17.

15 Y ahora el Espíritu me impulsa a mí, Jacob, a profetizar, porque percibo por las indicaciones del Espíritu que hay en mí, que a causa del tropiezo de los judíos, ellos rechazarán la roca (Cristo) sobre la cual podrían edificar y tener fundamento seguro.

16 Mas he aquí que esta roca (Cristo), según las Escrituras, llegará a ser el grande, y el último, y el único y seguro fundamento sobre el cual los judíos podrán edificar.

17 Y ahora bien, amados míos, **¿cómo será posible que éstos** (los judíos), **después de haber rechazado el fundamento seguro, puedan jamás edificar sobre él** (puedan jamás regresar a Cristo), para que sea la principal piedra angular (que sea la "principal piedra del ángulo" en sus vidas; compárese con Efesios 2:20)?

A continuación, en el versículo 18, Jacob nos confiesa que se siente bastante nervioso al tener que tocar este punto en el capítulo cinco. Aquí hay un mensaje para todos nosotros. Si nos ponemos muy nerviosos o ansiosos por aquello que el Señor nos pide hacer, entonces podríamos mermar nuestra capacidad para escuchar al Espíritu Santo. Y si nos pasa esto, posiblemente no podremos hacer un buen trabajo. Si algunos de nosotros nos ponemos nerviosos al enseñar o al hablar en público, más nos vale ejercer suficiente fe para calmarnos y así poder ser herramientas útiles en las manos del Señor.

18 He aquí, amados hermanos míos, os aclararé este misterio (¿cómo es posible que los judíos puedan volver a Cristo?), **a no ser que de algún modo se debilite mi firmeza en el Espíritu, y tropiece por motivo de mi gran ansiedad por vosotros.**

JACOB 5

A menudo se hace referencia a Jacob 5 como "La Alegoría del Olivo". Una "alegoría" es una historia o una parábola que simboliza o representa cosas de la vida real. Esta "alegoría" proviene de los escritos de Zenós (véase el versículo 1), un profeta cuyos escritos no se encuentran en la Biblia.

Teniendo en cuenta que este es un capítulo importante en el Libro de Mormón, y se hace referencia a menudo, tomaremos un momento para tratar algunos antecedentes que nos ayudarán a entender los diversos mensajes de la alegoría. Por ejemplo, tanto el olivo "cultivado" como las "ramas" que se cortan de este son muy importantes.

Además, al entrar de lleno en el estudio de este capítulo, lo repetiremos dos veces, para así poder señalar que el simbolismo de las escrituras puede ser entendido de diferentes maneras. Se dice que el simbolismo de las escrituras puede ser infinitamente profundo. Es decir, a través del simbolismo, el Señor nos puede enseñar muchas cosas diferentes, según nuestras necesidades del momento. Es importante que nos permitamos cierta flexibilidad para captar las diferentes interpretaciones de dichas escrituras. De otro modo, podríamos desaprovechar grandes tesoros de sabiduría al leer una y otra vez la misma escritura y al ser estrictos en la interpretación.

Primero, aprenderemos algo en cuanto a los olivos, los cuales se usan constantemente en esta alegoría. En *El Libro de Mormón: Manual del Alumno de Religión; Rel. 121 y 122,* que se usa en los institutos de religión de la iglesia (1996, páginas 47 y 48) se nos dice lo siguiente en cuanto a este tema:

"**El** uso del olivo como símbolo de la casa de Israel es un ejemplo excelente de cómo Dios utiliza el simbolismo para enseñar a sus hijos las leyes y los principios del evangelio. Durante siglos se ha asociado el árbol del olivo con la paz. La guerra y sus penosas consecuencias de destrucción, el saqueo de la tierra, el sitio y la muerte, eran difícilmente condiciones apropiadas para el cultivo de huertos de olivos, los cuales requieren muchos años de cuidados para alcanzar una producción plena. Cuando la paloma volvió al arca de Noé, llevaba en su pico una hoja de olivo como símbolo de que Dios se encontraba nuevamente en paz con la tierra (véase Génesis 8:11). La rama de olivo se utilizó en Grecia y en Roma para representar la paz, y todavía se usa en ese sentido en los escudos de varios países del mundo. La única fuente de paz es Jesucristo, el Príncipe de Paz, y Su paz sólo se obtiene por medio de la obediencia a las leyes y ordenanzas del evangelio. Esas leyes y ordenanzas se dan al mundo mediante la casa de Israel, simbolizada por el olivo. Alguien dijo una vez que no se eligió a Israel para ser un pueblo altivo, cuyo fin fuera elevarse por encima de los demás, sino por el contrario, para elevar a los demás".

"**En** el cultivo del olivo existe otro significado simbólico evidente. Si el vástago verde de un olivo se planta directamente y se le permite crecer, se convierte en un olivo silvestre, un arbusto que crece sin control en una maraña de gajos y ramas que solamente producen un pequeño fruto inservible (véase Harold N. y Alma L. Moldenke, *Plants of the Bible,* pág. 159). Para llegar a obtener un olivo productivo, el gajo principal del silvestre se debe cortar totalmente e injertar en él una rama de un olivo cultivado. Mediante podas y cuidados, el árbol comenzará a dar fruto a los siete años, pero no alcanzará su máxima productividad hasta después de los quince años".

"**En** otras palabras, el olivo no puede producir buen fruto por sí mismo, sino que requiere injertos y cuidados por parte del horticultor para alcanzar su máxima producción. A través de su historia, Israel ha demostrado una y otra vez cuán apropiado es el simbolismo que comparte con el olivo. Cuando el pueblo de Israel se puso en las manos de su Dios para que lo podara e injertara, prosperó y dio buen fruto;

pero cuando se apartó de Cristo, el Amo de la viña, y buscó su propia fuente de vida y sostén, se tornó silvestre e infructífero".

"**Otras** dos características importantes del olivo ilustran aún más cuán apropiado es este símbolo para Israel. Primero, aunque un olivo requiere casi quince años para alcanzar su plena fructificación, luego podrá producir durante siglos. Algunos de los olivos que se encuentran en la Tierra Santa han producido frutos abundantemente por lo menos durante cuatrocientos años. La segunda y asombrosa cualidad de este árbol es que cuando finalmente envejece y comienza a morir, las raíces echan nuevos brotes, que si se injertan y se podan en la forma correcta, crecerán hasta convertirse en árboles productivos. Por lo tanto, aparte de que el árbol mismo puede producir fruto durante siglos, la raíz del árbol puede seguir produciendo fruto y nuevos árboles durante Milenios. Se cree que algunos de los antiguos olivos que existen en Israel en la actualidad provienen de árboles que ya eran antiguos durante el ministerio terrenal de Cristo. Es increíble la forma en que se puede comparar a Israel con un olivo; cuando muchas veces parece que ha sido cortado y destruido, pero aun así, cada vez surge un nuevo brote y se levanta de sus raíces".

"**Zenós** no fue el único profeta que utilizó el olivo como símbolo figurativo para representar al pueblo escogido de Dios. Jeremías, previendo la destrucción de los judíos por los babilonios, comparó al pueblo del convenio con un olivo verde consumido por el fuego (véase Jeremías 11:16). También el apóstol Pablo utilizó una breve alegoría sumamente parecida a la de Zenós con el fin de amonestar a los cristianos romanos contra el orgullo, cuando éstos compararon su posición favorecida con la de los judíos (véase Romanos 11:16–24). En la revelación moderna, el Señor utiliza la parábola de la viña y del plantío de olivos para demostrar cuál es Su voluntad concerniente a la redención de Sión (véase DyC 101:43–58)".

Tras haber estudiado, arriba, el simbolismo del olivo mismo, ahora volveremos a tomar un fragmento del mismo Manual del Alumno (pág. 48), para señalar varios elementos individuales o puntos en la alegoría que simbolizan cosas específicas.

"**Aun** cuando no debemos ahondar demasiado y tratar de correlacionar cada punto de una alegoría o parábola, con infinita precisión, con una realidad externa, es obvio que tenemos que comprender ciertos elementos principales si deseamos entender su significado. Los siguientes puntos son importantes en la alegoría de Zenós:

Punto

1. La viña.

2. El amo de la viña.

3. El siervo.

4. El olivo cultivado.

5. El olivo silvestre.

6. Las ramas.

7. Las raíces del olivo cultivado.

8. El fruto del árbol.

9. Cavar, podar, abonar.

10. El trasplante de las ramas.

11. Los injertos.

12. Las ramas arruinadas.

13. Echar las ramas al fuego.

Interpretación

1. El mundo.

2. Jesucristo.

3. Los profetas del Señor.

4. La casa de Israel, el pueblo del convenio del Señor

5. Los gentiles (los que no eran israelitas). Al final de la parábola las ramas silvestres simbolizan al Israel apóstata.

6. Grupos de personas.

7. El convenio del evangelio y las promesas hechas por Dios que constantemente dan vida y sostén al árbol.

8. La vida u obras de los hombres.

9. La obra del Señor con sus hijos. Él intenta persuadirlos a ser obedientes y a producir buen fruto.

10. El esparcimiento de grupos por todo el mundo o la restauración de éstos.

11. El proceso de renacimiento espiritual mediante el cual el hombre entra en el convenio.

12. Iniquidad y apostasía.

13. El juicio de Dios.

Un mensaje muy importante en Jacob 5 es que el Señor no deja de obrar con nosotros, tanto a nivel individual como colectivo y como naciones. Como vemos, el Señor logra algunos éxitos, pero también tiene algunos fracasos con cada uno de nosotros. Sin embargo, Él sigue trabajando y haciendo todo lo que puede para traernos permanentemente de vuelta al Padre sin violar nuestro albedrío. Al revisar la alegoría por primera vez, resaltaremos este tema. De vez en cuanto usaremos negrita para señalar estos conceptos. También incluiremos algunas interpretaciones posibles. Nos daremos cuenta de que el Señor de la viña hará cuatro visitas distintas y específicas a Su viña. Encontrarás dichas visitas en los siguientes versículos:

1ª. Versículos 4–14

2ª. Versículos 15–28

3ª. Versículos 29–51

4ª. Versículos 52–77

1 HE aquí, hermanos míos, ¿no os acordáis de haber leído las palabras del profeta Zenós, las cuales habló a la casa de Israel (el pueblo del convenio del Señor), diciendo:

2 ¡Escuchad, oh casa de Israel, y oíd

las palabras mías, que soy un profeta del Señor!

3 Porque he aquí, así dice el Señor: **Te compararé**, oh **casa de Israel, a un olivo cultivado** (el pueblo del convenio del Señor) que un hombre (Jesús) tomó y nutrió en su viña (el mundo); y creció y envejeció y empezó a secarse (apostasía).

4 Y acaeció que salió el amo de la viña (Cristo), y vio que su olivo (el pueblo del convenio) empezaba a secarse (a caer en la apostasía), y dijo: Lo podaré (cortaré o quitaré lo más inicuo; cortaré las falsas doctrinas, etc.), y cavaré alrededor de él, y lo nutriré para que tal vez eche ramas nuevas y tiernas, y no perezca.

5 Y aconteció que lo podó, y cavó alrededor de él, y lo nutrió según su palabra (tal como prometió hacer cuando Él nos envió aquí desde la vida premortal).

6 Y sucedió que después de muchos días empezó a echar algunos retoños pequeños y tiernos, mas he aquí, la copa principal (la mayoría de Su pueblo en ese tiempo) empezó a secarse (se apartaron de Él; apostataron). (Un cumplimiento posible entre otros muchos de estas palabras podría ser la apostasía del antiguo Israel. Otro podría ser el grupo de Lehi con el paso de los siglos).

7 Y ocurrió que lo vio (vio la apostasía) el amo de la viña (Jesús), y dijo a su siervo: Me aflige que tenga que perder este árbol; por tanto, ve, y arranca las ramas de un olivo silvestre (dad el evangelio a los gentiles) y tráemelas aquí; y arrancaremos esas ramas principales que empiezan a marchitarse (el Israel apóstata), y las echaremos en el fuego para que se quemen (los castigos y destrucciones que Dios envía a los inicuos o malvados).

En el versículo 8, el Señor parece estar dispersando a varios grupos de gente y al mismo tiempo recogiendo o reuniendo a otros, tal como ha hecho a lo largo de la historia. Recuerda que esta alegoría se cita para mostrarnos de qué manera obra el Señor para salvar a Su pueblo.

8 Y he aquí, dijo el Señor de la viña (Cristo), tomaré muchas de estas ramas nuevas y tiernas y las injertaré (distribuiré, esparciré) donde yo quiera, y no importa si acaso la raíz (convenios) de este árbol (el olivo cultivado; Israel) perece, yo puedo conservar (recoger) su fruto para mí; por tanto, tomaré estas ramas nuevas y tiernas, y las injertaré donde yo quiera (los dispersaré por todo el mundo).

9 Toma las ramas del olivo silvestre (a los gentiles), e injértalas en lugar de ellas (en el lugar de Israel); y estas que he cortado, las echaré al fuego y las quemaré, a fin de que no obstruyan (confundan) el terreno de mi viña.

10 Y aconteció que el siervo del Señor de la viña hizo según la palabra de su amo, e injertó las ramas del olivo silvestre.

11 Y el Señor de la viña hizo que se cavara alrededor, y se podara y se nutriera, y dijo a su siervo: Me aflige que tenga que perder este árbol; por tanto, para que tal vez pueda yo preservar sus raíces a fin de que no perezcan y pueda yo preservarlas para mí, he hecho esto.

12 Por tanto, ve; cuida el árbol y nútrelo, según mis palabras (el evangelio).

13 Y éstos yo pondré en la parte más baja (la más alejada) de mi viña, donde bien me parezca, esto no te incumbe (Yo sé lo que estoy haciendo); y lo hago a fin de preservar para mí las ramas naturales del árbol; y también con objeto de guardar para mí su fruto para la estación (quiero traerme a la gente de vuelta a casa, junto a Mi, para siempre); porque me aflige que tenga que perder este árbol y su fruto.

14 Y aconteció que el Señor de la viña se marchó, y escondió las ramas naturales del olivo cultivado (el Israel dispersado) en las partes más bajas de la viña, unas en una parte y otras en otra, según su voluntad y placer.

Puede que tu estés entre aquellos que han sido "dispersados" por el Señor a fin de que estés en el lugar donde Él te necesita para hacer Su obra.

15 Y sucedió que pasó mucho tiempo, y el Señor de la viña dijo a su siervo: **Ven, descendamos a la viña** para que podamos trabajar en ella. (La segunda visita de que se habla al principio del capítulo. Aquí tenemos un mensaje importante. El Señor constantemente envía a Sus profetas y misioneros al mundo para dar a las personas la oportunidad de escuchar y aceptar el evangelio).

16 Y aconteció que el Señor de la viña (aquí el Salvador está muy involucrado con nosotros) y también su siervo bajaron a la viña a trabajar; y sucedió que el siervo dijo a su amo: He aquí, mira; contempla el árbol.

17 Y ocurrió que el Señor de la viña miró y vio el árbol en el que se habían injertado las ramas del olivo silvestre (gentiles); y había retoñado y comenzado a dar fruto (muchos de ellos aceptaron y vivieron el evangelio); y vio que era bueno, y **su fruto era semejante al fruto natural** (si se guardan los convenios hechos al bautizarse, etc., no hay diferencias entre los miembros israelitas y los miembros gentiles de la iglesia).

18 Y dijo al siervo: He aquí, las ramas del árbol silvestre han alcanzado la humedad de la raíz, por lo que la raíz (los convenios del evangelio) ha producido mucha fuerza; y a causa de la mucha fuerza de la raíz, las ramas silvestres han dado fruto cultivado (los gentiles son miembros fuertes en la iglesia). Así que, **si no hubiéramos injertado estas ramas, el árbol habría perecido.** (Un significado posible de esta frase en negrita es que los conversos europeos fortalecieron la iglesia en sus principios). Y he aquí, ahora guardaré mucho fruto que el árbol ha producido; y su fruto lo guardaré para mí mismo, para la estación (Yo llevaré a muchos de vuelta al Padre).

19 Y sucedió que el Señor de la viña dijo al siervo: Ven, vamos a la parte más baja de la viña, y veamos si las ramas naturales (los del pueblo de Israel a los cuales hemos dispersado) del árbol no han dado mucho fruto también, a fin de que pueda yo guardar su fruto para la estación, para mí mismo.

20 Y aconteció que fueron a donde el amo había escondido las ramas naturales del árbol, y dijo al siervo: Mira éstas; y vio que la primera había dado mucho fruto, y también vio que era bueno. Y dijo al siervo: Toma de su fruto y guárdalo para la estación, a fin de que yo lo preserve para mí mismo; pues, dijo él, lo he nutrido mucho tiempo, y ha producido fruto abundante. (Mucho éxito. Muchas almas llevadas de regreso a casa, al cielo).

21 Y aconteció que el siervo dijo a su amo: ¿Cómo fue que viniste aquí a plantar este árbol, o esta rama del árbol? Porque he aquí, era el sitio más estéril de todo el terreno de tu viña.

22 Y le dijo el Señor de la viña: **No me aconsejes.** Yo sabía que era un lugar estéril; por eso te dije que lo he nutrido tan largo tiempo, y tú ves que ha dado mucho fruto.

El versículo 22, arriba, es un recordatorio de que hay santos maravillosos los cuales viven en circunstancias desfavorables (quizás espiritualmente o económicamente, etc.).

23 Y aconteció que el Señor de la viña dijo a su siervo: Mira acá, he aquí, he plantado **otra rama** (otro grupo) del árbol también; y tú sabes que **esta parte del terreno era peor que la primera.** Pero mira el árbol. Lo he nutrido todo este tiempo, y ha producido mucho fruto; por tanto, recógelo y guárdalo para la estación a fin de que yo lo preserve para mí mismo.

24 Y aconteció que el Señor de la viña dijo otra vez a su siervo: Mira acá y ve **otra rama** que también he plantado; he aquí, también la he nutrido, y ha producido fruto.

Un mensaje importante de estos versículos es que el Señor tiene mucho éxito con muchas personas, sin importar en qué lugar del mundo estén. Esto es muy alentador.

Parece ser, que el versículo 25, a continuación, se puede aplicar al grupo de Lehi, después de que llegaran a América (véanse los versículos 43 al 45).

25 Y dijo al siervo: Mira hacia acá y ve la última. He aquí, ésta **la he plantado en terreno bueno**, y la he nutrido todo este tiempo; y **solo parte del árbol ha dado fruto cultivado, y la otra parte del árbol ha producido fruto silvestre** (apostasía); he aquí, he nutrido este árbol igual que los otros (todos han sido tratados de manera justa y tuvieron oportunidades para aceptar el evangelio).

26 Y sucedió que el Señor de la viña dijo al siervo: Arranca las ramas que no han producido fruto bueno y échalas en el fuego.

27 Mas he aquí, el siervo le dijo: Podémoslo, y cavemos alrededor de él, y nutrámoslo un poco más, a fin de que tal vez te dé buen fruto, para que lo guardes para la estación.

28 Y aconteció que el Señor de la viña y su siervo nutrieron todos los árboles frutales de la viña.

A continuación, tenemos la tercera visita de la cual se habla al principio del capítulo. Parece ser que hay un sentimiento de urgencia ya que se está terminando el tiempo.

29 Y aconteció que había pasado mucho tiempo, y el Señor de la viña dijo a su siervo: **Ven, descendamos a la viña para que trabajemos de nuevo en ella. Porque he aquí, se acerca el tiempo, y el fin viene pronto**; por tanto, debo guardar fruto para la estación, para mí mismo.

30 Y sucedió que el Señor de la viña y el siervo descendieron a la viña; y llegaron al árbol (Israel) cuyas ramas naturales habían sido arrancadas (dispersadas), y se habían injertado las ramas silvestres en su lugar; y he aquí, **estaba cargado** (lleno de confusión) **de toda clase de fruto**. (Quizás se refiera a la apostasía universal con todo tipo de iglesias y una gran variedad de prácticas y falsas doctrinas y credos).

31 Y aconteció que el Señor de la viña probó el fruto (juzgó lo que producían las iglesias falsas), cada clase según su número. Y el Señor de la viña dijo: He aquí, por largo tiempo hemos nutrido este árbol (desde el principio hemos obrado pacientemente con Israel), y he guardado para mí mucho fruto, para la estación (y hemos tenido mucho éxito).

32 Pero he aquí, esta vez (¿la gran apostasía?) ha producido mucho fruto, y no hay ninguno que sea bueno. Y he aquí, hay toda clase de fruto malo (hay muchas maneras de ser malvado); y no obstante todo nuestro trabajo, de nada me sirve; y me aflige ahora que tenga que perder este árbol.

33 Y el Señor de la viña dijo al siervo: ¿Qué haremos por el árbol, para que de nuevo pueda yo preservar buen fruto de él para mí mismo?

34 Y el siervo dijo a su amo: He aquí, a causa de que injertaste las ramas del olivo silvestre, éstas han nutrido sus raíces, de modo que están vivas y no han perecido; por tanto, ves que están buenas todavía.

35 Y aconteció que el Señor de la viña dijo a su siervo: Ningún provecho me deja el árbol, y sus raíces no me benefician nada, en tanto que produzca mal fruto.

36 No obstante, sé que las raíces son buenas; y para mi propio fin las he preservado; y a causa de su mucha fuerza, hasta aquí han producido buen fruto de las ramas silvestres.

37 Mas he aquí, **las ramas silvestres han crecido y han sobrepujado a sus raíces**; y debido a que las ramas silvestres han sobrepujado a las raíces, **ha producido mucho fruto malo**; y porque ha producido tanto fruto malo, ves que ya empieza a perecer; y pronto llegará a la madurez (en iniquidad) para ser echado al fuego, a menos que algo hagamos para preservarlo.

38 Y aconteció que el Señor de la viña dijo a su siervo: Descendamos a los parajes más bajos de la viña, y veamos si las ramas naturales han producido también mal fruto. (Vamos a ver que ha sucedido en las regiones más lejanas de la tierra).

39 Y aconteció que descendieron a los parajes más bajos de la viña (posiblemente América entre los lamanitas de la antigüedad). Y ocurrió que vieron que el fruto de las ramas naturales se había corrompido también; sí, el primero, y el segundo, y el último también; y todos se habían corrompido.

40 Y el fruto silvestre (apostasía) del último había sobrepujado a esa parte del árbol (¿a los nefitas?) que produjo buen fruto, de tal modo que la rama se había marchitado y secado (la iglesia había perecido completamente).

41 Y aconteció que el Señor de la viña lloró, y dijo al siervo: ¿Qué más pude haber hecho por mi viña?

42 He aquí, yo sabía que todo el fruto de la viña, exceptuando éstos, se había corrompido. Y ahora éstos, que en un tiempo habían producido buen fruto, se han corrompido también; y ahora todos los árboles de mi viña para nada sirven sino para ser cortados y echados en el fuego.

43 Y he aquí que este último (véase el versículo 25), cuya rama se ha marchitado, lo planté en un terreno fértil (América); sí, el que para mí era el más escogido de todos los demás parajes de mi viña.

44 Y tú viste que también derribé (¿a los Jareditas?) lo que obstruía (obstaculizaba con sus iniquidades) este pedazo de tierra, a fin de que yo pudiera plantar este árbol (¿Lehi?) en su lugar.

45 Y viste que parte de él (¿los nefitas?) produjo buen fruto, y parte de él (¿los lamanitas?) dio fruto silvestre; y porque no le arranqué sus ramas y las eché al fuego, he aquí, (¿los lamanitas?) han sobrepujado a la rama buena (¿los nefitas?) de modo que ésta se ha secado.

46 Y ahora bien, he aquí, no obstante todo el cuidado que hemos dado a mi viña (el mundo), sus árboles se han corrompido, de modo que no dan buen fruto; y yo había esperado preservar a éstos, a fin de haber guardado su fruto para la estación, para mí mismo. Mas he aquí, se han vuelto como el olivo silvestre (los inicuos), y no valen nada sino para ser cortados y echados al fuego; y me aflige que tenga que perderlos.

47 ¿Pero qué más pude yo haber hecho en mi viña? ¿He relajado mi mano de modo que no la he nutrido? No, la he nutrido y cavado alrededor; la he podado y abonado; y he extendido la mano casi todo el día, y el fin se acerca. Y me aflige que tenga que talar todos los árboles de mi viña, y echarlos en el fuego para que sean quemados. **¿Quién es el que ha corrompido mi viña?**

La pregunta al final del versículo 47 es importante. Usaremos negrita para señalar la respuesta en el versículo 48.

48 Y acaeció que el siervo dijo a su amo: **¿No será la altura** (el orgullo) de tu viña? **¿No habrán sobrepujado sus ramas a las raíces** (las personas viven el evangelio de manera superficial) que son buenas? Y a causa de que las ramas han sobrepujado a sus raíces, he aquí que aquéllas crecieron más aprisa que la fuerza de las raíces, **tomando fuerza para sí mismas** (quizás significa el no seguir a las Autoridades Generales) He aquí, digo: ¿No será ésta la causa de la corrupción de los árboles de tu viña?

49 Y aconteció que el Señor de la viña dijo al siervo: Vayamos y cortemos los árboles de la viña y echémoslos al fuego para que no obstruyan el terreno de mi viña, porque he hecho todo. ¿Qué más pude yo haber hecho por mi viña?

50 Mas he aquí, el siervo dijo al Señor de la viña: Déjala un poco más.

51 Y dijo el Señor: Sí, la dejaré un poco más, porque me aflige que tenga que perder los árboles de mi viña.

> **Empezando** con el versículo 52, tenemos el recogimiento de Israel en los últimos días.

52 Por tanto, **tomemos algunas de las ramas de éstos que he plantado en las partes más bajas de mi viña, e injertémoslas en el árbol del cual procedieron**; y arranquemos del árbol esas ramas cuyo fruto es el más amargo, e injertemos en su lugar las ramas naturales del árbol.

> **Tal** como dice el versículo 52, arriba, los conversos no llegan a convertirse de manera repentina en "miembros para toda la vida". Se requiere tiempo para cambiar viejos hábitos y dejar atrás las tradiciones incorrectas. Pero con paciencia y la ayuda continua del Espíritu Santo, este cambio se dará con el pasar del tiempo.

53 Y haré esto para que no perezca el árbol, a fin de que quizá preserve sus raíces para mi propio fin.

54 Y he aquí, todavía están vivas las raíces de las ramas naturales del árbol que planté donde me pareció bien; por tanto, a fin de que yo las conserve también para mi propio fin, tomaré de las ramas de este árbol, y las injertaré en ellas. Sí, injertaré en ellas las ramas de su árbol original, para que yo preserve también las raíces (los convenios y doctrinas originales, etc.) para mí, para que cuando lleguen a tener suficiente fuerza tal vez me produzcan buen fruto, y me gloríe aún en el fruto de mi viña.

55 Y aconteció que tomaron del árbol natural que se había vuelto silvestre, e injertaron en los árboles naturales que también se habían vuelto silvestres.

56 Y también tomaron de los árboles naturales que se habían vuelto silvestres, e injertaron en su árbol original.

57 Y el Señor de la viña dijo al siervo: **No arranques las ramas silvestres de los árboles, sino aquellas que son las más amargas** (la manera en la que el Señor obra con cada uno de nosotros); y en ellas injertarás de acuerdo con lo que he dicho.

58 Y de nuevo nutriremos los árboles de la viña, y podaremos sus ramas; y arrancaremos de los árboles aquellas ramas que han madurado, que deben perecer, y las echaremos al fuego.

59 Y hago esto para que quizá sus raíces se fortalezcan a causa de su buena calidad; y que, a causa del cambio de ramas, lo bueno sobrepuje a lo malo.

60 Y porque he preservado las ramas naturales y sus raíces, y he injertado nuevamente las ramas naturales en su árbol original y he preservado las raíces de su árbol original, para que quizá los árboles de mi viña (todos los pueblos de la tierra) produzcan nuevamente buen fruto; y que yo tenga de nuevo gozo en el fruto de mi viña, y tal vez me alegre en extremo porque he preservado las raíces y las ramas del primer fruto;

> El versículo 61 parece referirse al recogimiento final en los últimos días. El Señor llama a muchos siervos para que le sirvan. Nosotros estamos entre ellos. Fíjate y te darás cuenta de que Él está muy cerca de nosotros en Su obra.

61 ve, pues, y **llama siervos** para que trabajemos diligentemente **con todo nuestro empeño** en la viña, a fin de que podamos preparar el camino para que **yo** produzca otra vez el fruto natural (gente del convenio), el cual es bueno (rectitud personal) y más precioso que cualquier otro fruto (que todos los demás estilos de vida).

62 Por tanto, vayamos y trabajemos con nuestra fuerza **esta última vez** (nuestros días, la dispensación del cumplimiento de los tiempos); porque he aquí, se acerca el fin (del mundo), y **ésta es la última vez que podaré mi viña.**

63 Injerta las ramas; empieza por las últimas (los gentiles), para que sean las primeras, y que las primeras (los judíos) sean las últimas; y cava alrededor de los árboles, viejos así como nuevos, los primeros y los últimos; y los últimos y los primeros, a fin de que todos sean nutridos de nuevo por la postrera vez.

64 Por tanto, cava alrededor de ellos, y pódalos, y abónalos de nuevo por última vez, porque el fin se acerca. Y si acaso estos últimos injertos crecen y producen el fruto natural, entonces les prepararás el camino para que crezcan.

> En la alegoría ya hemos visto varias veces el mensaje que viene a continuación. Nos enseña que debemos ser pacientes con los nuevos conversos, además de serlo con los miembros de toda la vida. Debemos tener mucho cuidado y no criticarlos, no sea que se alejen de la iglesia. Esta es la misma manera en la que el Espíritu Santo obra con cada uno de nosotros.

65 Y a medida que empiecen a crecer, **quitarás** las ramas que dan **fruto amargo**, **según la fuerza y el tamaño de las buenas;** y **no quitarás todas las ramas malas de una vez,** no sea que las raíces resulten demasiado fuertes para el injerto, y éste perezca, y pierda yo los árboles de mi viña.

66 Porque me aflige que tenga que perder los árboles de mi viña; por tanto, **quitarás lo malo a medida que crezca lo bueno**, para que la raíz y la copa tengan igual fuerza, **hasta que lo bueno sobrepuje a lo malo,** y lo malo sea talado y echado en el fuego, a fin de que no obstruya el terreno de mi viña; y así barreré lo malo de mi viña.

67 Y de nuevo injertaré las ramas del árbol natural en el árbol natural;

68 e injertaré las ramas del árbol natural en las ramas naturales del árbol; y así las juntaré otra vez para que produzcan el fruto natural, y serán uno.

69 Y lo malo será echado fuera, sí, fuera de todo el terreno de mi viña; pues he aquí, **tan solo esta vez podaré mi viña.** (Es decir, esta es la última vez que el evangelio irá al mundo; después tendrá lugar la Segunda Venida).

70 Y aconteció que el Señor de la viña envió a su siervo, y éste fue e hizo lo que el Señor le había mandado, y trajo otros siervos; y **eran pocos** (relativamente habrá pocos miembros de la iglesia llevando el evangelio a todo el mundo en los últimos días).

71 Y les dijo el Señor de la viña: Id y trabajad en la viña con todas vuestras fuerzas. Porque he aquí, **ésta es la última vez** que nutriré mi viña; porque **el fin se aproxima** y la estación viene rápidamente; y si vosotros trabajáis **conmigo** con toda vuestra fuerza, os regocijaréis en el fruto que recogeré para mí mismo, para el tiempo que pronto llegará. (Vemos que el Señor nos brinda esta oportunidad una vez más bajo los siguientes términos: "si vosotros trabajáis conmigo . . . os regocijaréis". Es nuestra decisión).

72 Y sucedió que los siervos fueron y trabajaron con todas sus fuerzas; y el Señor de la viña también trabajó con ellos; y en todo obedecieron los mandatos del Señor de la viña.

73 Y **empezó de nuevo a producirse el fruto natural en la viña** (la iglesia empezó a crecer); y las ramas naturales comenzaron a crecer y a **medrar** (prosperar) en sumo grado (una descripción del crecimiento de la iglesia en los últimos días); y empezaron luego a arrancarse las ramas silvestres (¿las doctrinas falsas y las conductas inicuas?) y a echarse fuera; y conservaron iguales la raíz y la copa, según su fuerza.

74 Y así trabajaron con toda diligencia, según los mandamientos del Señor de la viña, sí, hasta que lo malo hubo sido echado de la viña, y el Señor hubo logrado para sí que los árboles volviesen nuevamente al fruto natural; y llegaron a ser

como un cuerpo; y los frutos fueron iguales, y el Señor de la viña había preservado para sí mismo el fruto natural, que fue sumamente precioso para él desde el principio.

75 Y aconteció que cuando el Señor de la viña vio que su fruto era bueno y que su viña (¿la iglesia?) ya no estaba corrompida, llamó a sus siervos y les dijo: He aquí, hemos nutrido mi viña esta última vez; y veis que he obrado según mi voluntad; y he preservado el fruto natural que es bueno, aun como lo fue en el principio. Y **benditos sois** (miembros fieles en los últimos días), porque a causa de que habéis sido diligentes en obrar conmigo en mi viña, y **habéis guardado mis mandamientos,** y me habéis traído otra vez el fruto natural, de modo que mi viña ya no está más corrompida, y lo malo se ha echado fuera, he aquí, **os regocijaréis conmigo** a causa del fruto de mi viña.

> El versículo 76 describe el Milenio, al final del cual le sigue un "poco de tiempo" (véase Apocalipsis 20:3), el cual se describe en el versículo 77.

76 Pues he aquí, por mucho tiempo guardaré del fruto de mi viña para mí mismo, a la estación, la cual se aproxima velozmente; y por la última vez he nutrido mi viña, y la he podado, y he cavado alrededor de ella, y la he abonado; por tanto, **guardaré de su fruto para mí mismo, por mucho tiempo** (el Milenio), de acuerdo con lo que he hablado.

77 Y cuando llegue la ocasión en que nuevamente vuelva el mal fruto a mi viña (el período corto o el "poco de tiempo" al final de los mil años), entonces haré recoger lo bueno y lo malo; y lo bueno preservaré para mí, y lo malo arrojaré a su propio lugar (el juicio final). Y entonces viene la estación y el fin; y haré que mi viña sea quemada con fuego (un repaso rápido de lo que se ha dicho arriba).

> **Es** importante darse cuenta de que las parábolas o alegorías que tienen tanto simbolismo como esta de Jacob 5, pueden dar lugar a diferentes interpretaciones. Debido a este simbolismo, el Espíritu Santo nos puede mostrar diferentes mensajes cada vez que la leemos. Por ejemplo, supongamos que eres una madre o un padre y que has hecho todo lo posible por criar hijos obedientes y aún así algunos se han apartado del evangelio. Imagina que un día te encuentras leyendo Jacob 5 en el Libro de Mormón y que tu corazón está angustiado y lleno de preocupación, incluso por tu propia posición ante el Señor . . . y a medida que lees, el Espíritu Santo te llena de consuelo y esperanza al susurrarte que el Señor sabe cómo te sientes y que Él continuará ayudándote.
>
> **A** continuación (sin incluir ningún comentario o nota),

usaremos **negrita** para resaltar aquellas cosas que el Espíritu Santo podría susurrar al corazón de una madre o un padre afligido.

Jacob 5:1–77 (Repetido por razones de enseñanza).

1 He aquí, hermanos míos, ¿no os acordáis de haber leído las palabras del profeta Zenós, las cuales habló a la casa de Israel, diciendo:

2 ¡Escuchad, oh casa de Israel, y oíd las palabras mías, que soy un profeta del Señor!

3 Porque he aquí, así dice el Señor: Te compararé, oh casa de Israel, a un olivo cultivado que un hombre tomó y nutrió en su viña; y creció y envejeció y empezó a secarse.

4 Y acaeció que salió el amo de la viña, y vio que su olivo empezaba a secarse, y dijo: Lo podaré, y cavaré alrededor de él, y lo nutriré para que tal vez eche ramas nuevas y tiernas, y no perezca.

5 Y aconteció que lo podó, y cavó alrededor de él, y lo nutrió según su palabra.

6 Y sucedió que después de muchos días empezó a echar algunos retoños pequeños y tiernos, mas he aquí, la copa principal empezó a secarse.

7 Y ocurrió que lo vio el amo de la viña, y dijo a su siervo: **Me aflige que tenga que perder este árbol**; por tanto, ve, y arranca las ramas de un olivo silvestre y tráemelas aquí; y arrancaremos esas ramas principales que empiezan a marchitarse, y las echaremos en el fuego para que se quemen.

8 Y he aquí, dijo el Señor de la viña, tomaré muchas de estas ramas nuevas y tiernas y las injertaré donde yo quiera, y no importa si acaso la raíz de este árbol perece, yo puedo conservar su fruto para mí; por tanto, tomaré estas ramas nuevas y tiernas, y las injertaré donde yo quiera.

9 Toma las ramas del olivo silvestre, e injértalas en lugar de ellas; y estas que he cortado, las echaré al fuego y las quemaré, a fin de que no obstruyan el terreno de mi viña.

10 Y aconteció que el siervo del Señor de la viña hizo según la palabra de su amo, e injertó las ramas del olivo silvestre.

11 Y el Señor de la viña hizo que se cavara alrededor, y se podara y se nutriera, y dijo a su siervo: **Me aflige que tenga que perder este árbol**; por tanto, para que tal vez pueda yo preservar sus raíces a fin de que no perezcan y pueda yo preservarlas para mí, he hecho esto.

12 Por tanto, ve; cuida el árbol y nútrelo, según mis palabras.

13 Y éstos yo pondré en la parte más baja de mi viña, donde bien me parezca, esto no te incumbe; y lo hago a fin de preservar para mí las ramas naturales del árbol; y también con objeto de guardar para mí su fruto para la estación; porque **me aflige que tenga**

que perder este árbol y su fruto.

14 Y aconteció que el Señor de la viña se marchó, y escondió las ramas naturales del olivo cultivado en las partes más bajas de la viña, unas en una parte y otras en otra, según su voluntad y placer.

15 Y sucedió que pasó mucho tiempo, y el Señor de la viña dijo a su siervo: Ven, descendamos a la viña para que podamos trabajar en ella.

16 Y aconteció que el Señor de la viña y también su siervo bajaron a la viña a trabajar; y sucedió que el siervo dijo a su amo: He aquí, mira; contempla el árbol.

17 Y ocurrió que el Señor de la viña miró y vio el árbol en el que se habían injertado las ramas del olivo silvestre; y había retoñado y comenzado a dar fruto; y vio que era bueno, y su fruto era semejante al fruto natural.

18 Y dijo al siervo: He aquí, las ramas del árbol silvestre han alcanzado la humedad de la raíz, por lo que la raíz ha producido mucha fuerza; y a causa de la mucha fuerza de la raíz, las ramas silvestres han dado fruto cultivado. Así que, si no hubiéramos injertado estas ramas, el árbol habría perecido. Y he aquí, ahora guardaré mucho fruto que el árbol ha producido; y su fruto lo guardaré para mí mismo, para la estación.

19 Y sucedió que el Señor de la viña dijo al siervo: Ven, vamos a la parte más baja de la viña, y veamos si las ramas naturales del árbol no han dado mucho fruto también, a fin de que pueda yo guardar su fruto para la estación, para mí mismo.

20 Y aconteció que fueron a donde el amo había escondido las ramas naturales del árbol, y dijo al siervo: Mira éstas; y vio que la primera había dado mucho fruto, y también vio que era bueno. Y dijo al siervo: Toma de su fruto y guárdalo para la estación, a fin de que yo lo preserve para mí mismo; pues, dijo él, lo he nutrido mucho tiempo, y ha producido fruto abundante.

21 Y aconteció que el siervo dijo a su amo: ¿Cómo fue que viniste aquí a plantar este árbol, o esta rama del árbol? Porque he aquí, era el sitio más estéril de todo el terreno de tu viña.

22 Y le dijo el Señor de la viña: No me aconsejes. Yo sabía que era un lugar estéril; por eso te dije que lo he nutrido tan largo tiempo, y tú ves que ha dado mucho fruto.

23 Y aconteció que el Señor de la viña dijo a su siervo: Mira acá, he aquí, he plantado otra rama del árbol también; y tú sabes que esta parte del terreno era peor que la primera. Pero mira el árbol. Lo he nutrido todo este tiempo, y ha producido mucho fruto; por tanto, recógelo y guárdalo para la estación a fin de que yo lo preserve para mí mismo.

24 Y aconteció que el Señor de la viña dijo otra vez a su siervo: Mira acá y ve otra rama que también he plantado; he aquí, también la he nutrido, y ha producido fruto.

25 Y dijo al siervo: Mira hacia acá y ve la última. He aquí, ésta la he plantado en terreno bueno, y la he nutrido todo este tiempo; y solo parte del árbol ha dado fruto cultivado, y la otra parte del árbol ha producido fruto silvestre; he aquí, he nutrido este árbol igual que los otros.

26 Y sucedió que el Señor de la viña dijo al siervo: Arranca las ramas que no han producido fruto bueno y échalas en el fuego.

27 Mas he aquí, el siervo le dijo: Podémoslo, y cavemos alrededor de él, y nutrámoslo un poco más, a fin de que tal vez te dé buen fruto, para que lo guardes para la estación.

28 Y aconteció que el Señor de la viña y su siervo nutrieron todos los árboles frutales de la viña.

29 Y aconteció que había pasado mucho tiempo, y el Señor de la viña dijo a su siervo: Ven, descendamos a la viña para que trabajemos de nuevo en ella. Porque he aquí, se acerca el tiempo, y el fin viene pronto; por tanto, debo guardar fruto para la estación, para mí mismo.

30 Y sucedió que el Señor de la viña y el siervo descendieron a la viña; y llegaron al árbol cuyas ramas naturales habían sido arrancadas, y se habían injertado las ramas silvestres en su lugar; y he aquí, estaba cargado de toda clase de fruto.

31 Y aconteció que el Señor de la viña probó el fruto, cada clase según su número. Y el Señor de la viña dijo: He aquí, por largo tiempo hemos nutrido este árbol, y he guardado para mí mucho fruto, para la estación.

32 Pero he aquí, esta vez ha producido mucho fruto, y no hay ninguno que sea bueno. Y he aquí, hay toda clase de fruto malo; y no obstante todo nuestro trabajo, de nada me sirve; y **me aflige ahora que tenga que perder este árbol.**

33 Y el Señor de la viña dijo al siervo: ¿Qué haremos por el árbol, para que de nuevo pueda yo preservar buen fruto de él para mí mismo?

34 Y el siervo dijo a su amo: He aquí, a causa de que injertaste las ramas del olivo silvestre, éstas han nutrido sus raíces, de modo que están vivas y no han perecido; por tanto, ves que están buenas todavía.

35 Y aconteció que el Señor de la viña dijo a su siervo: Ningún provecho me deja el árbol, y sus raíces no me benefician nada, en tanto que produzca mal fruto.

36 No obstante, sé que las

raíces son buenas; y para mi propio fin las he preservado; y a causa de su mucha fuerza, hasta aquí han producido buen fruto de las ramas silvestres.

37 Mas he aquí, las ramas silvestres han crecido y han sobrepujado a sus raíces; y debido a que las ramas silvestres han sobrepujado a las raíces, ha producido mucho fruto malo; y porque ha producido tanto fruto malo, ves que ya empieza a perecer; y pronto llegará a la madurez para ser echado al fuego, a menos que algo hagamos para preservarlo.

38 Y aconteció que el Señor de la viña dijo a su siervo: Descendamos a los parajes más bajos de la viña, y veamos si las ramas naturales han producido también mal fruto.

39 Y aconteció que descendieron a los parajes más bajos de la viña. Y ocurrió que vieron que el fruto de las ramas naturales se había corrompido también; sí, el primero, y el segundo, y el último también; y todos se habían corrompido.

40 Y el fruto silvestre del último había sobrepujado a esa parte del árbol que produjo buen fruto, de tal modo que la rama se había marchitado y secado.

41 Y aconteció que **el Señor de la viña lloró**, y dijo al siervo: ¿Qué más pude haber hecho por mi viña?

42 He aquí, yo sabía que todo el fruto de la viña, exceptuando éstos, se había corrompido. Y ahora éstos, que en un tiempo habían producido buen fruto, se han corrompido también; y ahora todos los árboles de mi viña para nada sirven sino para ser cortados y echados en el fuego.

43 Y he aquí que este último, cuya rama se ha marchitado, lo planté en un terreno fértil; sí, el que para mí era el más escogido de todos los demás parajes de mi viña.

44 Y tú viste que también derribé lo que obstruía este pedazo de tierra, a fin de que yo pudiera plantar este árbol en su lugar.

45 Y viste que parte de él produjo buen fruto, y parte de él dio fruto silvestre; y porque no le arranqué sus ramas y las eché al fuego, he aquí, han sobrepujado a la rama buena de modo que ésta se ha secado.

46 Y ahora bien, he aquí, no obstante todo el cuidado que hemos dado a mi viña, sus árboles se han corrompido, de modo que no dan buen fruto; y **yo había esperado preservar a éstos**, a fin de haber guardado su fruto para la estación, para mí mismo. Mas he aquí, se han vuelto como el olivo silvestre, y no valen nada sino para ser cortados y echados al fuego; y **me aflige que tenga que perderlos.**

47 ¿Pero qué más pude yo haber hecho en mi viña? ¿He relajado mi mano de modo que

no la he nutrido? No, **la he nutrido y cavado alrededor; la he podado y abonado; y he extendido la mano casi todo el día**, y el fin se acerca. Y me aflige que tenga que talar todos los árboles de mi viña, y echarlos en el fuego para que sean quemados. ¿Quién es el que ha corrompido mi viña?

48 Y acaeció que el siervo dijo a su amo: ¿No será la altura de tu viña? ¿No habrán sobrepujado sus ramas a las raíces que son buenas? Y a causa de que las ramas han sobrepujado a sus raíces, he aquí que aquéllas crecieron más aprisa que la fuerza de las raíces, tomando fuerza para sí mismas. He aquí, digo: ¿No será ésta la causa de la corrupción de los árboles de tu viña?

49 Y aconteció que el Señor de la viña dijo al siervo: Vayamos y cortemos los árboles de la viña y echémoslos al fuego para que no obstruyan el terreno de mi viña, porque he hecho todo. ¿Qué más pude yo haber hecho por mi viña?

50 Mas he aquí, el siervo dijo al Señor de la viña: Déjala un poco más.

51 Y dijo el Señor: Sí, la dejaré un poco más, porque **me aflige que tenga que perder los árboles de mi viña**.

52 Por tanto, tomemos algunas de las ramas de éstos que he plantado en las partes más bajas de mi viña, e injertémoslas en el árbol del cual procedieron; y arranquemos del árbol esas ramas cuyo fruto es el más amargo, e injertemos en su lugar las ramas naturales del árbol.

53 Y haré esto para que no perezca el árbol, a fin de que quizá preserve sus raíces para mi propio fin.

54 Y he aquí, todavía están vivas las raíces de las ramas naturales del árbol que planté donde me pareció bien; por tanto, a fin de que yo las conserve también para mi propio fin, tomaré de las ramas de este árbol, y las injertaré en ellas. Sí, injertaré en ellas las ramas de su árbol original, para que yo preserve también las raíces para mí, para que cuando lleguen a tener suficiente fuerza tal vez me produzcan buen fruto, y me gloríe aún en el fruto de mi viña.

55 Y aconteció que tomaron del árbol natural que se había vuelto silvestre, e injertaron en los árboles naturales que también se habían vuelto silvestres.

56 Y también tomaron de los árboles naturales que se habían vuelto silvestres, e injertaron en su árbol original.

57 Y el Señor de la viña dijo al siervo: No arranques las ramas silvestres de los árboles, sino aquellas que son las más amargas; y en ellas injertarás de acuerdo con lo que he dicho.

58 Y de nuevo nutriremos los árboles de la viña, y podaremos

sus ramas; y arrancaremos de los árboles aquellas ramas que han madurado, que deben perecer, y las echaremos al fuego.

59 Y hago esto para que quizá sus raíces se fortalezcan a causa de su buena calidad; y que, a causa del cambio de ramas, lo bueno sobrepuje a lo malo.

60 Y porque he preservado las ramas naturales y sus raíces, y he injertado nuevamente las ramas naturales en su árbol original y he preservado las raíces de su árbol original, para que quizá los árboles de mi viña produzcan nuevamente buen fruto; y que yo tenga de nuevo gozo en el fruto de mi viña, y tal vez me alegre en extremo porque he preservado las raíces y las ramas del primer fruto;

61 ve, pues, y llama siervos para que trabajemos diligentemente con todo nuestro empeño en la viña, a fin de que podamos preparar el camino para que yo produzca otra vez el fruto natural, el cual es bueno y más precioso que cualquier otro fruto.

62 Por tanto, vayamos y trabajemos con nuestra fuerza esta última vez; porque he aquí, se acerca el fin, y ésta es la última vez que podaré mi viña.

63 Injerta las ramas; empieza por las últimas, para que sean las primeras, y que las primeras sean las últimas; y cava alrededor de los árboles, viejos así como nuevos, los primeros y los últimos; y los últimos y los primeros, a fin de que todos sean nutridos de nuevo por la postrera vez.

64 Por tanto, cava alrededor de ellos, y pódalos, y abónalos de nuevo por última vez, porque el fin se acerca. Y si acaso estos últimos injertos crecen y producen el fruto natural, entonces les prepararás el camino para que crezcan.

65 Y a medida que empiecen a crecer, quitarás las ramas que dan fruto amargo, según la fuerza y el tamaño de las buenas; y no quitarás todas las ramas malas de una vez, no sea que las raíces resulten demasiado fuertes para el injerto, y éste perezca, y pierda yo los árboles de mi viña.

66 Porque **me aflige que tenga que perder los árboles de mi viña**; por tanto, quitarás lo malo a medida que crezca lo bueno, para que la raíz y la copa tengan igual fuerza, hasta que lo bueno sobrepuje a lo malo, y lo malo sea talado y echado en el fuego, a fin de que no obstruya el terreno de mi viña; y así barreré lo malo de mi viña.

67 Y de nuevo injertaré las ramas del árbol natural en el árbol natural;

68 e injertaré las ramas del árbol natural en las ramas naturales del árbol; y así las juntaré otra vez para que produzcan el fruto natural, y serán uno.

69 Y lo malo será echado fuera,

sí, fuera de todo el terreno de mi viña; pues he aquí, tan solo esta vez podaré mi viña.

70 Y aconteció que el Señor de la viña envió a su siervo, y éste fue e hizo lo que el Señor le había mandado, y trajo otros siervos; y eran pocos.

71 Y les dijo el Señor de la viña: Id y trabajad en la viña con todas vuestras fuerzas. Porque he aquí, ésta es la última vez que nutriré mi viña; porque el fin se aproxima y la estación viene rápidamente; y si vosotros trabajáis conmigo con toda vuestra fuerza, os regocijaréis en el fruto que recogeré para mí mismo, para el tiempo que pronto llegará.

72 Y sucedió que los siervos fueron y trabajaron con todas sus fuerzas; y el Señor de la viña también trabajó con ellos; y en todo obedecieron los mandatos del Señor de la viña.

73 Y empezó de nuevo a producirse el fruto natural en la viña; y las ramas naturales comenzaron a crecer y a medrar en sumo grado; y empezaron luego a arrancarse las ramas silvestres y a echarse fuera; y conservaron iguales la raíz y la copa, según su fuerza.

74 Y así trabajaron con toda diligencia, según los mandamientos del Señor de la viña, sí, hasta que lo malo hubo sido echado de la viña, y el Señor hubo logrado para sí que los árboles volviesen nuevamente al fruto natural; y llegaron a ser como un cuerpo;

y los frutos fueron iguales, y el Señor de la viña había preservado para sí mismo el fruto natural, que fue sumamente precioso para él desde el principio.

75 Y aconteció que cuando el Señor de la viña vio que su fruto era bueno y que su viña ya no estaba corrompida, llamó a sus siervos y les dijo: He aquí, hemos nutrido mi viña esta última vez; y veis que he obrado según mi voluntad; y he preservado el fruto natural que es bueno, aun como lo fue en el principio. Y benditos sois, porque a causa de que habéis sido diligentes en obrar conmigo en mi viña, y habéis guardado mis mandamientos, y me habéis traído otra vez el fruto natural, de modo que mi viña ya no está más corrompida, y lo malo se ha echado fuera, he aquí, os regocijaréis conmigo a causa del fruto de mi viña.

76 Pues he aquí, por mucho tiempo guardaré del fruto de mi viña para mí mismo, a la estación, la cual se aproxima velozmente; y por la última vez he nutrido mi viña, y la he podado, y he cavado alrededor de ella, y la he abonado; por tanto, guardaré de su fruto para mí mismo, por mucho tiempo, de acuerdo con lo que he hablado.

77 Y cuando llegue la ocasión en que nuevamente vuelva el mal fruto a mi viña, entonces haré recoger lo bueno y lo

malo; y lo bueno preservaré para mí, y lo malo arrojaré a su propio lugar. Y entonces viene la estación y el fin; y haré que mi viña sea quemada con fuego.

No cabe duda de que el Señor entiende los sentimientos de una madre o un padre afligido que sufre.

JACOB 6

Ahora Jacob nos explicará algunas enseñanzas básicas sobre la alegoría de Zenós que acabamos de ver en el capítulo 5.

1 Y AHORA bien, he aquí, mis hermanos, como os dije que iba a profetizar, he aquí, ésta es mi profecía: Que las cosas que habló este profeta Zenós concernientes a los de la casa de Israel, en las cuales los comparó a un olivo cultivado, ciertamente han de acontecer.

2 Y el día en que el Señor de nuevo extienda su mano por segunda vez para recobrar a su pueblo será el día, sí, aun la última vez (la restauración por medio del Profeta José Smith), en que los siervos del Señor saldrán con potestad de él (la obra misional final para recoger a los justos antes de la Segunda Venida) para nutrir y podar su viña; y después de eso, pronto vendrá el fin.

3 ¡Y cuán benditos los (misioneros y miembros fieles) que hayan trabajado diligentemente en su viña (por todo el mundo)! ¡Y cuán malditos los que sean echados a su propio lugar (los inicuos; véase DyC 88:114)! Y el mundo será quemado con fuego (en la Segunda Venida).

4 ¡Y cuán misericordioso es nuestro Dios para con nosotros!, porque él se acuerda (guarda sus promesas) de la casa de Israel, de las raíces así como de las ramas (sin importar por donde han sido dispersadas en todo el mundo); y les extiende sus manos todo el día (los invita a arrepentirse y a volver a Él); y son una gente obstinada (orgullosa) y contenciosa (siempre revelándose y negando a Dios); pero cuantos no endurezcan sus corazones serán salvos en el reino de Dios (un hecho simple).

5 Por tanto, amados hermanos míos, os suplico con palabras solemnes que os arrepintáis y vengáis con íntegro propósito de corazón, y os alleguéis a Dios como él se allega a vosotros. Y mientras su brazo de misericordia se extienda hacia vosotros a la luz del día (mientras todavía tenéis una oportunidad para responder), no endurezcáis vuestros corazones.

6 Sí, hoy mismo, si queréis oír su voz, no endurezcáis vuestros corazones; pues, ¿por qué queréis morir (espiritualmente)?

7 Porque he aquí, después de haber sido nutridos por la buena palabra de Dios todo el día, ¿produciréis mal fruto, para que seáis talados y echados en el fuego? (¿queréis ser destruidos?)

8 He aquí, ¿rechazaréis estas palabras? ¿Rechazaréis las palabras de los profetas; y rechazaréis todas las palabras que se han hablado en cuanto a Cristo, después que tantos han hablado acerca de él? ¿y negaréis la buena palabra de Cristo y el poder de Dios y el don del Espíritu Santo, y apagaréis el Santo Espíritu, y haréis irrisión del gran plan de redención que se ha dispuesto para vosotros?

9 ¿No sabéis que si hacéis estas cosas, el poder de la redención y de la resurrección que está en Cristo os llevará a presentaros con vergüenza y con terrible culpa ante el tribunal de Dios (cuando seáis juzgados)?

10 Y según el poder de la justicia (la ley de la justicia), porque la justicia no puede ser negada (no se le puede robar; véase Alma 42:25), tendréis que ir a aquel lago de fuego y azufre, cuyas llamas son inextinguibles y cuyo humo asciende para siempre jamás; y este lago de fuego y azufre es tormento sin fin.

11 ¡Oh amados hermanos míos, **arrepentíos**, pues, y entrad por la puerta estrecha (arrepentimiento y bautismo), y continuad en el camino que es angosto (estrecho), hasta que obtengáis la vida eterna (exaltación)!

12 ¡Oh, sed prudentes! ¿Qué más puedo decir?

13 Por último, me despido de vosotros, hasta que os vuelva a ver ante el placentero tribunal de Dios, tribunal que hiere al malvado con terrible espanto y miedo. Amén.

JACOB 7

Sherem es el primero de los tres "anticristos" que vamos a encontrar en el Libro de Mormón. Los otros dos son Nehor (Alma 1) y Korihor (Alma 30). Sherem es un ejemplo típico de las muchas personas que hoy en día se oponen a la iglesia. Verás que tiene un buen nivel de educación en las cosas del mundo y que se considera a sí mismo alguien muy importante. Al estudiar su encuentro con Jacob, podemos aprender varias cosas, las cuales nos ayudan a estar alerta ante tales enemigos de la rectitud. Usaremos **negrita** para señalar algunas cosas.

1 Y ACONTECIÓ que después de transcurrir algunos años, vino entre el pueblo de Nefi un hombre que se llamaba Sherem.

2 Y aconteció que empezó a predicar entre los del pueblo, y a declararles que no habría ningún Cristo; y **predicó muchas cosas que lisonjeaban** (cautivaban) al pueblo (cosas

que querían oír); e hizo esto para derribar la doctrina de Cristo. (Esto lo hizo intencionalmente).

3 Y trabajó diligentemente para desviar el corazón del pueblo, a tal grado que desvió a muchos corazones; y sabiendo él que yo, Jacob, tenía fe en Cristo, que había de venir, **buscó mucho una oportunidad para verse conmigo**.

> **Te** habrás dado cuenta que muchos apóstatas y otros que están enojados con la iglesia en nuestros días buscan oportunidades para debatir a las Autoridades Generales (e incluso a los miembros como tú y yo) en público. Parece ser que este método de Satanás no ha cambiado.

4 Y era un hombre instruido, pues tenía un conocimiento perfecto de la lengua del pueblo (tenía una educación muy buena y era muy hábil para hablar en público); por tanto, podía emplear mucha lisonja y mucha elocuencia, según el poder del diablo. (El diablo puede inspirar a personas y ayudarlas a tener mucha habilidad para desviar al pueblo).

> **A** continuación, veremos que Sherem no fue muy sabio al escoger a Jacob como su próxima víctima.

5 Y tenía la esperanza de desprenderme de la fe, a pesar de las muchas revelaciones y lo mucho que yo había visto concerniente a estas cosas; porque yo en verdad había visto ángeles, y me habían ministrado. Y también había oído la voz del Señor hablándome con sus propias palabras de cuando en cuando; por tanto, yo no podía ser descarriado.

> **Quizás** puedas imaginarte a Sherem vociferando engreídamente ante Jacob y dirigiéndose a él con un tono sarcástico. Hasta le llega a llamar "hermano". Observa con qué técnica ataca a Jacob y al evangelio con frases diseñadas para generar dudas.

6 Y aconteció que me vino a ver, y de esta manera me habló, diciendo: **Hermano Jacob, mucho he buscado la oportunidad para hablar contigo**, porque he oído, y también sé, que mucho andas, predicando **lo que llamas** el evangelio o la doctrina de Cristo.

7 Y **has desviado a muchos de los de este pueblo**, de manera que **pervierten la recta vía de Dios** y no guardan la ley de Moisés, que es el camino verdadero; y conviertes la ley de Moisés en la adoración de un ser **que dices** vendrá de aquí a muchos siglos. Y ahora bien, he aquí, yo, Sherem, te declaro que esto es una blasfemia, pues **nadie sabe en cuanto a tales cosas; porque nadie puede declarar lo que está por venir** (nadie puede saber el futuro; esta declaración se volverá en contra de Sherem en el versículo

9; también, entre otras cosas, está negando la existencia de profetas verdaderos). Y así era como Sherem contendía contra mí.

8 Mas he aquí que el Señor Dios derramó su Espíritu en mi alma, de tal modo que lo confundí (lo detuve) en todas sus palabras.

9 Y le dije: ¿Niegas tú al Cristo que ha de venir? Y él dijo: Si hubiera un Cristo, no lo negaría; mas **sé que no hay Cristo, ni lo ha habido, ni jamás lo habrá.**

En el versículo 7, arriba, Sherem dice que nadie puede saber el futuro. Sin embargo, en el versículo 9 vemos que se contradice así mismo, pues nos dice que el conoce el futuro al saber que nunca habrá un Cristo.

10 Y le dije: ¿Crees tú en las Escrituras (Antiguo Testamento)? Y dijo él: Sí.

En el versículo 11 Jacob se dirige a Sherem de una manera bastante diplomática al tratar de darle una oportunidad para que Sherem recapacite en cuanto a lo que había dicho anteriormente. Se trata de una medida bondadosa, pues si Sherem se hubiese aprovechado de esta oportunidad, su posición orgullosa no se habría expuesto tanto. Sin embargo, solo necesitaba que se le enseñase la verdad. Y aunque Jacob lo intentó de manera respetuosa, desafortunadamente Sherem no aprovechó esta oportunidad para aprender.

El versículo 11 es un recordatorio poderoso para todos nosotros de que el Antiguo Testamento, en su forma pura y original, enseñaba muy claramente en cuanto a Cristo.

11 Y le dije yo: **Entonces no las entiendes**; porque en verdad testifican de Cristo. He aquí, te digo que **ninguno de los profetas ha escrito ni profetizado sin que haya hablado concerniente a este Cristo.**

A continuación, Jacob compartirá con Sherem un testimonio simple y puro. Una vez más, se nos recuerda que esta es una manera poderosa de enseñar y dar a conocer el evangelio: dar un testimonio sencillo y puro.

12 Y esto no es todo. Se me ha manifestado, porque he oído y visto; y también me lo ha manifestado el poder del Espíritu Santo; por consiguiente, yo sé que si no se efectuara una expiación, se perdería todo el género humano (compárese con 2 Nefi 9:7–9).

Seguidamente, podemos notar el sarcasmo al escuchar las palabras de Sherem cuando este contradice el humilde testimonio de Jacob y demanda una señal.

13 Y aconteció que me dijo: Muéstrame una señal mediante este poder del Espíritu Santo, **por medio del cual sabes tanto.**

14 Y le dije: ¿Quién soy yo para que tiente a Dios para que te muestre una señal en esto que tú sabes que es verdad? (Jacob sabe por el poder del Espíritu que Sherem está mintiendo, ya que Sherem sabe que Jacob está diciendo la verdad). Sin embargo, la negarás, porque eres del diablo (el diablo es un mentiroso). No obstante, no sea hecha mi voluntad; mas si Dios te hiriere (este no es el tipo de señal que Sherem estaba pensando), séate por señal de que él tiene poder tanto en el cielo como en la tierra; y también de que Cristo vendrá. ¡Y sea hecha tu voluntad, oh Señor, y no la mía!

15 Y sucedió que cuando yo, Jacob, hube hablado estas palabras, el poder del Señor vino sobre él, de tal modo que cayó a tierra. Y sucedió que fue alimentado por el espacio de muchos días.

El hecho de que Sherem no muriera inmediatamente es un recordatorio de la bondad del Señor, incluso para con los pecadores más viles. A pesar de la actitud sarcástica de Sherem y sus doctrinas falsas tan dañinas, se trata de una persona, un hijo de Dios, con un valor infinito. El Señor muestra su misericordia al darle tiempo a Sherem para que recapacite sobre lo que ha hecho antes de que muera. Como veremos en los versículos 17–19, esto funcionó.

16 Y aconteció que él dijo al pueblo: Reuníos mañana, porque voy a morir; por tanto, deseo hablar al pueblo antes que yo muera.

17 Y aconteció que a la mañana siguiente la multitud se hallaba reunida; y **les habló claramente y negó las cosas que les había enseñado, y confesó al Cristo y el poder del Espíritu Santo y la ministración de ángeles.**

18 Y les dijo claramente que había sido engañado por el poder del diablo. Y habló del infierno, y de la eternidad, y del castigo eterno. (Vemos que Sherem sabe muy bien el "vocabulario de las doctrinas del evangelio", lo cual puede indicar que él conocía bien el evangelio antes de apostatar).

19 Y dijo: Temo que haya cometido el pecado imperdonable, pues he mentido a Dios; porque negué al Cristo, y dije que creía en las Escrituras, y éstas en verdad testifican de él. Y porque he mentido a Dios de este modo, temo mucho que mi situación sea terrible; pero me confieso a Dios.

Muchos estudiantes de las escrituras se preguntan si Sherem llega a ser un hijo de perdición o no. Si bien es cierto que el juicio final está en manos del Salvador (Juan 5:22), podemos concluir que aquellas personas que llegasen a convertirse en hijos de perdición actuarían y pensarían igual que el diablo (véase DyC 76:31–35), y en este caso, Sherem expresa un remordimiento sincero.

20 Y acaeció que después que hubo

dicho estas palabras, no pudo hablar más, y entregó el espíritu (murió).

21 Y cuando los de la multitud hubieron presenciado que él había dicho estas cosas cuando estaba a punto de entregar el espíritu, se asombraron en extremo; tanto así que el poder de Dios descendió sobre ellos, y fueron dominados de modo que cayeron a tierra. (Muchos se volvieron a convertir).

22 Y ahora bien, esto me complació a mí, Jacob, porque lo había pedido (la reconversión o reactivación de aquellos que habían seguido a Sherem) a mi Padre que estaba en el cielo; pues él había oído mi clamor y contestado mi oración.

23 Y sucedió que la paz y el amor de Dios nuevamente se restablecieron entre el pueblo; y escudriñaron las Escrituras (la clave para evitar la apostasía personal); y no hicieron más caso de las palabras de este hombre inicuo.

A continuación, Jacob se lamentará al ver que no tuvieron éxito al recuperar (hacer volver a Cristo) a los lamanitas de su época.

24 Y aconteció que se idearon muchos medios para rescatar a los lamanitas y restaurarlos al conocimiento de la verdad; mas todo fue en vano, porque se deleitaban en guerras y en el derramamiento de sangre, y abrigaban un odio eterno contra nosotros, sus hermanos; y de continuo buscaban el modo de destruirnos por el poder de sus armas.

Hoy en día, muchas personas se oponen firmemente a la fabricación de armas para luchar o defenderse. A continuación, el Libro de Mormón nos aconseja en cuanto a este asunto.

25 Por tanto (esta es la razón por la cual), **el pueblo de Nefi se fortificó contra ellos con sus armas y con todo su poder,** confiando en el Dios y roca de su salvación; por tanto, pudieron ser, hasta el momento, vencedores de sus enemigos.

26 Y aconteció que yo, Jacob, empecé a envejecer; y como la historia de este pueblo se lleva en las otras planchas de Nefi (las Planchas Mayores), concluyo, por tanto, esta relación (la parte que contiene el registro de Jacob dentro de las Planchas Menores de Nefi), declarando que la he escrito según mi mejor conocimiento, diciendo que el tiempo se nos ha pasado, y nuestras vidas también han pasado como si fuera un sueño, pues somos un pueblo solitario y solemne, errantes, desterrados de Jerusalén, nacidos en la tribulación, en un desierto, y aborrecidos por nuestros hermanos, cosa que ha provocado guerras y contenciones; de manera que nos hemos lamentado en el curso de nuestras vidas.

Seguidamente, Jacob delegará la responsabilidad de preservar las planchas y grabar sobre ellas a su hijo, Enós.

27 Y yo, Jacob, vi que pronto tendría que descender al sepulcro. Por tanto, dije a mi hijo Enós: Toma estas planchas. Y le declaré lo que mi hermano Nefi me había mandado, y prometió obedecer los mandamientos. Y doy fin a mis escritos sobre estas planchas (las Planchas Menores), y lo que he escrito ha sido poco; y me despido del lector, esperando que muchos de mis hermanos lean mis palabras. Adiós, hermanos.

EL LIBRO DE ENÓS

ENOS 1

Nos sería fácil referirnos a Enós con el nombre de "Enós Jacobson" debido a que él era el hijo de Jacob (en inglés, Jacobson viene de "son of Jacob" o "hijo de Jacob"). Nos encontramos ante un capítulo corto pero poderoso, en el que aprenderemos muchas cosas, incluyendo el fortalecimiento de nuestra fe para ocasiones especiales.

Primero que nada, se nos recuerda que las enseñanzas de padres justos y rectos a menudo se convierten en una bendición para sus hijos mucho después de que esas enseñanzas se hayan impartido.

1 HE aquí, aconteció que yo, Enós, sabía que mi padre era un varón justo, pues me instruyó en su idioma y también me crió en disciplina y amonestación del Señor—y bendito sea el nombre de mi Dios por ello—

2 y os diré de la lucha que tuve ante Dios, antes de recibir la remisión de mis pecados. (Un recordatorio de que para recibir el perdón de nuestros pecados se requiere un esfuerzo persistente por nuestra parte).

3 He aquí, salí a cazar bestias en

los bosques; y las palabras que frecuentemente había oído a mi padre hablar, en cuanto a la vida eterna y el gozo de los santos, penetraron mi corazón profundamente.

> **Parece** que Enós estaba bastante preocupado en cuanto a su posición ante Dios. Es por esto, que sus pensamientos durante un día de caza y aventura se convirtieron en un profundo deseo por recibir perdón y estar limpio ante su Hacedor. Enós nos enseña, en el versículo 4, que estas cosas a menudo requieren paciencia y perseverancia.

4 Y mi alma tuvo hambre (de ser pura y limpia; de acercarme a Dios); y me arrodillé ante mi Hacedor, y clamé a él con potente oración y súplica por mi propia alma; y clamé a él **todo el día**; sí, y **cuando anocheció, aún elevaba mi voz en alto hasta que llegó a los cielos.**

5 Y vino a mí una voz, diciendo: Enós, **tus pecados te son perdonados,** y serás bendecido.

6 Y yo, Enós, sabía que Dios no podía mentir; por tanto, mi culpa **fue expurgada** (eliminada, limpiada).

> **La** palabra "expurgada" al final del versículo 6, arriba, es un recordatorio maravilloso el poder de la expiación para limpiarnos y sanarnos. Uno puede llegar a sentir el poder de tener los pecados expurgados o eliminados.
>
> **Aparentemente**, la rapidez

y eficacia de esta limpieza de pecados desconcertó un poco a Enós, al punto que se maravilló.

7 Y dije yo: **Señor, ¿cómo se lleva esto a efecto?**

8 Y él me dijo: **Por tu fe en Cristo**, a quien nunca jamás has oído ni visto. Y pasarán muchos años antes que él se manifieste en la carne; por tanto, ve, tu fe te ha salvado.

> **Aquí** se nos enseña un patrón. Primero, debemos estar preocupados en cuanto a nuestra posición ante Dios. Cuando esto se da y nos hallamos en la condición adecuada, el Espíritu hace posible que nos preocupemos por nuestra familia inmediata. Una vez tenemos esta perspectiva, nuestra atención se dirige al prójimo, incluyendo a nuestros enemigos. Es decir, cuando estamos en paz con Dios, somos facultados por el Espíritu para amar verdaderamente a otros, incluyendo a nuestros enemigos. Veremos esto claramente al seguir con nuestra lectura y estudio de Enós.

9 Ahora bien, sucedió que **cuando hube oído estas palabras** (cuando supe que tenía la aprobación de Dios), **empecé a anhelar el bienestar de mis hermanos los nefitas;** por tanto, derramé toda mi alma a Dios por ellos.

10 Y mientras así me hallaba luchando en el espíritu, he aquí, la voz del Señor de nuevo penetró mi mente, diciendo: Visitaré a tus hermanos según su diligencia en guardar mis mandamientos. (Es decir, ellos también tienen albedrío, y yo no debo incumplir las reglas relacionadas con honrar el albedrío del prójimo a medida que trato con ellos). Les he dado esta tierra, y es una tierra santa; y no la maldigo sino por causa de iniquidad. Por tanto, visitaré a tus hermanos según lo que he dicho; y sus transgresiones haré bajar con dolor sobre su propia cabeza.

11 Y después que yo, Enós, hube oído estas palabras, mi fe en el Señor empezó a ser inquebrantable; y **oré a él con mucho y prolongado ahínco por mis hermanos, los lamanitas.**

12 Y aconteció que después que hube orado y me hube afanado con toda diligencia, me dijo el Señor: Por tu fe, te concederé conforme a **tus deseos.**

13 Y ahora bien, he aquí, éste era el deseo que anhelaba de él: Que si acaso mi pueblo, el pueblo nefita, cayera en transgresión, y fuera de algún modo destruido, y los lamanitas no lo fueran, **que el Señor Dios preservara una historia de mi pueblo,** los nefitas, aun cuando fuera por el poder de su santo brazo, para que algún día futuro fuera llevada a los lamanitas, para que tal vez fueran conducidos a la salvación;

El deseo de Enós ha sido concedido con la aparición del Libro de Mormón entre los lamanitas en esta dispensación.

14 porque por ahora nuestros esfuerzos para restaurarlos a la verdadera fe han sido en vano. Y juraron en su ira que, de ser posible, destruirían nuestros anales junto con nosotros, y también todas las tradiciones de nuestros padres.

En referencia a la frase que aparece en negrita en el versículo 14, quizás hayas notado que es muy común que los dictadores ruines y sus seguidores inicuos destruyan o traten de destruir la historia escrita. De hecho, buscan destruir cualquier registro escrito o historia de la gente sobre la que ellos han ejercido dominio injusto. Esto se ha repetido una y otra vez a lo largo de la historia. Esta es una manera que usa Satanás para destruir los lazos con las generaciones pasadas.

15 Por tanto, **sabiendo yo que el Señor Dios podía preservar nuestros anales, le suplicaba continuamente,** pues él me había dicho: Cualquier cosa que pidas con fe, creyendo que recibirás en el nombre de Cristo, la obtendrás (compárese con DyC 46:30 y 50:30).

16 Y yo tenía fe, y le **imploré al Señor que preservara los anales;** e hizo convenio conmigo de que los haría llegar a los lamanitas en el propio y debido tiempo de él.

17 Y yo, Enós, sabía que se haría según el convenio que él había hecho; por tanto, mi alma quedó tranquila (tuve paz en cuanto a este asunto, que nuestros registros serán preservados).

18 Y me dijo el Señor: Tus padres también me han solicitado esto; y les será concedido según su fe; porque su fe fue semejante a la tuya.

19 Y sucedió que yo, Enós, anduve entre el pueblo de Nefi, profetizando de cosas venideras y dando testimonio de las cosas que yo había oído y visto.

> **Mientras** Enós termina de enseñarnos, señalará lo que le sucede a la gente, tanto a nivel individual como en sociedad, cuando rechazan el evangelio. Esto se ha repetido a través de la historia y hoy en día también se está dando de muchas maneras diferentes. Una de las claves que reflejan el rechazo del evangelio es que cuanto más se aleja la gente de Dios, más raros y atípicos son sus maneras de comportarse y vestirse.

20 Y testifico que el pueblo de Nefi procuró diligentemente restaurar a los lamanitas a la verdadera fe en Dios. Pero nuestros esfuerzos fueron en vano, pues su odio era implacable, y se dejaron llevar de su mala naturaleza, por lo que se hicieron salvajes y feroces, y una gente sanguinaria, llena de idolatría e inmundicia, alimentándose de animales de rapiña, viviendo en tiendas y andando errantes por el desierto, con una faja corta de piel alrededor de los lomos, y con la cabeza afeitada; y su destreza se hallaba en el arco, en la cimitarra y en el hacha. Y muchos de ellos no comían más que carne cruda; y de continuo trataban de destruirnos.

21 Y aconteció que el pueblo de Nefi cultivó la tierra, y produjo toda clase de granos y de frutos, y crió rebaños de reses, y manadas de toda clase de ganado, y cabras y cabras monteses, y también muchos caballos.

22 Y hubo muchísimos profetas entre nosotros; y la gente era obstinada y dura de entendimiento.

> **Jacob** nos trae a la memoria lo importante que es que nuestros profetas nos hablen de una manera clara en cuanto a los peligros que ellos ven para nuestro bienestar.

23 Y no había nada, salvo un extremado rigor, predicación y profecías de guerras y contiendas y destrucciones, y recordándoles continuamente la muerte, y la duración de la eternidad, y los juicios y poder de Dios, y todas estas cosas, agitándolos constantemente para mantenerlos en el temor del Señor. Y digo que nada, salvo estas cosas y mucha claridad en el habla, podría evitar que se precipitaran rápidamente a la destrucción. Y de esta manera es como escribo acerca de ellos.

24 Y vi guerras entre los nefitas y los lamanitas en el curso de mis días.

25 Y sucedió que empecé a envejecer; y ya habían transcurrido ciento setenta y nueve años desde el tiempo en que nuestro padre Lehi salió de Jerusalén.

> **Parece** ser que estas personas vivieron muchos años. Por ejemplo, según lo que Enós nos dice en el versículo 25, si hacemos cálculos vemos que entre Jacob y Enós sumaban unos 175 años. Por lo tanto, cada uno tiene más o menos un promedio de 87 años y medio de edad.

26 Y vi que pronto tendría que descender a mi sepultura, habiendo sido influido por el poder de Dios a predicar y a profetizar a este pueblo y declarar la palabra según la verdad que está en Cristo; y la he declarado todos mis días, y en ello me he regocijado más que en lo del mundo.

> **Esta** última frase, arriba, da mucho que pensar. ¿Por qué Enós escogió declarar la realidad de Cristo y vivir Su evangelio todos los días de su vida en lugar de escoger las cosas que el mundo le ofrecía? ¿Cómo sería esto también posible para nosotros? Si piensas en cuanto a tu "turno" durante el día del juicio final, ¿cómo crees que te vas a sentir según tu vida hasta el día de hoy? ¿Cómo nos sentiríamos si pudiéramos hacer la misma declaración de Enós ante el Señor: "la he declarado todos mis días"? Dada la forma en que Enós vivió su vida (desde que tuvo esa experiencia al salir a cazar), parece ser que tenía muy claro cómo le iba a ir ante el Señor cuando llegara su turno en el día del juicio final. Prestemos atención a lo que nos dice en sus palabras finales.

27 Y **pronto iré al lugar de mi reposo, que es con mi Redentor,** porque sé que en él reposaré. Y me regocijo en el día en que mi ser mortal se vestirá de inmortalidad, y estaré delante de él; entonces veré su faz con placer, y él me dirá: Ven a mí, tú, que bendito eres; hay un lugar preparado para ti en las mansiones de mi Padre. Amén.

> **Enós,** durante el juicio final, tendrá el tipo de experiencia que se describe en la segunda parte del versículo 14 en 2 Nefi 9.

EL LIBRO DE JAROM

JAROM 1

Al igual que sugerimos un apellido para Enós, "Enós Jacobson", a Jarom lo podríamos llamar "Jarom Enosson" ya que es el hijo de Enós. Este profeta va a revisar y a recordarnos las enseñanzas de su padre y su abuelo.

1 AHORA bien, he aquí, yo, Jarom, escribo unas pocas palabras de acuerdo con el mandato de mi padre, Enós, para que sea preservada nuestra genealogía.

2 Y como estas planchas son pequeñas, y ya que estas cosas se escriben con el propósito de beneficiar a nuestros hermanos los lamanitas, es preciso, pues, que escriba un poco; pero no escribiré lo de mis profecías ni de mis revelaciones. Pues, ¿qué más podría yo escribir de lo que mis padres han escrito? ¿Acaso no han revelado ellos el plan de salvación? Os digo que sí; y esto me basta (es suficiente para mi).

Al considerar lo que escribe Jarom, es evidente que se requiere todo esfuerzo posible de su parte y de los líderes justos para detener la ola de apostasía entre su gente, la cual se está volviendo más y más insensible a las cosas espirituales.

3 He aquí, conviene que se haga mucho entre este pueblo, a causa de la dureza de sus corazones, y la sordera de sus oídos, y la ceguedad de sus mentes, y la dureza de sus cervices; no obstante, **Dios es misericordioso en sumo grado con ellos, y hasta ahora no los ha barrido de la superficie de la tierra.**

Parece que su sociedad es muy similar a la de nuestros días. Los justos se están convirtiendo más y más justos, y aquellos que son descuidados y perezosos al vivir el evangelio están abrazando más y más las maneras del mundo.

4 Y hay muchos entre nosotros que reciben muchas revelaciones, porque **no todos son obstinados. Y todos los que no son de dura cerviz, y tienen fe, gozan de comunión con el Santo Espíritu**, el cual se manifiesta a los hijos de los hombres según su fe.

5 Y ahora bien, he aquí, habían pasado ya doscientos años (desde que Lehi salió de Jerusalén), y el pueblo de Nefi se había hecho fuerte en el país. Se esforzaban por guardar la ley de Moisés y santificar el día de reposo ante el Señor. Y no profanaban ni tampoco blasfemaban; y **las leyes del país eran sumamente estrictas.** (Las leyes buenas ayudan a preservar a la gente buena).

6 Y estaban esparcidos sobre gran parte de la superficie de la tierra, y los lamanitas también. Y éstos eran mucho más numerosos que los nefitas, y se deleitaban en el asesinato y bebían la sangre de animales (una violación directa de la ley del Antiguo Testamento; véase Génesis 9:4).

7 Y sucedió que muchas veces vinieron a la batalla contra nosotros, los nefitas. Pero **nuestros** reyes y **dirigentes** (líderes) **eran grandes hombres en la fe del Señor**; y enseñaron a la gente las vías del Señor; por lo tanto, resistimos a los lamanitas y los lanzamos de nuestras tierras, y empezamos a fortificar nuestras ciudades, y los sitios de nuestra herencia, cualesquiera que fuesen.

A continuación, se nos enseña y recuerda que la prosperidad de una sociedad o una nación es el resultado inevitable de la rectitud personal entre sus ciudadanos.

8 Y nos multiplicamos en sumo grado, y nos extendimos sobre la superficie de la tierra, y llegamos a ser sumamente ricos en oro, y en plata y en cosas preciosas, y en finas obras de madera, en edificios, y en mecanismos, y también en hierro y cobre, y en bronce y acero, elaborando todo género de herramientas de varias clases para cultivar la tierra, y armas de guerra, sí, la flecha puntiaguda, y la aljaba, y el dardo, y la jabalina y **todo preparativo para la guerra.**

Una vez más, en los versículos 8 y 9 nos encontramos con la recomendación de que hay sabiduría en estar preparados para la guerra, incluso en los tiempos de paz.

9 Y estando así preparados para hacer frente a los lamanitas, éstos no prevalecieron contra nosotros, sino que se cumplió la palabra que el Señor habló a nuestros padres, diciendo: Según guardéis mis mandamientos, prosperaréis en la tierra.

10 Y aconteció que los profetas del Señor amonestaron al pueblo de Nefi, según la palabra de Dios, que si ellos no guardaban los mandamientos, sino que caían en transgresión, serían destruidos de sobre la faz de la tierra.

11 Por tanto, los profetas y los sacerdotes y los maestros trabajaron diligentemente, exhortando con toda longanimidad al pueblo a la diligencia, enseñando la ley de Moisés y el objeto para el cual fue dada, persuadiéndolos a mirar adelante hacia el Mesías y a creer en su venida como si ya se hubiese verificado (como si Él ya hubiese efectuado su ministerio terrenal). Y fue de esta manera como les enseñaron.

12 Y sucedió que por obrar así, evitaron que los del pueblo fuesen destruidos de sobre la faz de la tierra (esto es similar a lo que nuestros profetas están haciendo por nosotros);

pues compungieron sus corazones con la palabra, exhortándolos sin cesar a que se arrepintieran.

13 Y aconteció que habían transcurrido doscientos treinta y ocho años en guerras y contiendas y disensiones, durante gran parte del tiempo.

14 Y yo, Jarom, no escribo más, porque las planchas son pequeñas. Pero he aquí, hermanos míos, podéis recurrir a las otras planchas de Nefi, pues he aquí, sobre ellas está grabada la historia de nuestras guerras, según los escritos de los reyes, o lo que ellos hicieron escribir.

15 Y **entrego estas planchas en manos de mi hijo Omni**, para que se lleven según los mandamientos de mis padres.

EL LIBRO DE OMNI

OMNI 1

Podríamos dirigirnos a Omni como "Omni Jaromson". El Libro de Omni comprende un período de muchos, muchos años. En este libro se nos dan antecedentes importantes sobre Mosíah I y sobre el rey Benjamín. Esta información es necesaria para poder entender el contexto del libro de Mosíah. Veremos como las Planchas Menores de Nefi pasan rápidamente de un historiador a otro.

1 HE aquí, sucedió que yo, Omni, habiéndome mandado mi padre Jarom que escribiera algo sobre estas planchas (las Planchas Menores de Nefi), para preservar nuestra genealogía,

2 quisiera, por tanto, que supieseis que durante el curso de mi vida combatí mucho con la espada para proteger a mi pueblo, los nefitas, de caer en manos de los lamanitas, sus enemigos. Mas he aquí, **en cuanto a mí, yo soy inicuo** (una confesión muy triste), y no he guardado los estatutos y mandamientos del Señor como debía haberlo hecho.

3 Y sucedió que habían transcurrido doscientos setenta y seis años, y habíamos tenido muchas épocas de paz; y habíamos tenido muchas épocas de serias guerras y derramamiento de sangre. Sí, y en fin habían pasado doscientos ochenta y dos años, y yo había guardado estas planchas (las Planchas Menores) según los mandatos de mis padres; **y las entregué a mi hijo Amarón.** Y así termino.

4 Y ahora yo, Amarón, escribo las cosas que vaya a escribir, y que son pocas, en el libro de mi padre.

5 He aquí, sucedió que habían pasado ya trescientos veinte años, y la parte más inicua de los nefitas fue destruida.

6 Porque el Señor no quiso permitir, después que los hubo sacado de la tierra de Jerusalén, y guardado y protegido de caer en las manos de sus enemigos, sí, no quiso permitir que dejasen de verificarse las palabras que habló a nuestros padres, diciendo: Si no guardáis mis mandamientos, no prosperaréis en la tierra.

7 Por tanto, el Señor los visitó con grandes juicios; no obstante, preservó a los justos para que no perecieran, y los libró de las manos de sus enemigos.

8 Y sucedió que entregué las planchas a mi hermano Quemis.

9 Ahora yo, Quemis, lo poco que escribo lo hago en el mismo libro que mi hermano; pues he aquí, vi que lo último que escribió, él lo escribió de su propia mano; y lo escribió el mismo día en que me lo entregó. Y de este modo llevamos los anales, porque es según los mandamientos de nuestros padres. Y así termino.

10 He aquí, yo, Abinadom, soy hijo de Quemis. He aquí, sucedió que vi mucha guerra y contención entre mi pueblo, los nefitas, y los lamanitas; y con mi propia espada he quitado la vida a muchos de los lamanitas en defensa de mis hermanos.

A continuación, Abinadom hace un comentario más bien triste en cuanto al estado de la revelación continua entre su gente a medida que aumentan en la iniquidad.

11 Y he aquí, la historia de este pueblo está grabada sobre planchas que guardan los reyes, según las generaciones; y **yo no sé de ninguna revelación salvo lo que se ha escrito, ni profecía tampoco**; por tanto, es suficiente lo que está escrito. Y con esto concluyo.

Amalekí nos dará unos antecedentes muy valiosos sobre Mosíah Primero y sobre el rey Benjamín. Usaremos negrita para señalar estos detalles.

12 He aquí, soy Amalekí, hijo de Abinadom. He aquí, os hablaré algo concerniente a Mosíah, que fue hecho rey de la tierra de Zarahemla;

pues he aquí, le advirtió el Señor que huyera de la tierra de Nefi, y que cuantos quisieran escuchar la voz del Señor también deberían partir de la tierra con él hacia el desierto.

> **Existe** un simbolismo para nosotros en la frase que sugiere "huir" hacia el desierto. A veces, tenemos que "huir" de otras personas o de circunstancias debido a las cuales nuestros estándares del evangelio corren peligro. Cuando hacemos esto (si dejamos atrás dichas circunstancias o personas) nos encontramos solos y fuera de nuestra zona de comodidad, como si se tratara de un desierto. Pero si seguimos fieles a través de dicho "desierto", terminaremos en una "tierra de promisión" en donde Dios nos dará las bendiciones y la seguridad deseada.

13 Y sucedió que obró según el Señor le había mandado. Y cuantos quisieron escuchar la voz del Señor salieron de la tierra para el desierto, y fueron conducidos por muchas predicaciones y profecías. Y continuamente fueron amonestados por la palabra de Dios, y guiados por el poder de su brazo a través del desierto, hasta que llegaron a la tierra que se llama la tierra de Zarahemla.

> A continuación, nos van a presentar a los "mulekitas". Mulek era uno de los hijos del rey inicuo Sedequías (véanse las notas en 1 Nefi 1:4). Según el relato bíblico, a todos los hijos de Sedequías los mataron cuando este fue tomado prisionero y se le dejó

ciego. Sin embargo, del relato del Libro de Mormón sabemos que Mulek, de algún modo, escapó y llegó al Nuevo Mundo junto a otros. En el Libro de Mormón no se les llama "mulekitas" pero generalmente se les denomina así en nuestras conversaciones sobre el evangelio.

14 Y (Mosíah y su gente) descubrieron a un pueblo llamado el pueblo de Zarahemla (mulekitas). Ahora bien, hubo gran alegría entre el pueblo de Zarahemla; y también Zarahemla se regocijó en extremo porque el Señor había enviado al pueblo de Mosíah con las planchas de bronce que contenían los anales de los judíos.

15 Y he aquí, sucedió que Mosíah descubrió que la gente de Zarahemla (mulekitas) había salido de Jerusalén en la época en que Sedequías, rey de Judá, fue llevado cautivo a Babilonia.

16 Y (los mulekitas) viajaron por el desierto, y la mano del Señor los condujo, a través de las grandes aguas, a la tierra donde Mosíah los encontró; y allí habían morado desde aquel tiempo.

> **En** el versículo 17 se nos recuerda la necesidad absoluta de tener escrituras y registros escritos.

17 Y en la época en que Mosíah los descubrió, habían llegado a ser numerosos en extremo. No obstante, habían tenido muchas guerras y graves contiendas, y de cuando en cuando habían caído por la espada; y su idioma se había corrompido, y no habían llevado anales consigo, y negaban la existencia de su Creador; y ni Mosíah ni su pueblo podían entenderlos.

18 Pero aconteció que Mosíah hizo que se les enseñara su idioma. Y sucedió que después de haber sido instruidos en el idioma de Mosíah, Zarahemla dio una genealogía de sus padres, según su memoria; y está escrita, mas no en estas planchas (las Planchas Menores).

19 Y aconteció que el pueblo de Zarahemla y el de Mosíah se unieron; y Mosíah fue nombrado para ser su rey.

20 Y acaeció que en los días de Mosíah, se le trajo una piedra grande (la cual contenía algo de la historia de los jareditas) con grabados; y él interpretó los grabados por el don y poder de Dios.

21 Y relataban la historia de un tal Coriántumr (el último jaredita a excepción de Éter) y la matanza de su pueblo (los jareditas; véase el Libro de Éter). Y el pueblo de Zarahemla (los mulekitas) descubrió a Coriántumr; y vivió con ellos por el término de nueve lunas (nueve meses).

22 También relataban algunas palabras acerca de los padres (antepasados) de Coriántumr. Y sus primeros padres vinieron de la torre (la torre de Babel; véase Génesis 11), en la ocasión en que el Señor confundió el lenguaje del pueblo; y el rigor del Señor cayó sobre ellos, de acuerdo con sus juicios, que son justos; y sus huesos (de los jareditas) se hallan esparcidos en la tierra del norte.

El rey Mosíah Primero fue el padre del rey Benjamín. Seguidamente, Amalekí nos hablará sobre los antecedentes del rey Benjamín, cuyo famoso discurso estudiaremos al llegar al Libro de Mosíah.

23 He aquí yo, Amalekí, nací en los días de Mosíah, y he vivido hasta ver su muerte; y su hijo Benjamín reina en su lugar.

24 Y he aquí, he visto una guerra seria en los días del rey Benjamín, y mucho derramamiento de sangre entre nefitas y lamanitas. Mas he aquí, que los nefitas los superaron en gran manera; sí, a tal grado que el rey Benjamín arrojó a los lamanitas de la tierra de Zarahemla.

25 Y aconteció que empecé a envejecer; y no teniendo descendencia (hijos), y sabiendo que el rey Benjamín es un varón justo ante el Señor, le entregaré, por tanto, estas planchas, exhortando a todos los hombres a que vengan a Dios, el Santo de Israel, y crean en la profecía y en revelaciones y en la ministración de ángeles, en el don de hablar en lenguas, en el don de interpretación de lenguas, y en todas las cosas que son buenas; porque nada hay, que sea bueno, que no venga del Señor; y lo que es malo viene del diablo.

Amalekí compartirá con nosotros un testimonio fuerte a medida que alcanzamos el final de sus breves escritos.

26 Y ahora bien, mis amados hermanos, quisiera que vinieseis a Cristo, el cual es el Santo de Israel, y participaseis de su salvación y del poder de su redención. Sí, venid a él y **ofrecedle vuestras almas enteras como ofrenda**, (ya que Cristo ofreció Su "alma entera" por vosotros) y continuad ayunando y orando, y perseverad hasta el fin; y así como vive el Señor, seréis salvos.

Lo que Amalekí nos dice a continuación, tiene mucho valor para cuando lleguemos a Mosíah 7:1–9. Usaremos negrita para señalar dichas cosas (y también para demostrarte que tú también puedes usar este método de resaltar o subrayar ciertas palabras en tus escrituras para terminar creando frases o uniendo conceptos).

27 Y ahora quisiera decir algo concerniente a cierto grupo que fue al desierto para volver a la tierra de Nefi; porque había muchos que deseaban poseer la tierra de su herencia.

28 De modo que partieron para el desierto. Y su caudillo, siendo un hombre fuerte, poderoso y obstinado, provocó, por tanto, una contienda entre ellos; y todos, menos cincuenta, fueron muertos en el desierto, y éstos retornaron a la tierra de Zarahemla.

29 Y aconteció que también llevaron consigo a otros, hasta un número considerable, y otra vez emprendieron su viaje para el desierto.

30 Y yo, Amalekí, tenía un hermano que también fue con ellos; y desde entonces nada he sabido de ellos. Y estoy para descender a mi sepultura; y estas planchas están llenas. Y doy fin a mi narración.

En Mosíah 7:1–9, retomaremos la historia del hermano de Amalekí y aquellos con los que él fue a la tierra de Nefi, después de que pasaran 79 años.

LAS PALABRAS DE MORMON

Al percatarnos de la cronología que aparece en la esquina inferior derecha en algunas páginas del Libro de Mormón, te darás cuenta de que Mormón escribió esto unos 385 años después del nacimiento de Cristo. Las Palabras de Mormón son una transición entre las Planchas Menores de Nefi (1 Nefi, 2 Nefi, Jacob, Enós, Jarom y Omni) y el Libro de Mosíah. A medida que leemos, Mormón explicará que después de haber compilado (abreviado) las Planchas Mayores de Nefi, encontró las Planchas Menores de Nefi al buscar entre todas las planchas que tenía. Las Planchas Mayores de Nefi provienen al seguir el curso del tiempo hacia atrás hasta llegar al reinado del rey Benjamín (en la primera parte del Libro de Mosíah). El juego pequeño de planchas trajo unos sentimientos especiales a su alma, así que las incluyó (bajo inspiración) junto aquellas planchas que muchos años más tarde José Smith recibiría de las manos de Moroni.

LAS PALABRAS DE MORMON

1 Y AHORA bien, yo, Mormón, estando a punto de entregar en manos de mi hijo Moroni los anales que he estado haciendo, he aquí que he presenciado casi toda la destrucción de mi pueblo, los nefitas.

2 Y es después de muchos siglos de la venida de Cristo, cuando entrego estos anales en manos de mi hijo; y supongo que él presenciará la completa destrucción de los de mi pueblo. Pero Dios conceda que él les sobreviva, a fin de que escriba algo concerniente a ellos, y un poco concerniente a Cristo, para que tal vez algún día pueda beneficiarlos.

3 Y ahora hablo algo referente a lo que he escrito; porque después que hube hecho un compendio de las planchas de Nefi, hasta el reinado de este rey Benjamín, del cual habló Amalekí, busqué entre los anales que habían sido entregados en mis manos, y encontré estas planchas que contenían esta breve narración de los profetas, desde Jacob (incluyendo Lehi y Nefi) hasta el reinado de este rey Benjamín, y también muchas de las palabras de Nefi.

4 Y complacido con las cosas que se hallan escritas en estas planchas, a causa de las profecías de la venida de Cristo, y sabiendo mis padres que muchas de ellas se han cumplido—sí, y yo también sé que se han cumplido cuantas cosas se han profetizado concernientes a nosotros hasta el día de hoy, y cuantas se extienden más allá de este día ciertamente se cumplirán—,

5 escogí, por tanto, estas cosas (las Planchas Menores) para concluir mi relato sobre ellas, y tomaré de las planchas de Nefi (las Planchas Mayores de Nefi); este resto de mi registro; y no puedo escribir ni la centésima parte de las cosas de mi pueblo.

6 Mas he aquí, tomaré estas planchas (las Planchas Menores) que contienen estas profecías y revelaciones, y las pondré con el resto de mis anales, porque me son preciosas, y sé que serán preciosas para mis hermanos.

> **Mormón** es un gran maestro. A continuación nos enseña que en ocasiones recibiremos una impresión del Espíritu para que hagamos algo a pesar de que en ese momento no sepamos el porqué.

7 Y hago esto para un sabio propósito; pues así se me susurra, de acuerdo con las impresiones del Espíritu del Señor que está en mí. Y ahora bien, no sé todas las cosas; mas el Señor sabe todas las cosas que han de suceder; por tanto, él obra en mí para que yo proceda conforme a su voluntad.

8 Y mi oración a Dios es concerniente a mis hermanos, que ellos vuelvan una vez más al conocimiento de Dios, sí, la redención de Cristo, para que de nuevo sean un pueblo deleitable.

9 Y ahora yo, Mormón, procedo a concluir mis anales, los cuales tomo de las planchas de Nefi; y lo hago según el saber y el entendimiento que Dios me ha dado.

> **Ahora,** Mormón finalizará este capítulo explicando la transición que hay en el registro hasta el reinado del rey Benjamín.

10 Por lo que, aconteció que después que Amalekí hubo entregado estas planchas (las Planchas Menores) en manos del rey Benjamín, éste las tomó y las puso con las otras planchas (las Planchas Mayores y otros registros) que contenían anales que los reyes habían transmitido de generación en generación, hasta los días del rey Benjamín.

11 Y fueron transmitidas de generación en generación, desde el rey Benjamín hasta que han llegado a mis manos. (En Journal of Discourses, volumen 19, pág. 38, se nos da a entender que había muchos registros; el equivalente a varias carretas cargadas con planchas o registros). Y yo, Mormón, ruego a Dios que sean preservadas desde hoy en adelante. Y sé que serán preservadas, porque sobre ellas están escritas grandes cosas, por las cuales mi pueblo y sus hermanos serán juzgados en el grande y postrer día (Día del Juicio), según la palabra de Dios que está escrita.

12 Y ahora bien, en cuanto a este rey

Benjamín, él tuvo algunas contiendas entre su propio pueblo.

13 Y sucedió también que los ejércitos de los lamanitas descendieron de la tierra de Nefi para pelear contra su pueblo. Mas he aquí, el rey Benjamín reunió a sus ejércitos y les hizo frente; y luchó con la fuerza de su propio brazo, con la espada de Labán.

14 Y con la fuerza del Señor pugnaron contra sus enemigos, hasta que hubieron matado a muchos miles de los lamanitas. Y sucedió que contendieron contra los lamanitas hasta que los hubieron echado fuera de las tierras de su herencia.

15 Y ocurrió que después de haber habido falsos Cristos, y de haber sido cerradas sus bocas, y ellos castigados según sus crímenes;

16 y después de haber habido falsos profetas y falsos predicadores y maestros entre el pueblo, y después de haber sido castigados todos estos según sus crímenes; y después de

haber habido mucha contención y muchas deserciones a los lamanitas (había habido mucha apostasía), he aquí, sucedió que el rey Benjamín, con la ayuda de los santos profetas que había entre su pueblo

> **Cuando** Mormón describe y define al rey Benjamín, nos recuerda aquello que Enoc (véase Moisés 6:26 hasta 7:69) y Melquisedec (Alma 13:14–19) lograron entre su gente bajo la dirección del Señor.

17 —pues he aquí, el rey Benjamín era un hombre santo y reinaba sobre su pueblo con justicia; y había muchos santos hombres en el país, y declaraban la palabra de Dios con poder y con autoridad; y ejercían mucha severidad a causa de la obstinación del pueblo—

18 así pues, con la ayuda de éstos, trabajando con todas las fuerzas de su cuerpo y las facultades de su alma entera, y lo mismo los profetas, **el rey Benjamín nuevamente estableció la paz en el país.**

RECURSOS

Anderson, Richard Lloyd. *Investigating the Book of Mormon Witnesses*. Salt Lake City: Shadow Mountain, 1989.

Authorized King James Version of the Bible. Salt Lake City, Utah: The Church of Jesus Christ of Latter-day Saints, 1979.

Book of Mormon Student Manual, Religion 121 and 122. Salt Lake City: The Church of Jesus Christ of Latter-day Saints, 1989.

Church History in the Fulness of Times, Religion 341–43. Salt Lake City: The Church of Jesus Christ of Latter-day Saints, 1980.

Collier, John. *The Indians of the Americas*. New York: W. W. Norton & Company, 1947.

Dibble, Johnathan A. "Delivered by the Power of God: The American Revolution and Nephi's Prophecy." *Ensign*, Oct. 1987.

Doctrine and Covenants Student Manual, Religion 324 and 325. Salt Lake City: The Church of Jesus Christ of Latter-day Saints, 1981.

Holland, Jeffrey R. "'This Do in Remembrance of Me.'" *Ensign*, Nov. 1995.

Jacobs, Wilbur R. *The Frontier in American History*. Tuscon, Arizona: University of Arizona Press, 1986.

Jacobs, Wilbur R. "The Indian and the Frontier in American History—A Need for Revision." *Western Historical Quarterly*. Jan. 1973.

Journal of Discourses. 26 vols. London: Latter-day Saints' Book Depot., 1854–86.

Kimball, Spencer W. "Our Paths Have Met Again." *Ensign*, Dec. 1975.

Kimball, Spencer W. "The Blessings and Responsibilities of Womanhood." *Ensign*, Mar. 1976.

Kimball, Spencer W. *The Miracle of Forgiveness*. Salt Lake City: Bookcraft, 1969.

Latourette, Kenneth Scott. *A History of the Expansion of Christianity, The Great Century.* Vol. 4. New York: Harper and Brothers, 1941.

Library of Aboriginal American Literature. Edited by Daniel Garrison Brinton. 8 vols. Philadelphia: William F. Fell & Co., 1890.

Ludlow, Daniel H. *A Companion to Your Study of The Book of Mormon.* Salt Lake City: Deseret Book, 1976.

Martin Luther edition of the German Bible, which Joseph Smith said was the most correct of any then available.

Maxwell, Neal A. "On Being a Light." Address delivered at the Salt Lake Institute of Religion, Jan. 2, 1974.

Maxwell, Neal A. "According to the Desire of [Our] Hearts." *Ensign*, Nov. 1996.

McConkie, Bruce R. *Millennial Messiah.* Salt Lake City: Deseret Book, 1983.

McConkie, Bruce R. *Mormon Doctrine.* 2nd ed. Salt Lake City: Bookcraft, 1966.

Moldenke, Harold and Alma Moldenke. *Plants of the Bible.* Mineola, New York: Dover Publications, Incorporated, 1986.

Nibley, Hugh. *Since Cumorah: The Book of Mormon in the Modern World.* Salt Lake City: Deseret Book, 1970.

Old Testament Student Manual, 1 Kings through Malachi, Religion 302. Salt Lake City: The Church of Jesus Christ of Latter-day Saints, 1981.

Petersen, Mark E. *The Great Prologue.* Salt Lake City: Deseret Book, 1976.

Reynolds, George and Janne M. Sjodahl. *Commentary on the Book of Mormon.* 7 vols. Salt Lake City: Deseret Press, 1976.

Richards, LeGrand. "Prophets and Prophecy." In Conference Report, Oct. 1975; or *Ensign*, Nov. 1975.

Richards, LeGrand. *Israel! Do You Know?* 4th ed. Salt Lake City: Shadow Mountain, 1990.

Smith, George Albert. In Conference Report, Apr. 1918.

Smith, Joseph. *History of The Church of Jesus Christ of Latter-day Saints.* Edited by B. H. Roberts. 2d ed. rev., 7 vols., Salt Lake City: The Church of Jesus Christ of Latter-day Saints, 1932–51.

Smith, Joseph. *Messenger and Advocate*, Apr. 1835.

Smith, Joseph. *Teachings of the Prophet Joseph Smith*. Selected and arranged by Joseph Fielding Smith. Salt Lake City: Deseret Book, 1976.

Smith, Joseph F., Anthon H. Lund, and John Henry Smith. First Presidency Statement. *Improvement Era*, August 1916.

Smith, Joseph F., John R. Winder, and Anthon H. Lund. First Presidency Message. *Messages of the First Presidency of The Church of Jesus Christ of Latter-day Saints*. 6 vols. Compiled by James R. Clark. Salt Lake City: Bookcraft, 1965.

Smith, Joseph Fielding. *Answers to Gospel Questions*. Compiled by Joseph Fielding Smith. 5 vols. Salt Lake City: Deseret Book, 1957–66.

Smith, Joseph Fielding. *Church History and Modern Revelation*. 4 vols. Salt Lake City: Deseret Book, 1947.

Smith, Joseph Fielding. *Doctrines of Salvation*. Compiled by Bruce R. McConkie. 3 vols. Salt Lake City: Bookcraft, 1954–56.

Smith, Lucy Mack. *History of Joseph Smith by His Mother*. Salt Lake City: Stevens & Wallis, Inc., 1945.

Talmage, James E. *Articles of Faith*. Salt Lake City: Deseret Book, 1981.

"The Family: A Proclamation to the World." First Presidency and Council of the Twelve Apostles. *Family Guide Book*. Salt Lake City: Church of Jesus Christ of Latter-day Saints, 1995.

Wasserman, Jacob. *Columbus: Don Quixote of the Seas*. Translated by Eric Sutton. Boston: Little, Brown, and Co., 1930.

Young, Brigham. *Discourses of Brigham Young*. Compiled by John A. Widtsoe. Salt Lake City: Deseret Book, 1954.

SOBRE EL AUTOR

DAVID J. RIDGES fue maestro en el Sistema Educativo de la Iglesia durante treinta y cinco años, y además enseñó durante varios años en la Semana de Educación del Campus (BYU Campus Education Week), en la Universidad de Brigham Young. David enseñó clases de religión para adultos y también clases sobre "Conoce tu Religión" (Know Your Religion) en el programa de Educación Continua de la Universidad de Brigham Young. Además, ha tomado parte como escritor del currículo de los manuales que se utilizan en la Escuela Dominical, seminario e instituto de religión.

David ha servido en numerosos llamamientos de la iglesia, tales como maestro de Doctrinas del Evangelio, obispo, presidente de estaca y patriarca. Él y su esposa, la hermana Ridges, han servido juntos dos misiones de tiempo completo para el SEI. Son padres de seis hijos y abuelos de once nietos, de momento. Su hogar se encuentra en Springville, Utah.

SOBRE EL TRADUCTOR

JOAQUÍN FENOLLAR BATALLER nació en Gandia, España, y se ha criado bajo la influencia de una familia maravillosa. Se unió a la Iglesia de Jesucristo de los Santos de los Últimos Días en 1998, tras siete años de búsqueda intensa y sincera. Joaquín disfruta aprendiendo en cuanto a los procesos y métodos de aprendizaje y enseñanza, especialmente en la enseñanza de los temas que tienen más importancia en la vida; es decir, el evangelio. Actualmente, trabaja como docente en la Universidad de Kentucky donde da clases de Promoción de la Salud y temas relacionados con la salud y la espiritualidad.